Records of Supreme People's Court Press Conferences 2014

最高人民法院新闻发布会实录（2014）

·最高人民法院新闻局 编·

法律出版社

▲ 8月27日，面向外国驻华使节主题开放活动中，驻华使节凝神旁听庭审。

▲ 8月27日，面向外国驻华使节主题开放活动中，乌拉圭东岸共和国大使接受记者采访。

▲ 9月17日，“中国—东盟大法官论坛”期间，文莱最高法院首席大法官凯弗里接受记者采访。

◀ 2014年，最高人民法院与中央电视台英语新闻频道（CCTV-NEWS）加强合作，图为最高人民法院法官参与《对话》节目录制。

创新载体

▲ 7月5日，在最高人民法院组织的“送法进校园”活动中，学生们兴致勃勃地翻阅《公平正义》画册。

▲ 2014年，最高人民法院推出中英文立体画册——《公平正义》，以新闻漫画、立体折纸的形式现人民法院工作，通俗易懂、生动直观。

◀ 12月4日，最高人民法院发布《关于进步做好司法便民利民工作的意见》，提20条司法便民利民工作具体措施。这是高人民法院首次利用漫画作品形式对外布司法文件。

▲ 2014年，最高人民法院新闻局陆续推出《法在身边》系列4本普法漫画书，以典型案例为脚本，帮助广大读者运用法律解决纠纷、维护权益。

12月4日，“百度·中国法院地图”正式上线，用户只要点击地图中的相应法院，就可阅览多类司法便民信息。

▲ 目前，最高人民法院新浪官方微博粉丝突破1000万，加上腾讯、人民两个官方微博，粉丝总数超过2000万。

2014年，最高人民法院官方微博共进行微直播83次，包括最高人民法院新闻发布会、会议活动、以基层法官为对象的直播等，发布微博1282条，阅读量7亿余人次。

▲ 最高人民法院官方微信公众号订阅量已超过10万，凭借“法官时间去哪儿了”系列报道入选“2014年全国十大政务微信”。

▲ 6月27日，全国法院新闻宣传工作座谈会在宁波召开。图为会议现场。

▲ 9月29日，最高人民法院新闻局在深圳前海国际新传媒公司调研。

◀ 图为最高人民法院典型案例新闻通气会现场。2014年，最高人民法院共召开11场典型案例新闻通气会。

▲ 自10月9日起，实现了上海广播电视台法治天地频道对最高人民法院新闻发布会的常态化全程现场直播。

目录

Contents

目录 Contents

索　引

第一场新闻发布会

依法确保食品药品安全

发布主题：《最高人民法院关于审理食品药品纠纷案件适用法律若干问题的规定》

发布时间：2014年1月9日

关 键 词：食品药品纠纷　司法解释　典型案例

主 持 人：最高人民法院新闻发言人　孙军工

出席嘉宾：最高人民法院民事审判第一庭庭长　张勇健

发布主题

关于《最高人民法院关于审理食品药品纠纷案件适用法律若干问题的规定》的新闻发布稿

最高人民法院新闻发言人　孙军工

各位记者：

大家下午好！今天新闻发布会的议程有两项：一是通报《最高人民法院关于审理食品药品纠纷案件适用法律若干问题的规定》（以下简称《规定》）的有关情况；二是通报5起食品药品民事纠纷典型案例。* 下面进行第一项议程，由我向大家通报《规定》的有关情况，而后请最高人民法院民一庭张勇健庭长通报5起典型案例的有关情况。

一、《规定》出台的背景

近年来，食品药品纠纷案件已经成为全国法院民事审判工作中社会关

* 编者注：相关司法文件及典型案例的内容请见“背景链接”，下同。

注度较高、涉及范围较广的案件类型。据不完全统计，2010–2012年，全国法院受理的食品、药品民事纠纷案件共计13216件，占各类消费者权益纠纷案件的6%。其中，2010年受理4080件；2011年受理4513件，同比上升9.59%；2012年受理4623件，同比上升2.44%。食品、药品民事纠纷案件所涉侵害消费者权益行为危害严重，直接影响民生和社会稳定。

“国以民为本，民以食为天。”食品、药品安全事关民生，既是当前社会关注的热点问题，也是人民群众反映强烈的问题。近年来，制售假冒伪劣食品、药品的活动十分猖獗，涉及“毒奶粉”、“瘦肉精”、“假肉食”、“地沟油”、“苏丹红”、“毒大米”、“毒生姜”、“毒胶囊”、“塑化剂酒”等食品、药品安全事件不断发生，制售有毒有害食品和假药劣药的“黑工厂”、“黑作坊”、“黑窝点”屡禁不止，虚假食品、药品广告十分常见，以普通食品甚至农药残留超标食品冒充绿色食品、无公害食品、有机食品的现象比比皆是。这些行为给消费者的人身和财产安全带来严重危害，可能同时引发行政责任、刑事责任、民事责任。广大消费者通过民事诉讼依法维权越来越多，加大对消费者权益保护力度的任务日趋艰巨繁重。

由于食品、药品纠纷往往涉及人身损害赔偿，不仅会产生违约责任，而且还会产生侵权责任，案件受到合同法、侵权责任法、消费者权益保护法、食品安全法等一系列法律法规的调整，办案中遇到的程序和实体问题较为复杂。例如，在程序上，消费者维权是否需要行政前置程序；消费者是否可以同时起诉生产者和销售者；知假买假者是不是消费者；侵权诉讼中如何分配举证责任；消费者协会提起公益诉讼如何处理等。在实体上，赠品不合格能否索赔；消费者请求价款十倍赔偿是否要以造成人身损害为前提，是否适用违约之诉；代言虚假广告承担何种责任；网络消费时遭受损失网络交易平台如何担责；认定食品是否合格的标准如何掌握；如何认定“霸王条款”等。由于对相关法律条文的理解不同，一些案件的处理存在裁判尺度不统一的情况，迫切需要通过制定司法解释加以规范。最高人民法院在认真总结审判实践经验的基础上，经过反复调研论证和广泛征求意见，制定出台了本《规定》。《规定》将于2014年3月15日起施行。

二、《规定》的主要内容

《规定》共18个条文，主要包括以下九个方面：

（一）“知假买假”不影响主张消费者权利

《规定》第3条规定：“因食品、药品质量问题发生纠纷，购买者向生产者、销售者主张权利，生产者、销售者以购买者明知食品、药品存在质量问题而仍然购买为由进行抗辩的，人民法院不予支持。”也就是说，“知假买假”行为不影响消费者维护自身权益。通常情况下的购物者应当认定为消费者，可以主张惩罚性赔偿。确认其具有消费者主体资格，对于打击无良商家，维护消费者权益具有积极意义，有利于净化食品、药品市场环境。例如，将要发布的孙银山诉南京欧尚超市有限公司江宁店买卖合同纠纷案，孙银山明知该超市出售的香肠过了保质期而购买，法院依法判决支持孙银山退货并取得十倍价款赔偿金。

（二）惩罚性赔偿不以消费者人身权益遭受损害为前提

针对食品领域的乱象，食品安全法第96条规定了食品价款十倍的惩罚性赔偿，从而加大了经营者的违法成本和维护消费者权益的力度。例如，将要发布的华燕诉北京天超仓储超市有限责任公司第二十六分公司、北京天超仓储超市有限责任公司人身权益纠纷案，华燕因购买并食用不合格食品造成人身损害，请求销售者依法支付医疗费、退货价款和购物价款十倍赔偿金，人民法院予以支持。实践中，有种观点认为，适用食品安全法第96条关于惩罚性赔偿的规定应以消费者人身权益遭受损害为前提。对此，《规定》第15条明确规定：“生产不符合安全标准的食品或者销售明知是不符合安全标准的食品，消费者除要求赔偿损失外，向生产者、销售者主张支付价款十倍赔偿金或者依照法律规定的其他赔偿标准要求赔偿的，人民法院应予支持”，也就是说，消费者主张食品价款十倍赔偿金不以人身权益遭受损害为前提。这对于统一裁判尺度，维护消费者合法权益，净化食品、药品环境，将产生积极影响。

（三）商家应当对赠品质量安全承担责任

《规定》第4条规定：“食品、药品生产者、销售者提供给消费者的食品或者药品的赠品发生质量安全问题，造成消费者损害，消费者主张权利，生产者、销售者以消费者未对赠品支付对价为由进行免责抗辩的，人民法院不予支持。”食品、药品事关消费者的人身安全，即使是赠品，也必须保证质量安全。消费者对赠品虽未支付对价，但是赠品的成本实际上已经分摊到付费商品中。赠送的食品、药品因质量问题造成消费者权益损害的，生产者与销售者亦应承担赔偿责任。但考虑到消费者获赠食品、药品在实质上属于商家让利性质，故对于生产者、销售者承担责任的条件，《规定》作了限定，即该赠品必须实际出现了质量安全问题，造成消费者损害，消费者才能主张权利。

（四）明确网络交易平台提供者的法律责任

网络购物是新兴的购物方式，有关数据显示，2012年我国网购用户达2.47亿，网络交易金额突破1.3万亿元，通过网络交易平台购买食品、药品的消费者越来越多，由此引发的纠纷也越来越多。据中国消费者协会统计，2012年网络购物投诉20454件，占销售服务投诉量的52.4%。2013年上半年网络购物投诉18471件，2013年上半年食品、药品投诉20530件。为更好地维护消费者的合法权益，《规定》第9条规定：“消费者通过网络交易平台购买食品、药品遭受损害，网络交易平台提供者不能提供食品、药品的生产者或销售者的真实名称、地址与有效联系方式，消费者请求网络交易平台提供者承担责任的，人民法院应予支持。网络交易平台提供者承担赔偿责任后，向生产者或者销售者行使追偿权的，人民法院应予支持。网络交易平台提供者知道或者应当知道食品、药品的生产者、销售者利用其平台侵害消费者合法权益，未采取必要措施，给消费者造成损害，消费者要求其与生产者、销售者承担连带责任的，人民法院应予支持。”这样规定的基本考虑是，商家入驻网络交易平台通常要支付不菲的入场费，具备先行赔付的条件，在网络交易平台提供者不能提供食品、药品生产者、销售者的真实名称、地址和有效联系方式时，其应当承担责任。如果网络交易平台的提供者明知食品、药品的生产者、销售者利用其平台侵害消费者权益而放任自流，此种情况下则构成共同侵权。

（五）明确了虚假食品、药品广告代言人和推销者的法律责任

近年来，利用虚假食品、药品广告坑害消费者的情况较为普遍，社会危害十分严重。不少商家为扩大其市场销售份额，利用媒体、个人代言人做虚假广告，或者利用虚假广告推销食品、药品，严重损害了消费者生命健康和财产安全。针对这种不法行为，《规定》第11条第1款规定："消费者因虚假广告推荐的食品、药品存在质量问题遭受损害，依据消费者权益保护法等法律相关规定请求广告经营者、广告发布者承担连带责任的，人民法院应予支持。"

该条第2款规定："社会团体或者其他组织、个人，在虚假广告中向消费者推荐食品、药品，使消费者遭受损害，消费者依据消费者权益保护法等法律相关规定请求其与食品、药品的生产者、销售者承担连带责任的，人民法院应予支持。"根据消费者权益保护法、侵权责任法的相关规定精神，在连带责任中，消费者既可以一并起诉食品、药品的生产商、销售商、广告经营者、广告发布者、广告代言人，请求其共同承担赔偿责任，也可以起诉其中一个或者几个作为被告，由其承担全部赔偿责任，然后再向其他责任主体行使追偿权。

（六）食品认证机构故意出具虚假认证的承担连带责任

食品认证是食品认证机构对初级农产品或者经过加工的食品所达到的等级作出的认定。目前，市场上经过认证的食品越来越多，消费者对经过认证的食品认可度和信任度较高。如果食品认证作假，消费者权益将蒙受巨大损失，我国的食品认证管理秩序将遭到严重破坏。据2013年4月16日《人民日报》报道，我国经批准的认证企业有5468家，但是有不少普通食品，甚至不合格食品贴有无公害食品、绿色食品或者有机食品的认证标识，欺诈消费者。为维护消费者权益，遏制食品认证机构作虚假认证，《规定》第13条规定了食品认证机构的责任："食品认证机构故意出具虚假认证，造成消费者损害，消费者请求其承担连带责任的，人民法院应予支持。食品认证机构因过失出具不实认证，造成消费者损害，消费者请求其承担相应责任的，人民法院应予支持。"这样的规定，有利于全面规范市场行为，不给制售有毒有害食品和假冒伪劣药品的人以可乘之机。

（七）进一步明确了民事责任优先原则

《规定》第14条规定："生产、销售的食品、药品存在质量问题，

生产者与销售者需同时承担民事责任、行政责任和刑事责任，其财产不足以支付，当事人依照侵权责任法等有关法律规定，请求食品、药品的生产者、销售者首先承担民事责任的，人民法院应予支持。”之所以作出这样的规定，旨在加大保护消费者权益的力度。制售假冒伪劣食品、药品，往往会同时产生行政责任、刑事责任和民事责任。有关行政执法机关和法院可分别依照不同的法律对生产者、销售者作出缴纳罚款、罚金、支付民事赔偿金的处理。消费者是弱势群体，如果不确立民事责任优先原则，可能会出现消费者打赢官司却得不到赔偿的情况。因此，《规定》依照食品安全法和侵权责任法的有关规定，进一步明确责任主体应首先承担民事责任，以最大限度保护消费者的合法权益。

（八）“霸王条款”内容一律无效

实践中，消费者与食品、药品的经营者相比，往往处于弱势地位。一些食品、药品的生产者、销售者以“霸王条款”对消费者作出不公平、不合理的规定，损害消费者合法权益。对此，《规定》第16条规定：“食品、药品的生产者与销售者以格式合同、通知、声明、告示等方式作出排除或者限制消费者权利，减轻或者免除经营者责任、加重消费者责任等对消费者不公平、不合理的规定，消费者依法请求认定该内容无效的，人民法院应予支持。”也就是说，消费者可以依据消费者权益保护法的相关规定，请求人民法院认定“霸王条款”内容无效。

（九）消费者协会依法提起公益诉讼的予以支持

为更好地维护消费者的权益，修改后的民事诉讼法确立了公益诉讼制度。修改后的消费者权益保护法也规定了消费者协会有权提起公益诉讼。为此，《规定》第17条第2款规定：“消费者协会依法提起公益诉讼的，参照适用本规定。”这样规定与修改后的民事诉讼法和消费者权益保护法的精神一脉相承，以更好地维护消费者权益。

我要通报的情况就是这些，谢谢大家。

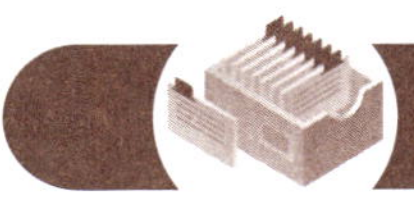

背景链接

最高人民法院关于审理食品药品纠纷案件适用法律若干问题的规定

（2013年12月9日最高人民法院审判委员会第1599次会议通过 法释〔2013〕28号）

为正确审理食品药品纠纷案件，根据《中华人民共和国侵权责任法》《中华人民共和国合同法》《中华人民共和国消费者权益保护法》《中华人民共和国食品安全法》《中华人民共和国民事诉讼法》等法律的规定，结合审判实践，制定本规定。

第一条　消费者因食品、药品纠纷提起民事诉讼，符合民事诉讼法规定受理条件的，人民法院应予受理。

第二条　因食品、药品存在质量问题造成消费者损害，消费者可以分别起诉或者同时起诉销售者和生产者。

消费者仅起诉销售者或者生产者的，必要时人民法院可以追加相关当事人参加诉讼。

第三条　因食品、药品质量问题发生纠纷，购买者向生产者、销售者主张权利，生产者、销售者以购买者明知食品、药品存在质量问题而仍然购买为由进行抗辩的，人民法院不予支持。

第四条　食品、药品生产者、销售者提供给消费者的食品或者药品的赠品发生质量安全问题，造成消费者损害，消费者主张权利，生产者、销售者以消费者未对赠品支付对价为由进行免责抗辩的，人民法院不予支持。

第五条　消费者举证证明所购买食品、药品的事实以及所购食品、药品不符合合同的约定，主张食品、药品的生产者、销售者承担违约责任

的，人民法院应予支持。

消费者举证证明因食用食品或者使用药品受到损害，初步证明损害与食用食品或者使用药品存在因果关系，并请求食品、药品的生产者、销售者承担侵权责任的，人民法院应予支持，但食品、药品的生产者、销售者能证明损害不是因产品不符合质量标准造成的除外。

第六条　食品的生产者与销售者应当对于食品符合质量标准承担举证责任。认定食品是否合格，应当以国家标准为依据；没有国家标准的，应当以地方标准为依据；没有国家标准、地方标准的，应当以企业标准为依据。食品的生产者采用的标准高于国家标准、地方标准的，应当以企业标准为依据。没有前述标准的，应当以食品安全法的相关规定为依据。

第七条　食品、药品虽在销售前取得检验合格证明，且食用或者使用时尚在保质期内，但经检验确认产品不合格，生产者或者销售者以该食品、药品具有检验合格证明为由进行抗辩的，人民法院不予支持。

第八条　集中交易市场的开办者、柜台出租者、展销会举办者未履行食品安全法规定的审查、检查、管理等义务，发生食品安全事故，致使消费者遭受人身损害，消费者请求集中交易市场的开办者、柜台出租者、展销会举办者承担连带责任的，人民法院应予支持。

第九条　消费者通过网络交易平台购买食品、药品遭受损害，网络交易平台提供者不能提供食品、药品的生产者或者销售者的真实名称、地址与有效联系方式，消费者请求网络交易平台提供者承担责任的，人民法院应予支持。

网络交易平台提供者承担赔偿责任后，向生产者或者销售者行使追偿权的，人民法院应予支持。

网络交易平台提供者知道或者应当知道食品、药品的生产者、销售者利用其平台侵害消费者合法权益，未采取必要措施，给消费者造成损害，消费者要求其与生产者、销售者承担连带责任的，人民法院应予支持。

第十条　未取得食品生产资质与销售资质的个人、企业或者其他组织，挂靠具有相应资质的生产者与销售者，生产、销售食品，造成消费者损害，消费者请求挂靠者与被挂靠者承担连带责任的，人民法院应予支持。

消费者仅起诉挂靠者或者被挂靠者的，必要时人民法院可以追加相关当事人参加诉讼。

第十一条　消费者因虚假广告推荐的食品、药品存在质量问题遭受损害，依据消费者权益保护法等法律相关规定请求广告经营者、广告发布者承担连带责任的，人民法院应予支持。

社会团体或者其他组织、个人，在虚假广告中向消费者推荐食品、药品，使消费者遭受损害，消费者依据消费者权益保护法等法律相关规定请求其与食品、药品的生产者、销售者承担连带责任的，人民法院应予支持。

第十二条　食品、药品检验机构故意出具虚假检验报告，造成消费者损害，消费者请求其承担连带责任的，人民法院应予支持。

食品、药品检验机构因过失出具不实检验报告，造成消费者损害，消费者请求其承担相应责任的，人民法院应予支持。

第十三条　食品认证机构故意出具虚假认证，造成消费者损害，消费者请求其承担连带责任的，人民法院应予支持。

食品认证机构因过失出具不实认证，造成消费者损害，消费者请求其承担相应责任的，人民法院应予支持。

第十四条　生产、销售的食品、药品存在质量问题，生产者与销售者需同时承担民事责任、行政责任和刑事责任，其财产不足以支付，当事人依照侵权责任法等有关法律规定，请求食品、药品的生产者、销售者首先承担民事责任的，人民法院应予支持。

第十五条　生产不符合安全标准的食品或者销售明知是不符合安全标准的食品，消费者除要求赔偿损失外，向生产者、销售者主张支付价款十倍赔偿金或者依照法律规定的其他赔偿标准要求赔偿的，人民法院应予支持。

第十六条　食品、药品的生产者与销售者以格式合同、通知、声明、告示等方式作出排除或者限制消费者权利，减轻或者免除经营者责任、加重消费者责任等对消费者不公平、不合理的规定，消费者依法请求认定该内容无效的，人民法院应予支持。

第十七条　消费者与化妆品、保健品等产品的生产者、销售者、广告经营者、广告发布者、推荐者、检验机构等主体之间的纠纷，参照适用本规定。

消费者协会依法提起公益诉讼的，参照适用本规定。

第十八条　本规定施行后人民法院正在审理的一审、二审案件适用本规定。

本规定施行前已经终审，本规定施行后当事人申请再审或者按照审判监督程序决定再审的案件，不适用本规定。

食品药品纠纷典型案例

案例1　孙银山诉南京欧尚超市有限公司江宁店买卖合同纠纷案

——消费者明知是过期食品而购买，请求经营者向其支付价款十倍赔偿获法院支持

（一）基本案情

2012年5月1日，原告孙银山在被告欧尚超市有限公司江宁店（以下简称欧尚超市）购买“玉兔牌”香肠15包，其中价值558.6元的14包香肠已过保质期（原告明知）。孙银山到收银台结账后，又径直到服务台进行索赔。因协商未果，孙银山诉至南京市江宁区人民法院，要求欧尚超市支付售价十倍的赔偿金5586元。

（二）裁判结果

法院认为，消费者权益保护法第2条规定：“消费者为生活消费需要购买、使用商品或者接受服务，其权益受本法保护；本法未作规定的，受其他有关法律、法规保护。”本案中，孙银山实施了购买商品的行为，欧尚超市未提供证据证明其购买商品是用于生产销售，并且原告孙银山因购买到过期食品而要求索赔，属于行使法定权利。因此，欧尚超市认为孙银

山不是消费者的抗辩理由不能成立。

食品销售者负有保证食品安全的法定义务，应当对不符合安全标准的食品及时清理下架。但欧尚超市仍然销售超过保质期的香肠，系不履行法定义务的行为，应当被认定为销售明知是不符合食品安全标准的食品。在此情况下，消费者可以同时主张赔偿损失和价款十倍的赔偿金，也可以只主张价款十倍的赔偿金。孙银山要求欧尚超市支付售价十倍的赔偿金，属于当事人自行处分权利的行为，应予支持。根据食品安全法第96条的规定，判决被告欧尚超市支付原告孙银山赔偿金5586元。现该判决已发生法律效力。

案例2　华燕诉北京天超仓储超市有限责任公司第二十六分公司、北京天超仓储超市有限责任公司人身权益纠纷案

——消费者因食用不合格食品造成人身损害，请求销售者依法支付医疗费和购物价款十倍赔偿金，人民法院予以支持

（一）基本案情

2009年5月6日，原告华燕两次到被告北京天超仓储超市有限责任公司第二十六分公司（以下简称二十六分公司）处购买山楂片，分别付款10元和6.55元（为取证），在食用时山楂片中的山楂核将其槽牙崩裂。当日，华燕到医院就诊，将受损的槽牙拔除。为此，华燕共支付拔牙及治疗费421.87元，镶牙费4810元，交通费6.4元，复印费15.8元。后华燕找二十六分公司协商处理此事时，遭到对方拒绝。华燕后拨打“12315”进行电话投诉，经北京市朝阳区消费者协会团结湖分会（以下简称团结湖消协）组织调解，未达成一致意见。遂向北京市朝阳区人民法院起诉，要求被告赔偿拔牙及治疗费421.87元，镶牙费4810元，交通费6.4元，复印费15.8元，购物价款17元及初次购物价款10倍赔偿费共计117元，精神损害抚慰金8000元。团结湖消协向法院出具说明，证明华燕所购山楂片从包装完整的

情况下即可看出存在瑕疵。案件审理中，北京天超仓储超市有限责任公司（以下简称天超公司）提供了联销合同及山楂片生产者的相关证照及山楂片的检验报告等，证明其销售的山楂片符合产品质量要求。经法院调查，华燕在本案事实发生前，曾因同一颗牙齿的问题到医院就诊，经治疗该牙齿壁变薄，容易遭受外力伤害。

（二）裁判结果

北京市第二中级人民法院二审认为，根据国家对蜜饯产品的安全卫生标准，软质山楂片内应是无杂质的。天超公司销售的山楂片中含有硬度很高的山楂核，不符合国家规定的相关食品安全卫生标准，应认定存在食品质量瑕疵，不合格食品的销售者对其销售的不合格食品所带来的损害后果，应承担全部责任。华燕自身牙齿牙壁较薄，但对于本案损害的发生并无过错，侵权人的责任并不因而减轻。从团结湖消协出具的情况说明来看，该山楂片所存在的瑕疵是在外包装完整的情况下即可发现的，因此，产品销售商是在应当知道该食品存在安全问题的情况下销售该产品，应向消费者支付价款十倍的赔偿金。鉴于华燕因此遭受的精神损害并不严重，对其要求赔偿精神损失的主张，依法不予支持。据此，该院依照食品安全法第96条的规定，判决天超公司向华燕赔偿医疗费5231.87元、交通费6.4元、退货价款及支付价款十倍赔偿金116.55元。

案例3　皮旻旻诉重庆远东百货有限公司、重庆市武陵山珍王食品开发有限公司等产品责任纠纷案

——食品存在质量问题造成消费者损害，消费者可同时起诉生产者和销售者

（一）基本案情

2012年5月5日，皮旻旻在重庆远东百货有限公司（以下简称远东公司）购买了由重庆市武陵山珍王食品开发有限公司（以下简称山珍公司）生产的“武陵山珍家宴煲”10盒，每盒单价448元，共计支付价款4480

元。每盒“武陵山珍家宴煲”里面有若干独立的预包装食品，分别为松茸、美味牛肝、黄牛肝、香菇片、老人头、茶树菇、青杠菌、球盖菌、东方魔汤料包等。每盒“武陵山珍家宴煲”产品的外包装上标注了储存方法、配方、食用方法、净含量、产品执行标准、生产许可证、生产日期、保质期以及生产厂家的地址、电话等内容，但东方魔汤料包上没有标示原始配料。山珍公司原以Q/LW7–2007标准作为企业的生产标准，该标准过期后由于种种原因未能及时对标准进行延续，且该企业仍继续在包装上标注Q/LW7–2007作为企业的产品生产标准，该企业于2012年9月向重庆市石柱土家族自治县质量技术监督局提交了企业标准过期的情况说明，于2012年10月向重庆市卫生局备案后发布了当前使用产品标准Q/LW0005S–2012。皮旻旻认为其所购食品不合格，遂向重庆市江北区人民法院起诉，请求判令远东公司退还货款4480元，判令山珍公司承担5倍赔偿责任共计22400元。

（二）裁判结果

一审法院判决：（一）远东公司于判决生效之日起10日内退还皮旻旻货款4480元。（二）驳回皮旻旻的其他诉讼请求。

二审法院认为，食品生产经营者应当依照我国食品安全法及相关法律法规之规定从事生产经营活动，对社会和公众负责，保证食品安全，接受社会监督，并依法承担法律责任。本案双方当事人的讼争焦点为，涉案食品是否存在食品安全等问题，以及本案的法律适用和法律责任问题。其一，涉案食品是否存在食品安全及其他问题。（1）山珍公司生产的“武陵山珍家宴煲”食品，未按卫生部门的通知要求进行食品安全企业标准备案，在其制定的Q/LW7–2007企业标准过期后继续执行该标准，违反食品强制性标准的有关规定；（2）该食品中“东方魔汤料包”属预包装食品，该食品预包装的标签上没有标明成分或者配料表以及产品标准代号，不符合食品安全法关于预包装食品标签标明事项的有关规定；（3）包装上的文字“家中养生我最好”是商品包装中国家标准要求必须标注事项以外的文字，符合广告特征，应适用广告法之规定，该文字属于国家明令禁止的绝对化用语，不合法。其二，本案的法律适用及法律责任。食品安全

法是侵权责任法的特别法，本案涉及食品安全问题的处理，应当适用食品安全法及相关法律法规之规定。根据上述查明的该食品存在食品安全标准、包装、广告方面的问题，该食品的生产经营者应当依照有关食品安全等法律法规之规定承担相应的法律责任。《重庆市食品安全管理办法》（以下简称《办法》）属于重庆市地方行政规章，在不与法律法规冲突的情况下可参照适用。皮旻旻要求参照《办法》第67条之规定，退换食品，并支付价款五倍赔偿金符合食品安全法第96条之规定精神，应予支持。遂判决：（一）维持一审判决第一项；（二）撤销一审判决第二项；（三）山珍公司支付上诉人皮旻旻赔偿金22400元。

案例4 从李松诉慈铭健康体检管理集团股份有限公司北京潘家园门诊部产品销售者责任纠纷案

——经营者提供商品或者服务有欺诈行为，消费者要求经营者退货并承担一倍赔偿责任的，人民法院予以支持

（一）基本案情

原告丛李松从2012年6月2日《法制晚报》上看到题为“晚期肿瘤治疗新突破”的“神麒口服液”广告，该广告称这种药物的吸收利用率可达传统中药的几倍以上；该广告下方显示专卖地址为东二环左安门桥肿瘤医院西门北走100米“慈铭中西医门诊药房”。为给其患有癌症的婶婶治病，丛李松当日在慈铭健康体检管理集团股份有限公司北京潘家园门诊部（以下简称潘家园门诊部）购买了1盒售价450元的“神麒口服液（消癌平口服液）”，上面标有国家药准字“Z20050778”字样。后发现该药品是必须在医师指导下使用的处方药，而在销售时也没有进行指导说明。北京市药品监督管理局于2012年3月发布的《违法药品广告公告》中写有：“二、违规广告涉及药品品种33个，存在未经审查发布和擅自篡改广告审批内容的行为。其中标示名称为‘结石通茶’、‘神麒口服液’两种药品发布违规广告情节严重。标示名称为‘神麒口服液’的药品在广告宣称采

用‘原子微量破核疗法’研制，含‘微管阻遏素’和‘特异激活因子’，可杀死清除肿瘤细胞，防止肿瘤的复发扩散转移。以上药品的广告宣传含夸大药品适应症、不科学地表示功效的保证等内容，严重误导和欺骗消费者。”北京市药品监督管理局于2012年4月至6月期间发布的《违法药品广告公告》所附的《违规药品广告情况汇总表》中均包括“神麒口服液”，其后标示的经营企业均包括“慈铭中西医门诊药房”。从李松认为潘家园门诊部在广告中夸大药品的适应症和功效，严重误导和欺骗消费者，故向北京市朝阳区人民法院起诉，要求其退还货款450元，赔偿450元，支付误时费9099元，赔偿精神损失费1元。

（二）裁判结果

一审法院认为，潘家园门诊部销售的药品合格，从李松主张潘家园门诊部有欺诈行为证据不足，也无法确信从李松具有购买该种商品的正当原因。尽管其提交了潘家园门诊部开具的收据原件，但是法院仍然无法确信其消费者身份。故判决驳回了从李松的诉讼请求。从李松不服该判决，向北京市第二中级人民法院提起上诉，请求二审改判支持其一审诉讼请求。

二审法院认为，消费者因经营者利用虚假广告提供商品或者服务，其合法权益受到损害的，可以向经营者要求赔偿。经营者提供商品或者服务有发布虚假广告，欺骗和误导消费者，使购买商品或者接受服务的消费者的合法权益受到损害的行为的，当按照消费者的要求增加赔偿其受到的损失，增加赔偿的金额为消费者购买商品的价款或者接受服务的费用的一倍。本案中，从李松以购买的“神麒口服液”存在虚假广告为由起诉潘家园门诊部要求其承担赔偿责任，二审法院对其主张予以支持，潘家园门诊部应对从李松的合理损失承担赔偿责任。从李松关于退还货款450元及增加赔偿450元的主张于法有据，该院予以支持。从李松关于误时费的主张，因其未提供充分证据予以证明，该院不予支持。从李松关于精神损害抚慰金的主张无事实和法律依据，该院亦不予支持。该院依据消费者权益

保护法第39条、第49条，民事诉讼法第170条第1款第（2）项之规定，判决：撤销一审判决；潘家园门诊部退还丛李松货款450元，并增加赔偿丛李松450元；驳回丛李松的其他诉讼请求。

案例5 王泉诉东方肾脏病医院邮购药品赔偿纠纷案

——医院在媒体发布违法广告诱使消费者购药，经服用无效后方知广告宣传不实，消费者请求双倍返还购药款的，人民法院予以支持

（一）基本案情

东方肾脏病医院（以下简称肾病医院）在《四川日报》上刊登了《治疗肾脏病尿毒症的新希望〈东方肾脏病医院全息根治疗法〉》，该广告对肾脏病、尿毒症的中医全息根治疗法的特点、疗效、治疗方式等进行了介绍，王泉看到这则广告后，向肾病医院进行了咨询，该医院对王泉的咨询信件作了回复，内容为其医院中医全息根治疗法能从根本上治疗肾脏病。2003年10月–2004年10月，王泉向肾病医院邮购价值20180元的“东方生力散”、“东方肾病胶囊”和“GS系列全息治疗仪”。王泉服用所购药品并使用所购治疗仪后，病情未得到改善。2005年2月，王泉以肾病医院的广告宣传不实，向山东省潍坊市工商行政管理局作了反映，该局回复已对肾病医院违反广告法发布的医疗、内部制剂广告问题进行了立案调查处理，并责令其停止发布违法广告。据此，王泉向四川省泸州市江阳区人民法院起诉，要求肾病医院和四川日报社双倍返还医疗费用40360元。一审中王泉撤回对四川日报社的起诉。

（二）裁判结果

一审法院认为，肾病医院刊登的广告内容和出具给王泉的信件中隐含了能够根治肾病，误导王泉接受了肾病医院的治疗，使王泉花费了不必要的治疗费。这种误导行为损害了王泉的合法权益，应当承担民事责任。王泉要求肾病医院双倍返还医疗费的主张合法，该院予以支持。该院依照民

法通则第122条、消费者权益保护法第49条的规定，判决肾病医院赔偿王泉40360元，一审诉讼费由肾病医院承担。肾病医院不服一审判决，以其未损害王泉的合法权益为由向泸州市中级人民法院提起上诉，请求该院撤销原判，驳回王泉的诉讼请求。

二审法院认为，肾病医院在报纸上刊登虚假广告的行为，违反了广告法第14条的规定，即广告不得含有不科学的表示功效的断言或者保证，也不得有说明治愈率或者有效率的内容。王泉因受该医疗广告的误导，购买了肾病医院的药品及治疗仪器，从而遭受经济损失。作为广告主的肾病医院应当承担赔偿责任。根据广告法第38条的规定，广告经营者和发布者应当承担连带责任。但王泉自愿申请撤回对四川日报社的诉讼，是其对诉讼权利的处分。本案不是基于药品或者治疗仪导致人身伤害而产生的损害赔偿诉讼，而是基于违法广告误导了王泉，使其在信任肾病医院能够根治肾病的情况下，购买该医院的药品和治疗仪，经过治疗后未达到广告所宣传的效果，从而造成的经济损失。该院依照消费者权益保护法第39条、第49条和当时的民事诉讼法第153条的规定，于2007年2月判决驳回东方肾脏病医院的上诉，维持原判。

现场互动

中国国际广播电台记者吴倩：我看到司法解释中第17条谈到了关于化妆品和保健品的纠纷也适用本规定，该怎么理解司法解释的适用范围呢？

张勇健：这个司法解释规定适用范围是比较广泛的。从主体上看，消费者与食品药品的销售者、生产者以及广告的经营者、广告的发布者以及相关的检验机构、认证机构等这样一些主体，因为食品的食用、药品的使用等行为发生的纠纷都可以适用这个司法解释。

从纠纷的性质上说，有两个方面需要大家注意。食品药品纠纷案件适用法律的规定这个标题说明，我们这个司法解释不仅适用于食品药品因为

安全性导致的纠纷，造成人身伤害的安全事件导致的纠纷，还适用于因为食品药品的食用、使用，质量上发生的纠纷。也就是说，在纠纷性质上不包括安全纠纷，而且包括质量纠纷，也适用这个解释。

按照食品安全法的规定，保健食品、食用农产品是属于食品范畴的，化妆品和保健品虽然不属于药品，但是它的性质在许多方面和药品相似，可以参照适用本解释的规定。所以，司法解释适用范围是比较广泛的。

南方都市报记者王殿学：这个司法解释对食品药品纠纷的举证责任有没有新规定，有没有对消费者有一些倾斜？

张勇健：举证难是食品药品纠纷案件中比较突出的问题，在发生食品药品纠纷的时候，原告起诉的时候可能是依据买卖合同起诉。如果食品药品的质量有问题，或因质量的问题导致发生了损害，这时可以依据合同，提起违约之诉。

另外，如果因为食品药品的问题导致人身受到伤害，可以提起侵权责任之诉，违约责任之诉和侵权责任之诉在举证责任方面是不同的。在违约之诉中，原告的举证只要证明了购买的食品或药品存在质量问题，就可以主张权利，主张被告承担违约责任。如果原告起诉的案由、依据是侵权责任法，提起一个侵权之诉，那么他要证明的内容会多一些。一是证明发生的损害后果，二是证明损害是因为食用了这些食品或药品导致。

所以他要证明两个事实：一是所买的东西有问题，二是发生的损害后果。要初步证明这两者之间存在因果关系，造成损害是因为食品药品有问题所致。我们认为消费者作为一个非专业人士，在证明食品药品的质量问题导致损害上的能力很弱，所以法院仅要求他初步证明可能存在这样的因果关系。所以这个规定总体来说还是考虑到消费者作为弱势一方的举证能力相对较弱的情况。

香港南华早报记者翟琦：对于食品、药品虚假广告的责任承担问题，司

法解释是否有相应规定？

张勇健：目前，我国广告市场仍存在不规范现象，虚假食品、药品广告并不鲜见。少数商家为扩大其市场销售份额，利用媒体、个人代言人做虚假广告，损害了消费者的合法权益，危害了人民群众的身体健康。

审判实践中，与食品、药品广告有关的纠纷也越来越多，需要对相关主体的责任加以明确。消费者基于对广告的信赖而购买食品、药品遭受损失，可以依照消费者权益保护法的相关规定，请求广告经营者、发布者承担连带责任。

社会团体或者其他组织、个人利用虚假广告推销食品、药品，造成消费者损害，依照消费者权益保护法的相关规定应当承担连带责任。

财新网记者任重远：请张庭长根据最近几年的生效判决介绍一下消费者通过司法途径获得有效救济的情况，比如说结合立案率或原告的胜诉率。谢谢。

张勇健：从刚才新闻发布的内容中大家已经看到了一些数据，这个数据是2010-2012年的统计，相关的食品药品民事纠纷案件一共是13216起，食品药品相关纠纷案件从案件数量上来说是不多的，原因有很多。在这类纠纷案件中，因为我们的司法解释也经过相当长的一段时间进行调研，在司法解释没有出台之前，有些案件的处理方面，各地法院有一些不同的处理。

从消费者的角度来说，提起民事赔偿诉讼的案件不多，可能主要原因是一些纠纷涉及的赔偿额不大，有一些消费者存在厌诉心理，宁可吃一点小亏也不愿意到法院打官司，所以案件数量不是很多。我们这个规定刚才也提到公益诉讼的问题，我们希望通过消费者协会或其他相关的国家法定机构或组织，通过公益诉讼的形式为广大的消费者维护合法权益达到净化市场的目的。这也是我们这个司法解释的宗旨。

凤凰卫视记者周庆元：我们刚才注意到发言人讲到了，包括近期出现的“毒奶粉”、“地沟油”等一系列的事件，对于整个质量安全大环境下带来了

非常严峻的一系列的影响，请最高法预期一下如果这项新的司法解释出台以后，将会达到什么样的效果？对这一系列的“黑工厂”、“黑作坊”会不会起到一定的整治作用？

张勇健：这个问题不仅仅是司法解释本身的问题，应当说在食品药品的消费市场上，假冒伪劣的问题一直是被广大人民群众深恶痛绝的。各级政府包括人民法院对这个问题也是十分重视的，2013年已经颁布有关的涉及食品药品安全的刑事案件的司法解释。应当说，对于假冒伪劣的打击和遏制，在于公权力机关通过行政监管的手段。通过刑事打击的手段也可以起到积极作用，但远远不够。

如果说这是一场正规战的话，我们的广大消费者用法律的武器来维护自己的民事权益，能够使我们的公权力的一双眼睛能够辅之以千千万万的消费者无数双眼睛共同监管这个市场，共同守护这个市场的净化，这是司法解释所期待的。我们希望通过这个司法解释能够唤起、激励广大消费者的维权意识，在净化市场、打击制售假冒伪劣商品方面发起一场人民战争。

京华时报记者孙思娅：看到以前广告法第38条没有把个人纳入虚假广告中承担相应责任，这次司法解释加入了个人，比如明星代言人之类的。如何判断他们是否应当承担责任？还是说只要他们做了虚假广告就应当承担责任，或者说主观上有一些明知的考虑？

张勇健：你刚才的问题提到了广告法，我也提到了司法解释所依据的法律是一系列法律，其中重要的是消费者权益保护法，新消法在这个问题上有了新的规定，希望大家注意这一条，这一条对广告法作了重要补充。

新消法的第45条，在关于个人的问题上，应该说和广告法相比有所增加，广告法没有提到个人问题，新消法第45条提到社会团体或者其他组织、个人在关系消费者生命健康商品或者服务的虚假广告或其他虚假宣传中向消费者推荐商品和服务造成消费者损害的，应当与提供该商品或服务的经营者承担连带责任。

这是刚才发言人提到的，司法解释现在还不生效，它的生效时间是2014年3月15日，与新消费者权益保护法同一天生效，因为我们所依据的一些重要内容有很多是新消费者权益保护法，所以这一点我想提醒大家注意。

中国日报社记者曹音：刚才您也提到，第一，咱们的司法解释是今年的3月15日实施，除了和新消法一起生效，还有没有其他的意义？第二，我们关注到特意把网络消费也写在了司法解释里，请您谈谈相应的背景。另外，一些民事案件中网络平台也有一些“避风港”的原则，不知道在食品药品的司法解释中有没有更多的细节可以披露？谢谢。

张勇健：关于网络平台的责任问题，也是新的消费者权益保护法规定的新内容。至于为什么选择本司法解释在今年的3月15日生效，主要还是因为新消法在今年的3月15日生效，这是主要的原因。

关于网络平台的问题，我们司法解释的规定和新消费者权益保护法的规定基本是一致的，仅仅在操作性质方面做了一些具体的规定。关于网络销售平台的提供者的责任问题，应当说消费者权益保护法规定得已经比较明确了，我们仅仅是提供一个操作方面的规范。

新华社记者陈菲：从这次的司法解释中看到，“知假买假”是不影响主张消费者的权利的，请问对于职业打假人是否也包含在所谓的“知假买假”这一规定中，也就是说，职业打假人的行为是否要受到保护？谢谢。

张勇健：关于“知假买假”的问题，我们在第一个案例中已经把司法解释中的相关法条做了生动的阐释，“知假买假”这样的行为不影响行为人主张消费者权益。但是所谓职业打假人，甚至形成的一些公司、集团，在这个问题上这个司法解释没有作出明确规定，仍然还是在一种探索的过程中。

我们讨论这个问题的时候，觉得职业打假本身确实是一把“双刃剑”，一方面能够对假冒伪劣的行为起到一种制约、遏制的作用，对于市场净化也有一定的积极意义。但是，职业打假也可能从另一个方面产生一

些道德风险或者其他的一些市场秩序上的问题。在这些问题上，我们还在进一步研究，没有最后的结论。

媒体反响

法制日报　袁定波　2014年1月9日

最高法：明确虚假食品、药品广告代言人和推销者的法律责任

最高人民法院今天公布《关于审理食品药品纠纷案件适用法律若干问题的规定》，明确了虚假食品、药品广告代言人和推销者的法律责任。

据了解，近年来，利用虚假食品、药品广告坑害消费者的情况较为普遍，社会危害十分严重。不少商家为扩大其市场销售份额，利用媒体、个人代言人做虚假广告，或者利用虚假广告推销食品、药品，严重损害了消费者生命健康和财产安全。针对这种不法行为，司法解释规定："消费者因虚假广告推荐的食品、药品存在质量问题遭受损害，依据消费者权益保护法等法律相关规定请求广告经营者、广告发布者承担连带责任的，人民法院应予支持。"

此外，司法解释还规定，社会团体或者其他组织、个人，在虚假广告中向消费者推荐食品、药品，使消费者遭受损害，消费者依据消费者权益保护法等法律相关规定请求其与食品、药品的生产者、销售者承担连带责任的，人民法院应予支持。根据消费者权益保护法、侵权责任法的相关规定精神，在连带责任中，消费者既可以一并起诉食品、药品的生产商、销售商、广告经营者、广告发布者、广告代言人，请求其共同承担赔偿责任，也可以起诉其中一个或者几个作为被告，由其承担全部赔偿责任，然后再向其他责任主体行使追偿权。

更多媒体报道题目选登：

1.人民网记者杨孟辰2014年1月9日报道《最高法：食品药品仅造成消费者财产损失可获补偿》。

2.中国国际广播电台记者吴倩2014年1月9日报道《最高法发布司法解释 消费者“知假买假”不影响主张权利》。

◀图为发布会现场。

▶图为最高人民法院新闻发言人孙军工主持发布会。

▶ 图为最高人民法院民事审判第一庭庭长张勇健公布食品药品纠纷典型案例。

◀ 图为现场直播台。

▶ 图为现场记者。

第二场新闻发布会

依法防治家庭暴力　切实保护被害人权益

发布主题：人民法院司法干预家庭暴力有关情况
发布时间：2014年2月27日
关 键 词：司法干预　家庭暴力　人身安全保护　典型案例
主 持 人：最高人民法院新闻发言人　孙军工
出席嘉宾：最高人民法院应用法学研究所所长　孙佑海
最高人民法院刑事审判第一庭副庭长　薛淑兰

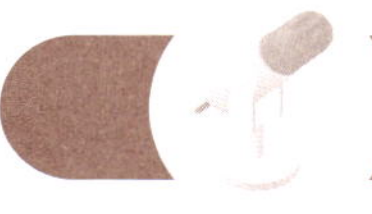

发布主题

关于人民法院司法干预家庭暴力有关情况的新闻发布稿

最高人民法院新闻发言人　孙军工

各位记者：

大家下午好。今天新闻发布会的主题是通报人民法院司法干预家庭暴力的有关情况。为了使大家能够更加充分地了解这方面的工作，我们专门邀请了最高人民法院刑事审判第一庭副庭长薛淑兰、最高人民法院应用法学研究所所长孙佑海出席今天的发布会并发布10起典型案例。下面，首先由我向大家通报人民法院司法干预家庭暴力的有关情况。

一、司法干预家庭暴力的背景

“清官难断家务事”。在中国人的传统观念里，一直认为家庭暴力属于家务事，国家公权力不应过多介入。实践中，司法机关处理涉家庭暴力案件比处理其他类型的案件存在更多的特殊性和需要考量的因素。近年来，家庭暴力逐渐成为社会热点话题，其严重的社会危害性也逐渐被社会所认知。据有关部门统计，我国大约有24.7%的家庭存在不同程度的家庭暴力。实施家庭暴力导致被害人重伤、死亡，或者是长期遭受家庭暴力的被害人杀死施暴人的重大恶性案件时有发生。根据最高人民法院的统计，涉及家庭暴力的故意杀人案件，占到全部故意杀人案件的近10%。一些采取极其残忍手段虐待妇女、儿童、老人的案件，经媒体报道后，引起了社会高度关注。这些事实和数据说明，家庭暴力不再像传统观念认为的那样，属于单纯的家事、小事，而是一个严重危害婚姻家庭关系、社会秩序稳定的社会问题，关系到公民人权保护、家庭关系和谐、男女性别平等、国家文明进步。近年来，人民群众要求司法干预家庭暴力的呼声非常强烈。自十届全国人大以来，每年都有人大代表提交关于制定反家暴法的议案。国家防治家庭暴力，包括行政干预、司法干预和社会干预三大途径。人民法院依法行使司法权，使施暴人承担应有的法律责任，使被害人得到及时有效的法律保护，既是当前人民群众的期待和关切，也是时代发展与社会进步的要求，更是人民法院依法应当承担的职责。

二、司法干预家庭暴力的总体情况

人民法院高度重视维护妇女、儿童和老人在家庭中的基本人身权利。2008年5月，最高人民法院发布了《涉及家庭暴力婚姻案件审理指南》。该审理指南共81条，主要规定了审理涉及家庭暴力婚姻案件的基本原则和要求、人身安全保护措施、证据、财产分割、子女抚养和探视、调解等方面的内容，为基层法院提供了可操作的参考性办案指南。2008年6月，全国法院启动涉家庭暴力婚姻案件审理试点工作，当年确定9个基层法院作为试点法院，2011年试点法院增加到73个基层法院。2012年3月，司法干预家庭暴力的试点工作延伸到刑事领域。同年5月，最高人民法院成立了“涉家庭暴力刑事司法改革”课题组，开展了一系列调研和试点工作。总体上讲，司法干预家庭暴力工作主要呈现以下七个特点。

（一）审理组织专门化。近年来，一些有条件的基层人民法院成立了专门合议庭或安排专人独任审理涉及家庭暴力的婚姻家庭案件，并尽可能安排具有婚姻家庭经验和人生阅历较为丰富的法官，或者接受过干预家庭暴力专业培训的法官办理涉及家庭暴力婚姻家庭案件，以提高办案效率和探索审理此类案件的专门经验。如湖南省长沙市岳麓区人民法院于2008年5月成立了全国首个“涉家庭暴力婚姻案件合议庭”，坚持创新举措、立体干预、多方联动，对反家暴审判进行了全方位的改革探索。同年9月26日，该院发出湖南省第一份“人身安全保护裁定”，这一做法被评为该年度湖南省十大最具影响力的法治事件之一。广东省珠海市香洲区人民法院于2009年组建专门的反家暴合议庭，设立了全国首个人身安全保护裁定立案专窗，实行专业化审理。该合议庭在涉家暴离婚案件审理中，加大调查取证力度，加大加害人举证责任，限制加害人探视权，制裁伪造债务行为等，属全国首创。福建省莆田市城厢区人民法院于2010年成立反家暴合议庭，专门审理涉家庭暴力婚姻家庭案件，2013年又扩展为民刑合一的反家暴合议庭，专门审理涉家庭暴力民事和刑事案件。

（二）**加大人身安全保护力度。**一是对受害人联系方式保密。实践中，人民法院加强对受害人的有关信息保密，特别是不将受害人的行踪及联系方式告诉加害人，以防止加害人继续威胁、恐吓或伤害受害人。二是对受害人实行保护性缺席庭审。有证据证明存在家庭暴力，且受害人处于极度恐惧之中的，正常的开庭审理可能导致受害人重新受制于加害人的，或者可能使受害人的人身安全处于危险之中的，人民法院可以应受害人的申请，单独听取其口头陈述意见，并接受其提交的书面意见。案件开庭时，其代理人可以代为出庭。

（三）**依法及时作出人身安全保护裁定。**实践中，人民法院收到人身安全保护申请后，经审查或听证确认存在家庭暴力危险，如果不采取人身安全保护措施将使受害人的合法权益受到难以弥补的损害的，一般会在48小时内（最快的是当天）发出裁定。人民法院作出的人身安全保护裁定，一般包括下列内容中的一项或多项：（1）禁止被申请人殴打、威胁申请人或申请人的亲友；（2）禁止被申请人骚扰、跟踪申请人，或者与申请人以及可能受到伤害的未成年子女进行不受欢迎的接触；（3）人身安全保护裁定生效期间，一方不得擅自处理价值较大的夫妻共同财产；

（4）有必要并且具备条件的，可以责令被申请人暂时搬出双方共同的住处；（5）禁止被申请人在距离下列场所200米内活动：申请人的住处、学校、工作单位或其他申请人经常出入的场所；（6）必要时，责令被申请人自费接受心理治疗；（7）为保护申请人及其特定亲属人身安全的其他措施。申请人申请并经审查确有必要的，人身安全保护裁定可以附带解决以下事项：（1）申请人没有稳定的经济来源，或者生活确有困难的，责令被申请人支付申请人在保护裁定生效期间的生活费以及未成年子女抚养费、教育费等；（2）责令被申请人支付申请人因被申请人的暴力行为而接受治疗的支出费用、适当的心理治疗费及其他必要的费用。被申请人的暴力行为造成的财产损失，留待审理后通过判决解决。

据不完全统计，试点法院自2008年以来，共发出人身安全裁定超过500份。如广东省珠海市香洲区人民法院发出92份，福建省莆田市城厢区人民法院发出43份，重庆市渝中区人民法院发出24份，湖南省长沙市岳麓区人民法院发出21份，陕西省西安市雁塔区人民法院发出20份，均有效防止了家庭暴力的再度发生。

（四）合理分配举证责任。实践中，人民法院根据家庭暴力隐蔽性的特点和规律，合理分配举证责任，原告提供证据证明受侵害事实及伤害后果并指认系被告所为的，举证责任转移至被告。被告虽否认但不能提供反证的，法院可以推定被告为加害人，认定家庭暴力事实的存在。试点工作进行5年多来，还没有出现被推定施暴的被告就此推定提出上诉的案件。据不完全统计，在2011年，部分试点法院的家庭暴力司法认定率从普遍低于8%上升到29%以上。之后，一直保持上升的趋势。

（五）平等分割家庭财产。人民法院在分割夫妻共同财产时，注重坚持性别平等的基本理念。一是公平地补偿，以平等保护在婚姻关系存续期间对照顾家庭投入较多一方的利益。二是有助于妇女离婚后的生存和发展。在加害人自认或法院认定的家庭暴力案件中，受害人需要治疗的、因家庭暴力失去工作或者影响正常工作的，以及在财产利益方面受到不利影响的，在财产分割时应得到适当照顾。受害人向加害人提供接受高等教育的机会和资金支持，或支持加害人开拓事业而牺牲自己利益的，无论当初

自愿与否，如果这种牺牲可能导致受害人离婚后生活和工作能力下降、收入减少、生活条件降低的，在财产分割时应当获得适当照顾。在家务劳动、抚育子女、照料老人等方面付出较多的当事人，在财产分割时可以适当予以照顾或补偿。

（六）**不支持加害方直接抚养子女。**在人民法院认定家庭暴力存在的案件中，如果双方对由谁直接抚养子女不能达成一致意见，未成年子女原则上应由受害人直接抚养。但受害人自身没有基本的生活来源保障，或者患有不适合直接抚养子女的疾病的除外，以充分体现“儿童最佳利益”原则。

（七）**加大适用刑事禁止令。**刑法修正案（八）规定，对判处管制、宣告缓刑的犯罪分子，人民法院可以根据犯罪情况，在作出判决的同时，禁止其在管制执行期间、缓刑考验期限内从事特定活动，进入特定区域、场所，接触特定的人。最高人民法院要求，试点法院对于家暴施暴被告人尽可能同时适用刑事禁止令，以避免和减少家庭暴力再次发生的可能性。

三、下一步工作安排

最高人民法院将在近年来工作的基础上，针对人民法院审理涉家庭暴力案件存在的主要问题，做好以下几项工作：

（一）**指导试点改革，及时总结试点经验。**最高人民法院将进一步加大指导试点法院改革的工作力度，及时总结试点工作中取得的经验和遇到的困难，稳步推进试点工作。

（二）**出台办理涉家庭暴力刑事案件规范性文件。**规范性文件将对涉家暴刑事案件的证据、刑事政策的具体适用等方面作出详细规定，为依法办理这类案件提供具体的法律依据。同时，将及时发布涉家庭暴力指导性案例，通过案例推广审判经验，统一法律适用。

（三）**探索建立反家庭暴力统筹联动机制。**选择条件比较成熟的试点法院，牵头联系当地检察院、公安、司法、妇联等相关部门，探索建立统筹联动机制，主动协调、充分发挥各方力量，形成合力。从妇联、工会、社区基层组织等单位推荐的人员中选择人民陪审员参与涉家暴案件审理工作，邀请当事人亲友、所在单位和基层组织人员参与调解。在审判过程中聘请心理咨询师对受害人进行心理导护，对加害人予以心理矫正，修复受损的家庭关系，以期形成多部门合作的局面，共同预防和制止家庭暴力。

我向大家通报的情况就是这些，谢谢大家！

附：相关术语解释及法律条文、司法文件

1.相关术语解释

家庭暴力：《最高人民法院关于适用〈《中华人民共和国婚姻法〉若干问题的解释（一）》第一条规定，家庭暴力是指行为人以殴打、捆绑、残害、强行限制人身自由或者其他手段，给其家庭成员的身体、精神等方面造成一定伤害后果的行为。持续性、经常性的家庭暴力，构成虐待。

人身安全保护裁定：一种民事强制措施，是人民法院为了保护家庭暴力受害人及其子女和特定亲属的人身安全、确保民事诉讼程序的正常进行而作出的裁定。

2.《中华人民共和国民事诉讼法》

第一百条第一款　人民法院对于可能因当事人一方的行为或者其他原因，使判决难以执行或者造成当事人其他损害的案件，根据对方当事人的申请，可以裁定对其财产进行保全、责令其作出一定行为或者禁止其作出一定行为；当事人没有提出申请的，人民法院在必要时也可以裁定采取保全措施。

3.《涉及家庭暴力婚姻案件审理指南》

内容详见最高人民法院网：

http：//www.court.gov.cn/yyfx/yyfxyj/ztllyj/xbpdysfgz/201205/t20120525_177209.html

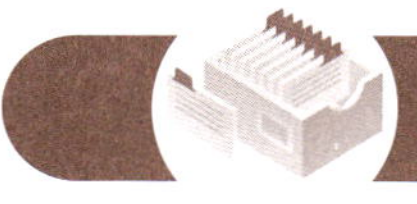

背景链接

司法干预家庭暴力典型案例

案例1　女童罗某某诉罗某抚养权纠纷案

——人身安全保护裁定制止儿童虐待

（一）基本案情

2007年，原告余某某与被告罗某离婚，婚生女孩罗某某（2001年12月26日出生）由被告罗某抚养。2011年12月28日，原告向法院诉称，被告长期在外打工，女儿罗某某与祖母和大伯共同生活期间，罗某某经常遭受殴打和辱骂，且罗某某与离异的大伯同住一室，随时可能遭受性侵犯。原告向法院提供了女儿的伤情鉴定书及其要求与母亲共同生活的书信等证据，并请求法院判令变更女儿罗某某由原告抚养。诉讼过程中，罗某某向法院申请人身安全保护。

（二）裁判结果

法院经审理认为，申请人罗某某在与被申请人余某金、罗某衡共同生活期间多次无故遭受殴打，且有法医学人体损伤程度鉴定书为证。申请人罗某某的申请符合法律规定。据此，依法裁定禁止被申请人余某金、罗某衡殴打、威胁、辱骂、骚扰、跟踪申请人罗某某，裁定有效期为六个月。之后，经法院调解，双方变更了抚养权，此案在一周内结案，未成年人罗某某在最短的时间内摆脱了家庭暴力。

案例2　郑某丽诉倪某斌离婚纠纷案

——威胁作为一种家庭暴力手段的司法认定

（一）基本案情

原告郑某丽与被告倪某斌于2009年2月11日登记结婚，2010年5月7日生育儿子倪某某。在原、被告共同生活期间，被告经常击打一个用白布包裹的篮球，上面写着“我要打死郑某丽”的字句。2011年2月23日，原、被告因家庭琐事发生争执，后被告将原告殴打致轻微伤。2011年3月14日，原告向法院提起离婚诉讼，请求法院依法判令准予原、被告离婚；婚生男孩倪某某由原告抚养，抚养费由原告自行承担；原、被告夫妻共同财产依法分割；被告赔偿原告精神损失费人民币30000元。

（二）裁判结果

法院经审理认为，原告郑某丽与被告倪某斌婚前缺乏了解，草率结婚。婚后被告将一个裹着白布的篮球挂在家中的阳台上，且在白布上写着对原告具有攻击性和威胁性的字句，还经常击打篮球，从视觉上折磨原告，使原告产生恐惧感，该行为构成精神暴力。在夫妻发生矛盾时，被告对原告实施身体暴力致其轻微伤，最终导致了原、被告夫妻感情的完全破裂。因被告存在家庭暴力行为不宜直接抚养子女，且婚生男孩倪某某未满两周岁随母亲生活更有利于其身心健康。被告对原告实施家庭暴力使原告遭受精神损害，被告应承担过错责任，故被告应酌情赔偿原告精神损害抚慰金。据此，依法判决准予原告郑某丽与被告倪某斌离婚；婚生男孩倪某某由原告郑某丽抚养，抚养费由原告承担；被告倪某斌赔偿原告郑某丽精神损害抚慰金人民币5000元。该判决已生效。

案例3　陈某转诉张某强离婚纠纷案

——滥施“家规”构成家庭暴力

（一）基本案情

原告陈某转、被告张某强于1988年8月16日登记结婚，1989年7月9日生育女儿张某某（已成年）。因经常被张某强打骂，陈某转曾于1989年起诉离婚，张某强当庭承认错误保证不再施暴后，陈某转撤诉。此后，张某强未有改变，依然要求陈某转事事服从，稍不顺从，轻则辱骂威胁，重则拳脚相加。2012年5月14日，张某强认为陈某转未将其衣服洗净，辱骂陈某转并命令其重洗。陈某转不肯，张某强即殴打陈某转。女儿张某某在阻拦过程中也被打伤。2012年5月17日，陈某转起诉离婚。被告张某强答辩称双方只是一般夫妻纠纷，保证以后不再殴打陈某转。庭审中，张某强仍态度粗暴，辱骂陈某转，又坚决不同意离婚。

（二）裁判结果

法院经审理认为，家庭暴力是婚姻关系中一方控制另一方的手段。法院查明事实说明，张某强给陈某转规定了很多不成文家规，如所洗衣服必须让张某强满意、挨骂不许还嘴、挨打后不许告诉他人等。张某强对陈某转的控制还可见于其诉讼中的表现，如在答辩状中表示道歉并保证不再殴打陈某转，但在庭审中却对陈某转进行威胁、指责、贬损，显见其无诚意和不思悔改。遂判决准许陈某转与张某强离婚。一审宣判后，双方均未上诉。

一审宣判前，法院依陈某转申请发出人身安全保护裁定，禁止张某强殴打、威胁、跟踪、骚扰陈某转及女儿张某某。裁定有效期六个月，经跟踪回访确认，张某强未违反。

案例4　李某娥诉罗某超离婚纠纷案

——优先考虑儿童最佳利益

（一）基本案情

原告李某娥、被告罗某超于1994年1月17日登记结婚，1994年8月7日生育女儿罗某蔚，2002年6月27日生育儿子罗某海。双方婚后感情尚可，自2003年开始因罗某超经常酗酒引起矛盾。2011年起，罗某超酗酒严重，经常酒后施暴。女儿罗某蔚在日记中记录了罗某超多次酒后打骂李某娥母子三人的经过。2012年1月5日，李某娥第一次起诉离婚。因罗某超提出双

方登记离婚，李某娥申请撤诉。但之后罗某超反悔，酗酒和施暴更加频繁。2012年7月30日，罗某超酒后扬言要杀死全家。李某娥母子反锁房门在卧室躲避，罗某超踢烂房门后殴打李某娥，子女在劝阻中也被殴打，李某娥当晚两次报警。2012年8月底，为躲避殴打，李某娥带子女在外租房居住，与罗某超分居。2012年9月21日，李某娥再次起诉离婚并请求由自己抚养一双子女。罗某超答辩称双方感情好，不承认自己酗酒及实施家庭暴力，不同意离婚，也不同意由李某娥抚养子女。

（二）裁判结果

法院经审理认为，罗某超长期酗酒，多次酒后实施家庭暴力。子女罗某蔚、罗某海数次目睹父亲殴打母亲，也曾直接遭受殴打，这都给他们身心造成严重伤害，同时也可能造成家庭暴力的代际传递。为避免罗某蔚、罗某海继续生活在暴力环境中，应由李某娥抚养两个子女，罗某超依法支付抚养费。遂判决准许李某娥与罗某超离婚，子女罗某蔚、罗某海由李某娥抚养，罗某超每月支付抚养费共计900元。罗某超可于每月第一个星期日探视子女，探视前12小时内及探视期间不得饮酒，否则视为放弃该次探视权利，李某娥及子女可拒绝探视。一审宣判后双方均未提起上诉。

案例5　郝某某诉郝某华赡养纠纷案

——人身安全保护裁定制止子女虐待老人

（一）基本案情

申请人郝某某与其妻王某某（已故）育有五个子女。现郝某某已丧失劳动能力，除每月的低保金320元外，无其他经济来源，其日常生活需要子女照顾。申请人郝某某轮流在除被告郝某华之外的其他子女处居住生活。因其他子女经济情况一般，住房较为紧张，申请人郝某某遂要求被告郝某华支付赡养费，并解决其居住问题。被申请人郝某华对原告郝某某提出的要求不满，经常用激烈言辞对郝某某进行言语威胁、谩骂，致使郝某某产生精神恐惧，情绪紧张。郝某某诉至法院，要求被告郝某华支付赡养费，并解决其居住问题。经法院多次通知，被告郝某华仍不到庭应诉，反而对原告恫吓威胁，致使原告终日处在恐惧之中。原告遂在诉讼期间向本院申请人身安全保护裁定，要求法院采取措施，制止被告郝某华对郝某某威胁、谩骂侮辱行为。

（二）裁判结果

针对申请人提出的人身安全保护裁定申请，法院经审理认为，被申请人郝某华对申请人郝某某经常进行言语威胁、谩骂等行为，导致申请人终日生活在恐惧之中，故其申请符合法律规定，应予支持。法院裁定：禁止被申请人郝某华对申请人郝某某采取言语威胁、谩骂、侮辱以及可能导致申请人产生心理恐惧、担心、害怕的其他行为。同时，法院对被申请人进行了训诫，告知其在有效期内，若发生上述行为，则视情节轻重对被申请人采取拘留、罚款等强制措施。经跟踪回访，被申请人对申请人再无威胁行为。对原告请求被告履行赡养义务的请求，法院判决被告郝某华每月向原告郝某某支付赡养费600元。

案例6　钟某芳申请诉后人身安全保护案

——诉后人身安全保护裁定制止“分手暴力”

（一）基本案情

申请人钟某芳与被申请人陈某于2010年2月2日经法院判决离婚，子女由钟某芳抚养。判决生效后，陈某拒不搬出钟某芳房屋，还要求与钟某芳同吃、同睡，限制钟某芳的人身自由和社会交往。钟某芳稍有不从，就遭其辱骂和殴打，并多次写字条威胁钟某芳。法院强制其搬离后，他仍然借探视子女为由，多次进入钟某芳家中对其实施威胁，还经常尾随、监视钟某芳的行踪，不仅使钟某芳的身体受到伤害，还使其处于极度恐惧之中。钟某芳于2010年5月6日向法院提出了人身安全保护裁定的申请，并提交了报警证明、妇联的来访记录、被申请人威胁申请人的字条、被撕烂的衣物、照片等证明材料。

（二）裁判结果

法院经审理认为，申请人钟某芳在离婚后仍然被前夫陈某无理纠缠，

经常遭其辱骂、殴打和威胁，人身自由和社会交往仍受前夫的限制，是典型的控制型暴力行为受害者。为保护申请人的人身安全，防止“分手暴力”事件从民事转为刑事案件，法院裁定：禁止被申请人陈某骚扰、跟踪、威胁、殴打申请人钟某芳，或与申请人钟某芳以及未成年子女陈某某进行不受欢迎的接触；禁止被申请人陈某在距离申请人钟某芳的住所或工作场所200米内活动；被申请人陈某探视子女时应征得子女的同意，并不得到申请人的家中进行探视。该保护令的有效期为六个月。经跟踪回访，申请人此后再没有受到被申请人的侵害或骚扰。

案例7　邓荣萍故意伤害案

——长期对养女实施家暴获刑

（一）基本案情

被害人范某某（女，时年7岁）出生后不久即由被告人邓荣萍收养。在收养期间，邓荣萍多次采取持木棒打、用火烧、拿钳子夹等手段虐待范某某，致范某某头部、面部、胸腹部、四肢多达百余处皮肤裂伤，数枚牙齿缺失。2010年3月26日上午，因范某某尿床，邓荣萍便用木棒殴打范某某腿部，致范某某左股骨骨折，构成轻伤。案发后，邓荣萍向公安机关投案。

（二）裁判结果

法院经审理认为，被告人邓荣萍故意伤害他人身体的行为已构成故意伤害罪。邓荣萍为人之母，长期对养女范某某进行虐待，又因琐事持木棒将范某某直接打致轻伤，手段残忍，情节恶劣，后果严重，应依法惩处。鉴于邓荣萍自动投案后，如实供述自己的罪行，具有自首情节，依法可对其从轻处罚。据此，关岭布依族苗族自治县人民法院依法以故意伤害罪判处被告人邓荣萍有期徒刑二年二个月。

案例8　汤翠连故意杀人案

——经常遭受家暴致死丈夫获刑

（一）基本案情

被告人汤翠连与被害人杨玉合（殁年39岁）系夫妻。杨玉合经常酗酒且酒后无故打骂汤翠连。2002年4月15日17时许，杨玉合醉酒后吵骂着进家，把几块木板放到同院居住的杨某洪、杨某春父子家的墙脚处。为此，与杨某春和杨玉合发生争执、拉扯。汤翠连见状上前劝阻，杨玉合即用手中的木棍追打汤翠连。汤翠连随手从柴堆上拿起一块柴块，击打杨玉合头部左侧，致杨玉合倒地。杨某洪劝阻汤翠连不要再打杨玉合。汤翠连因惧怕杨玉合站起来后殴打自己，仍继续用柴块击打杨玉合头部数下，致杨玉合因钝器打击头部颅脑损伤死亡。案发后，村民由于同情汤翠连，劝其不要投案，并帮助掩埋了杨玉合的尸体。

（二）裁判结果

法院经审理认为，被告人汤翠连故意非法剥夺他人生命的行为已构成故意杀人罪。被害人杨玉合因琐事与邻居发生争执和拉扯，因汤翠连上前劝阻，杨玉合即持木棍追打汤翠连。汤翠连持柴块将杨玉合打倒在地后，不顾邻居劝阻，继续击打杨玉合头部致其死亡，后果严重，应依法惩处。鉴于杨玉合经常酒后实施家庭暴力，无故殴打汤翠连，具有重大过错；汤翠连在案发后能如实供述犯罪事实，认罪态度好；当地群众请求对汤翠连从轻处罚。综上，对汤翠连可酌情从轻处罚。据此，施甸县人民法院依法以故意杀人罪判处被告人汤翠连有期徒刑十年。

案例9　肖正喜故意杀人、故意伤害案

——长期实施家暴并杀人获死刑

（一）基本案情

被告人肖正喜和被害人肖海霞（殁年26岁）结婚并生育一女一子。

2005年，肖正喜怀疑肖海霞与他人有染，二人感情出现矛盾。2009年4月，肖海霞提出离婚，肖正喜未同意。2010年5月22日，肖正喜将在外打工的肖海霞强行带回家中，并打伤肖海霞。肖海霞的父母得知情况后报警，将肖海霞接回江西省星子县娘家居住。

2010年5月25日下午，肖正喜与其表哥程某欲找肖海霞的父亲肖某谈谈。肖某拒绝与肖正喜见面。肖正喜遂购买了一把菜刀、一把水果刀以及黑色旅行包、手电筒等物品，欲杀死肖海霞。当日16时许，肖正喜不顾程某劝阻，独自乘车来到肖海霞父亲家中，躲在屋外猪圈旁。23时许，肖正喜进入肖海霞所住房间，持菜刀砍击肖海霞头部、脸部和手部数下，又用水果刀捅刺肖海霞前胸，致肖海霞开放性血气胸合并失血性、创伤性休克死亡。肖正喜扔弃水果刀后逃离。肖某及其妻子李某听到肖海霞的呼救声后，即追赶上肖正喜并与之发生搏斗，肖正喜用菜刀砍伤肖某，用随身携带的墙纸刀划伤李某。后肖正喜被接到报警后赶来的公安民警抓获。

（二）裁判结果

法院经审理认为，被告人肖正喜故意非法剥夺他人生命的行为已构成故意杀人罪，故意伤害他人身体的行为又构成故意伤害罪，应依法数罪并罚。肖正喜不能正确处理夫妻矛盾，因肖海霞提出离婚，即将肖海霞打伤，后又携带凶器至肖海霞家中将肖海霞杀死，将岳父、岳母刺伤，情节极其恶劣，后果极其严重，应依法惩处。据此，依法对被告人肖正喜以故意杀人罪判处死刑，剥夺政治权利终身；以故意伤害罪判处有期徒刑二年，决定执行死刑，剥夺政治权利终身。经最高人民法院复核核准，罪犯肖正喜已被执行死刑。

案例10　薛某凤故意杀人案

——养女被养父长期性侵杀死养父获刑

（一）基本案情

被告人薛某凤自幼被薛某太（被害人，殁年54岁）收养。自1999年薛某凤11岁起，薛某太曾多次对薛某凤强行实施奸淫。2004年3月，薛某凤因被薛某太强奸导致怀孕，后引产。2005年1月，薛某凤与他人结婚。2007年11月11日晚，薛某太酒后将薛某凤叫至其房间内，持刀威胁薛某凤，要求发生性关系。薛某凤谎称同意，趁机用绳子将薛某太双手、双脚捆住，薛某凤离开房间。次日3时许，薛某凤返回房间，采取用扳手击打薛某太头部等手段，致薛某太颅脑损伤死亡。后薛某凤将薛某太的尸体浇油焚烧。

（二）裁判结果

法院经审理认为，被告人薛某凤故意非法剥夺他人生命的行为已构成故意杀人罪。薛某凤持械击打被害人薛某太头部致其死亡，后果严重，应依法惩处。鉴于薛某太利用其养父身份，在薛某凤还系幼女时即长期奸淫并导致薛某凤怀孕引产，对薛某凤的身心健康造成巨大伤害。在薛某凤与他人结婚后，薛某太仍持刀欲强行奸淫薛某凤，具有重大过错；临漳县人民检察院认为，因薛某凤自幼被薛某太长期奸淫，薛某凤为反抗而杀死薛某太，故意杀人情节较轻，建议对薛某凤适用缓刑；当地村委会及数百名群众以薛某凤实施杀人行为实属忍无可忍，其家中又有两个年幼子女和一个呆傻养母需要照顾为由，联名请求对薛某凤从轻处罚；临漳县妇女联合会建议，为挽救薛某凤的家庭，减少社会不和谐因素，尽量从轻处罚；案发后薛某凤认罪态度较好，有悔罪表现。综上，对被告人薛某凤可从轻处罚。据此，临漳县人民法院依法以故意杀人罪判处被告人薛某凤有期徒刑三年，缓刑五年。

现场互动

中国妇女报记者王春霞：我有三个问题：第一，这一段时间媒体报道多起虐待家庭成员尤其是虐待儿童的案件，但是据我们了解，对于施暴人以虐待罪判刑案件还是比较少见的。请问薛庭长，这种现象的原因是什么？第二，刚才通报的时候谈到将出台办理涉及家庭暴力刑事案件的规范性文件，有没有具

体的时间表？在这个规范性文件中，对于以暴治暴的问题，在定罪量刑的时候是否作为从轻的考虑情节？第三，关于家庭暴力的定义，从公布的案例也谈到家庭暴力有一种控制在里面，控制属于家庭暴力，第10个案例涉及性侵犯的家庭成员，也纳入公布的案例范围。家庭暴力是对身体和精神方面造成的侵害，是不是也包括对性方面的侵害？最近，反家庭暴力立法在推进，具体内容包括哪些？最高人民法院有没有什么建议？

薛淑兰：首先关于第一个问题，刚才您提出的问题虐待罪在法院审结的案件中比例很小，据我们了解有以下三个原因：一是刑法有规定，虐待家庭成员的，情节恶劣判处有期徒刑二年、拘役或者管制，导致受害人重伤、死亡的要判处2–7年有期徒刑，并且第一款情节恶劣的是属于自诉案件，就得由被害人自己向法院提起告诉。从我们了解的情况来看，被害人向法院提起告诉的数量还是很少的。为什么？大家从媒体报道的几起案件中可以看到，受虐待的大部分是家庭成员中的弱势群体，要么是孩子，要么是老人，这些孩子和老人提起告诉的能力是有限的，这是一个原因。二是有的人不敢告诉。因为要告诉的话会遭到更加严厉的家庭暴力，导致施暴人更疯狂地报复。三是不想告诉。为什么不想提起告诉？因为受害人总认为这是属于家庭内部矛盾，说出去比较丢人。我想，正是因为这三个方面的原因，可能导致向人民法院直接提起自诉的案件比较少。

第二，情节恶劣目前没有细化标准，导致在司法实践中掌握不够一致。所以，同样的案件，有的法院认为构成情节恶劣，有的法院认为不构成情节恶劣，从而不予定罪判刑。

第三，虐待致被害人重伤、死亡的，公安机关在立案、检察院在起诉的时候，多数都以故意伤害罪或者故意杀人罪立案、起诉，法院判的时候也是以故意伤害或故意杀人来定罪的，那么，之前的虐待行为已经被故意伤害或故意杀人罪所吸收了，刚才公布的一起案例当中就有，所以，实践中以虐待罪定罪量刑的案件较少。

孙佑海：什么叫做家暴，这是一个非常重要的问题，也是一个长期困扰法官的问题。2001年家庭暴力成为法定离婚理由以来，由于“家暴”没有一个准确的定义，家庭暴力的司法认定比例比较低。所以，最高法院应用法学研究所在《涉及家庭暴力婚姻案件审理指南》中，结合国际经验对家暴进行了定义：发生在家庭成员之间，主要是夫妻之间，一方通过暴力或者胁迫、侮辱、经济控制等手段实施侵害另一方身体、性、精神方面的人身权利，以达到控制另一方行为的目的。

通过这个概念，我们可以看出：一是家暴是发生在家庭成员之间，主要是发生在夫妻之间，刚才在讲案例的时候，也提到了子女不孝顺、性侵孩子等家暴情况，但最多的是发生在夫妻之间。二是行为人通过暴力或者胁迫、侮辱、经济控制手段实施。三是为了控制。暴力行为侵害另一方身体、性、精神造成伤害后果。一个人弄了一个球，写上名字，老婆一回来，就“咣咣”地打这个球，说要打死她，对老婆造成了精神压力，目的是控制对方。夫妻两个人之间为一些琐事争吵，也可能动手，但目的并不是要控制对方，家暴跟这种行为要区分开来。

人民法院的反家暴工作，由2007年最高法院中国应用法学研究所把性别平等和司法公正作为一个课题进行立项和专题研究开始。2008年正式启动了司法干预家暴的研究和试点这个子课题。2010年，该课题被纳入最高法院司法改革范围，作为社会矛盾化解的重点工作之一。2012年，这项试点工作从民事领域延伸到刑事领域。

最高法院领导非常重视这项工作。2010年全国人大开始关注人民法院的反家暴试点工作。原全国人大副委员长陈至立同志在湖南省长沙市岳麓区法院考察时对人民法院反家暴事件工作给予了充分的肯定。2011年4月，法研所接受立法机关的委托，在珠海举办了人身安全保护裁定立法调研座谈会。之后，法研所和全国试点法院一直积极探索，为反家暴立法积累有益经验。目前，本届人大已经把反家暴立法计划作为第十二届全国人大常委会的立法计划。这说明人大对这项工作非常重视。

中国新闻网记者马学玲：刚才说出台办理涉家暴的规范性文件，有没有一个时间表？

薛淑兰：最高法院刑一庭接手司法改革课题之后，我们进行了大量的调研，也收集了一些相关的案例。在调研中我们了解到，涉家暴刑事案件确实需要一个司法解释性文件，刚才也提到了这个问题。这个文件主要涉及什么问题呢？一是刚才大家提到的涉家庭暴力的概念界定，这是一个主要问题。二是涉家庭暴力行为的分类以及如何定罪量刑的问题：一类是实施家庭暴力导致被害人死亡、重伤、轻伤等的行为，另一类是长期遭受家暴导致受害人以暴制暴的行为。刚才中国妇女报的记者提到以暴制暴是不是可以作为量刑情节，在处刑时予以从轻的问题，这也是我们经调研后认为需要解决的问题。从调研情况看，各地法院对以暴制暴的案件都给予了从轻处罚，因为这类案件都是被害人存在重大过错，长期实施家暴，导致被告人不得不采取以暴制暴的方式予以抵抗，最后导致犯罪。目前看来，各地法院对此类案件的从轻处罚幅度不一样，有的是有期徒刑三年，有的判到无期，我们将对此加以规范和统一。

对涉家庭暴力案件导致被害人重伤、轻伤，以及没有重伤、轻伤的这种案件如何去处理和处罚，尤其对虐待罪的情节恶劣怎么细化，以便把那些比较严重的家庭暴力行为，但又构不成故意伤害罪和故意杀人罪的行为怎么纳入虐待罪定罪处刑的范围内，这也是我们司法解释性文件当中需要考虑的问题。这个规范性文件的草稿已经拟定，目前我们正在调查论证中。我们将加快工作节奏，尽量在“两会”之后把这个意见稿拿出来进一步征求意见，争取在上半年出台。

中央电视台记者关宏怡：今天新闻发布会特别有温度，因为关注的焦点是生活在拳脚之下的儿童和老人。但是不知道大家注意到没有，在今天的十个案例中最可怜的是第十个案例中的被告，一个养女幼年的时候被她的养父殴打，又被性侵，为什么会酿成这样的惨剧？他们为什么在面对这些孩子，面对这些令人发指的父母的时候，不去剥夺他们的监护人资格？就是因为核心问题是剥夺了他的监护人资格，谁来养孩子。我注意到前不久最高法和民政部一起搞了一个未成年人监护干预制度，这是让我们特别期盼的一个制度，请问这个制度方面有没有明确的时间表？如果没有的话，有没有思路方向的东西？

孙佑海：你刚才提出的问题，应该说最高法院也非常重视，专门成立

了未成年人保护的领导小组，办公室设在研究室，由各个单位、各有关庭室组成。另外，中国审判理论研究会专门有一个未成年人保护的专业委员会，设在河南省高级人民法院，这个机构在大力加强未成年人保护的理论研究和司法实践方面都做了大量的工作。

薛淑兰：监护人资格的撤销问题，是一个系统工程，不是司法机关一家所能解决的。目前，我们也在跟民政部进行协商，据我们了解，民政部对这个问题也比较积极，他们也在想办法解决这个问题。因为，我们要撤销了，包括临时撤销，或者永久撤销，谁来养这个孩子，把他放在社会福利院，还是放在有抚养资格的家庭里临时抚养，是永久撤销，还是临时撤销，这都需要我们进一步调查论证。

孙军工：因为时间关系，再提出最后一个问题。今天是最高法院新闻发布会历史上第一次邀请人民网的网友来参加，目的就是要借助新媒体在加强和网民直接沟通互动方面做一个探索和尝试，我想把最后一个提问的机会留给今天邀请到的人民网的网友。

人民网网友：我们也都知道家庭暴力具有非常隐蔽性的特点，刚才薛庭长说过有诸多原因使许多家庭暴力受害人不能及时提出自己的诉求。我的问题是，一旦发生家庭暴力，受害人有哪些途径为自己寻求帮助？

薛淑兰：被害人一旦遭到了家庭暴力，可以根据暴力程度的不同，采取不同的方式需求帮助。首先，对轻微的家庭暴力可以到基层的居（村）民委员会、妇联组织、司法所、派出所等，都可以去投诉，要求帮助解决。这些部门应当视情予以帮助，比如通过调解、教育的方式加以解决。对于比较严重的家庭暴力行为，我认为最好的办法还是向公安机关报案，公安机关有权依照《治安管理处罚法》的规定对实施家庭暴力比较严重的行为人进行处罚。对于构成犯罪的家庭暴力，任何人都可以向司法机关报案。公安机关必须立案，对于家庭暴力造成被害人轻伤、重伤或者死亡的案件，公安机关要立案、调查、取证，公诉机关依法起诉，法院依法审判。

孙军工：好的。我在宣布今天发布会结束之前，向大家通报一个信

息。全国“两会”马上就要召开，为了使大家能够更好地了解过去一年的法院工作，了解最高法院的工作报告，最高法院新闻局专门制作了三份宣传品：一是《中国法院印象2013》视频，有8张光盘，把去年的一年来法院的重点工作，主要载体形式就是人民法院新闻发布会，还有一个系统的短片来总结去年一年的工作情况。二是按照每年的惯例制作了《最高法院新闻发布会实录》，通过图文翔实记录的方式，反映了最高法院的新闻发布工作，特别是在座的各位记者，你们辛勤劳作的身影和你们辛勤工作的成果，我们也都收录在其中，新闻发布会实录每年都会出版一本。三是在新媒体环境下，特别是从信息传播多样性的角度，我们第一次尝试做了《公平正义——人民法院2013》立体画册，用漫画的方式来展示过去一年中人民法院的工作情况。这个立体画册是我们今年的一个新的探索，在形式多样性和信息传播的有效性方面做了一些尝试。大家在发布会结束的时候，工作人员会给大家人手一份，这些宣传品，我们会送到梅地亚的“两会”新闻中心，供采访“两会”的中外记者取用。大家在使用这些宣传品的过程当中有一些什么问题，或者对于提高宣传品的制作质量有什么好的意见和建议，请及时反馈最高法院新闻局，我们会尽力在大家的帮助下不断提高最高法院司法公开的水平和新闻发布信息传播的能力，以期更好地在大家的帮助下为今年全国“两会”审议好最高法院的工作报告，使全国人民更好地了解人民法院2013年的工作做出我们应有的努力。

媒体反响

科技日报　谢宏　2014年2月27日

高法推出多项举措干预家庭暴力

27日下午，最高人民法院召开关于人民法院司法干预家庭暴力有关情

况新闻发布会。最高人民法院新闻发言人孙军工通报了近年来人民法院开展司法干预家庭暴力保护妇女儿童和老人权益的有关情况。孙军工指出，最高人民法院将在近年来工作的基础上，针对人民法院审理涉家庭暴力案件存在的主要问题，做好以下几项工作：

一是指导试点改革，及时总结试点经验。最高人民法院将进一步加大指导试点法院改革的工作力度，及时总结试点工作中取得的经验和遇到的困难，稳步推进试点工作。

二是出台办理涉家庭暴力刑事案件规范性文件。规范性文件将对涉家暴刑事案件的证据、刑事政策的具体适用等方面作出详细规定，为依法办理这类案件提供具体的法律依据。同时，将及时发布涉家庭暴力指导性案例，通过案例推广审判经验，统一法律适用。

三是探索建立反家庭暴力统筹联动机制。选择条件比较成熟的试点法院，牵头联系当地检察院、公安、司法、妇联等相关部门，探索建立统筹联动机制，主动协调、充分发挥各方力量，形成合力。从妇联、工会、社区基层组织等单位推荐的人员中选择人民陪审员参与涉家暴案件审理工作，邀请当事人亲友、所在单位和基层组织人员参与调解。在审判过程中聘请心理咨询师对受害人进行心理导护，对加害人予以心理矫正，修复受损的家庭关系，以期形成多部门合作的局面，共同预防和制止家庭暴力。

更多媒体报道题目选登：

1.新华社记者杨维汉2014年2月27日报道《最高法：反家暴司法解释力争今年上半年出台》。

2.经济日报记者李万祥2014年2月27日报道《最高法：不支持家庭暴力中加害方直接抚养子女》。

◀图为发布会现场。

▶图为最高人民法院新闻发言人孙军工主持发布会。

◀图为最高人民法院应用法学研究所所长孙佑海出席发布会。

▶ 图为最高人民法院刑事审判第一庭副庭长薛淑兰回答记者提问。

◀ 图为中央电视台记者关宏怡提问。

▶ 图为中国新闻网记者马学玲提问。

◀图为中国妇女报记者王春霞提问。

▶图为人民网网友提问。

第三场新闻发布会

为消费者提供更有力的司法保障

发布主题：《2011-2013年人民法院维护消费者权益状况》白皮书
发布时间：2014年3月12日
关 键 词：消费者权益　维权纠纷　典型案例
主 持 人：最高人民法院新闻发言人　孙军工
出席嘉宾：最高人民法院民事审判第一庭庭长　张勇健

发布主题

关于《2010-2013年人民法院维护消费者权益状况》白皮书的新闻发布稿

最高人民法院新闻发言人　孙军工

各位记者：

大家下午好。今天新闻发布会的主题是发布《2010-2013年人民法院维护消费者权益状况》白皮书，同时将公布10起典型案例。

依法保护消费者权益事关国计民生和社会稳定，消费增长必将为国民经济健康、持续发展注入强大动力。近年来，广大消费者通过民事诉讼依法维权越来越多，加大对消费者权益保护力度的任务日趋艰巨繁重。据统计，2010-2013年，地方各级法院审理各类涉及消费者权益的民事案件482545件，涉案标的总额达到人民币1190476.1万元。消费者权益纠纷案件，既是当前社会关注的热点问题，也是人民群众反映强烈的问题，涉及

广大人民群众日常生活的方方面面，事关群众的人身和财产安全。最高人民法院在收集、整理和总结各地人民法院案件审理数据和经验做法的基础上，编写了《2010-2013年人民法院维护消费者权益状况》白皮书。白皮书共计1万余字，辅之以图表、数据和案例等翔实的材料，对四年来人民法院依法审理各类涉及消费者权益纠纷案件的情况进行了系统总结。除前言和结束语外，全文共分四个部分：第一部分是公正司法，切实维护消费者的权益；第二部分是司法为民，积极回应群众民生关切；第三部分是服务大局，助推释放社会消费需求；第四部分是监督指导，大力规范司法裁判标准。透过这本白皮书可以看到，2010-2013年，人民法院在维护消费者权益方面的工作主要呈现以下五个特点：

一是消费者维权纠纷案件涉及的领域不断扩展。统计数据显示，人民法院每年审理消费者维权民事案件数量从2010年的112779件上升到2013年的128198件，案件类型包括合同纠纷与侵权纠纷两大类二十余种。其中，合同类案件主要集中在商品合同纠纷和服务合同纠纷案件，商品合同纠纷案件主要包括商品房、食品、药品、电器及通讯工具和日用品等商品的买卖合同纠纷案件；服务合同纠纷案件则多体现为教育培训、网络、电信、旅游、物流、餐饮等服务合同纠纷案件。侵权纠纷案件主要包括财产损害赔偿纠纷、人身损害赔偿纠纷和人格权纠纷案件。四年来，地方各级法院新收各类消费者维权一审案件中，合同类案件351471件，侵权类案件131074件。在合同类案件中，商品买卖合同类纠纷案件169691件，其中涉及食品、药品纠纷案件17798件，农资农具纠纷案件5118件，网络购物类纠纷案件4491件；服务合同类纠纷案件103167件，其中旅游服务合同纠纷案件7454件，网络服务合同纠纷案件4688件；其他合同纠纷案件78613件。在侵权类纠纷中，财产损害赔偿纠纷案件61799件，人身损害赔偿及人格权纠纷案件55933件，其他侵权纠纷案件13342件。地方各级法院在消费者维权纠纷中依法适用惩罚性赔偿的案件总数为11637件，判决惩罚性赔偿的总额为人民币31505.7万元。

二是注重提高消费者维权纠纷处置的实效性。地方各级法院四年来共审结消费者维权纠纷案件421744件，平均结案率为87.4%，平均审限内结案率达到97.8%，案件一审结案率平均达到88.3%。消费者权益纠纷与广大人民群众切身利益密切相关，具有多发性、争议标的额相对较小的特点。为最大程度消弭诉讼维权成本与保护消费者合法权益之间的矛盾，人民法院高度重视调解工作，注重化解矛盾的实效性，努力提高案件的调解、和解率和裁判结果的自动履行率。近四年来，全国地方法院审结的消费者维权案件中，以调解、撤诉等方式结案的案件比例达到55.5%，对生效裁判的申请强制执行率为47.1%。

三是采取各项便民利民措施降低当事人诉讼成本。地方各级人民法院通过开通“绿色通道”等措施，将亲民、便民和利民作为消费者维权审判工作的出发点和落脚点，在法律咨询、立案、审理、执行等各个环节为消费者提供便利。例如，浙江省富阳市人民法院建立小额消费纠纷快速调处机制，制定《消费巡回法庭小额诉讼流程管理规程》，规定消费者维权法庭受理的小额消费纠纷案件，一律免交诉讼费用。四川省成都市中级人民法院为方便偏远地区的消费者诉讼，实行巡回就地办案，在案件审理和调解中充分考虑执行兑现问题，尽快定分止争。

四是加强庭前调查研究和判后回访建议工作。各级人民法院在依法审理好消费者维权案件的同时，紧紧围绕国家扩大内需的战略基点，着眼于推动建立扩大消费需求长效机制，加强庭前调查研究和判后回访建议工作，将审判职能的发挥延伸到庭审之外。一方面，加强对消费者合法权益的保护，提高消费者理性维权的意识和能力，倒逼质量技术落后、经营管理不规范的市场经营者改善商品和服务质量。另一方面，依法保护经营者的合法权益，净化市场环境，鼓励符合经济社会发展和市场消费需求的商品服务供应商，通过诚信经营提高自身竞争力，逐步扩大其商品的市场份额。四年来，人民法院结合审理消费者维权案件中发现的商品缺陷、服务失范和经营管理漏洞等深层次问题，向相关管理部门和经营机构等发出涉及工作方法改进、管理体制调整、规章制度完善等方面的司法建议800余件，收到回函和整改意见等近300件。一些法院还通过对消费者维权案件当事人进行回访，对案件处理后的情况进行调查研究，作出维权提示。通过司法建议、案件回访调查等方式提出有针对性的意见和建议，有效地发

挥审判职能，努力从源头上规范市场交易行为。

五是加强审判监督规范司法裁量权行使。近年来，最高人民法院出台了一系列司法解释，统一对消费者权益案件的法律适用标准。2010年10月26日，最高人民法院公布了《关于审理旅游纠纷案件适用法律若干问题的规定》。该司法解释是最高人民法院在旅游审判领域的第一部司法解释，是在旅游法制定和颁布之前，为了解决人民法院在审理旅游纠纷案件中面临的许多具体适用法律的难点问题，根据审判实践的需要而作出的，对于统一法律适用，指导人民法院准确、及时审理旅游纠纷案件，促进旅游市场的健康发展具有重要意义。旅游法制定颁布后，该司法解释依然在发挥重要作用。2013年12月23日，最高人民法院公布了《关于审理食品药品纠纷案件适用法律若干问题的规定》，为统一食品、药品纠纷案件裁判尺度，解决消费者维权难，降低消费者维权成本，提供了更具可操作性的裁判标准。最高人民法院和各高、中级人民法院还通过下发通知、发布消费者维权指导性案例、召开课题研究、专题研讨会等形式，拓宽业务指导途径，统一裁判标准，并积极开展消费者维权专项调研，及时总结审判经验，迅速应对并解决新型问题和疑难复杂问题。

即将到来的3月15日是国际消费者权益日，最高人民法院在3月15日之前公布《2010-2013年人民法院维护消费者权益状况》白皮书，目的是进一步彰显人民法院依法维护消费者权益的决心和举措，通过切实有效地发挥审判职能，为每一位消费者在消费活动中提供更加有力的司法保障。

我要通报的情况就是这些，谢谢大家。

附：相关图表

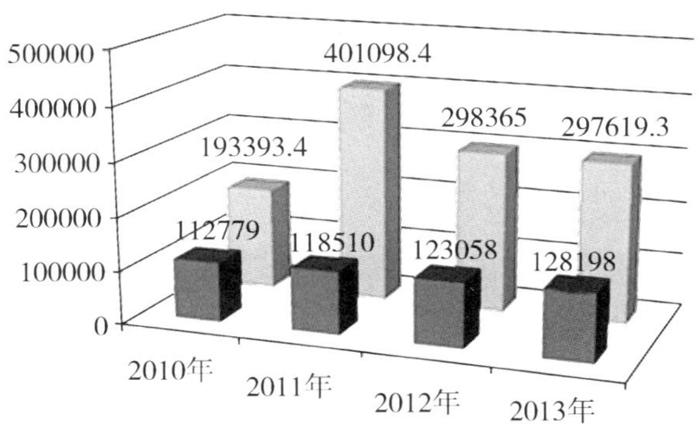

图1：2010-2013年人民法院审理消费者维权民事案件总数及总标的额

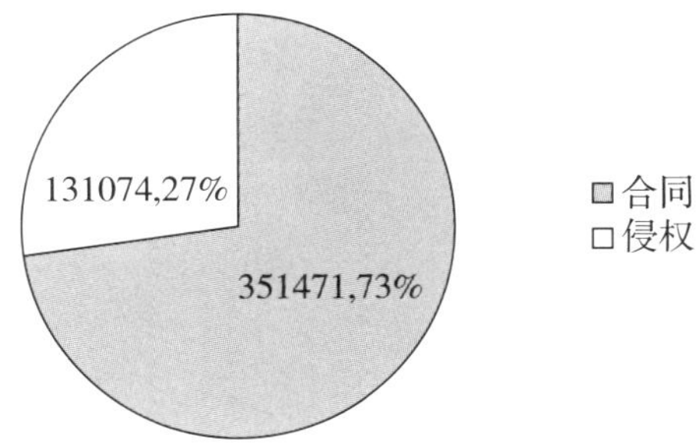

图2：2010-2013年人民法院受理消费者维权民事案件类型（一）

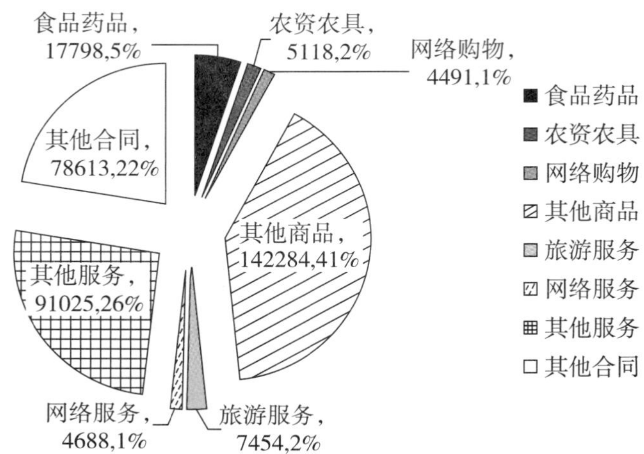

图3：2010–2013年人民法院受理消费者维权民事案件类型（二）

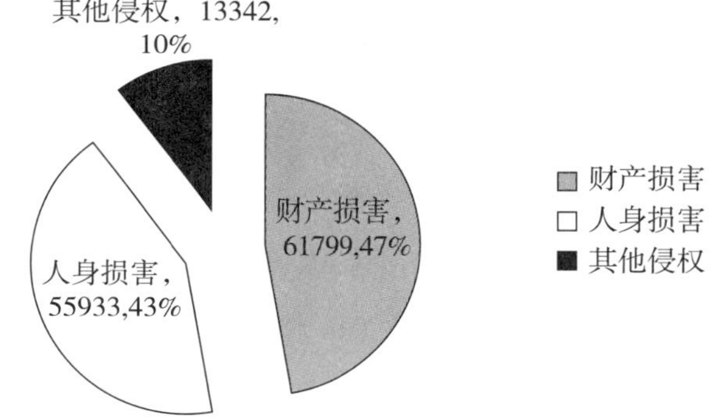

图4：2010–2013年人民法院受理消费者维权民事案件类型（三）

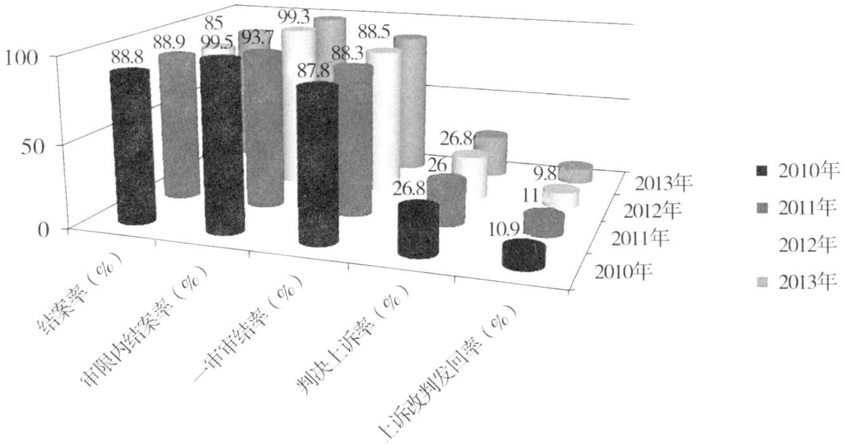

图5：2010-2013年人民法院审理消费者维权民事案件质效情况

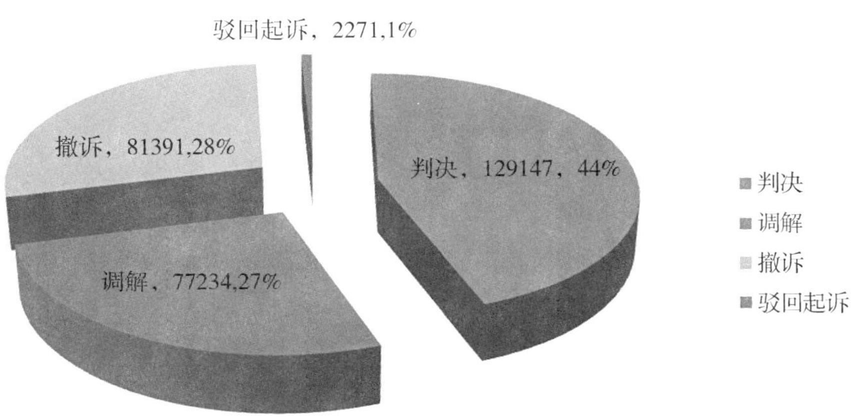

图6：2010-2013年人民法院审结消费者维权民事案件结案方式情况

背景链接

人民法院维护消费者权益典型案例

案例1 孟健诉广州健民医药连锁有限公司、海南养生堂药业有限公司、杭州养生堂保健品有限责任公司产品责任纠纷案

——违规使用添加剂的保健食品属于不安全食品，消费者有权请求价款十倍赔偿

（一）基本案情

2012年7月27日、28日，孟健分别在广州健民医药连锁有限公司（以下简称健民公司）购得海南养生堂药业有限公司（以下简称海南养生堂公司）监制、杭州养生堂保健品有限责任公司（以下简称杭州养生堂公司）生产的“养生堂胶原蛋白粉”共7盒合计1736元，生产日期分别为2011年9月28日、2011年11月5日。产品外包装均显示产品标准号：Q/YST0011S，配料包括“食品添加剂（D-甘露糖醇、柠檬酸）”。各方当事人均确认涉案产品为普通食品，成分含有食品添加剂D-甘露糖醇，属于超范围滥用食品添加剂，不符合食品安全国家标准。孟健因向食品经营者索赔未果，遂向广东省广州市越秀区人民法院起诉，请求海南养生堂公司、杭州养生堂公司、健民公司退还货款1736元，十倍赔偿货款17360元。

（二）裁判结果

一审法院判决杭州养生堂公司退还孟健所付价款1736元，海南养生堂公司对上述款项承担连带责任。孟健不服该判决，向广州市中级人民法院提起上诉。

二审法院经审理认为，第一，本案当事人的争议焦点在于涉案产品中添加D–甘露糖醇是否符合食品安全标准的规定。涉案产品属于固体饮料，并非属于糖果，而D–甘露糖醇允许使用的范围是限定于糖果，因此根据食品添加剂的使用规定，养生堂公司在涉案产品中添加D–甘露糖醇不符合食品安全标准的规定。杭州养生堂公司提供的证据不能支持其主张。第二，关于本案是否可适用《食品安全法》第96条关于十倍赔偿的规定。本案中，由于涉案产品添加D–甘露糖醇的行为不符合食品安全标准，因此，消费者可以依照该条规定，向生产者或销售者要求支付价款十倍的赔偿金。孟健在二审中明确只要求海南养生堂公司和杭州养生堂公司承担责任，海南养生堂公司和杭州养生堂公司应向孟健支付涉案产品价款十倍赔偿金。二审法院判决杭州养生堂公司向孟健支付赔偿金17360元，海南养生堂公司对此承担连带责任。

案例2 赵晓红与北京泛美卓越家具有限责任公司买卖合同纠纷案

——板木材质家具作为实木家具出售构成商业欺诈，应承担“退一赔一”的责任

（一）基本案情

2010年10月1日，赵晓红在北京泛美卓越家具有限责任公司（以下简称泛美公司）购买家具若干件，合计价款23960元。涉案家具上有该公司注明的“桦木”、“美国赤桦木”、“胡桃木”等字样，且家具送货单上加注了上述家具为“实木”。后赵晓红发现涉案家具材质为板木结合，遂诉至北京市朝阳区人民法院，请求退还涉案家具及货款等，并赔偿23960元。

泛美公司承认涉案的部分产品存在质量瑕疵，但否认构成产品质量问题，并认为其在销售过程中告知过赵晓红涉案产品为板木结合，但是泛美公司并不能提供涉案家具的进货凭证、购货发票、产品合格证、说明书等。

（二）裁判结果

一审法院经审理认为，泛美公司提供的证据不足以证明涉案家具的真实信息及品质，应承担相应的产品质量责任。同时，结合送货单上的加注以及泛美公司产品宣传图片中关于产品的文字介绍，表述均为“某某木”或“实木”，该家具公司存在引人误解的虚假宣传行为，构成对赵晓红的欺诈。故判决支持赵晓红的诉讼请求。泛美公司上诉至北京市第二中级人民法院。2012年11月20日，二审法院判决维持原判。

案例3　王卫文诉孙云才买卖合同纠纷案

——销售者承诺“假一赔十”，所售商品为冒牌货，应按其承诺赔偿

（一）基本案情

2011年10月25日，王卫文在孙云才位于某商场的经营场所购买了一部诺基亚手机，价格为1180元。同时，孙云才向王卫文出具一张购货单据，其上写明了手机型号、单价及数量，并载明“保原装、假一赔十”。经鉴定，王卫文获悉该手机为假冒产品，故诉至北京市东城区人民法院，请求判令孙云才按照“假一赔十”的承诺支付赔偿金11800元，并支付鉴定费260元。

（二）裁判结果

一审法院经审理认为，诚实信用是民法通则规定的一项基本原则，孙云才为促销商品而承诺“假一赔十”是一种合同行为。王卫文决定购买该商品，买卖合同成立，该承诺连同合同其他条款对经营者即具有法律约束力。孙云才向王卫文作出了“假一赔十”的承诺，应该依约履行。王卫文要求孙云才支付赔偿金11800元、鉴定费260元的请求于法有据，故判决支持了王卫文的诉讼请求。孙云才不服一审判决，上诉至北京市第二中级人民法院。2012年4月18日，二审法院判决维持原判。

案例4 吴海林诉朱网奇消费者权益保障纠纷案

——销售者对保健用品作虚假说明，消费者知假买假后有权向销售者主张“退一赔一”

（一）基本案情

春和大药房由朱网奇经营。2009年3至8月间，吴海林在春和大药房先后8次购买广恩堂牌霍氏鲜清喷剂10盒，金额共计3080元。产品外包装盒注明该产品出品单位为拉萨广恩堂生物科技有限公司（以下简称广恩堂公司），该产品委托生产商为贵州苗仁堂生物医药科技有限责任公司（以下简称苗仁堂公司）。苗仁堂公司于2006年取得的苗灵牌鲜清喷剂的保健用品陕食药监健用字06070258号生产批准证书已于2008年7月被陕西省食品药品监督管理局依法公告注销，且该公告中明确“凡以原批准文号继续生产的，应视为违法生产行为”。鉴于此，吴海林向江苏省无锡市崇安区人民法院起诉，请求朱网奇加倍赔偿其6160元。朱网奇认为吴海林知假买假不是消费者，应当驳回起诉。一审法院判决驳回吴海林的诉讼请求。吴海林上诉被驳回后又申请再审。

（二）裁判结果

无锡市中级人民法院再审认为，经营者与消费者进行交易，应当遵循自愿、平等、公平、诚实信用的原则。经营者应当向消费者提供有关商品或者服务的真实信息，不得作引人误解的虚假宣传。吴海林在春和大药房购买的广恩堂牌霍氏鲜清喷剂均由苗仁堂公司生产。鉴于广恩堂公司委托已被注销生产许可的苗仁堂公司生产鲜清喷剂属违法行为，且该产品存在引人误解的虚假宣传，故春和大药房销售上述产品应认定为存在欺诈行为，应当按照消费者的要求增加赔偿其受到的损失，增加赔偿的金额为消费者购买商品的价款的一倍。本案中吴海林要求春和大药房业主朱网奇增加给付其购买产品价款3080元的一倍赔偿共计6160元的诉讼请求，应予支持，故判决朱网奇赔偿吴海林6160元。

案例5 汪毓兰诉武汉汉福超市有限公司光谷分公司名誉权纠纷案

——消费者购物虽未遭受经济损失，但因人格受到侮辱并遭受严重精神损害的，销售者应当承担精神损害赔偿责任

（一）基本案情

2011年10月18日下午，汪毓兰在武汉汉福超市有限公司光谷分公司（以下简称汉福公司）开办的家乐福光谷店购物，见促销员推荐西麦麦片“买五赠一”活动，遂购20袋，并在促销员协助下，将24袋麦片装入购物袋。结账时，汪毓兰与收银员为没有粘贴赠品标签的4袋麦片是否应付款而发生争执。店内的保安将原告汪毓兰及选购的物品带至该店风险预防办公室。汪毓兰辩解4袋麦片系赠品，无需付款。保安在店内两名工作人员陈述麦片没有做赠送活动后，对汪毓兰及选购的商品拍照，并要其在一张表格上签名。汪毓兰患有眼疾，并未看清具体内容即签名。此后，促销员将“非卖品”标签贴在4袋麦片上，带汪毓兰结了账。

同月19日，汪毓兰与丈夫一起到家乐福光谷店要求查看其签名的表格，看见办公室内《每日抓窃记录》的“窃嫌姓名”一栏有自己的名字，汪毓兰签字及所购物品的照片作为“窃嫌截图”附后。汪毓兰要求道歉，但被店方拒绝。20日上午，汪毓兰在丈夫、《长江商报》记者的陪同下再次到家乐福光谷店，才得知其于18日在《保安部报告暨收据》上签了名。该表格中将其选购的全部物品列为“遗失商品”，“处理流程”一栏注明“教育释放”。汪毓兰提出表格中除签名是其书写外，其他内容及指印均是他人填写、加盖，要求汉福公司书面道歉。因该公司没有当场回复，汪毓兰下跪要求还其清白。汉福公司遂将《每日抓窃记录》交给汪毓兰。事发后因调解不成，汪毓兰遂以汉福公司严重侵犯其人格尊严并损害其名誉为由，向湖北省武汉东湖新技术开发区人民法院起诉，请求汉福公司向其书面赔礼道歉并在其营业场所张贴道歉函或在媒体上刊登道歉函，消除影响，恢复名誉；汉福公司赔偿其精神损害抚慰金5000元。

（二）裁判结果

受诉法院经审理认为，公民的人格尊严受法律保护。汉福公司最终认可4袋麦片为赠品，却在汪毓兰并不知情的情况下，在其签名的表格中认定其为秘密实施的偷窃行为，将其列入“窃嫌姓名”名单，注明“教育释放”，并将表格置于进入办公地点任何人可以随手翻看的地方。汉福公司的上述行为侵犯了汪毓兰的人格尊严，客观上造成一定范围内对汪毓兰社会评价的降低，损害了汪毓兰的名誉。对汪毓兰要求汉福公司书面赔礼道歉并在营业场所张贴道歉函的诉讼请求，该院予以支持。该院遂依法判决汉福公司向汪毓兰书面赔礼道歉，在其经营的家乐福光谷店内张贴向汪毓兰的道歉信，并向汪毓兰赔付精神抚慰金5000元。

案例6　毕永振诉侯广周医疗器械质量纠纷案

——销售者以虚假宣传方式售药造成消费者损害，构成欺诈，应当依法承担“退一赔一”的责任

（一）基本案情

侯广周作为河南安阳“德国华格纳生物晶片”专卖店经营者，向群众散发了盖有其本店印章的关于该产品的宣传页。糖尿病患者毕永振于2006年10月7日到侯广周经营的专卖店购买了华格纳生物晶片一块，价值2390元。毕永振佩戴该产品后停止服用治疗糖尿病的药品。2007年3月，毕永振感到身体不适，经医院检查，查出其血糖升至14点，遂于2007年3月13日住院治疗，支付医疗费19167.96元，其中个人支付2919.24元。2007年6月22日，毕永振在观看了《今日说法》栏目关于对“德国华格纳生物晶片”利用虚假广告等相关报道后到当地工商所投诉，工商所对被告经营的专卖店采取了暂扣有关资料和物品，责令专卖店退给消费者现款等行政措施。因调解不成，毕永振遂向河南省安阳市北关区人民法院起诉，要求侯广周返还购物款2390元，并给付加倍赔偿款2390元。

（二）裁判结果

受诉法院经审理认为，经营者应当向消费者提供有关商品的真实信

息，不得作引人误解的虚假宣传。消费者在购买商品时，其合法权益受到损害的，可以向销售者要求赔偿。本案中，侯广周向包括毕永振在内的不特定人群发放的宣传单足以欺骗、误导消费者，属虚假商品广告。其向毕永振提供的商品属于利用虚假广告销售的商品，该行为属于欺诈行为，且因此受到过工商部门查处。据此，侯广周应当按照毕永振的要求增加赔偿其受到的损失，增加赔偿的金额为毕永振购买商品的价款的一倍。2010年12月31日，受诉法院判决侯广周返还毕永振购物款2390元，给付毕永振加倍赔偿款2390元。

案例7　刘中云诉中国银行股份有限公司衡阳分行、中国建设银行股份有限公司衡阳市分行财产损害赔偿纠纷案

——消费者取款时银联卡号及密码被他人复制，卡上存款被取走，由提供银联卡的银行承担赔偿责任

（一）基本案情

刘中云在建行衡阳分行办理银联卡一张。2009年1月30日，其到建行衡阳分行设立在衡阳市解放路网点的自动取款机取款未果，便到隔壁中行衡阳分行网点的ATM机取款2500元，其账户尚有存款余额41395.49元。取款时该取款机已被他人非法安装了摄像头，利用摄像资料复制了刘中云的银行卡信息。次日，刘中元的银行卡被他人在他行ATM机上相继取款10次，每次取款2000元，共计20000元，并支付手续费10次，每次2元，共计20元。最后经ATM机转账一笔，金额21300元，支付转账手续费52元。至此，刘中云的银行卡在同一天内，经他行ATM机发生业务交易共11次，包括手续费共发生交易额41372元，账户存款余额只剩23.49元。刘中云遂向湖南省衡阳市雁峰区人民法院起诉，请求中行衡阳分行、建行衡阳分行赔偿41372元存款及利息。

（二）裁判结果

一审法院判令中行衡阳分行承担赔偿责任，建行衡阳分行免责。中

行衡阳分行不服，提起上诉，要求建行衡阳分行承担赔偿责任。湖南省衡阳市中级人民法院二审认为，刘中云在建行衡阳分行办理了银联卡，双方之间形成了储蓄存款合同关系。当事人应当遵循诚实信用原则，根据合同的性质、目的和交易习惯履行通知、协助、保密等义务。建行衡阳分行有义务保障储户银行卡内的资金不被他人盗取，同时也有义务通知和告知持卡储户注意识别犯罪分子利用各种高科技手段窃取银行卡内存款的方式、方法及防范措施。由于发卡行建行衡阳分行既不能保障所发银行卡卡内信息的安全，又未告知持卡人熟知犯罪分子利用高科技手段获取卡内信息及密码的方式方法，故应承担刘中云银行卡内资金被盗取的民事责任。刘中云作为一名普通的持卡人，不了解ATM机的构造和工作原理，也未掌握和识别犯罪分子利用高科技手段在ATM机上窃取卡内信息和密码的装置，且刘中云的银行卡和密码未丢失，也未委托他人使用，故刘中云对银行卡信息和密码的泄露没有过错，不应承担责任。刘中云在中行衡阳分行的ATM机上取款，该行将存款支付给刘中云，是基于委托代理关系而履行代为支付存款的义务。根据民法通则的规定，代理人在代理权限内，以被代理人的名义实施民事法律行为，被代理人对代理人的代理行为承担民事责任。故建行衡阳分行作为被代理人应对代理人中行衡阳分行的代理行为承担责任。二审法院依法改判建行衡阳支行向刘中云支付储蓄存款41372元。

案例8　孙宝静诉上海一定得美容有限公司保健服务合同纠纷案

——保健服务合同中的“霸王条款”无效，未消费的预付服务费应予退还

（一）基本案情

2010年7月18日，孙宝静与上海一定得美容有限公司（以下简称一定得公司）签订服务协议，约定：服务期限6个月，选择价值10万元的尊贵疗程，所有项目疗程单价85折从卡内扣。孙宝静如未按计划及进程表接受服务，经善意提醒仍未改善且超过服务期限的，视为放弃服务；如因自身

原因不能按制定的方案履行，则不能要求退还任何已支付的费用；如因自身原因连续三个月不能参加相关项目，则一定得公司有权终止服务，孙宝静不得要求退赔任何费用。一定得公司向孙宝静发布声明书，声明孙宝静必须遵从顾问指示和安排，如因个人原因不能配合致疗程失败或进度缓慢，一定得公司不负任何责任，也不退还余款并保留追究违约责任的权利。孙宝静在声明书上签字确认。之后孙宝静分两次向一定得公司支付了10万元的服务费，并多次接受相应的瘦身疗程服务，后孙宝静因体重未能减轻，停止接受瘦身疗程。孙宝静以对一定得公司的服务失去信心且服务期限业已过期，一定得公司收取服务费未提供有效服务为由，向法院提起诉讼，要求解除涉案服务协议，一定得公司返还孙宝静9万元。

（二）裁判结果

上海市第二中级人民法院二审认为，孙宝静提起诉讼时已过服务协议约定的终止期限，服务协议已失效，孙宝静无须再主张解除该协议。孙宝静单方面放弃服务，应承担由此产生的后果。因孙宝静不接受预付款金额的全额服务，故对已接受的服务项目不能享受优惠折扣，已接受的服务对应的总价款为31800元，在10万元预付款中予以扣除。服务协议及声明书中虽写明孙宝静放弃或不按照安排接受服务，则不退回任何费用，但这些约定系由一定得公司提供的格式化条款，未遵循公平的原则来确定双方之间的权利和义务，明显加重了孙宝静的责任，排除了其权利，故该约定无效。法院综合考量协议的履行程度、提供服务的情况、孙宝静单方面放弃服务的过错程度等因素，依照公平原则和诚实信用原则，确定孙宝静需向一定得公司支付2万元的违约金。在10万元预付款中扣除服务费用31800元、违约金2万元后，一定得公司还需返还孙宝静48200元。据此，二审法院依法判决一定得公司一次性返还孙宝静48200元，驳回孙宝静的其他诉讼请求。

案例9 陈曦与重庆远东百货有限公司产品质量纠纷案

——销售的食品包装上表明的质量等级虚假，应承担“退一赔一”的责任

（一）基本案情

2012年12月1日，陈曦在重庆远东百货有限公司（以下简称远东百货公司）购买了生产日期为2012年9月26日的汇某堂枇杷蜂蜜、生产日期为2012年10月11日的汇某堂洋槐蜂蜜和生产日期为2012年7月9日的伟多利枣花蜂蜜、生产日期为2012年7月10日的伟多利枸杞蜂蜜、生产日期为2012年7月20日的伟多利洋槐蜂蜜共计21瓶，价款共计873.3元，该批产品外包装标签上标注了质量等级为一级品，食品安全标准符合GB14963要求，但卫生部发布的《食品安全国家标准蜂蜜》（GB14963-2011）中无一级品等级，该标准于2011年10月20日实施。陈曦向重庆市江北区人民法院起诉，请求退货，远东百货公司退还全部货款，增加赔偿一倍货款。

（二）裁判结果

一审法院经审理认为，远东百货公司销售的标签标注了产品质量为一级品的蜂蜜，其食品安全执行标准为卫生部发布的《食品安全国家标准蜂蜜》（GB14963-2011），但其中无一级品等级，诉争商品应属标识不合格产品。产品质量法第23条规定，销售者应当建立并执行进货检查验收制度，验明产品合格证和其他标识。远东百货公司作为商品的销售者，应当有验明在其商场销售的商品标注的“产品质量为一级品”是否符合食品安全标准的义务。由于其未尽严格的审查义务，销售了标注内容虚假的商品，误导消费者作出不真实的意思表示，其行为已构成欺诈。经营者提供商品或者服务有欺诈行为的，应当按照消费者的要求增加赔偿消费者受到的损失，增加赔偿的金额为消费者购买商品的价款的一倍。故对陈曦要求退货及赔偿其购买商品的价款一倍的金额的诉讼请求予以支持。一审法院判决远东百货公司退还陈曦货款873.3元、赔偿873.3元，共计1746.6元。远东百货公司不服一审判决，提起上诉，二审法院判决维持原判。

案例10 滕爽诉南京城际教育信息咨询有限公司教育服务合同纠纷案

——因经营者违约，消费者主张退还部分服务费的，依法予以支持

（一）基本案情

2009年7月4日，滕爽与南京城际教育信息咨询有限公司（以下简称城际公司）签订辅导班报名协议书，约定滕爽花费6020元定购“报两年高年级北大附中（附小）网校赠送一个低年级网校学习”。该协议书备注栏内注明：“暑假、寒假、星期六、日辅导 初二+初一赠送六年级（包含三年所有辅导）”，辅导班地点在南京市山西路。协议签订后，滕爽依约向城际公司交纳网校辅导费6020元。2009年10月中旬，城际公司迁移到远处办班，合同约定地点的辅导班随之停办。因城际公司未能按约定提供教育服务，滕爽于2010年6月4日向江苏省南京市鼓楼区人民法院起诉，要求城际公司退还辅导费5000元。

（二）裁判结果

一审法院经审理认为，城际公司以预收款方式向滕爽提供教育类商品及服务，应当按照报名协议书的约定向滕爽提供网校学习卡以及南京市山西路报名点的寒暑假、周六、周日的辅导班等服务。现城际公司因自身经营原因，不能按照双方协议约定继续为滕爽提供在南京市山西路报名点的辅导班，故滕爽要求城际公司退回相应预付款，符合法律规定。本案中，滕爽向城际公司预交6020元辅导费，含三年的网校学习卡及三年的辅导班费用，现辅导班仅开设三个多月即停办，故滕爽要求城际公司退还剩余期限的预付辅导费5000元，予以支持。该院依法判决城际公司退还滕爽预付辅导费5000元。城际公司不服一审判决，向南京市中级人民法院提起上诉。二审法院判决维持原判。

现场互动

中国日报社记者曹音： 我注意到高法制定了一系列司法解释去维护和保障消费者权益，但是很多消费者还是认为维权比较困难，我想更多、更详细地了解一下我们法院在解决消费者维权难方面还做了哪些工作？

张勇健： 消费者权益纠纷与广大人民群众的切身利益是密切相关的，消费者权益纠纷案件一般争议标的额相对比较小，多发性特点也是比较明显的。虽然消费者维权纠纷案件的标的额不大，但是关系到千千万万消费者，人民法院十分重视消费者权益保护纠纷案件这样的工作。

具体来说，人民法院做了这样一些工作，比如一些地方法院结合本地的实际，不断探索构建审理消费者权益案件的机构，完善案件审判工作机制，大大提升消费者维权案件的审理质量和效益，为广大消费者方便快捷地解决消费过程中遇到的矛盾纠纷提供司法保障。有些法院还通过巡回办案审理。海南的一些法院在旅游点旅游旺季专门审理巡回法庭，江苏、浙江一些法院都有这样的举措。为方便消费者维权，一些地方还成立了专门的审判组织，指定专门的审判人员来审理这些案件，确保消费者权益纠纷的审理效率和质量。

各级人民法院还高度重视消费者维权案件的调解工作，实行全方位调解，不断拓宽消费者维权路径，同时人民法院还注重推动完善多元纠纷解决机制，将消费纠纷化解在案件之外，有效整合社会调解资源，共同营造诚信、守法、理性、文明的消费者维权环境，化解社会矛盾，促进社会和谐。

中国妇女报记者王春霞： 现在征婚网站比较多，也反映出网络征婚中存在的陷阱，一些人隐瞒自己真实的婚姻状况，不知道婚恋网站在这样的纠纷中应该承担什么责任？

张勇健： 你刚才提到的网络征婚这类纠纷案件实际上属于一种中介服

务合同纠纷。在这样的纠纷案件中，如果消费者受到欺诈，或者是消费者因为中介服务者提供的信息虚假受到欺诈受到损害，可以向人民法院提起诉讼。如果中介公司通过网络平台有这样的虚假行为或者是欺诈行为，导致消费者损害的话，提供这样一个信息平台的网络或者是网站公司首先应该帮助或者协助消费者向侵权人或者提供虚假服务的中介公司主张权利，如果不能够将实际侵权人的实际情况向被侵权的消费者提供，首先要承担赔偿责任，在承担赔偿责任之后当然可以向最终的侵权者主张追偿。

中国消费者报记者任震宇：新消法里规定了消协组织提起公益诉讼的权利，有没有相关的司法解释，进展怎么样？

张勇健：公益诉讼是一个全新的制度，在刚刚修订的民事诉讼法里作出了明确的程序规定，但是在民事诉讼法里关于公益诉讼的问题规定得比较原则，公益诉讼作为一个全新的制度在消费者维权领域如何使用是一个新的话题。最高人民法院民一庭对这个问题已经进行了相关调研。我们认为，在消费者权益保护领域，通过公益诉讼的方式来进行维权，应当说是非常重要的方式，对此我们也十分重视。我们有一个打算，通过司法解释或者是其他规范性文件的方式，就消费者维权的公益诉讼问题作出一些规定。当然这要有一个过程，通过调研论证之后以适当的形式对消费者权益公益诉讼这样的问题进行规范。

新华社记者韩珅：在提高消费者防范意识方面，人民法院在近几年做了哪些方面的举措？

张勇健：我们在消费者维权案件审理工作中重视公开审判，通过案件的公开、文书的公开、庭审的公开，使广大人民群众，特别是广大消费者能够了解自己的权益，了解自己的权益如何通过合法的形式来主张。地方法院还通过专门形式来宣传有关法律，如新的消费者权益保护法、食品安全法、产品质量法等。我们也通过适当的形式向人民群众宣传，使广大消费者更加清楚地明白自己权益的范围和维权的方式。

中国国际广播电台记者吴倩： 现在老百姓特别重视舌尖上的安全，想问一下法院在食品安全领域是怎么维护消费者权益的，今后有没有进一步的打算？

张勇健： 近年来在我们国家陆陆续续发生了一些食品药品安全事件，使社会公众对食品药品安全产生了心理恐慌，对社会稳定以及经济的良性发展造成了严重的冲击，对此人民法院高度重视，大家可以在白皮书中看到有关内容。由于近年来有关食品药品安全纠纷案件处于上扬的趋势。为了统一裁判尺度，维护司法权威，妥善审理食品药品纠纷案件，最高人民法院在今年年初发布了关于审理食品药品纠纷案件的适用法律若干问题规定的司法解释，并且立足于依法维护广大消费者合法权益，引导食品药品安全质量问题受到损害的消费者运用民事赔偿的手段维护合法权益，同时依法整治假冒伪劣食品的生产经营者，构建规范有序安全放心的食品药品市场。

最高人民法院也持续关注食品药品安全相关的消费者权益保护问题，指导各级人民法院正确适用法律和司法解释规定，妥善审理此类案件，并通过运用司法建议等手段，发挥好司法在构建公共安全体系中的作用。

媒体反响

中新社 张素、欧阳开宇 2014年3月12日

最高法发布维护消费者权益白皮书　通报10起案例

最高人民法院新闻发言人孙军工12日在北京公布，从2010年至2013年，地方各级法院审理各类涉及消费者权益的民事案件逾48万件，涉案标的总额达到1190476.1万元人民币。

最高人民法院当日在北京发布《2010-2013年人民法院维护消费者权益状况》白皮书。孙军工表示，旨在通过发布这份万余字的白皮书，对人民法院依法审理各类涉及消费者权益纠纷案件的情况，从公正司法、司法为民、服务大局和监督指导共四方面进行系统总结。

“赶在‘3·15’国际消费者权益日之前发布，是进一步彰显人民法院依法维护消费者权益的决心和举措”，他说。

白皮书表明，4年间，人民法院审理消费者维权民事案件数量呈增长之势，案件涉及领域不断扩展，包括合同纠纷与侵权纠纷两大类20余种。

地方各级法院共审结消费者维权纠纷案件421744件，平均结案率为87.4%。同时，由于消费者权益纠纷具有多发性、争议标的额相对较小的特点，全国地方法院审结的消费者维权案中，超过半数以调解、撤诉等方式结案。

针对有记者提出“部分消费者存在维权困难”的问题，孙军工援引白皮书，介绍地方各级人民法院通过开通“绿色通道”、实行巡回就地办案等措施降低当事人诉讼成本的实例。

他说，各级人民法院在依法审理好消费者维权案件的同时，加强庭前调查研究和判后回访建议工作，将审判职能的发挥延伸到庭审之外。

此外，最高人民法院出台一系列司法解释，统一对消费者权益案件的法律适用标准，对于人民法院准确、及时审理案件具有重要意义。

最高人民法院同日还向社会通报了10起人民法院维护消费者权益典型案例，涉及“舌尖上的安全”、商业欺诈、消费者人格权纠纷、虚假宣传等方面。

更多媒体报道题目选登：

中国国际广播电台记者吴倩2014年3月12日报道《中国法院着力为消费者提供有力司法保障》。

▶ 图为发布会现场。

◀ 图为最高人民法院新闻发言人孙军工主持发布会。

▶ 图为最高人民法院民事审判第一庭庭长张勇健出席发布会。

◀ 图为中国日报社记者曹音提问。

▶ 图为新华社记者韩珅提问。

◀ 图为中国消费者报记者任震宇提问。

第四场新闻发布会

维护正常医疗秩序　构建和谐医患关系

发布主题：《关于依法惩处涉医违法犯罪维护正常医疗秩序的意见》
发布时间：2014年4月24日
关 键 词：涉医犯罪　依法惩处　典型案例
主 持 人：最高人民法院新闻发言人　孙军工
出席嘉宾：最高人民法院刑事审判第五庭副庭长　马　岩
国家卫生和计划生育委员会医政医管局副局长　郭燕红

发布主题

关于《关于依法惩处涉医违法犯罪维护正常医疗秩序的意见》的新闻发布稿

最高人民法院新闻发言人　孙军工

各位记者：

大家下午好！今天新闻发布会的主题是发布最高人民法院会同最高人民检察院、公安部、司法部、国家卫生和计划生育委员会联合制定的《关于依法惩处涉医违法犯罪维护正常医疗秩序的意见》（以下简称《意见》），同时公布四起暴力伤医犯罪典型案例。本次新闻发布会专门邀请了最高人民法院刑事审判第五庭副庭长马岩、国家卫生和计划生育委员会医政医管局副局长郭燕红一同出席。下面，我首先就人民法院依法审理涉医犯罪案件的基本情况以及《意见》的制定背景和主要内容作一介绍，而后，请最高人民法院刑事审判第五庭副庭长马岩公布四起典型案例。

一、人民法院依法审理涉医犯罪案件的基本情况

医药卫生事业关系亿万人民的健康，关系千家万户的幸福，是重大民生问题。经过多年努力，我国医药卫生事业取得了显著成就，人民群众健康水平明显改善，人均期望寿命不断延长。同时，也不可否认，当前我国的医疗服务能力、医疗保障水平与人民群众不断增长的医疗服务需求、医学期望之间仍存在不小差距。一段时期以来，一些地方相继发生患者及其家属因不能理性对待诊治结果而暴力杀医、伤医、打砸医院、聚众滋事等违法犯罪行为，严重扰乱了正常医疗秩序。医患矛盾成为社会广泛关注的一个突出问题。造成医患矛盾的原因是多方面的，但无论是哪种原因，出现了医疗纠纷，都不应采取违法犯罪手段进行解决。暴力杀医、伤医、打砸医院等恶性事件，既破坏医疗秩序，更侵害患者的利益，不利于我国医药卫生事业的健康发展。

人民法院高度重视涉医犯罪案件的审判工作，积极履行惩罚犯罪、保护人民的司法职能，依法审理了一批涉医犯罪案件。在审判工作中，人民法院始终坚持严格依法办案，对于医疗机构及其医务人员在治疗过程中并无过错，被告人无端猜疑，蓄意报复，犯意坚决，采取残忍手段杀害、伤害医务人员，主观恶性深、人身危险性大的，依法从严惩处。应当判处死刑的，坚决依法判处。今天将要公布的两起杀医案就属于这一类型。罪犯王英生到医院接受针灸治疗脑血栓病，后自感病痛加重，怀疑系医生康某治疗不当所致，预谋报复，持斧头到医院猛砍康某头面部数下，致康某重度颅脑损伤死亡。罪犯王运生在住院治疗肺结核病期间对治疗效果不满，多次与主治医生陈某发生争执，出院后感到病情恶化，遂决意报复，持刀闯入医生办公室，追砍、捅刺陈某20余刀，致陈某颈动脉破裂失血性休克死亡。经审理查明，这两起案件的被害人采取的医疗方案均符合医疗法律法规和医疗常规，不存在任何过错，但两名罪犯不能正确看待医疗效果，将责任归咎于医务人员，采取残忍手段报复行凶，犯罪情节恶劣，主观恶性大，罪行极其严重，应依法从严惩处，故最高人民法院核准了死刑。

同时，人民法院对涉医犯罪案件也注重根据案件具体情况把握宽严尺度。对事出有因，犯罪情节较轻，且被告人认罪、悔罪的，在决定具体

适用的刑罚时也会依法予以考虑。如今天将要公布的卞井奎等6人寻衅滋事案，卞龙等5名罪犯陪同罪犯卞井奎到医院治疗手伤，在就诊过程中违反就医流程要求拍片，无故谩骂、殴打值班医生，打砸医院医疗设备和办公设备，致2人轻微伤，财产损失人民币4000余元。6名罪犯归案后，其中5人如实供述犯罪事实，自愿认罪，且积极赔偿被害人、被害单位经济损失，法院依法对这5名罪犯从宽处罚，判处九个月至十一个月不等的有期徒刑。

二、关于《意见》的制定背景和主要内容

针对近期相继发生的一些暴力杀医、伤医等恶性案件，为有效遏制、预防此类犯罪的发生，切实维护医疗秩序，保障医患双方的合法权益，最高人民法院会同最高人民检察院、公安部、司法部、国家卫生和计划生育委员会经过深入调查研究，广泛征求意见，联合制定印发了《意见》。《意见》的主要内容包括以下三个方面：

（一）严肃追究、坚决依法打击涉医违法犯罪行为

《意见》规定，公安机关要加大对暴力伤医、杀医、扰乱医疗秩序等违法犯罪活动的查处力度，接到报警后应当及时出警、快速处置，需要追究刑事责任的，及时立案侦查，全面、客观地收集、调取证据，确保侦查取证质量。人民检察院应当及时依法批捕、起诉，对于重大涉医犯罪案件，必要时可以派员适时介入侦查活动，对收集证据、适用法律提出意见。人民法院应当加快审理进度，在全面查明案件事实的基础上依法准确定罪量刑，对于犯罪手段残忍、主观恶性深、人身危险性大的被告人或者社会影响恶劣的涉医犯罪行为，要依法从严惩处。

（二）准确适用法律，依法惩处六类涉医违法犯罪行为

依法惩处在医疗机构内殴打医务人员或者故意伤害医务人员身体、故意损毁公私财物的行为。《意见》规定，上述行为尚未造成严重后果的，将作为治安案件，给予行政拘留、罚款等治安处罚；故意杀害医务人员，或者故意伤害医务人员造成轻伤以上严重后果，或者随意殴打医务人员情节恶劣、任意损毁公私财物情节严重，构成故意杀人罪、故意伤害罪、故意毁坏财物罪、寻衅滋事罪的，依照刑法的有关规定定罪处罚。如今天公

布的王英生故意杀人案、王运生故意杀人案、刘晓东故意伤害案，被告人都依法受到了法律严惩。

依法惩处在医疗机构及其公共开放区域采取违规停放尸体、私设灵堂、摆放花圈、焚烧纸钱、悬挂横幅、堵塞大门等方式扰乱医疗秩序或者其他公共秩序的行为。《意见》规定，上述行为尚未造成严重损失，经劝说、警告无效的，要依法驱散，对拒不服从的人员要依法带离现场；对首要分子和其他积极参加者给予行政拘留、罚款等治安处罚；构成犯罪的，依法追究刑事责任。

依法惩处非法限制医务人员人身自由的行为。《意见》规定，以不准离开工作场所等方式非法限制医务人员人身自由的，依照治安管理处罚法的有关规定处罚；构成犯罪的，依法追究刑事责任。

依法惩处公然侮辱、恐吓医务人员的行为。《意见》规定，公然侮辱、恐吓医务人员的，依照治安管理处罚法的规定处罚；采取暴力或者其他方法公然侮辱、恐吓医务人员情节严重（恶劣），构成犯罪的，依法追究刑事责任。

依法惩处非法携带枪支、弹药、管制器具或者爆炸性、放射性、毒害性、腐蚀性物品进入医疗机构的行为。《意见》规定，有上述情形的，依照治安管理处罚法的规定处罚；危及公共安全情节严重，构成犯罪的，依法追究刑事责任。

依法惩处故意扩大事态、教唆他人实施涉医违法犯罪行为，或者以受他人委托处理医疗纠纷为名实施敲诈勒索、寻衅滋事等行为。《意见》规定，有上述行为的，要依法从严惩处。

（三）建立完善矛盾化解机制，积极预防处理医疗纠纷

刑法只是调整社会关系、处理矛盾纠纷的最后一道防线，从源头上有效预防和减少医疗纠纷，特别是在发生医疗纠纷后加以妥善处理，避免矛盾激化、升级引发违法犯罪行为，才是维护正常医疗秩序、构建和谐医患关系的治本之策。为实现标本兼治，《意见》将如何预防和处理医疗纠纷作为一项重要内容予以规定。首先，《意见》强调医疗机构要加强自身建设，提高医疗服务能力，保障医疗安全和医疗质量，医务人员要加强医德

医风建设，改善服务态度，注重人文关怀，做好与患者一方的沟通工作，从源头上预防和减少医疗纠纷。其次，《意见》规定了处理医疗纠纷的三道程序。第一，医疗机构应当设立专门的投诉管理部门，畅通投诉渠道，要做到投诉必管、投诉必复，并要在医疗机构显著位置公示处理医疗纠纷的部门、程序、联系方式。做好这一点，对于减少和防范涉医违法犯罪十分重要。第二，对于医患双方自行协商解决不成的医疗纠纷，引入第三方调解机制。据统计，截至2013年年底，全国共建立独立的医疗纠纷人民调解组织2925个，基本实现地市全覆盖，这些调解组织2013年共受理医疗纠纷人民调解案件53189件，调解成功率达88%，效果良好。因此，《意见》规定，应当加快推进医疗纠纷人民调解组织建设，在医疗机构集中、医疗纠纷突出的地区建立独立的医疗纠纷人民调解委员会。人民法院、司法行政机关应当加强对医疗纠纷人民调解委员会的指导，确保调解依法、规范、有效进行。司法行政机关应当组织律师、公证、法律援助等工作人员为有需求的患者及其家属提供法律服务和法律援助。第三，在第三方调解无效等情况下起诉至人民法院的医疗损害赔偿案件，法院应当及时立案受理，积极开展诉讼调解，对调解不成的，及时依法判决，切实维护医患双方的合法利益。

良好的医疗秩序是社会和谐稳定的重要体现，也是增进人民福祉的客观要求。此次最高人民法院会同四个部门联合出台《意见》，只是维护正常医疗秩序、构建和谐医患关系系统工程中的一环。深化医药卫生体制改革，提高医药保障水平和质量，才能从根本上维护好医患双方的合法权益，理顺医患关系。在此过程中，需要广大人民群众、医务工作者的理解、支持和配合。在此，我们呼吁，医患双方应当相互信任，即便产生了医疗纠纷，也应当理性解决，不能动辄诉诸暴力。只有医患双方相互尊重、相互体谅成为全社会的共识和自觉行动，人民群众的生命健康才能得到充分保护，医药卫生事业才能取得长足进步。

谢谢大家！

附：相关法律条文

《治安管理处罚法》

第二十三条　有下列行为之一的，处警告或者二百元以下罚款；情节较重的，处五日以上十日以下拘留，可以并处五百元以下罚款：

（一）扰乱机关、团体、企业、事业单位秩序，致使工作、生产、营业、医疗、教学、科研不能正常进行，尚未造成严重损失的；

（二）扰乱车站、港口、码头、机场、商场、公园、展览馆或者其他公共场所秩序的；

（三）扰乱公共汽车、电车、火车、船舶、航空器或者其他公共交通工具上的秩序的；

（四）非法拦截或者强登、扒乘机动车、船舶、航空器以及其他交通工具，影响交通工具正常行驶的；

（五）破坏依法进行的选举秩序的。

聚众实施前款行为的，对首要分子处十日以上十五日以下拘留，可以并处一千元以下罚款。

第三十条　违反国家规定，制造、买卖、储存、运输、邮寄、携带、使用、提供、处置爆炸性、毒害性、放射性、腐蚀性物质或者传染病病原体等危险物质的，处十日以上十五日以下拘留；情节较轻的，处五日以上十日以下拘留。

第三十二条　非法携带枪支、弹药或者弩、匕首等国家规定的管制器具的，处五日以下拘留，可以并处五百元以下罚款；情节较轻的，处警告或者二百元以下罚款。

非法携带枪支、弹药或者弩、匕首等国家规定的管制器具进入公共场所或者公共交通工具的，处五日以上十日以下拘留，可以并处五百元以下罚款。

第四十条　有下列行为之一的，处十日以上十五日以下拘留，并处五百元以上一千元以下罚款；情节较轻的，处五日以上十日以下拘留，并处二百元以上五百元以下罚款：

（一）组织、胁迫、诱骗不满十六周岁的人或者残疾人进行恐怖、残

忍表演的；

（二）以暴力、威胁或者其他手段强迫他人劳动的；

（三）非法限制他人人身自由、非法侵入他人住宅或者非法搜查他人身体的。

第四十二条　有下列行为之一的，处五日以下拘留或者五百元以下罚款；情节较重的，处五日以上十日以下拘留，可以并处五百元以下罚款：

（一）写恐吓信或者以其他方法威胁他人人身安全的；

（二）公然侮辱他人或者捏造事实诽谤他人的；

（三）捏造事实诬告陷害他人，企图使他人受到刑事追究或者受到治安管理处罚的；

（四）对证人及其近亲属进行威胁、侮辱、殴打或者打击报复的；

（五）多次发送淫秽、侮辱、恐吓或者其他信息，干扰他人正常生活的；

（六）偷窥、偷拍、窃听、散布他人隐私的。

第四十三条　殴打他人的，或者故意伤害他人身体的，处五日以上十日以下拘留，并处二百元以上五百元以下罚款；情节较轻的，处五日以下拘留或者五百元以下罚款。

有下列情形之一的，处十日以上十五日以下拘留，并处五百元以上一千元以下罚款：

（一）结伙殴打、伤害他人的；

（二）殴打、伤害残疾人、孕妇、不满十四周岁的人或者六十周岁以上的人的；

（三）多次殴打、伤害他人或者一次殴打、伤害多人的。

第四十九条　盗窃、诈骗、哄抢、抢夺、敲诈勒索或者故意损毁公私财物的，处五日以上十日以下拘留，可以并处五百元以下罚款；情节较重的，处十日以上十五日以下拘留，可以并处一千元以下罚款。

第六十五条　有下列行为之一的，处五日以上十日以下拘留；情节严重的，处十日以上十五日以下拘留，可以并处一千元以下罚款：

（一）故意破坏、污损他人坟墓或者毁坏、丢弃他人尸骨、骨灰的；

（二）在公共场所停放尸体或者因停放尸体影响他人正常生活、工作秩序，不听劝阻的。

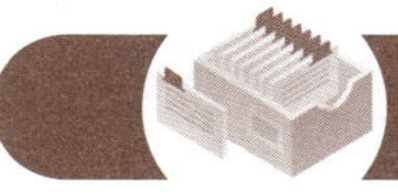

背景链接

最高人民法院　最高人民检察院　公安部　司法部　国家卫生和计划生育委员会关于依法惩处涉医违法犯罪维护正常医疗秩序的意见

（2014年4月22日　法发〔2014〕5号）

为依法惩处涉医违法犯罪，维护正常医疗秩序，构建和谐医患关系，根据《中华人民共和国刑法》《中华人民共和国治安管理处罚法》等法律法规，结合工作实践，制定本意见。

一、充分认识依法惩处涉医违法犯罪维护正常医疗秩序的重要性

加强医药卫生事业建设，是实现人民群众病有所医，提高全民健康水平的重要社会建设工程。经过多年努力，我国医药卫生事业发展取得显著成就，但医疗服务能力、医疗保障水平与人民群众不断增长的医疗服务需求之间仍存在一定差距。一段时期以来，个别地方相继发生暴力杀医、伤医以及在医疗机构聚众滋事等违法犯罪行为，严重扰乱了正常医疗秩序，侵害了人民群众的合法利益。良好的医疗秩序是社会和谐稳定的重要体现，也是增进人民福祉的客观要求。依法惩处涉医违法犯罪，维护正常医疗秩序，有利于保障医患双方的合法权益，为患者创造良好的看病就医环境，为医务人员营造安全的执业环境，从而促进医疗服务水平的整体提高和医药卫生事业的健康发展。

二、严格依法惩处涉医违法犯罪

对涉医违法犯罪行为，要依法严肃追究、坚决打击。公安机关要加大

对暴力杀医、伤医、扰乱医疗秩序等违法犯罪活动的查处力度，接到报警后应当及时出警、快速处置，需要追究刑事责任的，及时立案侦查，全面、客观地收集、调取证据，确保侦查质量。人民检察院应当及时依法批捕、起诉，对于重大涉医犯罪案件要加强法律监督，必要时可以对收集证据、适用法律提出意见。人民法院应当加快审理进度，在全面查明案件事实的基础上依法准确定罪量刑，对于犯罪手段残忍、主观恶性深、人身危险性大的被告人或者社会影响恶劣的涉医犯罪行为，要依法从严惩处。

（一）在医疗机构内殴打医务人员或者故意伤害医务人员身体、故意损毁公私财物，尚未造成严重后果的，分别依照治安管理处罚法第四十三条、第四十九条的规定处罚；故意杀害医务人员，或者故意伤害医务人员造成轻伤以上严重后果，或者随意殴打医务人员情节恶劣、任意损毁公私财物情节严重，构成故意杀人罪、故意伤害罪、故意毁坏财物罪、寻衅滋事罪的，依照刑法的有关规定定罪处罚。

（二）在医疗机构私设灵堂、摆放花圈、焚烧纸钱、悬挂横幅、堵塞大门或者以其他方式扰乱医疗秩序，尚未造成严重损失，经劝说、警告无效的，要依法驱散，对拒不服从的人员要依法带离现场，依照治安管理处罚法第二十三条的规定处罚；聚众实施的，对首要分子和其他积极参加者依法予以治安处罚；造成严重损失或者扰乱其他公共秩序情节严重，构成寻衅滋事罪、聚众扰乱社会秩序罪、聚众扰乱公共场所秩序、交通秩序罪的，依照刑法的有关规定定罪处罚。

在医疗机构的病房、抢救室、重症监护室等场所及医疗机构的公共开放区域违规停放尸体，影响医疗秩序，经劝说、警告无效的，依照治安管理处罚法第六十五条的规定处罚；严重扰乱医疗秩序或者其他公共秩序，构成犯罪的，依照前款的规定定罪处罚。

（三）以不准离开工作场所等方式非法限制医务人员人身自由的，依照治安管理处罚法第四十条的规定处罚；构成非法拘禁罪的，依照刑法的有关规定定罪处罚。

（四）公然侮辱、恐吓医务人员的，依照治安管理处罚法第四十二

条的规定处罚；采取暴力或者其他方法公然侮辱、恐吓医务人员情节严重（恶劣），构成侮辱罪、寻衅滋事罪的，依照刑法的有关规定定罪处罚。

（五）非法携带枪支、弹药、管制器具或者爆炸性、放射性、毒害性、腐蚀性物品进入医疗机构的，依照治安管理处罚法第三十条、第三十二条的规定处罚；危及公共安全情节严重，构成非法携带枪支、弹药、管制刀具、危险物品危及公共安全罪的，依照刑法的有关规定定罪处罚。

（六）对于故意扩大事态，教唆他人实施针对医疗机构或者医务人员的违法犯罪行为，或者以受他人委托处理医疗纠纷为名实施敲诈勒索、寻衅滋事等行为的，依照治安管理处罚法和刑法的有关规定从严惩处。

三、积极预防和妥善处理医疗纠纷

（一）卫生计生行政部门应当加强医疗行业监管，指导医疗机构提高医疗服务能力，保障医疗安全和医疗质量。医疗机构及其医务人员要严格遵守医疗卫生管理法律、行政法规、部门规章和诊疗护理规范，加强医德医风建设，改善服务态度，注重人文关怀，尊重患者的隐私权、知情权、选择权等权利，根据患者病情、愈后不同以及患者实际需求，采取适当方式进行沟通，做好解释说理工作，从源头上预防和减少医疗纠纷。

（二）卫生计生行政部门应当指导医疗机构加强投诉管理，设立医患关系办公室或者指定部门统一承担医疗机构投诉管理工作，建立畅通、便捷的投诉渠道。

医疗机构投诉管理部门应当在医疗机构显著位置公布该部门及医疗纠纷人民调解组织等相关机构的联系方式、医疗纠纷的解决程序，加大对患者法律知识的宣传，引导患者依法、理性解决医疗纠纷。有条件的医疗机构可设立网络投诉平台，并安排专人处理、回复患者投诉。要做到投诉必管、投诉必复，在规定期限内向投诉人反馈处理情况。

对于医患双方自行协商解决不成的医疗纠纷，医疗机构应当及时通过

向人民调解委员会申请调解等其他合法途径解决。

（三）司法行政机关应当会同卫生计生行政部门加快推进医疗纠纷人民调解组织建设，在医疗机构集中、医疗纠纷突出的地区建立独立的医疗纠纷人民调解委员会。

司法行政机关应当会同人民法院加强对医疗纠纷人民调解委员会的指导，帮助完善医疗纠纷人民调解受理、调解、回访、反馈等各项工作制度，加强医疗纠纷人民调解员队伍建设和业务培训，建立医学、法律等专家咨询库，确保调解依法、规范、有效进行。

司法行政机关应当组织法律援助机构为有需求并符合条件的医疗纠纷患者及其家属提供法律援助，指导律师事务所、公证机构等为医疗纠纷当事人提供法律服务，指导律师做好代理服务工作，促使医疗纠纷双方当事人妥善解决争议。

（四）人民法院对起诉的医疗损害赔偿案件应当及时立案受理，积极开展诉讼调解，对调解不成的，及时依法判决，切实维护医患双方的合法利益。在诉讼过程中应当加强诉讼指导，并做好判后释疑工作。

（五）卫生计生行政部门应当会同公安机关指导医疗机构建立健全突发事件预警应对机制和警医联动联防联控机制，提高应对突发事件的现场处置能力。公安机关可根据实际需要在医疗机构设立警务室，及时受理涉医报警求助，加强动态管控。医疗机构在诊治过程中发现有暴力倾向的患者，或者在处理医疗纠纷过程中发现有矛盾激化，可能引发治安案件、刑事案件的情况，应当及时报告公安机关。

四、建立健全协调配合工作机制

各有关部门要高度重视打击涉医违法犯罪、维护正常医疗秩序的重要性，认真落实党中央、国务院关于构建和谐医患关系的决策部署，加强组织领导与协调配合，形成构建和谐医患关系的合力。地市级以上卫生计生行政部门应当积极协调相关部门建立联席会议等工作制度，定期互通信息，及时研究解决问题，共同维护医疗秩序，促进我国医药卫生事业健康发展。

涉医犯罪典型案例

案例1 王英生故意杀人案

——因怀疑治疗不当杀死医生，罪行极其严重

（一）基本案情

被告人王英生，男，汉族，1950年12月24日出生，退休职工。

2012年10月14日，被告人王英生因患脑血栓病到天津中医药大学第一附属医院就医，该院针灸科主任医师康红千（被害人，女，殁年46岁）为其进行针灸治疗。王英生接受治疗后自感病痛没有缓解，反而有所加重，认为系康红千针灸所致，产生报复之念。同年11月29日13时许，王英生携带斧子到该院二楼康红千所在的针灸十四诊室，持斧子朝康红千的头面部猛砍数下，致康红千重度颅脑损伤死亡。王英生作案后从该诊室窗户跳下，受伤倒地，后被公安人员当场抓获。

（二）裁判结果

本案由天津市第一中级人民法院一审，天津市高级人民法院二审。最高人民法院对本案进行了死刑复核。

法院经审理认为，被告人王英生故意非法剥夺他人生命，其行为已构成故意杀人罪。王英生无端怀疑其病症未缓解系医生治疗不当所致，蓄意行凶报复，持斧闯入医院杀死诊治医生，犯罪手段残忍，情节恶劣，罪行极其严重，应依法惩处。据此，依法对被告人王英生判处并核准死刑。

罪犯王英生已于2014年4月22日被依法执行死刑。

案例2 王运生故意杀人案

——因不满治疗效果杀死主治医生，罪行极其严重

（一）基本案情

被告人王运生，男，汉族，1987年9月5日出生，农民。

被告人王运生因患肺结核病，于2011年7月27日至8月23日在湖南省衡阳市第三人民医院（南院）住院治疗，入院时由十二病区主任陈文明接诊，后由陈妤娜（被害人，女，殁年33岁）担任主治医生。住院期间，王运生对治疗效果不满，多次与陈妤娜发生争执。出院后，王运生发现病情恶化，认为系陈妤娜在治疗过程中停药、换药、减药所致，由此产生怨恨，决意报复陈妤娜或陈文明。为此，王运生先后两次从其打工地广东省来到衡阳市伺机报复，但均因故未能实施。2012年4月28日14时许，王运生携带事先准备的折叠刀来到该医院，戴上口罩进入第十二病区，见陈妤娜独自在医生办公室，遂持刀捅刺陈背部。陈妤娜被刺后起身跑向办公室门口并跌倒在地，王运生又上前朝陈的颈部、胸部、背部等处捅刺20余刀，致陈妤娜颈动脉破裂失血性休克死亡。

（二）裁判结果

本案由湖南省衡阳市中级人民法院一审，湖南省高级人民法院二审。最高人民法院对本案进行了死刑复核。

法院经审理认为，被告人王运生故意非法剥夺他人生命，其行为已构成故意杀人罪。王运生因对住院期间的治疗效果不满，蓄意报复，持刀捅刺主治医生20余刀致人死亡，犯罪手段残忍，情节恶劣，罪行极其严重，应依法惩处。据此，依法对被告人王运生判处并核准死刑。

罪犯王运生已于2014年4月21日被依法执行死刑。

案例3　刘晓东故意伤害案

——因不满医生转院建议殴打医生致轻伤

（一）基本案情

被告人刘晓东，男，汉族，1968年7月3日出生，无业。

2012年12月3日零时30分许，被告人刘晓东因头部受伤，到辽宁省丹东市中医院就诊。刘晓东对接诊医生宋峰（被害人，男，时年46岁）称自己可能颅骨骨折，宋峰建议刘晓东去其他医院治疗。刘晓东对宋峰建议其

转院治疗不满，离开十几分钟后返回，拽掉宋峰的眼镜，用头撞击宋峰的口、鼻处，并对宋峰进行殴打，致宋峰2颗牙齿折断，鼻骨线形骨折，构成轻伤。

（二）裁判结果

辽宁省丹东市振兴区人民法院经审理认为，被告人刘晓东故意伤害他人身体致轻伤，其行为已构成故意伤害罪。刘晓东就诊时因对医生提出的转院治疗建议不满，将医生打致轻伤，应依法惩处。鉴于刘晓东当庭自愿认罪，可酌情从轻处罚。据此，依法对被告人刘晓东判处有期徒刑一年四个月。

该案一审宣判后，被告人未上诉，检察机关未抗诉，上述判决刑事部分已于2013年12月9日发生法律效力。

案例4　卞井奎等寻衅滋事案

——就诊时随意殴打医生、任意毁损财物，情节恶劣

（一）基本案情

被告人卞井奎，男，汉族，1992年9月7日出生，农民。

被告人卞龙，男，汉族，1986年9月7日出生，农民。

被告人刘浩，男，汉族，1982年10月15日出生，农民。

被告人王阜南，男，汉族，1984年1月6日出生，农民。

被告人宋孝猛，男，汉族，1985年4月18日出生，农民。

被告人姜玉，男，汉族，1985年4月3日出生，农民。

2013年11月9日晚，被告人卞井奎、卞龙、刘浩、王阜南、宋孝猛、姜玉一起饮酒。当日23时许，卞井奎在其他5人陪同下到浙江省宁波市第七医院治疗手伤。卞井奎等6人因违反就医流程要求拍片，被该院放射科值班医生王成伟、秦鹏程拒绝，遂谩骂并踹门进入放射科办公室殴打王成伟、秦鹏程，致王成伟头部、右上肢损伤，秦鹏程右耳、面部、口唇皮肤裂伤，二人伤情均构成轻微伤。卞井奎等6人还造成放射科办公室内医用显示器、榉木门和2把木凳毁坏，价值共计人民币4167元。

（二）裁判结果

本案由浙江省宁波市镇海区人民法院一审，宁波市中级人民法院二审。

法院经审理认为，被告人卞井奎、卞龙、刘浩、王阜南、宋孝猛、姜玉酒后在医院谩骂、随意殴打值班医生，致2人轻微伤，情节恶劣；任意毁损公私财物造成损失4167元，情节严重，其行为均已构成寻衅滋事罪，应依法惩处。卞井奎、卞龙、刘浩、宋孝猛、姜玉归案后如实供述犯罪事实，自愿认罪，应依法从轻处罚；上述5人积极赔偿被害人、被害单位经济损失，可酌情从轻处罚。据此，依法对被告人卞井奎、王阜南判处有期徒刑十一个月，对被告人宋孝猛、姜玉判处有期徒刑十个月，对被告人卞龙、刘浩判处有期徒刑九个月。

上述裁判已于2014年4月16日发生法律效力。

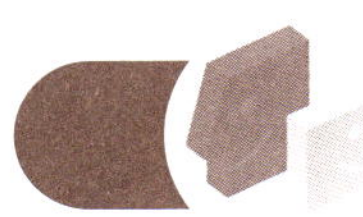

现场互动

健康报记者刘平安：我在采访过程当中也经历过很多起比较惨烈的医闹事件和医患纠纷，最近也在做这方面的选题，了解到中国医协会统计仅今年2月就发生十余起医患纠纷案件，请问马岩庭长，在打击涉医违法犯罪、维护正常医疗秩序方面，人民法院将如何发挥职能作用？主要有哪些工作举措？谢谢。

马岩：医疗卫生事业建设是实现人民群众病有所医，提高全民健康水平的重要社会建设工程。良好的医疗秩序是社会和谐稳定的重要体现，也是增进人民福祉的客观要求。作为司法机关，充分发挥审判职能作用、维护社会稳定、促进社会公平正义、增进人民福祉是人民法院的职责所在。

在发挥职能作用方面，人民法院要着重、着力做好以下几个方面的工作：

一是要坚持依法惩处涉医犯罪行为，坚决遏制涉医违法犯罪多发态势。对采取残忍手段暴力杀医、伤医以及严重扰乱医疗秩序的犯罪，要依法从严惩处。对其中主观恶性深、人身危险性大的被告人，在法律幅度内该重判的要依法重判；对罪行极其严重依法应当适用死刑的，要坚决依法适用死刑。

二是要坚持司法利民便民，畅通司法救济渠道。对起诉到人民法院的医疗损害赔偿案件，要依法及时立案受理。要加强诉讼指导，强化对权利义务、举证责任、诉讼风险等事项的告知工作。要在依法公正及时裁判的同时，切实尊重和保障当事人的各项诉讼权利，加强法律释明、裁判文书说理以及判后释疑等工作，为群众诉讼提供优质的司法服务。

三是要充分发挥人民法院在医疗纠纷多元化解决机制中的重要作用，加强与医疗纠纷调解机构的对接、联系和沟通，最大限度把医疗纠纷、医患矛盾化解在萌芽状态，处置在初始阶段。我们注意到，在这方面，各地法院也进行了一些有益的探索和尝试。例如，江西省南昌市东湖区人民法院于2011年在南昌市医疗纠纷调解中心派驻巡回法庭，采取“提前介入、诉调结合”的方式，妥善化解了大量医疗纠纷，实现了人民法院与相关医疗纠纷调解机构的有效对接和优势互补，取得了良好的社会效果。今年3月19日，江西省委书记强卫同志专门到这个巡回法庭进行调研，对巡回法庭的工作给予了充分肯定。我们相关部门已经在联动解决化解医疗纠纷、维护正常医疗秩序问题上做出了一些有益的探索。

最高人民法院作为国家最高司法机关，今后将继续加大力度，监督、指导地方各级人民法院加强涉医案件审判工作。各级人民法院在审理涉医相关案件时，可以通过发布审判信息、庭审直播、公布典型案例等方式，积极回应社会关切，营造打击涉医违法犯罪、维护医疗秩序的良好氛围。

中国日报社记者单娟：近年来，卫生计生行政部门在维护正常医疗秩序、构建和谐医患关系方面做了哪些工作？

郭燕红：2007年，按照全国平安建设的总体要求，卫生系统深入开展“平安医院”活动，以此为平台，维护正常医疗秩序，加强医疗机构治安

管理，完善医疗纠纷调处机制和医疗责任风险分担机制，着力提高医疗服务水平，努力构建和谐医患关系。主要开展了以下几方面工作：

一是加强组织领导，形成综合治理格局。在部级层面，成立了中央综治办、最高法、最高检、公安部、司法部等11个部门组成的全国创建“平安医院”活动工作领导小组，建立了部门联动机制。

二是加强警医联动，维护正常医疗秩序。公安部和我委联合印发了一系列文件，完善警医联动机制，加强医疗机构治安管理，强化安全防范措施，提高对突发和暴力事件的预警、应对和处置能力，维护正常医疗秩序。

三是建立医疗纠纷调处机制和医疗责任风险分担机制。我委会同司法部，将人民调解作为第三方医疗纠纷调解的主要模式，不断完善组织管理、运行保障、队伍建设。目前，全国医疗纠纷人民调解组织达到2925个，基本实现了省级、地市级全覆盖，2013年共受理医疗纠纷人民调解案件5万3千余件，调解成功率达80%以上。医疗纠纷人民调解制度有力推动了医疗责任保险工作，充分发挥保险的风险分担作用，形成了第三方赔付机制。2013年，全国共有6000余个二级以上医疗机构参加了医疗责任险，占二级以上医疗机构总数的60%。

四是加强行业管理，提高医疗服务质量。近年来，医疗卫生系统不断提高医疗质量，优化服务流程，加强行风建设，增进医患沟通，注重人文关怀。同时，规范医疗投诉管理，建立畅通、便捷的投诉渠道，建立与人民调解组织的对接机制，从源头上减少医疗纠纷和妥善处理医疗纠纷。

2013年12月20日，全国创建“平安医院”活动工作小组启动了维护医疗秩序打击涉医违法犯罪专项行动，依法惩处侵害医患人身安全、扰乱正常医疗秩序违法犯罪活动。下一步，我们将坚持一手抓严厉打击涉医违法犯罪、维护医疗秩序；一手抓医疗纠纷预防和妥善处理。既立足当前，深入开展维护医疗秩序打击涉医违法犯罪专项行动，保持对违法犯罪分子的高压态势；又着眼长远，不断完善相关法制建设，巩固和完善医疗纠纷第三方调解和医疗责任险第三方赔付等机制，维护医患双方的合法权益。

财新传媒记者田鹏：第一个问题，马庭长，如果医患双方有纠纷的话，应该如何举证？在此过程中可能需要做相关鉴定，社会上有些议论，相关鉴定工作是由医学会组织的，怎么样保证鉴定的中立性？

第二个问题，问一下郭司长，刚才您提到医疗责任险，您提到有6000多家二级以上医疗机构进行了这项工作，其实北京以前也推过医责险，深圳最近由卫生计生行政部门强制普遍推医责险。我想请教一下您对医责险发展是怎样的看法。是不是需要卫生行政部门做出强制性的普遍要求每位医生都上医责险，有没有这样的政策考虑？谢谢。

马岩：我先来回答一下第一个问题。刚才记者提到举证责任问题以及有关鉴定的问题，都涉及人民法院审理医疗损害赔偿案件的具体问题。一、关于举证责任的问题，相关法律法规有一个变化的过程。2002年4月1日起实施的《最高人民法院关于民事诉讼证据的若干规定》规定，因医疗行为引起的侵权诉讼，由医疗机构就医疗行为与损害结果之间不存在因果关系及不存在医疗过错承担举证责任。这实际上实行的是举证责任倒置原则。2010年7月1日侵权责任法施行后，关于医疗行为引起的侵权诉讼，适用"谁主张，谁举证"的原则，不再适用上述司法解释。二、关于鉴定的问题。实践中，关于医疗事故鉴定可能同时存在两种方式：一是由医学会组织的医疗事故技术鉴定，二是由司法鉴定机构所做的法医学鉴定。之所以可能同时出现两种方式，是因为按照《医疗事故处理条例》的规定，医患双方协商解决医疗事故争议，需要进行医疗事故鉴定的，由双方当事人共同委托负责医疗事故技术鉴定工作的医学会组织鉴定。而医疗事故技术鉴定的组织方式与一般的法医类鉴定有很大区别，医疗事故技术鉴定的内容也不都属于法医类鉴定。据我了解，目前有关部门正在研究修订《医疗事故处理条例》，最高人民法院对此问题也在做进一步研究。我相信，随着相关法律法规的不断完善，有关问题会逐步得到解决。

郭燕红：我来回答记者有关医疗责任保险的一些问题。医疗服务是具有高技术、高风险的这样一项专业工作，应该说对于医疗责任保险国际上有很多比较好的做法，有的做法也比较成熟。2007年，原卫生部、国家中医药管理局、保监会曾经下发通知推进医疗责任保险。所以随着医疗事业的不断发展，应该说对于医疗责任保险各地都做了普遍的探索。有的地方在探索过程当中形成了非常好的可借鉴的经验，比如说像天津专门发布了政府的地方规章，在政府的地方规章当中对医责险，特别是公立医院参加医责险，做出了规定。宁波、江西的地方立法，也做了一些安排。近期我们正在跟保监会进行调研，在充分调研和吸纳地方做法的过程当中，将对医疗责任保险的推进形成一个顶层设计和制度框架。谢谢。

光明日报记者王昊魁：马庭长，刚才您公布的四起涉医犯罪案件中的王英生和王运生，都是因为对医疗结果不满杀害医生。我想问一下，在这两起案件中被害医生是否存在过错？人民法院在审理案件中是如何把握刑事政策的？

马岩：我首先回答你第二个问题。暴力杀医、伤医行为造成严重后果，属于严重刑事犯罪。人民法院对于此类犯罪案件，始终坚持依法予以严惩。例如，对于无端猜忌、犯意坚决、以残忍手段杀害或伤害医务人员的被告人，要在法律规定的幅度内从严惩处，对其中罪行极其严重的坚决依法判处死刑。今天公布的发生在天津和湖南的两起杀医案件，被告人王英生、王运生均属罪行极其严重，最高人民法院均依法核准了死刑。

除暴力杀医、伤医案件，司法实践中，对于为了满足自身利益无理取闹、不听劝阻，纠集他人在医疗机构内私设灵堂、违规停尸甚至打砸医院，严重扰乱医疗秩序，构成犯罪的，人民法院要依法从严惩处；对于教唆他人暴力杀医、伤医，或以受托处理医疗纠纷为名，实则寻衅滋事、对医疗机构、医务人员敲诈勒索的职业“医闹”，人民法院也要严惩不贷。

当然，对于涉医犯罪案件被告人具有法定从轻处罚情节，或者犯罪情节较轻，且被告人认罪、悔罪的，法院在决定具体适用的刑罚时，也会依照法律规定和宽严相济刑事政策的要求，充分予以考虑。

关于第一个问题，湖南王运生杀医案、天津王英生杀医案均经历了中级人民法院一审、高级人民法院二审和最高人民法院死刑复核程序。在审理这两个案件期间，人民法院本着慎重、负责的态度，严格审核相关证据，并就案件所涉相关医疗问题专门咨询了权威医学专家和法医的意见。

这两起案件的在案证据均证实，两名被害医生对被告人的医治方案是合理的，符合医疗法律法规及医疗常规，两名被害医生治疗过程中均不存在过错。

湖南、天津杀医案被告人都已伏法，受到了法律的严惩。但对医患双方来说，这无疑都是一场悲剧，在这场医患冲突中没有任何一方是赢家，对被告人、被害人、双方的家庭、对社会都是悲剧。医患双方本来有着共同的目标，应当相互信任，并肩与疾病作战，疾病是医患双方共同的敌人，即便是发生了矛盾纠纷，患者也应当选择投诉、调解、诉讼等适当渠道理性表达诉求，而绝不能动辄出拳头、动刀子诉诸暴力。如果医务工作者没有一个良好的执业环境，甚至连自己的生命安全都不能得到保障，当行医成为一件战战兢兢、非常危险的事情的时候，医生还怎么能够全神贯注于对患者疾病的治疗？长此以往，医患双方信任缺失，医患关系愈加紧张，最终损害的还是包括每一个患者在内的广大人民群众的切身利益。

当然，医疗行业专业性极强，医患之间可能会存在着信息的严重不对称，医患之间良好的沟通非常必要。医疗机构要进一步建立健全医患沟通机制，提高沟通效果，畅通投诉渠道，切实改善人民群众就医感受。同时，各级医疗机构要加强对医患矛盾和纠纷的排查，注重患者情绪疏导，防止矛盾激化酿成恶性事故。

中央人民广播电台记者孙莹：我的问题是在刚才介绍过程中提到意见中最主要的部分，就是明确了六类涉医犯罪的违法犯罪行为，在制定意见过程中明确这六项内容是什么样的考虑？还有一个问题，刚才庭长也介绍了，希望能够有更多的投诉渠道，切实改善患者就医的感受。我想请卫计委负责人介绍一下目前我们在这方面做了哪些工作？谢谢。

郭燕红：由我先回答在改善老百姓就医感受方面卫计委所做的工作。在医疗服务当中质量和安全是核心问题。近几年在提高医疗质量、保障患者安全方面卫生计生行政部门下发了一系列相关的规范、要求、规章，来规范医务人员的职业行为。同时通过加强管理，提高医疗服务过程当中的

质量和安全，这是我们最为核心的内容。在改善人民群众就医感受方面，这几年通过加大政府投入，改善医院环境，加强科学管理，在优化就医服务流程方面也做了不少的举措，比如说预约诊疗，很多医院在就医流程方面都以病人为中心做了很大改善。

第二个方面的工作，我们国家幅员辽阔，医疗机构以及不同地区间医院之间的差异还是存在的。这几年我们通过城乡对口支援，大医院对基层医院进行帮扶，提高各级各类医疗机构的医疗质量，力争实现医疗质量同质化。近几年加强县医院的建设，充分利用对口机制作用，来提升基层医疗机构，特别是县医院的能力，让我们的人民群众能够不出县就能够在本地得到良好的服务，来为老百姓提供便捷优质的医疗服务。在医疗质量、医疗安全以及人民群众的就医改善方面，以病人为中心的服务理念是我们工作的宗旨。

马岩：《意见》规定了依法处罚六类涉医违法犯罪行为的法律依据。近年来，浙江、湖南、天津、黑龙江等一些地方相继发生暴力杀医、伤医案件，严重扰乱医疗秩序，造成了恶劣的社会影响。为依法惩处涉医违法犯罪，维护正常医疗秩序，最高法院会同相关部门研究制定了《意见》。经深入调查研究，广泛征求意见，决定在《意见》中把这几类比较突出的涉医违法犯罪行为的处罚依据予以明确。这样，我们的司法机关、公安机关在处罚打击相应的违法犯罪行为时，法律依据就会更明确、更清楚、更富有可操作性。我们虽然明确规定了六类涉医违法犯罪行为的处罚依据，但是惩罚本身不是目的，也不是治本之策。《意见》在强调依法惩处的同时，还强调要标本兼治，注重采取多种措施，从源头上预防和减少医疗纠纷。特别是一旦发生矛盾纠纷，要畅通患者的维权救济渠道，采取有效措施引导患者运用投诉、调解、诉讼等多种方式理性维权，及时化解医患矛盾，妥善解决医疗纠纷。

我们相信，最高法院会同四家单位联合出台的这一《意见》的有效贯彻执行，将进一步推动全国打击涉医违法犯罪专项行动的开展，为广大患者和医务人员营造良好的医疗环境。

媒体反响

人民日报　徐隽、黄福特　2014年4月25日

最高法等五部门明确六类涉医违法犯罪行为
教唆医闹可定罪

4月24日，最高人民法院召开新闻发布会，公布最高人民法院会同最高人民检察院、公安部、司法部、国家卫生和计划生育委员会联合制定的《关于依法惩处涉医违法犯罪维护正常医疗秩序的意见》。

在医疗机构私设灵堂将被驱散

最高人民法院新闻发言人孙军工介绍，《意见》要求严肃追究、坚决打击涉医违法犯罪行为，公安机关要加大对暴力伤医、杀医、扰乱医疗秩序等违法犯罪活动的查处力度，及时立案侦查；人民检察院应当及时依法批捕、起诉，对于重大涉医犯罪案件，必要时可以派员适时介入侦查活动，对收集证据、适用法律提出意见；人民法院应当加快审理进度，在全面查明案件事实的基础上依法准确定罪量刑，对于犯罪手段残忍、主观恶性深、人身危险性大的被告人或者社会影响恶劣的涉医犯罪行为，要依法从严惩处。

根据《意见》，在医疗机构私设灵堂、摆放花圈、焚烧纸钱、悬挂横幅、堵塞大门或者以其他方式扰乱医疗秩序，尚未造成严重损失，经劝说、警告无效的，要依法驱散，对拒不服从的人员要依法带离现场，依照治安管理处罚法第二十三条的规定处罚；聚众实施的，对首要分子和其他积极参加者依法予以治安处罚；造成严重损失或者扰乱其他公共秩序情节严重，构成寻衅滋事罪、聚众扰乱社会秩序罪、聚众扰乱公共场所秩序、交通秩序罪的，依照刑法的有关规定定罪处罚。

此外，在医疗机构的病房、抢救室、重症监护室等场所及医疗机构的公共开放区域违规停放尸体，影响医疗秩序，经劝说、警告无效的，依照治安管理处罚法第六十五条的规定处罚；严重扰乱医疗秩序或者其他公共秩序，构成犯罪的，依照前款的规定定罪处罚。

《意见》要求，公然侮辱、恐吓医务人员的，依照治安管理处罚法第四十二条的规定处罚；采取暴力或者其他方法公然侮辱、恐吓医务人员情节严重（恶劣），构成侮辱罪、寻衅滋事罪的，依照刑法的有关规定定罪处罚。

从严惩处，但并非一味从严

孙军工表示，一段时期以来，一些地方相继发生患者及其家属因不能理性对待诊治结果而暴力杀医等违法犯罪行为，严重扰乱了正常医疗秩序。医患矛盾成为社会广泛关注的一个突出问题。人民法院高度重视涉医犯罪案件的审判工作，切实履行审判机关惩罚犯罪、保护人民的职能，依法审理了一批涉医犯罪案件。

孙军工说，在审理过程中，人民法院始终坚持严格依法办案，对于医疗机构及其医务人员在治疗过程中并无过错，被告人无端猜疑，蓄意报复，犯意坚决，采取残忍手段杀害、伤害医务人员，主观恶性深、人身危险性大的，依法从严惩处，应当判处死刑的，坚决依法判处；对事出有因，犯罪情节较轻，且被告人认罪、悔罪的，法院在决定具体适用的刑罚时，也会依法予以考虑。

医疗机构需设立专门投诉管理部门并公示投诉程序

《意见》规定了处理医疗纠纷的三道程序。第一，医疗机构应当设立专门的投诉管理部门，畅通投诉渠道，要做到投诉必管、投诉必复，并要在医疗机构显著位置公示处理医疗纠纷的部门、程序、联系方式。第二，对于医患双方自行协商解决不成的医疗纠纷，引入第三方调解机制。第三，在第三方调解无效等情况下起诉至人民法院的医疗损害赔偿案件，法院应当及时立案受理，积极开展诉讼调解，对调解不成的，及时依法判决，切实维护医患双方的合法利益。

《意见》要求医疗机构应当建立完善矛盾化解机制；强调医疗机构要加强自身建设，提高医疗服务能力，保障医疗安全和医疗质量，医务人员

要加强医德医风建设，改善服务态度，注重人文关怀，做好与患者一方的沟通工作。

“最高法出台的《意见》是及时的，它对危害严重的被告人严惩不贷，而对危害较少，有悔罪态度的被告人也考虑从轻处罚，”北京德和衡律师事务所姚克枫律师说，“《意见》主要是针对涉医违法刑事案件提出的，希望最高院也能尽快出台有关民事案件的处理意见。”姚克枫说。

涉医犯罪典型案例

□王英生故意杀人案

因怀疑治疗不当杀死医生，情节恶劣

2012年10月14日，王英生因患脑血栓病到天津中医药大学第一附属医院就医。治疗后，王英生自感病痛没有缓解，却有所加重，认为系医生康红千针灸所致，产生报复之念。同年11月29日13时许，王英生携带斧子到该院，朝康红千的头面部猛砍数下，致康红千重度颅脑损伤死亡。

法院经审理认为，被告人王英生故意非法剥夺他人生命，其行为已构成故意杀人罪。王英生无端怀疑其病症未缓解系医生治疗不当所致，蓄意行凶报复，犯罪手段残忍，情节恶劣，罪行极其严重，应依法惩处。据此，依法对被告人王英生判处并核准死刑。

□刘晓东故意伤害案

因不满医生转院建议殴打医生致轻伤

2012年12月3日零时30分许，刘晓东因头部受伤，到辽宁省丹东市中医院就诊。接诊医生宋峰建议刘晓东去其他医院治疗。刘晓东不满，离开后又返回，拽掉宋峰的眼镜，用头撞击宋峰的口、鼻处，并对宋峰进行殴打，致宋峰轻伤。

辽宁省丹东市振兴区人民法院经审理认为，被告人刘晓东故意伤害他人身体致轻伤，其行为已构成故意伤害罪。鉴于刘晓东当庭自愿认罪，可酌情从轻处罚。据此，依法对被告人刘晓东判处有期徒刑一年四个月。

更多媒体报道题目选登：

1.京华时报记者孙思娅2014年4月25日报道《最高法：严惩6类涉医犯罪　封堵医院拘首要分子》。

2.法制日报记者袁定波、徐向良2014年4月24日报道《最高法公布4起涉医犯罪典型案例》。

▶ 图为发布会现场。

◀ 图为最高人民法院新闻发言人孙军工主持发布会。

▶ 图为最高人民法院刑事审判第五庭副庭长马岩回答记者提问。

◀ 图为国家卫生和计划生育委员会医政医管局副局长郭燕红回答记者提问。

▶ 图为中央人民广播电台记者孙莹提问。

第五场新闻发布会

规范减刑、假释审理程序　坚持阳光司法

发布主题：《最高人民法院关于减刑、假释案件审理程序的规定》
发布时间：2014年4月29日
关 键 词：减刑、假释案件　刑法变更执行　司法解释
主 持 人：最高人民法院新闻发言人　孙军工
出席嘉宾：最高人民法院审判监督庭庭长　宫　鸣

发布主题

关于《最高人民法院关于减刑、假释案件审理程序的规定》的新闻发布稿

最高人民法院新闻发言人　孙军工

各位记者：

大家上午好！减刑、假释作为刑罚变更执行的重要措施，是我国刑法、刑事诉讼法等法律规定的重要制度，是宽严相济刑事政策在刑罚执行过程中的具体体现，对于激励罪犯积极改造，促进罪犯回归、融入社会，具有重要的意义。今天新闻发布会的主题是发布《最高人民法院关于减刑、假释案件审理程序的规定》（以下简称《规定》）。按照议程的安排，首先由我向各位通报《规定》的制定背景和主要内容，而后请最高人民法院审监庭庭长宫鸣就大家感兴趣的话题进行互动交流。

一、《规定》的制定背景

减刑、假释案件的审理与普通刑事案件存在较大差异，例如由刑罚执

行机关报请、实行一裁终结等。关于减刑、假释案件的审理程序，刑法、刑事诉讼法中有一些原则性规定。2012年最高人民法院修改发布的《关于办理减刑、假释案件具体应用法律若干问题的规定》（以下简称《2012年减刑假释司法解释》）、《最高人民法院关于适用〈中华人民共和国刑事诉讼法〉的解释》（以下简称《刑诉法解释》）对于减刑、假释案件的审理作出了一些规定，但在减刑、假释案件的审理组织、审理范围、开庭审理和书面审理要求等方面没有作出具体规定，实践中亟需进一步完善。

为了防止减刑、假释领域的司法腐败，有效提升司法公信力，在最高人民法院指导下，一些地方法院试行采取听证或开庭审理方式办理减刑、假释案件。2010年2月8日，最高人民法院在《关于贯彻宽严相济刑事政策的若干意见》中明确提出，对减刑、假释案件应采取书面审理和开庭审理相结合的方式进行，其后又多次重申对于部分影响重大和社会关注度高的减刑、假释案件应开庭审理的要求。各地法院高度重视，一些高级法院制定了开庭审理的操作性规定，积累了不少成功经验，但对于开庭审理的具体操作尚存在做法不相同、效果不明显等问题，书面审理案件的程序也不完全统一。为此，规范减刑、假释案件审理程序已势在必行。

中央政法委于2014年年初出台的《关于严格规范减刑、假释、暂予监外执行切实防止司法腐败的指导意见》（以下简称《中央政法委指导意见》）中，对严格减刑、假释案件的程序规定提出了很多新的更高要求。2014年3月14日，最高人民法院专门召开贯彻落实中央政法委指导意见视频会议，提出了“五个一律”的工作要求，即“凡是减刑、假释、暂予监外执行案件，一律在立案后将减刑、假释建议书或者暂予监外执行申请书等材料依法向社会公示；凡是职务犯罪、黑社会性质组织犯罪和金融犯罪罪犯减刑、假释案件，一律依法公开开庭审理；凡是职务犯罪、黑社会性质组织犯罪和金融犯罪罪犯减刑、假释案件的公开开庭，一律邀请人大代表、政协委员或有关方面代表旁听；凡是减刑、假释、暂予监外执行案件的裁判文书，一律在中国裁判文书网依法公布；凡是法院工作人员在办理减刑、假释、暂予监外执行案件中有违纪违法行为甚至构成犯罪的，一律依法从重追究责任。”“五个一律”的工作要求，抓住了减刑、假释、暂予监外执行程序运行中的关键节点，提出了明确的执行要求，核心是坚持阳光司法，以公开促公正，以透明保廉洁，体现了人民法院以最坚决的意志、最坚决的行动，扫除司法领域腐败现象，坚决清除害群之马的坚定决心。

综上所述，最高人民法院在认真总结各地法院审理减刑、假释案件实践经验基础上，经过反复调研论证和广泛征求意见，制定出台了本《规定》。《规定》将自2014年6月1日起施行。

二、《规定》的主要内容

《规定》共22个条文，主要包括以下八个方面内容：

（一）减刑、假释案件一律在立案后5日内依法向社会公示

《2012年减刑假释司法解释》第25条确立了审理减刑、假释案件的公示制度，但该条所确立的公示制度存在以下几个问题：一是公示的范围主要为罪犯服刑场所，与执行机关报请前的公示存在一定程度的重合，公示作用有限；二是该条未明确公示的具体时间，实践中有的法院在立案之后，合议庭评议之前予以公示，有的法院则在作出裁定后公示；三是未规定公示的具体期限，导致各地做法不够一致。针对上述问题，《规定》第3条规定："人民法院审理减刑、假释案件，应当在立案后五日内将执行机关报请减刑、假释的建议书等材料依法向社会公示。"所谓向社会公示，原则上应当通过互联网公示。同时，《规定》还明确了"公示期限为五日"。

（二）明确审理减刑、假释案件的合议庭成员可以包括人民陪审员

刑法第79条和第82条规定，人民法院应当依法组成合议庭审理减刑、假释案件，但未规定合议庭如何组成。《规定》第4条规定："人民法院审理减刑、假释案件，应当依法由审判员或者由审判员和人民陪审员组成合议庭进行。"从而明确了可以邀请人民陪审员参加合议庭审理。在减刑、假释案件审理中引入人民陪审员制度，有利于人民陪审员代表社会公众更深入地了解和参与减刑、假释案件的审理，拓宽了公众的参与渠道，确保减刑、假释案件审理程序更加公开和透明。

（三）明确审理减刑、假释案件应当全面考量罪犯执行期间表现、犯罪具体情节、再犯罪危险性等情况

减刑、假释案件不同于普通刑事案件，审理内容自然也不相同。针对这一问题，《规定》第5条第1款规定：审理减刑、假释案件，除应当审查罪犯在执行期间的一贯表现外，还应当综合考虑犯罪的具体情节、原判刑罚情况、财产刑执行情况、附带民事裁判履行情况、罪犯退赃退赔情况。第2款就如何考察拟假释罪犯再犯罪危险性问题进行规定，除第1款所列情形外，还应综合考虑罪犯的年龄、身体状况、性格特征、假释后生活来源以及监管条件等，有利于人民法院在审理假释案件时予以全面考量。第3款特别针对假立功问题专门规定：执行机关以罪犯有立功表现或重大立功表现为由提出减刑的，应当审查立功或重大立功表现是否属实。涉及发明创造、技术革新或者其他贡献的，应当审查该成果是否罪犯在刑罚执行期间独立完成，并经有关主管机关确认。

（四）进一步明确6类减刑、假释案件必须开庭审理

对减刑、假释案件实行开庭审理，有利于增强人民群众对司法工作的信任；有利于人民法院在审理减刑、假释案件时听取来自监狱、罪犯及同监区罪犯等多方面的意见，最大限度地实现案件审理的公平、公正。《规定》第6条规定，对6类减刑、假释案件，应当开庭审理：（1）因罪犯有重大立功表现报请减刑的；（2）报请减刑的起始时间、间隔时间或者减刑幅度不符合司法解释一般规定的；（3）公示期间收到不同意见的；（4）人民检察院有异议的；（5）被报请减刑、假释罪犯系职务犯罪罪犯，组织（领导、参加、包庇、纵容）黑社会性质组织犯罪罪犯，破坏金融管理秩序和金融诈骗犯罪罪犯及其他在社会上有重大影响或社会关注度高的；（6）人民法院认为其他应当开庭审理的。

（五）明确规范减刑、假释案件开庭审理的参与人员、场所和程序等事项

《规定》第7条至第13条明确规定了减刑、假释案件开庭审理的具体要求。在庭审参与人员范围上，《规定》第7条除明确要求必须通知“人民检察院、执行机关及被报请减刑、假释罪犯参加庭审”外，还规定可以根据需要通知证明罪犯确有悔改表现或者立功、重大立功表现的证人，公示期间提出不同意见的人，以及鉴定人、翻译人员等其他人员参加庭审。《规定》第8条根据减刑、假释案件本身的特点，对开庭审理的场所进行了规定，即“应当在罪犯刑罚执行场所或者人民法院确定的场所进行。有条件的人民法院可以采取视频开庭的方式进行”。第10条、第11条、第12条设计了符合减刑、假释案件自身特点的运行步骤，不再分为法庭调查、法庭辩论等几个阶段，并明确了合议庭成员及各庭审参加人的提问、举证、质证等权利。此外，第13条对能够当庭宣判的应当当庭宣判提出了要求。

（六）针对目前减刑、假释案件书面审理时实质审查不够的问题作出明确规定

针对目前减刑、假释案件书面审理时实质审查不够的问题，《规定》第14条、第15条专门对书面审理进行规定：一是规定合议庭人员可以就被报请减刑、假释罪犯是否符合减刑、假释条件进行调查核实或者听取有关方面意见；二是强调书面审理的减刑案件可以提讯被报请减刑罪犯，书面审理假释案件应当提讯被报请假释罪犯。

（七）进一步规范减刑、假释裁判文书的形式和内容

《规定》第16条、第17条从减刑、假释案件处理形式及裁定书内容上作出进一步规范。第16条改变了以往不同意减刑、假释时可以用“决定”处置或者将案件退回的做法，规定对不予减刑、假释的，应以裁定的形式作出，以体现人民法院文书的严肃性。第17条明确了减刑、假释裁定书的具体内容，并强调“裁定调整减刑幅度或者不予减刑、假释的，应当在裁定书中说明理由”，以体现裁判文书的说理性。

（八）明确规定减刑、假释裁定书应当通过互联网向社会公布

《规定》第19条规定：“减刑、假释裁定书应当通过互联网依法向社会公布。”减刑、假释裁定书是人民法院裁判文书的重要组成部分，通过互联网公布减刑、假释裁定书是人民法院裁判文书公开的重要内容。该规定进一步增加了减刑、假释案件的透明度，使减刑、假释案件的审理能够更好地接受社会各界的监督。

谢谢大家。

附：相关法律条文及司法解释

1.《中华人民共和国刑法》关于减刑、假释的规定

第六节　减　　刑

第七十八条　被判处管制、拘役、有期徒刑、无期徒刑的犯罪分子，在执行期间，如果认真遵守监规，接受教育改造，确有悔改表现的，或者有立功表现的，可以减刑；有下列重大立功表现之一的，应当减刑：

（一）阻止他人重大犯罪活动的；

（二）检举监狱内外重大犯罪活动，经查证属实的；

（三）有发明创造或者重大技术革新的；

（四）在日常生产、生活中舍己救人的；

（五）在抗御自然灾害或者排除重大事故中，有突出表现的；

（六）对国家和社会有其他重大贡献的。

减刑以后实际执行的刑期不能少于下列期限：

（一）判处管制、拘役、有期徒刑的，不能少于原判刑期的二分之一；

（二）判处无期徒刑的，不能少于十三年；

（三）人民法院依照本法第五十条第二款规定限制减刑的死刑缓期执行的犯罪分子，缓期执行期满后依法减为无期徒刑的，不能少于二十五年，缓期执行期满后依法减为二十五年有期徒刑的，不能少于二十年。

第七十九条　对于犯罪分子的减刑，由执行机关向中级以上人民法院提出减刑建议书。人民法院应当组成合议庭进行审理，对确有悔改或者立功事实的，裁定予以减刑。非经法定程序不得减刑。

第八十条　无期徒刑减为有期徒刑的刑期，从裁定减刑之日起计算。

第七节　假　　释

第八十一条　被判处有期徒刑的犯罪分子，执行原判刑期二分之一以上，被判处无期徒刑的犯罪分子，实际执行十三年以上，如果认真遵守监规，接受教育改造，确有悔改表现，没有再犯罪的危险的，可以假释。如果有特殊情况，经最高人民法院核准，可以不受上述执行刑期的限制。

对累犯以及因故意杀人、强奸、抢劫、绑架、放火、爆炸、投放危险物质或者有组织的暴力性犯罪被判处十年以上有期徒刑、无期徒刑的犯罪分子，不得假释。

对犯罪分子决定假释时，应当考虑其假释后对所居住社区的影响。

第八十二条　对于犯罪分子的假释，依照本法第七十九条规定的程序进行。非经法定程序不得假释。

第八十三条　有期徒刑的假释考验期限，为没有执行完毕的刑期；无期徒刑的假释考验期限为十年。

假释考验期限，从假释之日起计算。

第八十四条　被宣告假释的犯罪分子，应当遵守下列规定：

（一）遵守法律、行政法规，服从监督；

（二）按照监督机关的规定报告自己的活动情况；

（三）遵守监督机关关于会客的规定；

（四）离开所居住的市、县或者迁居，应当报经监督机关批准。

第八十五条　对假释的犯罪分子，在假释考验期限内，依法实行社区矫正，如果没有本法第八十六条规定的情形，假释考验期满，就认为原判刑罚已经执行完毕，并公开予以宣告。

第八十六条　被假释的犯罪分子，在假释考验期限内犯新罪，应当撤销假释，依照本法第七十一条的规定实行数罪并罚。

在假释考验期限内，发现被假释的犯罪分子在判决宣告以前还有其他罪没有判决的，应当撤销假释，依照本法第七十条的规定实行数罪并罚。

被假释的犯罪分子，在假释考验期限内，有违反法律、行政法规或者国务院有关部门关于假释的监督管理规定的行为，尚未构成新的犯罪的，应当依照法定程序撤销假释，收监执行未执行完毕的刑罚。

2.《中华人民共和国刑事诉讼法》关于减刑、假释的规定

第二百五十三条　罪犯被交付执行刑罚的时候，应当由交付执行的人民法院在判决生效后十日以内将有关的法律文书送达公安机关、监狱或者其他执行机关。

对被判处死刑缓期二年执行、无期徒刑、有期徒刑的罪犯，由公安机关依法将该罪犯送交监狱执行刑罚。对被判处有期徒刑的罪犯，在被交付执行刑罚前，剩余刑期在三个月以下的，由看守所代为执行。对被判处拘役的罪犯，由公安机关执行。

对未成年犯应当在未成年犯管教所执行刑罚。

执行机关应当将罪犯及时收押，并且通知罪犯家属。

判处有期徒刑、拘役的罪犯，执行期满，应当由执行机关发给释放证明书。

第二百五十八条　对被判处管制、宣告缓刑、假释或者暂予监外执行的罪犯，依法实行社区矫正，由社区矫正机构负责执行。

第二百六十二条　罪犯在服刑期间又犯罪的，或者发现了判决的时候所没有发现的罪行，由执行机关移送人民检察院处理。

被判处管制、拘役、有期徒刑或者无期徒刑的罪犯，在执行期间确有悔改或者立功表现，应当依法予以减刑、假释的时候，由执行机关提出建议书，报请人民法院审核裁定，并将建议书副本抄送人民检察院。人民检察院可以向人民法院提出书面意见。

第二百六十三条　人民检察院认为人民法院减刑、假释的裁定不当，应当在收到裁定书副本后二十日以内，向人民法院提出书面纠正意见。人民法院应当在收到纠正意见后一个月以内重新组成合议庭进行审理，作出最终裁定。

第二百六十四条　监狱和其他执行机关在刑罚执行中，如果认为判决有错误或者罪犯提出申诉，应当转请人民检察院或者原判人民法院处理。

第二百六十五条　人民检察院对执行机关执行刑罚的活动是否合法实行监督。如果发现有违法的情况，应当通知执行机关纠正。

3.《最高人民法院关于办理减刑、假释案件具体应用法律若干问题的规定》（2011年11月21日最高人民法院审判委员会第1532次会议通过　法释〔2012〕2号）

为正确适用刑法、刑事诉讼法，依法办理减刑、假释案件，根据刑法、刑事诉讼法和有关法律的规定，制定本规定。

第一条　根据刑法第七十八条第一款的规定，被判处管制、拘役、有期徒刑、无期徒刑的犯罪分子，在执行期间，认真遵守监规，接受教育改造，确有悔改表现的，或者有立功表现的，可以减刑；有重大立功表现的，应当减刑。

第二条　“确有悔改表现”是指同时具备以下四个方面情形：认罪悔罪；认真遵守法律法规及监规，接受教育改造；积极参加思想、文化、职业技术教育；积极参加劳动，努力完成劳动任务。

对罪犯在刑罚执行期间提出申诉的，要依法保护其申诉权利，对罪犯申诉不应不加分析地认为是不认罪悔罪。

罪犯积极执行财产刑和履行附带民事赔偿义务的，可视为有认罪悔罪表现，在减刑、假释时可以从宽掌握；确有执行、履行能力而不执行、不履行的，在减刑、假释时应当从严掌握。

第三条　具有下列情形之一的，应当认定为有“立功表现”：

（一）阻止他人实施犯罪活动的；

（二）检举、揭发监狱内外犯罪活动，或者提供重要的破案线索，经查证属实的；

（三）协助司法机关抓捕其他犯罪嫌疑人（包括同案犯）的；

（四）在生产、科研中进行技术革新，成绩突出的；

（五）在抢险救灾或者排除重大事故中表现突出的；

（六）对国家和社会有其他贡献的。

第四条　具有下列情形之一的，应当认定为有“重大立功表现”：

（一）阻止他人实施重大犯罪活动的；

（二）检举监狱内外重大犯罪活动，经查证属实的；

（三）协助司法机关抓捕其他重大犯罪嫌疑人（包括同案犯）的；

（四）有发明创造或者重大技术革新的；

（五）在日常生产、生活中舍己救人的；

（六）在抗御自然灾害或者排除重大事故中，有特别突出表现的；

（七）对国家和社会有其他重大贡献的。

第五条　有期徒刑罪犯在刑罚执行期间，符合减刑条件的，减刑幅度为：确有悔改表现，或者有立功表现的，一次减刑一般不超过一年有期徒刑；确有悔改表现并有立功表现，或者有重大立功表现的，一次减刑一般不超过二年有期徒刑。

第六条　有期徒刑罪犯的减刑起始时间和间隔时间为：被判处五年以上有期徒刑的罪犯，一般在执行一年六个月以上方可减刑，两次减刑之间一般应当间隔一年以上。被判处不满五年有期徒刑的罪犯，可以比照上述规定，适当缩短起始和间隔时间。

确有重大立功表现的，可以不受上述减刑起始和间隔时间的限制。

有期徒刑的减刑起始时间自判决执行之日起计算。

第七条　无期徒刑罪犯在刑罚执行期间，确有悔改表现，或者有立功表现的，服刑二年以后，可以减刑。减刑幅度为：确有悔改表现，或者有立功表现的，一般可以减为二十年以上二十二年以下有期徒刑；有重大立功表现的，可以减为十五年以上二十年以下有期徒刑。

第八条　无期徒刑罪犯经过一次或几次减刑后，其实际执行的刑期不能少于十三年，起始时间应当自无期徒刑判决确定之日起计算。

第九条　死刑缓期执行罪犯减为无期徒刑后，确有悔改表现，或者有立功表现的，服刑二年以后可以减为二十五年有期徒刑；有重大立功表现的，服刑二年以后可以减为二十三年有期徒刑。

死刑缓期执行罪犯经过一次或几次减刑后，其实际执行的刑期不能少于十五年，死刑缓期执行期间不包括在内。

死刑缓期执行罪犯在缓期执行期间抗拒改造，尚未构成犯罪的，此后减刑时可以适当从严。

第十条　被限制减刑的死刑缓期执行罪犯，缓期执行期满后依法被减为无期徒刑的，或者因有重大立功表现被减为二十五年有期徒刑的，应当比照未被限制减刑的死刑缓期执行罪犯在减刑的起始时间、间隔时间和减刑幅度上从严掌握。

第十一条　判处管制、拘役的罪犯，以及判决生效后剩余刑期不满一年有期徒刑的罪犯，符合减刑条件的，可以酌情减刑，其实际执行的刑期不能少于原判刑期的二分之一。

第十二条　有期徒刑罪犯减刑时，对附加剥夺政治权利的期限可以酌减。酌减后剥夺政治权利的期限，不能少于一年。

第十三条　判处拘役或者三年以下有期徒刑并宣告缓刑的罪犯，一般不适用减刑。

前款规定的罪犯在缓刑考验期限内有重大立功表现的，可以参照刑法第七十八条的规定，予以减刑，同时应依法缩减其缓刑考验期限。拘役的缓刑考验期限不能少于二个月，有期徒刑的缓刑考验期限不能少于一年。

第十四条　被判处十年以上有期徒刑、无期徒刑的罪犯在刑罚执行期间又犯罪，被判处有期徒刑以下刑罚的，自新罪判决确定之日起二年内一般不予减刑；新罪被判处无期徒刑的，自新罪判决确定之日起三年内一般不予减刑。

第十五条　办理假释案件，判断“没有再犯罪的危险”，除符合刑法第八十一条规定的情形外，还应根据犯罪的具体情节、原判刑罚情况，在刑罚执行中的一贯表现，罪犯的年龄、身体状况、性格特征，假释后生活来源以及监管条件等因素综合考虑。

第十六条　有期徒刑罪犯假释，执行原判刑期二分之一以上的起始时间，应当从判决执行之日起计算，判决执行以前先行羁押的，羁押一日折抵刑期一日。

第十七条　刑法第八十一条第一款规定的“特殊情况”，是指与国家、社会利益有重要关系的情况。

第十八条　对累犯以及因故意杀人、强奸、抢劫、绑架、放火、爆炸、投放危险物质或者有组织的暴力性犯罪被判处十年以上有期徒刑、无期徒刑的罪犯，不得假释。

因前款情形和犯罪被判处死刑缓期执行的罪犯，被减为无期徒刑、有期徒刑后，也不得假释。

第十九条　未成年罪犯的减刑、假释，可以比照成年罪犯依法适当从宽。

未成年罪犯能认罪悔罪，遵守法律法规及监规，积极参加学习、劳动的，应视为确有悔改表现，减刑的幅度可以适当放宽，起始时间、间隔时间可以相应缩短。符合刑法第八十一条第一款规定的，可以假释。

前两款所称未成年罪犯，是指减刑时不满十八周岁的罪犯。

第二十条　老年、身体残疾（不含自伤致残）、患严重疾病罪犯的减刑、假释，应当主要注重悔罪的实际表现。

基本丧失劳动能力、生活难以自理的老年、身体残疾、患严重疾病的罪犯，能够认真遵守法律法规及监规，接受教育改造，应视为确有悔改表现，减刑的幅度可以适当放宽，起始时间、间隔时间可以相应缩短。假释后生活确有着落的，除法律和本解释规定不得假释的情形外，可以依法假释。

对身体残疾罪犯和患严重疾病罪犯进行减刑、假释，其残疾、疾病程度应由法定鉴定机构依法作出认定。

第二十一条　对死刑缓期执行罪犯减为无期徒刑或者有期徒刑后，符合刑法第八十一条第一款和本规定第九条第二款、第十八条规定的，可以假释。

第二十二条　罪犯减刑后又假释的间隔时间，一般为一年；对一次减去二年有期徒刑后，决定假释的，间隔时间不能少于二年。

罪犯减刑后余刑不足二年，决定假释的，可以适当缩短间隔时间。

第二十三条　人民法院按照审判监督程序重新审理的案件，维持原判决、裁定的，原减刑、假释裁定效力不变；改变原判决、裁定的，应由刑罚执行机关依照再审裁判情况和原减刑、假释情况，提请有管辖权的人民法院重新作出减刑、假释裁定。

第二十四条　人民法院受理减刑、假释案件，应当审查执行机关是否移送下列材料：

（一）减刑或者假释建议书；

（二）终审法院的裁判文书、执行通知书、历次减刑裁定书的复制件；

（三）罪犯确有悔改或者立功、重大立功表现的具体事实的书面证明材料；

（四）罪犯评审鉴定表、奖惩审批表等；

（五）其他根据案件的审理需要移送的材料。

提请假释的，应当附有社区矫正机构关于罪犯假释后对所居住社区影响的调查评估报告。

人民检察院对提请减刑、假释案件提出的检察意见，应当一并移送受理减刑、假释案件的人民法院。

经审查，如果前三款规定的材料齐备的，应当立案；材料不齐备的，应当通知提请减刑、假释的执行机关补送。

第二十五条　人民法院审理减刑、假释案件，应当一律予以公示。公示地点为罪犯服刑场所的公共区域。有条件的地方，应面向社会公示，接受社会监督。公示应当包括下列内容：

（一）罪犯的姓名；

（二）原判认定的罪名和刑期；

（三）罪犯历次减刑情况；

（四）执行机关的减刑、假释建议和依据；

（五）公示期限；

（六）意见反馈方式等。

第二十六条　人民法院审理减刑、假释案件，可以采用书面审理的方式。但下列案件，应当开庭审理：

（一）因罪犯有重大立功表现提请减刑的；

（二）提请减刑的起始时间、间隔时间或者减刑幅度不符合一般规定的；

（三）在社会上有重大影响或社会关注度高的；

（四）公示期间收到投诉意见的；

（五）人民检察院有异议的；

（六）人民法院认为有开庭审理必要的。

第二十七条　在人民法院作出减刑、假释裁定前，执行机关书面提请撤回减刑、假释建议的，是否准许，由人民法院决定。

第二十八条　减刑、假释的裁定，应当在裁定作出之日起七日内送达有关执行机关、人民检察院以及罪犯本人。

第二十九条　人民法院发现本院或者下级人民法院已经生效的减刑、假释裁定确有错误，应当依法重新组成合议庭进行审理并作出裁定。

4.《最高人民法院关于适用〈中华人民共和国刑事诉讼法〉的解释》关于减刑、假释的规定（2012年11月5日最高人民法院审判委员会第1559次会议通过　法释〔2012〕21号）

第四百一十六条　死刑缓期执行的期间，从判决或者裁定核准死刑缓期执行的法律文书宣告或者送达之日起计算。

死刑缓期执行期满，依法应当减刑的，人民法院应当及时减刑。死刑缓期执行期满减为无期徒刑、有期徒刑的，刑期自死刑缓期执行期满之日起计算。

第四百四十八条　被判处死刑缓期执行的罪犯，在死刑缓期执行期间，没有故意犯罪的，死刑缓期执行期满后，应当裁定减刑；死刑缓期执行期满后，尚未裁定减刑前又犯罪的，应当依法减刑后对其所犯新罪另行审判。

第四百四十九条　对减刑、假释案件，应当按照下列情形分别处理：

（一）对被判处死刑缓期执行的罪犯的减刑，由罪犯服刑地的高级人民法院根据同级监狱管理机关审核同意的减刑建议书裁定；

（二）对被判处无期徒刑的罪犯的减刑、假释，由罪犯服刑地的高级人民法院，在收到同级监狱管理机关审核同意的减刑、假释建议书后一个月内作出裁定，案情复杂或者情况特殊的，可以延长一个月；

（三）对被判处有期徒刑和被减为有期徒刑的罪犯的减刑、假释，由罪犯服刑地的中级人民法院，在收到执行机关提出的减刑、假释建议书后一个月内作出裁定，案情复杂或者情况特殊的，可以延长一个月；

（四）对被判处拘役、管制的罪犯的减刑，由罪犯服刑地中级人民法院，在收到同级执行机关审核同意的减刑、假释建议书后一个月内作出裁定。

对暂予监外执行罪犯的减刑，应当根据情况，分别适用前款的有关规定。

第四百五十条　受理减刑、假释案件，应当审查执行机关移送的材料是否包括下列内容：

（一）减刑、假释建议书；

（二）终审法院的裁判文书、执行通知书、历次减刑裁定书的复制件；

（三）证明罪犯确有悔改、立功或者重大立功表现具体事实的书面材料；

（四）罪犯评审鉴定表、奖惩审批表等；

（五）罪犯假释后对所居住社区影响的调查评估报告；

（六）根据案件情况需要移送的其他材料。

经审查，材料不全的，应当通知提请减刑、假释的执行机关补送。

第四百五十一条　审理减刑、假释案件，应当审查财产刑和附带民事裁判的执行情况，以及罪犯退赃、退赔情况。罪犯积极履行判决确定的义务的，可以认定有悔改表现，在减刑、假释时从宽掌握；确有履行能力而不履行的，在减刑、假释时从严掌握。

第四百五十二条　审理减刑、假释案件，应当对以下内容予以公示：

（一）罪犯的姓名、年龄等个人基本情况；

（二）原判认定的罪名和刑期；

（三）罪犯历次减刑情况；

（四）执行机关的减刑、假释建议和依据。

公示应当写明公示期限和提出意见的方式。公示地点为罪犯服刑场所的公共区域；有条件的地方，可以面向社会公示。

第四百五十三条　审理减刑、假释案件，应当组成合议庭，可以采用书面审理的方式，但下列案件应当开庭审理：

（一）因罪犯有重大立功表现提请减刑的；

（二）提请减刑的起始时间、间隔时间或者减刑幅度不符合一般规定的；

（三）社会影响重大或者社会关注度高的；

（四）公示期间收到投诉意见的；

（五）人民检察院有异议的；

（六）有必要开庭审理的其他案件。

第四百五十四条　人民法院作出减刑、假释裁定后，应当在七日内送达提请减刑、假释的执行机关、同级人民检察院以及罪犯本人。人民检察院认为减刑、假释裁定不当，在法定期限内提出书面纠正意见的，人民法院应当在收到意见后另行组成合议庭审理，并在一个月内作出裁定。

第四百五十五条　减刑、假释裁定作出前，执行机关书面提请撤回减刑、假释建议的，是否准许，由人民法院决定。

第四百五十六条　人民法院发现本院已经生效的减刑、假释裁定确有错误的，应当另行组成合议庭审理；发现下级人民法院已经生效的减刑、假释裁定确有错误的，可以指令下级人民法院另行组成合议庭审理。

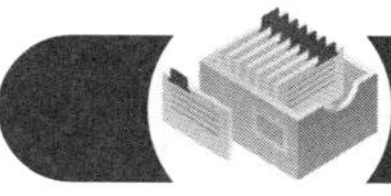

背景链接

最高人民法院关于减刑、假释案件审理程序的规定

（2014年4月10日最高人民法院审判委员会第1611次会议通过

法释〔2014〕5号）

为进一步规范减刑、假释案件的审理程序，确保减刑、假释案件审理的合法、公正，根据《中华人民共和国刑法》《中华人民共和国刑事诉讼

法》有关规定，结合减刑、假释案件审理工作实际，制定本规定。

第一条 对减刑、假释案件，应当按照下列情形分别处理：

（一）对被判处死刑缓期执行的罪犯的减刑，由罪犯服刑地的高级人民法院在收到同级监狱管理机关审核同意的减刑建议书后一个月内作出裁定；

（二）对被判处无期徒刑的罪犯的减刑、假释，由罪犯服刑地的高级人民法院在收到同级监狱管理机关审核同意的减刑、假释建议书后一个月内作出裁定，案情复杂或者情况特殊的，可以延长一个月；

（三）对被判处有期徒刑和被减为有期徒刑的罪犯的减刑、假释，由罪犯服刑地的中级人民法院在收到执行机关提出的减刑、假释建议书后一个月内作出裁定，案情复杂或者情况特殊的，可以延长一个月；

（四）对被判处拘役、管制的罪犯的减刑，由罪犯服刑地中级人民法院在收到同级执行机关审核同意的减刑、假释建议书后一个月内作出裁定。

对暂予监外执行罪犯的减刑，应当根据情况，分别适用前款的有关规定。

第二条 人民法院受理减刑、假释案件，应当审查执行机关移送的下列材料：

（一）减刑或者假释建议书；

（二）终审法院裁判文书、执行通知书、历次减刑裁定书的复印件；

（三）罪犯确有悔改或者立功、重大立功表现的具体事实的书面证明材料；

（四）罪犯评审鉴定表、奖惩审批表等；

（五）其他根据案件审理需要应予移送的材料。

报请假释的，应当附有社区矫正机构或者基层组织关于罪犯假释后对所居住社区影响的调查评估报告。

人民检察院对报请减刑、假释案件提出检察意见的，执行机关应当一并移送受理减刑、假释案件的人民法院。

经审查，材料齐备的，应当立案；材料不齐的，应当通知执行机关在

三日内补送，逾期未补送的，不予立案。

第三条 人民法院审理减刑、假释案件，应当在立案后五日内将执行机关报请减刑、假释的建议书等材料依法向社会公示。

公示内容应当包括罪犯的个人情况、原判认定的罪名和刑期、罪犯历次减刑情况、执行机关的建议及依据。

公示应当写明公示期限和提出意见的方式。公示期限为五日。

第四条 人民法院审理减刑、假释案件，应当依法由审判员或者由审判员和人民陪审员组成合议庭进行。

第五条 人民法院审理减刑、假释案件，除应当审查罪犯在执行期间的一贯表现外，还应当综合考虑犯罪的具体情节、原判刑罚情况、财产刑执行情况、附带民事裁判履行情况、罪犯退赃退赔等情况。

人民法院审理假释案件，除应当审查第一款所列情形外，还应当综合考虑罪犯的年龄、身体状况、性格特征、假释后生活来源以及监管条件等影响再犯罪的因素。

执行机关以罪犯有立功表现或重大立功表现为由提出减刑的，应当审查立功或重大立功表现是否属实。涉及发明创造、技术革新或者其他贡献的，应当审查该成果是否系罪犯在执行期间独立完成，并经有关主管机关确认。

第六条 人民法院审理减刑、假释案件，可以采取开庭审理或者书面审理的方式。但下列减刑、假释案件，应当开庭审理：

（一）因罪犯有重大立功表现报请减刑的；

（二）报请减刑的起始时间、间隔时间或者减刑幅度不符合司法解释一般规定的；

（三）公示期间收到不同意见的；

（四）人民检察院有异议的；

（五）被报请减刑、假释罪犯系职务犯罪罪犯，组织（领导、参加、包庇、纵容）黑社会性质组织犯罪罪犯，破坏金融管理秩序和金融诈骗犯罪罪犯及其他在社会上有重大影响或社会关注度高的；

（六）人民法院认为其他应当开庭审理的。

第七条 人民法院开庭审理减刑、假释案件，应当通知人民检察院、执行机关及被报请减刑、假释罪犯参加庭审。

人民法院根据需要，可以通知证明罪犯确有悔改表现或者立功、重大立功表现的证人，公示期间提出不同意见的人，以及鉴定人、翻译人员等其他人员参加庭审。

第八条 开庭审理应当在罪犯刑罚执行场所或者人民法院确定的场所进行。有条件的人民法院可以采取视频开庭的方式进行。

在社区执行刑罚的罪犯因重大立功被报请减刑的，可以在罪犯服刑地或者居住地开庭审理。

第九条 人民法院对于决定开庭审理的减刑、假释案件，应当在开庭三日前将开庭的时间、地点通知人民检察院、执行机关、被报请减刑、假释罪犯和有必要参加庭审的其他人员，并于开庭三日前进行公告。

第十条 减刑、假释案件的开庭审理由审判长主持，应当按照以下程序进行：

（一）审判长宣布开庭，核实被报请减刑、假释罪犯的基本情况；

（二）审判长宣布合议庭组成人员、检察人员、执行机关代表及其他庭审参加人；

（三）执行机关代表宣读减刑、假释建议书，并说明主要理由；

（四）检察人员发表检察意见；

（五）法庭对被报请减刑、假释罪犯确有悔改表现或立功表现、重大立功表现的事实以及其他影响减刑、假释的情况进行调查核实；

（六）被报请减刑、假释罪犯作最后陈述；

（七）审判长对庭审情况进行总结并宣布休庭评议。

第十一条 庭审过程中，合议庭人员对报请理由有疑问的，可以向被报请减刑、假释罪犯、证人、执行机关代表、检察人员提问。

庭审过程中，检察人员对报请理由有疑问的，在经审判长许可后，可以出示证据，申请证人到庭，向被报请减刑、假释罪犯及证人提问并发表意见。被报请减刑、假释罪犯对报请理由有疑问的，在经审判长许可后，可以出示证据，申请证人到庭，向证人提问并发表意见。

第十二条 庭审过程中，合议庭对证据有疑问需要进行调查核实，或者检察人员、执行机关代表提出申请的，可以宣布休庭。

第十三条 人民法院开庭审理减刑、假释案件，能够当庭宣判的应当当庭宣判；不能当庭宣判的，可以择期宣判。

第十四条 人民法院书面审理减刑、假释案件，可以就被报请减刑、假释罪犯是否符合减刑、假释条件进行调查核实或听取有关方面意见。

第十五条 人民法院书面审理减刑案件，可以提讯被报请减刑罪犯；书面审理假释案件，应当提讯被报请假释罪犯。

第十六条 人民法院审理减刑、假释案件，应当按照下列情形分别处理：

（一）被报请减刑、假释罪犯符合法律规定的减刑、假释条件的，作出予以减刑、假释的裁定；

（二）被报请减刑的罪犯符合法律规定的减刑条件，但执行机关报请的减刑幅度不适当的，对减刑幅度作出相应调整后作出予以减刑的裁定；

（三）被报请减刑、假释罪犯不符合法律规定的减刑、假释条件的，作出不予减刑、假释的裁定。

在人民法院作出减刑、假释裁定前，执行机关书面申请撤回减刑、假释建议的，是否准许，由人民法院决定。

第十七条 减刑、假释裁定书应当写明罪犯原判和历次减刑情况，确有悔改表现或者立功、重大立功表现的事实和理由，以及减刑、假释的法律依据。

裁定减刑的，应当注明刑期的起止时间；裁定假释的，应当注明假释考验期的起止时间。

裁定调整减刑幅度或者不予减刑、假释的，应当在裁定书中说明理由。

第十八条 人民法院作出减刑、假释裁定后，应当在七日内送达报请减刑、假释的执行机关、同级人民检察院以及罪犯本人。作出假释裁定的，还应当送达社区矫正机构或者基层组织。

第十九条 减刑、假释裁定书应当通过互联网依法向社会公布。

第二十条 人民检察院认为人民法院减刑、假释裁定不当，在法定期限内提出书面纠正意见的，人民法院应当在收到纠正意见后另行组成合议庭审理，并在一个月内作出裁定。

第二十一条 人民法院发现本院已经生效的减刑、假释裁定确有错误的，应当依法重新组成合议庭进行审理并作出裁定；上级人民法院发现下级人民法院已经生效的减刑、假释裁定确有错误的，应当指令下级人民法院另行组成合议庭审理，也可以自行依法组成合议庭进行审理并作出裁定。

第二十二条 最高人民法院以前发布的司法解释和规范性文件，与本规定不一致的，以本规定为准。

现场互动

法制日报记者袁定波： 该《规定》与2012年减刑、假释的司法解释是一个什么样的关系？

宫鸣： 2012年，最高人民法院在1997年《最高人民法院关于减刑、假释案件具体应用法律若干问题的规定》的基础上进行修改，重新公布，也就是2012年减刑、假释司法解释。这个司法解释主要是关于实体性内容的解释，所以我们把它称为“实体性司法解释”。这次我们发布的《规定》叫做《最高人民法院关于减刑、假释案件审理程序的规定》，专门规定减刑、假释案件如何立案、如何公示、如何开庭以及如何书面审理、如何送达等具体程序性的问题，所以也被称为“程序性司法解释”。但是大家可能发现，前面我们称之为“实体性司法解释”的文件其实也是有一些程序性规定的，因为在那个时候，减刑、假释案件的审理程序还没有完全总结出来，只是做了部分规定。这次程序性的司法解释是对减刑、假释案件审理做了一个系统性的、比较全面的规定，它也标志着我国审理减刑、假释案件由过去的那种执行机关报请、法院审批的行政化审批模式正式变成了按照案件特点进行审理的一种审判程序，这个司法解释出台以后，必将和前面讲的“实体性司法解释”一道，分别从实体上和程序上共同保障减刑、假释案件办理的公正、合法。谢谢。

二十一世纪经济报道记者王峰： 这次新的司法解释与3月14日最高法院召开的贯彻落实中央政法委指导意见视频会议上提出的“五个一律”的工作要求有什么关系？谢谢。

宫鸣： 3月14日最高人民法院召开了贯彻、落实中央政法委关于减刑、假释、暂予监外执行的指导意见的全国视频会，提出了“五个一律”的工作要求。“五个一律”的工作要求就是把办理减刑、假释案件程序中关键的几个节点提炼出来，提出刚性的要求。这些节点是下级法院在审理减刑、假释案件中总结经验找到的几个关键环节，也是我们针对实践中出现的问题进行分析，采取的有针对性的措施。抓住了这五个关键的节点，就要强调从严掌握，要体现出严抓、严管、严控、严防的要求。因为对于程序性的规定，必须认真严格执行，如果认识上产生懈怠就会带来执行中的松懈，使执行中放宽把握。有时候恰恰是因为在执行中的变通和放松，使有违法犯罪企图的人有机可乘，因此就必须提出更高的要求，所以我们提出在这五个关键环节中要一律从严把握。“五个一律”和我们今天公布的司法解释，它的主要内容都是关于程序上的要求，“五个一律”的内容也体现在这个司法解释当中，可以说两者的目标都是一致的，都是为了确保减刑、假释的公开公正，最终也是确保减刑、假释案件的质量。谢谢。

中央人民广播电台记者孙莹： 请问现在出了“五个一律”的工作要求，又出了新的司法解释，下一步最高法院在具体工作中如何保障这些新的规定能够得到落实，有什么更严厉的举措？还有，您有没有特别值得推荐的典型案例？

宫鸣： 第一个问题，下一步最高人民法院将采取以下措施保证“五个一律”和有关措施的执行。第一，要进一步完善相关制度。比如根据中政委的意见中关于对部分职务犯罪罪犯减刑、假释、暂予监外执行实行备案审查的要求，我们下一步要下发《关于对职务犯罪罪犯实行备案审查的通知》，就备案审查的具体程序要求予以明确。同时我们考虑到新出台的司法解释以及“五个一律”均主要为程序性的规定，对于实体方面下一步还要根据审判实践的经验和提出的问题，对2012年公布的最高人民法院《关于办理减刑、假释案件具体应用法律若干问题的规定》，也就是刚才说的“实体性司法解释”再进行必要的修改。

第二，要建立常态化的监督检查制度。最高人民法院每年要组织全国性或者区域性的检查，今年下半年将正式启动，我们要以三类案件为重点，重点检查职务犯罪罪犯减刑、假释、暂予监外执行的比例是否明显高于其他罪犯的相应比例，各高级人民法院也将根据本辖区的情况建立相应的监督检查机制，并且报最高人民法院备案。在监督检查中发现问题的要坚决予以纠正，发现法院工作人员在办理这类案件中有违纪违法行为，甚至构成犯罪的，一律移送纪检监察部门或检察机关从严追究责任，追究责任的情况还要向上一级法院报告，涉及其他机关工作人员违纪违法的也要及时移送有管辖权的有关部门处理。

第三，加强与相关部门的协调配合。我们要更加主动地接受检察机关的监督，积极协助刑罚执行机关修改罪犯的计分考核制度。

第四，建立全国性的公示公开网络平台。最高人民法院已经着手在最高人民法院官网上建设减刑、假释、暂予监外执行案件的信息平台，这个平台建好以后可以实现全国的减刑、假释、暂予监外执行案件的信息联网，在这个平台上不仅可以进行立案公示、开庭公告、裁判文书公开，而且可以了解减刑、假释、暂予监外执行的工作动态，查询相关法律法规和司法解释。

第五，我们要加强队伍建设，完善机构设置，充实人员力量。新出台的司法解释、“五个一律”的工作要求以及中政委的意见，都对办理减刑、假释案件提出了更高、更严的要求，减刑、假释的工作任务将更加繁重，压力会进一步增大。为了做好这项工作，我们必须使广大从事刑事审判监督工作的法官坚定理想信念，用社会主义法制理念武装头脑，依法办案、廉洁自律，不断提高法律理论水平和办案能力。与此同时，为了改变

目前"案多人少"矛盾尤为突出的现状，人民法院将按照中政委关于"审判机关应当建立专门的审理减刑、假释、暂予监外执行案件的审判庭"的要求，及时完善相关机构设置，充实配备符合工作要求的高素质人员力量，以确保减刑、假释、暂予监外执行工作顺利开展，努力实现"让人民群众在每一个司法案件中都感受到公平正义"的目标。

第二个问题，你说的案例，可能过去媒体上已经报道过，例如广东省高级人民法院、广州市中级人民法院、新疆乌鲁木齐市中级人民法院、河南省高级人民法院、河北衡水市中级人民法院，这些法院都开展了对报请减刑、假释案件的公示，特别是广东省高级人民法院是在互联网上进行公示的。在今年3月广东高院网上公示的一批案件引起了媒体的关注，其中有一个拟减刑罪犯是原广东省统战部的副部长，他的情况公示以后，在社会上引起了关注，审理案件时法院严格把关，最后将这个案件退回了报请机关，没有做出减刑的裁定。

凤凰卫视记者周庆元： 我有两个问题，第一个问题，关于减、假、保案件，我想问一下今后人民法院是否更多地开庭审理？第二个问题，尤其是针对官员腐败案件，举个例子，他如果被判处了无期徒刑的话，现在有了这样一个新的规定以后，假如他再申请减、假、保之类的案件，在审查和执行的过程中跟以往相比会有哪些不同的地方呢？

宫鸣： 第一个问题，关于更多地开庭审理的问题。根据司法解释的规定，对于开庭案件的范围有了进一步的规定，开庭审理案件的范围更广了。在具体的开庭审理当中，减刑、假释案件和一般刑事案件不一样，我们这次就针对减刑、假释案件的特点设计了更适合减刑、假释案件的审理程序，重点审查、核实罪犯的悔改表现，增加了检察院工作人员和执行机关工作人员对罪犯实际表现的审查。过去由于减刑、假释案件比较多，在开庭场所的选择上，很多法院选择在监狱开庭，这就造成一般公众想去旁听有所不便，这次我们在司法解释以及"五个一律"的要求中，强调要更加主动的公开。所以在"五个一律"里有一条是主动邀请人大代表、政协委员及其他方面的代表来旁听。主动邀请实际上是要体现主动的接受监督，增强庭审公开的效果，以公开促公正。另外，针对减刑、假释案件开庭的特点，很多地方还推行了视频开庭，通过这种方式来解决罪犯押送不便以及监狱和法院距离太远带来的审理不便等问题。河北省衡水市中级人民法院在工作中就使用了高清摄像设备，组成了一个便携式的巡回数字法庭，效果还是很好的，这样也可以使我们邀请的代表不必长途奔波，在法院就可以看到对罪犯的审理情况。这些措施的执行，都会促使更多的减刑、假释案件得到开庭审理。

第二个问题，对官员的减刑、假释等会有什么不同。这要从实体和程序两方面来说。从实体上来讲，根据中政委意见的要求，对于职务犯罪罪犯的减刑、假释采取了更严格的标准。这里我要先解释一个问题，法律和司法解释关于减刑起始时间、间隔时间以及罪犯实际服刑时间的规定，都是按照最低要求来表述的，如“服刑三年以后方可减刑”，是说罪犯至少要服刑到这个年限才可以减刑，但在实践中我们发现有的地方把这个问题理解成到了这个期限就必须减刑，这个理解是不对的。关于职务犯罪罪犯的减刑问题，在2012年减刑、假释司法解释的基础上，中政委的意见提出了更进一步的要求。如对职务犯罪罪犯如果判处的是无期徒刑，他必须服刑三年以上方可减为二十年以上二十二年以下的有期徒刑，注意这里讲的是“方可减刑”，不是说他到了三年就一定减刑。减为有期徒刑以后，一次减刑不超过一年有期徒刑，两次减刑之间应该间隔两年以上，这是实体上有了进一步的要求。

除此之外，新司法解释和中政委的意见都对职务犯罪罪犯的减刑、假释条件做了进一步的严格限制。比如说有重大立功表现的认定，其中有一条是“有发明创造或者重大技术革新的”，要认定为重大立功表现，这个发明创造或者重大技术革新必须是罪犯在服刑期间独立完成，并经国家主管部门确定的发明专利，而且不包括实用新型专利和外观设计专利。如果按照法律规定“对国家和社会有其它重大贡献”认定为重大立功表现的，这个重大贡献必须是罪犯在服刑期间独立完成并经国家主管部门确认的劳动成果。

此外，我们在对职务犯罪罪犯减刑、假释的实体把握方面还要注意，

对于服刑期间利用个人影响力和社会关系等不正当手段企图获得减刑、假释机会的，不认定该罪犯有悔改表现，也就是说，在考核时这不是加分的因素，而是必须减分的因素。

在程序规定方面，就如刚才新闻发言人所介绍的，这次我们对于减刑、假释程序，在五个节点上都要从严控制，特别是前面四个节点，强调对于减刑、假释要一律公示，对于“三类罪犯”（包括职务犯罪罪犯）的减刑、假释案件要开庭审理，对于职务犯罪罪犯的开庭审理要主动邀请人大代表、政协委员等有关人员来出席旁听，减刑、假释裁定做出之后要公示。以前的公示一般是在服刑场所进行，这次我们设计的公示有一个很大的变化，就是公示走出了高墙之外，向社会公示。最高法院减刑、假释、暂予监外执行信息平台搭建以后就要上网公示。社会公示对于严格规范职务犯罪罪犯的减刑、假释是能够产生很大的监督作用的。谢谢。

财经杂志记者王丽娜： 有两个问题，第一个问题是刚才发言人提到有些法院在实行听证，听证制度下一步有没有普遍推广的可能性，如果不能的话原因是什么？第二个问题，近几年来在严格规范减刑、假释、暂予监外执行案件中，最高人民法院采取了哪些措施？

宫鸣： 过去我们在对减刑、假释案件进行书面审理的时候引入了听证制度。听证就是人民法院对减刑、假释案件中的几个重点环节，组织听取执行机关举证，然后由检察人员或者其他人员对该证据进行进一步的追问，人民法院综合听取各方意见。目前全国减刑、假释案件一年是60多万件，我们从事减刑、假释工作的法官数量上相对过少，特别是在辖区内监狱等刑罚执行机关较多的中级法院，减刑、假释案件数量是很大的。举个例子，广东省韶关市中级人民法院辖区内有五所监狱，每年办理减刑、假释案件多达12000件，工作量非常大，案多人少的矛盾非常突出。“张海违法减刑案”就是由韶关市中级人民法院审监庭原副庭长丁飞雄办理的，就是在这样的案件数量和工作模式的运转之下形成了他一个人说了算的局面。现在最高人民法院在司法解释中对各级人民法院审理减刑、假释案件提出了一个硬性要求，那就是对重点案件必须开庭审理，对书面审理的案件也可以选择几种情况进行听证，尽最大努力保证减刑、假释案件按照法定程序严格规范地审理。听证这种方式在将来还要通过实践进一步加以完善。

关于第二个问题，一是最高人民法院近年来开展了对减刑、假释案件的执法检查，会同最高人民检察院、司法部开展了综合性的和专项的检查，在检查中发现了一些问题，并对发现的问题进行了分析总结，从而在制度上加以完善和健全。二是我们积极提出立法修改意见，推动了刑法、刑事诉讼法有关减刑、假释、暂予监外执行规定的修改和完善。三是在2011年、2012年先后重新修改了《关于办理减刑、假释案件具体应用法律若干问题的规定》和刑事诉讼法解释中关于减刑、假释的部分，近期推出了《关于减刑、假释案件审理程序的规定》，并明确提出了“五个一律”的工作要求。四是大力倡导减刑、假释案件开庭审理，强化案件审理的公开透明，选择部分法院进行信息化办案平台建设试点。在检察院、监狱和法院之间搭建一个信息共享的办案平台，使三个机关能够同步掌握罪犯信息和案件办理信息，提高办理减刑、假释案件的质效。另外我们还推动了减刑、假释案件中财产刑执行和附带民事义务的履行。五是对于法院工作人员办理减刑、假释、暂予监外执行案件中的违法违纪行为绝不姑息，配合有关部门严肃查处，依法从重处罚。谢谢。

媒体反响

中国日报 吕冰、高菲 2014年4月29日

最高法：职务犯罪减刑假释案一律公开庭审

最高人民法院今天公布了《关于减刑、假释案件审理程序的规定》。最新规定要求职务犯罪在内的六类减刑、假释案件必须开庭审理，所有减

刑、假释案件须在立案后五日依法向社会公示。

新规定出台后，职务犯罪案件在减刑、假释的审理上依照新程序执行。规定指出，包括职务犯罪、黑社会性质犯罪和金融犯罪罪犯在内的“三类罪犯”须公开庭审，庭审一律邀请人大代表、政协委员旁听；减刑、假释裁定后须通过网络平台向社会公示。

最高人民法院新闻发言人孙军工表示，对减刑、假释案件实行开庭审理，有利于增强人民群众对司法工作的信任；有利于人民法院在审理减刑、假释案件时听取来自监狱、罪犯及同监区罪犯等多方面的意见，最大限度地实现案件审理的公平、公正。《规定》指出，对6类减刑、假释案件，应当开庭审理：（1）因罪犯有重大立功表现报请减刑的；（2）报请减刑的起始时间、间隔时间或者减刑幅度不符合司法解释一般规定的；（3）公示期间收到不同意见的；（4）人民检察院有异议的；（5）被报请减刑、假释罪犯系职务犯罪罪犯，组织（领导、参加、包庇、纵容）黑社会性质组织犯罪罪犯，破坏金融管理秩序和金融诈骗犯罪罪犯及其他在社会上有重大影响或社会关注度高的；（6）人民法院认为其他应当开庭审理的。

今年3月，广东省高院在其网站上公示了省委统战部原副部长兼省工商联原党组书记、常务副主任黄少雄的减刑案件，其拟由无期徒刑减至有期徒刑18年，后因不符合相关要求，该申请被退回。最高人民法院审判监督庭庭长宫鸣指出，社会公示对于规范职务犯罪减刑、假释案件的审理能够起到很大的监督作用。

《规定》对减刑、假释案件相关程序细节予以明确。内容包括：减刑、假释案件一律在立案5日内依法向社会公示；明确审理减刑、假释案件的合议庭成员可以包括人民陪审员；明确审理减刑、假释案件应当全面考量罪犯执行期间表现、犯罪具体情节、再犯罪危险性等情况；明确规范减刑、假释案件开庭审理的参与人员、场所和程序等事项；明确规定减刑、假释裁定书应当通过互联网向社会公布等方面。

《最高人民法院关于减刑、假释案件审理程序的规定》已于2014年4月10日由最高人民法院审判委员会第1611次会议通过，自2014年6月1日起实施。

更多媒体报道题目选登：

1.中国新闻网记者马学玲2014年4月29日报道《最高法八方面规范减刑假释案审理　将严查“假立功”》。

2.中央人民广播电台记者孙莹2014年4月30日报道《最高法出台司法解释　规范减刑假释案件审理》。

◀ 图为发布会现场。

▶ 图为最高人民法院新闻发言人孙军工主持发布会。

◀ 图为最高人民法院审判监督庭庭长宫鸣回答记者提问。

▶ 图为凤凰卫视记者周庆元提问。

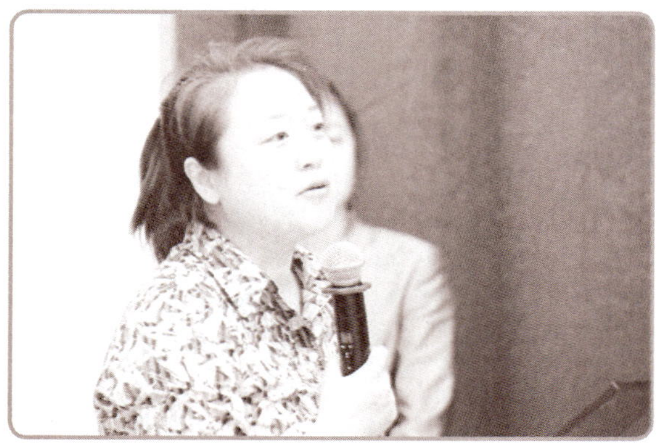

◀ 图为中央人民广播电台记者孙莹提问。

第六场新闻发布会

举办普法漫画书首发活动　用法律为成长护航

发布主题：“法在身边——为成长护航”面向未成年人公众开放日暨普法漫画书首发活动
发布时间：2014年5月28日
关 键 词：法制教育　未成年人　普法漫画书　典型案例
主 持 人：最高人民法院新闻局副巡视员　王　玲
出席嘉宾：最高人民法院刑事审判第一庭庭长　周　峰
最高人民法院研究室少年法庭工作办公室主任　蒋　明
共青团中央权益部副部长　陈　琳
中国关心下一代工作委员会办公室调研员　刘　娜
人民法院出版社总编辑　张益民

发布主题

王玲：各位嘉宾、各位记者，老师们、同学们，上午好。在“六一”国际儿童节到来前夕，欢迎大家走进最高人民法院，参加我们最高人民法院主办的面向未成年人公众开放日活动。

今天由我来主持这个活动，这个活动的主题是“法在身边——为成长护航”。参加这个活动的有：北京东交民巷小学的同学，北京回民小学的同学，北京板厂小学的同学，166中学的同学，还有媒体的记者们，我在这里代表最高人民法院欢迎大家的光临。

我在这里简单地给大家介绍一下活动的安排。我们这个活动一共有四个环节：一是集体参观。这个环节从九点开始到九点五十，因为考虑到很多同学和同志都是第一次走进法院，特别是最高人民法院，所以我们安排

参观的环节，让大家有一个直观的感受，大家可以参观我们的审判法庭，可以在审判席上坐一坐，敲敲法槌，感受一下法院的庄严。

二是向大家介绍情况和公布几个案例，在这个环节当中由最高人民法院研究室的领导向大家介绍近几年人民法院系统未成人年审判工作的相关情况。刑一庭的庭长向大家公布全国法院依法保护未成年人合法权益的典型案例。这个环节是从九点五十到十点二十，一共半个小时的时间。

三是在这个环节结束以后，我们有一个小的环节，根据我们小朋友的特点，我们安排了20分钟的茶歇。

四是普法漫画书的首发活动。在这里会同团中央和关心下一代工作委员会的领导向大家首次发布这部书，同时给我们四个学校的学生代表赠送书籍。

这四个环节一共是两个多小时，希望大家在这两个小时的时间里能够愉快，也有收获。在开始之前，我想给大家提两个要求：一是大家要注意安全。因为在参观的时候我们有上下台阶，希望小朋友们、同学们要注意安全，不要摔倒。二是大家在参观的时候可以拍照也可以交流，但是不要大声喧哗，因为是工作日，不要影响其他法官的工作。相信大家一定都能够做到。

现在我宣布最高人民法院面向未成年人主题活动开放日现在正式开始。请工作人员引导大家参观。

（参观过程略）

第一个环节大家很投入，小朋友们都很高兴。因为大家配合得很好，我们第一个环节也提前结束。现在提前十分钟进入第二个环节。

刚才同学们通过参观和我们工作人员的解说，对我们法院的情况有些了解，大家到审判法庭去了吗？

同学们：去了。

王玲：敲法槌了吗？

同学们：敲了。

王玲：敲法槌现在你们感觉还是很轻松的，但是我们每个法官要敲法槌的时候是一种责任，等你们长大以后，如果有一天你们真的当了法官，敲法槌的时候可能跟现在的感觉完全不一样。下一个环节我们将通过介绍相关的情况和案例发布的形式帮助大家对法院的工作和法官的职能，尤其是在未成年人权益保护方面的情况加深一些理解。首先我们请最高人民法院研究室少年法庭工作办公室主任蒋明介绍近几年来全国法院未成年人审判工作的相关情况。大家欢迎。

蒋明：同学们，现在由我给大家介绍少年法庭工作情况，介绍情况之前我想问一个问题，我们在座的各位同学对少年法庭工作有没有了解？了解的请举一下手。如果没有了解的话，下面我给大家做一个介绍。今天给大家介绍四个方面，什么是少年法庭，少年法庭办理哪些案件，少年法庭怎么办案，少年法庭能够给大家提供什么建议。

什么是少年法庭？少年法庭是审理涉及未成年人的刑事、民事、行政案件的专门法庭。这个法庭是专门保护我们未成年人合法权益的，是属于我们未成年人专门的法庭。大家看看这个图标两手托着幼苗，幼苗就是我们未成年人。我国最早的少年法庭建于1984年，上海市长宁区人民法院成立了新中国历史上第一个专门审判未成年人犯罪案件的少年法庭，截止到今年，少年法庭已经30岁了。目前，全国法院共设立2300多个少年法庭，法官是7400多名，有2700多名书记员协助少年法庭的法官开展工作。

少年法庭办理哪些案件？一是已满14周岁不满18周岁的未成年人犯罪案件，比如说未成年人抢劫、杀人、强奸、故意伤害、贩卖毒品等。二是以未成年人为侵害对象的犯罪案件，如未成年人被性侵的案件、被抢劫的案件。三是影响未成年人健康成长和涉及未成年人权益保护的婚姻家庭案件，如离婚案件、子女抚养权纠纷案件、未成年人继承权纠纷案件。大家看这个漫画，夫妻俩闹离婚，争抢抚养权，这样的案子由少年法庭来审理。四是未成年人侵害他人或者他人侵害未成年人的民事案件，如校园伤害案件、他人饲养的小动物造成未成年人受伤案件、未成年人伤害他人案件等。五是其他适用特殊程序的案件，如申请确定未成年人监护人的案件，申请撤销未成年人监护人资格的案件等。如果有的父母不管孩子、虐待孩子，就要撤销他的监护权，不让他管了，这样的案件由谁来审理呢？就是由少年法庭来审理。

少年法庭怎样办理案件？一是对犯罪的未成年人要进行教育、感化、挽救，在适当惩罚的同时，促使未成年人改过自新。二是对侵害未成年人的犯罪行为要从严从重打击，这个漫画是侵害小孩的这一类案件，少年法庭要重点打击。三是在婚姻家庭案件里面要充分保护未成年人的合法权益，做出有利于未成年人健康成长的判决。在婚姻家庭案件当中有孩子的，少年法庭在审理案件的时候，充分考虑孩子为第一，保护孩子的利益。

下面，以未成年人犯罪为例，简要介绍少年法庭如何开展教育、感化、挽救工作。

首先是社会调查制度。在未成年人犯罪案件审理之前，法院要对未成年人的学校、邻居、社区进行调查，了解这些孩子的成长经历，比如说受什么教育，孩子监管的情况，有没有失学、失教等情况。对孩子情况做一个总体的评估，然后在审理过程当中考虑孩子的特殊情况，做出适当的判决，这叫社会调查。

其次是审理未成年人案件的时候和普通的成人案件是不同的，我们是圆桌审判方式。大家今天看的最高法院里面没有圆桌法庭，下级法院有，大家看今天的法庭很庄严、很严肃，但是我们圆桌法庭主要是想改变这种非常严肃的氛围，消除未成年人恐慌的心情。

再次是心理评估干预制度。在法庭审理过程当中有的孩子心理上有问题，比如说对法庭审判抵触，有的对自己父母比较怨恨，或者对朋友、同学有意见，怎么办？我们要找一些心理专家过来，对这些孩子进行心理疏导，要测评一下孩子心理的一些问题，能不能适应以后的生活，这叫心理评估干预制度。

最后是合适成年人制度。这个制度大家可能很陌生，不明白这是什么意思？我跟大家介绍一下，合适成年人制度，就是在法庭审判的过程当中，要找一个合适的大人，在法庭上防止在审判过程当中有一些法官损害未成年人利益，起到监督的作用。

除了审判工作以外，少年法庭法官还深入学校、社区开展法制宣传和法律服务。比如说开展法律知识讲座、进乡村、进社区、进学校，为像你们这么大的孩子做法律宣传，讲授法律知识。这是少年法庭的法官在做讲座。这是在广场上，参加的人很多。这是进社区的法律知识讲座。这是少年法庭组织小学生开展模拟法庭活动。不知道在座的各位同学，有没有做过模拟法庭？如果没有的话，也可以向你们老师建议一下开展类似的活动。

少年法庭寄语。许多未成年人走上犯罪道路，都是从不良行为开始的，一般都会有一个从不良行为到违纪再到违法，最后走向犯罪的变化过程。有不良行为的未成年人，如果得不到及时有效的矫治，很容易从不良行为发展到违法程度，甚至实施犯罪。

根据预防未成年人犯罪法和未成年人保护法的相关规定，未成年人不得有以下不良行为：

（1）不得吸烟。未成年人不得吸烟，为什么？吸烟有害健康，未成年人吸烟没有经济来源，如果没有钱吸烟怎么办？很多人从家里偷钱，家里偷不到钱到社会上去偷，最后发生了抢劫犯罪。还有一些未成年人吸烟的过程当中跟社会上的小商小贩联系到一起，有的小商小贩是贩毒的，或者烟里掺杂毒品，让很多未成年人染上毒瘾，这是很危险的。（2）不得酗酒。酗酒很容易诱发犯罪。这是法律规定的。（3）不得旷课、夜不归宿。这样不仅会影响学习，而且会逃避学校和老师的监管，容易使未成年人走向违法犯罪的道路。（4）不得携带管制刀具。包括匕首、三棱刀、带自动装置的弹簧刀以及其他类似的单刃、双刃和三刃刀。携带这些刀很容易伤害他人，同时也容易伤到自己。尤其是学校是不允许带管制刀具进校园的。（5）不得打架斗殴、辱骂他人。小时候打架，长大之后容易发展成寻衅滋事罪、故意伤害罪等类似的犯罪。（6）不得强行向他人索要财物。有一些未成年人想要什么就要什么，想要什么就非要得到什么，这也是不对的。大家很多都是独生子女，一定要克服“小皇帝”的思想，如果小的时候强拿硬要，长大了就可能会犯抢劫等一些犯罪。（7）不得偷窃、故意毁坏公私财物。“小时偷针，长大偷金”，这些不良行为如果得不到及时纠正，日后就有可能发展成为严重的盗窃罪。（8）不得参与赌博或者变相赌博。比如有一些同学在学校里面打扑克，赌几块糖，一块

钱，这样也不对。小时候赌一块钱，长大了可能会赌十个亿，有可能会把自己家的房子都赌出去了。（9）不得观看、收听色情、淫秽的影像制品和读物。很多同学都上网，网上很多内容不适于未成年人看，大家都要自觉。（10）不得进入法律法规规定的未成年人不宜进入的营业性场所。像歌厅、夜店、游戏厅、台球厅这些场所未成年人不能进入。为什么？因为这些场所都是一些违法人员或者犯罪人员经常聚集的地方，未成年人进入这些地方很容易受到伤害。

同学们，你们是祖国的未来，民族的希望。你们要从克服各种小缺点、小错误、坏习气、坏作风开始，防患于未然，把违法犯罪消灭在萌芽状态，认真学习，认真学法、知法、守法，懂普法知识，构筑人身防线，预防违法犯罪，杜绝不良行为，走好青春每一步。“六一”儿童节到了，祝大家节日快乐。

王玲：好。谢谢蒋主任给我们所作的精彩的介绍，特别是蒋主任讲的法律规定的青少年的十不准，希望大家能够牢牢记住。下面我们请最高人民法院刑一庭的周峰庭长，公布5起依法保护未成年人权益的典型案例。大家欢迎。

周峰：刚才蒋主任给大家介绍了我们法院的少年法庭成立的历史、运作的情况以及给大家提供一些保护的知识。我这里介绍的五个案例是成年人对我们未成年人实施家暴的一些典型案例，通过这些案例也有助于各位小朋友掌握一些知识，比如说受到家暴向学校、街道、自己的其他亲人举报检举。

（典型案例具体内容见下文）

王玲：谢谢周庭长的发布。刚才两位领导给大家介绍了情况，发布了案例，大家可能现在不是太懂，没有关系，我们可以多参加这种活动，从小就关注法律、关注这些事情，就像我们的主题“法在身边——为成长护航”这个环节到此结束。每个同学座位上都有一个留言卡，大家在活动结束之后要把留言卡留下，这里可以填写你的感受，也可以填写对我们活动的意见和建议。

下面是茶歇环节（略）。

我们进行第四个环节，《法在身边——未成年人法律保护》漫画书籍首发活动。在活动开始之前，我介绍一下主席台上的叔叔阿姨。参加我们这次首发活动的有团中央权益部的陈琳副部长、关心下一代工作委员会办公室的刘娜处长、人民法院出版社总编辑张益民。

大家都知道，少年儿童处在人生成长的关键时期，是国家的未来、民族的希望。少年智则中国智，少年强则中国强。广大少年儿童从小养成尊法守法的习惯，直接关系到中华民族的整体素质，关系到我们国家的前途和民族的命运。为全面推进我国未成年人保护事业，努力提升法治保护未成年人权益的宣传教育水平，最高人民法院新闻局经报院领导同意，于今年2月正式开始策划筹备编辑出版普法漫画书工作。为进一步提高漫画书的编辑质量和宣传效果，我们与共青团中央、关工委两个中央单位多次沟通协商，最终三家单位于3月共同决定联合成立编辑委员会，负责本书的编辑出版工作。

为了最大限度地使我们的未成年人法制教育取得理想的效果，使法制教育寓教于乐，让孩子们在课余时间娱乐的过程中学习到法律知识。本书编委会经过对读者群体、市场反响等各方面进行多次研究、调查，决定采用彩色漫画的形式编写书籍，力求形式新颖、贴近读者。从本书的内容来看，主要以典型案例为脚本，分为家庭保护、学校保护、社会保护、司法保护和身心保护五个部分，精选了32个典型案例，38个主要人物全景式、全方位诠释未成年人权益保护问题。本书旨在通过一些具有普遍性和代表性的未成年人保护和犯罪案件，直面目前我国未成年人的权利的实现和需求情况。在向侵害未成年人行为提出“警戒”的同时，也给那些身处困境的未成年人以有效的指引。

本书的编辑出版工作历时3个多月，从2月一直持续到5月20日成书印刷完成，可以说在较短的时间里完成了很大的工作量，而且此项工作难度很大，如何运用好漫画故事这种创新性的形式，创作出既让学生们爱读又能受到良好法制教育的漫画书籍，对于我们来说也承受着很大的压力，作为我国最高审判机关的最高人民法院也是第一次采取这种法制宣传手段。这项工作得到了包括共青团中央、关工委、人民法院出版社以及漫画创作

公司的大力支持，在各个单位人员共同努力下，圆满地完成了本书的编辑出版工作。在此，我也代表最高法院新闻局向共青团中央、关工委、人民法院出版社以及漫画创作公司表示衷心的感谢。

《法在身边——未成年人法律保护》普法漫画书的编辑出版工作，可以说既是一项面向未成年人法治保护宣传的国家行动，也是一次运用新形式推进未成年人法制教育的有益探索。在这里，我也代表本书编委会，向小朋友们、家长们及学校领导和老师们郑重推荐这本书，欢迎广大读者、小朋友及社会各界多提宝贵意见。谢谢大家。

下面我们请团中央的陈琳部长给大家介绍一下他们在保护未成年人方面的一些工作情况。大家欢迎。

陈琳：同学们，大家上午好。今天由最高人民法院主持编写，团中央、关工委共同推出的青少年普法漫画图书，《法在身边——未成年人法律保护》正式和大家见面了，很高兴在“六一”前夕代表团中央参加今天的新书发布活动，借这个机会我想跟同学们围绕青少年法律素养这个话题做个交流。

法律是全社会共同遵守的强制性规范，与我们每一个人都息息相关。青少年朋友处在人生成长的最关键阶段，更要从小学习法律知识，树立法律意识，提高法律素养。之所以这么说是两方面的原因，第一方面的原因是中国特色社会主义建设的事业要求大家不断的提高法律水平，我们国家对青少年、小朋友们提的健康成长的要求是几句话，德智体全面发展，还有德智体美劳全面发展，无论哪一个要求，德是放在第一位的。同学们会问德和法律有什么关系呢？我们有两句话：一是法律是最底线的道德，道德是高标准的法律。二是法律是成文的道德，道德是内心的法律。所以这个法律的素养对个人道德的形成是至关重要的。

当前我国已经初步建成了中国特色社会主义法律体系，正在全面推进依法治国，加快建设社会主义法治国家，在这样的背景下，法律素养已成为一个人综合素质中不可或缺的一部分。同学们作为社会主义事业的接班人和建设者，作为实现伟大中国梦的有生力量，需要不断地学习法律知识，提高自身的法律素养。这是一个方面。

第二方面，同学们自身成长和发展也需要大家不断地提高法律素养。随着法律的不断完善和健全，法律进入每个同学的生活、学习、工作的方方面面，可以说是无时不在、无处不在，法律将成为大家普遍遵循的行为规范，也是保证同学们权益的有力武器。大家要养成办事依法、遇事找法、解决问题用法、化解矛盾靠法的意识，就需要大家不断提升自己的法律素养。希望同学们能够认真学法、自觉守法、善于用法。

为了帮助大家学习法律知识，提升法律素养，社会各界和各个部门做了大量的工作，最高人民法院这次编写的普法漫画图书是一本优秀的青少年法律读物，我认真看了这本书，有四个比较显著的特点：一是典型性。书中选取了32个案例，这32个案例涵盖了家庭暴力、监护失位、恶性伤害等方方面面，反映当前未成年人保护领域存在的突出性、典型性的问题，具有强烈的典型性。二是权威性。书里面对相关案例从法律的角度进行了分析和点评，最高法院的这种点评毫无疑问是最具有权威性的。三是趣味性。图书通过漫画和故事的形式讲述了法律知识，漫画精美、故事生动，很适合青少年阅读。四是实用性。图书的32个案例，每一个案例后面都有一个点评，都有一个自护措施的提醒，告诉大家如何远离伤害以及面对侵害时如何寻求法律的帮助，拿起法律的武器来保护自己，因此实用性很强。我相信这本书会成为同学们学习法律的好帮手。

共青团作为党领导的先进青年的群众组织，肩负着加强青少年法制教育的重要责任。自2011年全国开展“六五”普法以来，各级共青团组织按照中央普法工作的要求，不断创新法制宣传教育的载体和内容，依托网络新媒体开展了网上普法知识大赛、动漫和微电影创作等普法活动，积极推动青少年法制教育工作，今后我们愿意继续联合最高人民法院等单位共同抓好青少年的法制宣传教育工作。今年“五四”，习近平总书记在北大对全国青少年提出了八个字的要求，“勤学、修德、明辨、笃实”，希望同学们努力践行。最后祝同学们好好学习，天天向上，“六一”节快乐。谢谢大家。

王玲：谢谢陈部长的发言，特别是对这本书的精彩点评。下面请东交民巷小学、回民小学、板厂小学和166中学的学生代表到台前来接受赠书。

各位嘉宾、各位记者，老师们、同学们，在大家的积极配合和支持下，我们今天的公众开放日活动圆满地完成了所有的程序。应该说是大家共同努力的结果，现在我宣布最高人民法院“法在身边——为成长护航”的公众开放日圆满结束！再次感谢大家的参与，祝同学们“六一”快乐，健康成长，学习进步，天天向上。

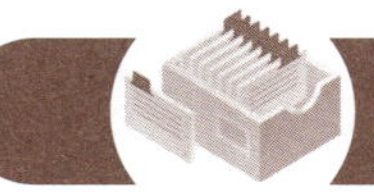

背景链接

依法惩治侵犯儿童权益犯罪典型案例

案例1　陈孔佺故意杀人案

（一）基本案情

被告人陈孔佺因多次向前妻钟赛英催讨欠款无果，心生不满，扬言要杀死由其抚养的亲生女儿陈某某（被害人，时年5岁）以威胁钟赛英。2013年8月27日11时许，陈孔佺带陈某某乘坐摩托车外出，途中再次向钟赛英催讨欠款未果，遂将陈某某手脚拎起，头部朝下，连续往柏油路面撞击数下。陈某某当场口吐白沫，不省人事。陈孔佺见状顿感后悔，抱起陈某某乘坐摩托车来到霞浦县公安局水门派出所求救并投案。陈某某被民警送往医院抢救，因陈某某双侧额叶脑挫裂伤，硬膜外血肿，颅前窝、颅中窝、右侧额骨、左侧枕颞骨和右侧眼眶等多处骨折损伤，构成重伤，经抢救后脱离生命危险。

（二）裁判结果

福建省霞浦县人民检察院以被告人陈孔佺犯故意杀人罪提起公诉。霞浦县人民法院经审理认为，陈孔佺因家庭纠纷杀害自己的未成年女儿，致其重伤，其行为已构成故意杀人罪。公诉机关指控的罪名成立。陈孔佺在犯罪过程中，自动放弃犯罪并有效防止被害人死亡结果的发生，是犯罪中止；且其在犯罪后自动投案，并如实供述自己的罪行，是自首。根据被告人的犯罪事实、性质、情节以及对社会的危害程度，依照刑法规定，判决被告人陈孔佺犯故意杀人罪，判处有期徒刑八年。

（三）典型意义

本案是一起离异夫妻之间因为经济纠纷产生矛盾，而对未成年子女实施伤害的案件，属于典型的涉及家庭暴力刑事案件。根据当前刑事政策，对于因恋爱、婚姻、家庭纠纷等民间矛盾激化引发的犯罪，一般酌情从宽处罚。在涉及家庭暴力的刑事案件中，虽然有的也属于“因恋爱、婚姻、家庭纠纷”引发的犯罪，但在量刑时并非一概从宽，必须区分不同情形进行不同处理。比起成年的家庭成员，未成年人因为缺乏自我保护能力，遭受家庭暴力的伤害后果更加严重。司法对于未成年被害人，应当采取特别、优先的保护原则，对于针对未成年家庭成员实施暴力的被告人，根据案件具体情况，可以依法从严惩处。本案被告人陈孔佺因与前妻存在经济纠纷未能解决，采取倒拎住女儿陈某某的手脚，使其头部撞击路面的手段，致使陈某某重伤。法院认定陈孔佺的行为构成故意杀人罪，定罪准确。其法定刑本为死刑、无期徒刑或者十年以上有期徒刑。但因陈孔佺具有犯罪中止情节，依法应当减轻处罚，同时又有自首情节，依法可以从轻处罚，故在三年以上十年以下有期徒刑的法定刑幅度内，判处被告人陈孔佺有期徒刑八年，量刑适当。

在本案审理过程中，霞浦县人民法院考虑到被告人与被害人系父女，且被害人系未成年人，引入了心理咨询师对被害人进行心理辅导。同时，因本案受到社会广泛关注，庭审时邀请了人大代表、政协委员、群众代表、媒体代表旁听，并对庭审进行微博直播，其中涉及未成年人隐私的部分进行了技术处理。案件宣判后，法院及时与霞浦县关工委、妇联等部门沟通联系，妥善解决被害人以后的生活、学习及抚养权归属等问题。这些措施从实质上保护了未成年被害人的权益，有利于被害人走出阴影，健康成长。

案例2　乐燕故意杀人案

（一）基本案情

被告人乐燕系非婚生子女，自幼由其祖父母抚养，十六岁左右离家独自生活，有多年吸毒史，曾因吸毒被行政处罚。2011年1月乐燕生育一女李梦某（殁年2岁，生父不详）后，与李文某同居。2012年3月乐燕再育一女李某（殁年1岁）。在李文某于2013年2月27日因犯罪被羁押后，乐燕依靠社区发放的救助和亲友、邻居的帮扶，抚养两个女儿。乐燕因沉溺于毒品，疏于照料女儿。2013年4月17日，因乐燕离家数日，李梦某由于饥饿独自跑出家门，社区干部及邻居发现后将两幼女送往医院救治，乐燕于当日将两女接回。2013年4月底的一天下午，乐燕将两幼女置于其住所的主卧室内，留下少量食物、饮水，用布条反复缠裹窗户锁扣并用尿不湿夹紧主卧室房门以防止小孩跑出，之后即离家不归。乐燕离家后曾多次向当地有关部门索要救助金，领取后即用于在外吸食毒品、玩乐，直至案发仍未曾回家。6月21日，社区民警至乐燕家探望时，通过锁匠打开房门后发现李梦某、李某已死于主卧室内。经法医鉴定，两被害人无机械性损伤和常见毒物中毒致死的依据，不排除其因脱水、饥饿、疾病等因素衰竭死亡。6月21日，公安机关将乐燕抓获归案。经司法鉴定，乐燕系精神活性物质（毒品）所致精神障碍，作案时有完全刑事责任能力。

（二）裁判结果

江苏省南京市人民检察院以被告人乐燕犯故意杀人罪提起公诉。南京市中级人民法院经审理认为，被告人乐燕身为两被害人的生母，对被害人负有法定的抚养义务。乐燕明知两年幼的被害人无人抚养照料，其不尽抚养义务必将会导致两被害人因缺少食物和饮水而死亡，但却仍然将两被害人置于封闭房间内，仅留少量食物和饮水，离家长达一个多月，不回家抚养照料两被害人，在外沉溺于吸食毒品、打游戏机和上网，从而导致两被害人因无人照料饥渴而死。乐燕主观上具有放任被害人死亡的间接故意，客观上造成两被害人死亡的结果，其行为构成故意杀人罪。公诉机关指控

被告人乐燕的罪名成立。乐燕在负有抚养义务、具备抚养能力的情况下，不履行抚养义务，造成两被害人死亡，情节特别恶劣，后果特别严重，鉴于被告人乐燕审判时系怀孕的妇女，且归案后认罪态度较好，依照刑法规定，认定被告人乐燕犯故意杀人罪，判处其无期徒刑，剥夺政治权利终身。

（三）典型意义

本案即2013年媒体广为报道的“南京饿死两名女童案”。本案中，被告人乐燕提出自幼未受到父母的关爱，未接受良好的教育，归案后认罪态度较好，请求法庭对其从轻处罚。本案的审理向社会昭示：抚育未成年子女不但是人类社会得以繁衍发展所必须遵循的最基本的人伦准则，更是每一位父母应尽的法定义务与责任，个人的文化、受教育程度、经济条件乃至境遇的不同，均不能成为逃避义务的理由。乐燕的成长经历固然值得同情，但不能成为其不履行法定义务、漠视生命的借口，而本案的审理也反映出我们的社会应当进一步加强对儿童、老人等弱势群体的保护与救助。

案例3　廖某某故意杀人案

（一）基本案情

被告人廖某某（时年18岁）与其男朋友交往期间怀孕，后二人分手。2012年2月，廖某某到东莞市某厂打工。2012年7月8日1时许，廖某某在该厂员工宿舍三楼冲凉房2号房内自然分娩，产下一名男婴。后廖某某将该男婴遗弃在冲凉房地板上，未采取任何保护措施，独自回宿舍拿毛巾到冲凉房4号房将身上的血迹洗掉，然后回到宿舍睡觉。当日15时许，该男婴在冲凉房2号房被发现已死亡。公安人员接到报案后，赶到员工宿舍将廖某某抓获。

（二）裁判结果

广东省东莞市第三人民法院经审理认为，被告人廖某某明知将初生婴儿遗弃在冲凉房内的行为可能导致婴儿死亡的结果，仍予以放任，最终致亲生婴儿死亡，其行为已构成故意杀人罪。公诉机关指控廖某某犯故意杀

人罪的事实清楚，证据确实、充分，指控的罪名成立。廖某某归案后如实供述自己的罪行，依法可从轻处罚。依照刑法规定，认定被告人廖某某犯故意杀人罪，判处其有期徒刑三年。

（三）典型意义

本案是一起少女未婚先孕产子后遗弃新生婴儿触犯故意杀人罪的典型案例。被告人廖某某怀孕后只身一人到外地打工，在工厂宿舍自然分娩婴儿后将其遗弃，致新生婴儿因未得到及时照料而死亡。廖某某的经历固然有值得同情的一面，但婴儿是无辜的，生命权利神圣不可侵犯。作为一名成年人，不论因何种原因生育子女，对新生婴儿均负有妥善照料的法定义务。否则，因漠视生命，应当作为而不作为，必将受到法律应有的制裁。

案例4　王玉贵故意伤害、虐待案

（一）基本案情

被告人王玉贵系被害人张某（女，出生于2001年4月9日）的继母。2009年5月19日晚，王玉贵在家中用筷子将张某咽部捅伤，致张某轻伤。

另查明，被告人王玉贵自2005年开始与张某共同生活，其间经常趁张某生父张建志不在家时，多次对张某实施打骂、用铅笔扎等虐待行为。2005年春季的一天，王玉贵用吹风机将张某的头皮和耳朵烫伤。2008年12月的一天，王玉贵在家中将张某的嘴唇撕裂，次日上午张某至医院缝了三针并留下疤痕。

（二）裁判结果

河北省盐山县人民检察院以被告人王玉贵犯故意伤害罪，向盐山县人民法院提起公诉。在审理过程中，自诉人张某及其法定代理人、张某的生母张美丽以被告人王玉贵犯虐待罪，向盐山县人民法院提起告诉。盐山县人民法院经审理认为，被告人王玉贵故意用筷子戳刺继女张某的咽喉，造成张某轻伤，其行为已构成故意伤害罪；王玉贵在与张某共同生活期间，对张某实施殴打、用铅笔尖扎、用吹风机烫头皮、撕嘴唇等虐待行为，情节恶劣，其行为已构成虐待罪。应依法惩处。依照刑法规定，判决被告人

王玉贵犯故意伤害罪，判处其有期徒刑二年；犯虐待罪，判处其有期徒刑一年，决定执行有期徒刑三年。

宣判后，被告人王玉贵提出上诉。河北省沧州市中级人民法院经依法审理，裁定驳回上诉，维持原判。

（三）典型意义

本案是一起典型的继母对未成年子女实施家庭暴力构成犯罪的案件，其中反映出两点尤其具有参考意义：第一是施暴人实施家庭暴力，往往是一个长期、反复的过程。在这一过程中，大部分家庭暴力行为，依照刑法的规定构成虐待罪，但其中又有一次或几次家庭暴力行为，已经符合了刑法规定的故意伤害罪的构成要件，依法构成故意伤害罪。依照刑事诉讼法的规定，故意伤害罪属于公诉案件，虐待罪没有致被害人重伤、死亡的属于自诉案件。人民检察院只能对被告人犯故意伤害罪提起公诉，自诉人可以对被告人犯虐待罪另行提起告诉（即自诉）。人民法院可以将相关公诉案件和自诉案件合并审理。这样处理，既便于在事实、证据的认定方面保持一致，也有利于全面反映被告人实施家庭暴力犯罪的多种情节，综合衡量应当判处的刑罚，还有利于节省司法资源。本案的审判程序即反映出涉及家庭暴力犯罪案件“公诉、自诉合并审理”的特点。第二是未成年子女的亲生父母离婚后，对该子女的监护权都是法定的，没有权利放弃、转让，不论是否和该子女共同居住，仍然属于该子女的法定代理人。在未成年子女遭受侵害的时候，未与该子女共同生活的一方，仍然可以以法定代理人的身份，代为提起告诉。本案被害人张某的生母张美丽，在与张某的生父张建志离婚后，虽然没有与张某共同生活，但其作为张某的法定代理人，代张某向人民法院提起虐待罪告诉，是合乎法律规定的。

案例5　林水全故意伤害案

（一）基本案情

2011年7月下旬，被告人林水全将其女儿、被害人林某某（时年6岁）

从家中带至广东省云浮市居住。因林水全认为林某某不听话，且怀疑林某某不是自己的亲生女儿，便用饮水机的开水淋在林某某身上。同年8月13日至20日，林水全分别将林某某带至云浮市唐人旅店302房、新富丽旅店605房，先后三次用电热棒将塑料盆里的水烧开，脱光林某某的衣服，将开水淋到林某某身上。8月20日凌晨，林水全将全身被烫伤的林某某送回家中即自行离去。林某某的家人发现林某某受伤后即报警并将林某某送至医院救治。林某某经治疗后皮肤瘢痕仍占全身表面积70%以上，构成重伤、四级伤残。

（二）裁判结果

广东省云浮市人民检察院以被告人林水全犯故意伤害罪向云浮市中级人民法院提起公诉。云浮市中级人民法院经审理认为，被告人林水全故意伤害他人身体的行为已构成故意伤害罪。林水全以特别残忍的手段致女儿林某某重伤、四级伤残，应当依法惩处。林水全曾因犯盗窃罪被判刑，在刑罚执行完毕后五年内再犯应当判处有期徒刑以上刑罚之罪，系累犯，应当从重处罚。依照刑法规定，判决被告人林水全犯故意伤害罪，判处其有期徒刑十五年，剥夺政治权利五年。

宣判后，没有上诉、抗诉。判决已发生法律效力。

（三）典型意义

未成年人不具备自我保护能力，父母本应当是他们最值得信赖的安全保障。父母一旦失职，甚至成为伤害未成年子女的凶手，不仅对未成年子女的身体造成伤害，对未成年子女的精神也将造成难以愈合的创伤。对于父母伤害未成年子女的行为，必须依法予以惩处。本案被告人林水全因认为女儿林某某不听话，怀疑林某某不是自己的亲生女儿，竟将林某某脱了衣服用开水烫，造成林某某重伤、四级伤残的后果，犯罪手段极其残忍，后果严重。鉴于林水全归案后能如实供述，有坦白情节，云浮市中级人民法院最终决定对被告人林水全判处有期徒刑十五年，量刑适当。

媒体反响

人民网　张雨　2014年5月28日

最高法举办开放日活动　首次以漫画书形式向未成年人普法

在“六一”儿童节来临前夕，最高人民法院今天举办以“法在身边——为成长护航”为主题的公众开放日活动，此次活动主要面向未成年人，邀请中小学生参观最高人民法院，并举行普法漫画书《法在身边——未成年人法律保护》新书首发活动。上午9时，来自北京市东交民巷小学、回民小学、板厂小学以及166中学的130多名中小学生首先进行了集体参观，雄伟精美的浮雕、庄严肃穆的法庭给他们留下了深刻的印象，使他们感受到了国家最高审判机关的威严和法律的神圣。

集体参观结束后，最高人民法院少年法庭工作办公室的有关负责人向参加活动的中小学生介绍了近年来全国法院未成年人审判工作的相关情况，最高人民法院刑事审判第一庭的有关负责人公布了5起保护未成年人权益典型案例。

10时30分，普法漫画书《法在身边——未成年人法律保护》新书首发活动举行，最高人民法院、共青团中央、全国关心下一代工作委员会有关领导出席活动，并向学生代表赠送漫画书。首发活动上，最高人民法院新闻局副巡视员王玲介绍了普法漫画书的出版背景及编辑过程，共青团中央、全国关心下一代工作委员会有关领导介绍了未成年人保护有关工作情况。

据介绍，该漫画书以典型案例为脚本，分为家庭保护、学校保护、社会保护、司法保护和身心保护五个部分，精选了32个典型案例，有38个主要人物，全景式、全方位诠释未成年人权益保护问题。漫画书旨在通过一些具有普遍性和代表性的未成年人保护和犯罪案件，直面目前我国未成

年人的权利的实现和需求情况。在向侵害未成年人行为提出“警戒”的同时，也给那些身处困境的未成年人以有效的指引。据了解，这是最高人民法院首次以漫画书的形式进行未成年人普法教育。

更多媒体报道题目选登：

人民法院报记者罗书臻2014年5月29日报道《法在身边　为成长护航——最高人民法院面向未成年人公众开放日侧记》。

◀ 图为最高人民法院开放日迎来小客人。

▶ 图为最高人民法院新闻局副巡视员王玲介绍活动的主要安排。

图为参加公众开放日活动的学生们过了一把“法官瘾”。

图为参加公众开放日活动的学生们参观最高人民法院。

图为学生代表留言记录参加活动的感受。

图为学生代表接受赠书。

第七场新闻发布会

人民法院落实协议　促进两岸司法互助

发布主题：两岸司法互助工作有关情况
发布时间：2014年6月19日
关 键 词：海峡两岸共同打击犯罪及司法互助协议　五周年　典型案例
主 持 人：最高人民法院新闻发言人　孙军工
出席嘉宾：最高人民法院研究室副主任兼港澳台司法事务办公室主任　郃中林

发布主题

关于两岸司法互助工作有关情况的新闻发布稿

最高人民法院新闻发言人　孙军工

各位记者：

大家上午好。今天新闻发布会的主题是通报《海峡两岸共同打击犯罪及司法互助协议》（以下简称两岸司法互助协议）实施五年来在大陆法院的落实情况。为了使大家能够更加充分地了解这方面的工作，我们专门邀请了最高人民法院研究室副主任兼港澳台司法事务办公室主任郃中林出席今天的发布会并发布15起典型案例。下面，首先由我向大家通报五年来人民法院落实两岸司法互助协议的有关情况。

一、人民法院落实协议的基本情况

2008年，两岸在“九二共识”基础上开启两会商谈。2009年6月25日，海协会与台湾海基会签署的两岸司法互助协议生效实施，标志着海峡两岸司法互助工作正式迈入制度化、规范化阶段。两岸司法互助协议确认

了两岸司法互助的合作范围，就大陆方面而言，协议确定的送达文书、调查取证、裁判认可三项司法互助业务主要由人民法院承担，罪赃移交和罪犯移管两项业务也与人民法院工作密切相关。五年来，协议在大陆法院的执行较为顺畅，实施效果良好。概括而言，主要体现在以下三个方面：

（一）**两岸司法互助案件数量巨大，质效不断提升。**人民法院办理的涉台司法互助案件数量呈持续较快增长态势。据统计，自两岸司法互助协议生效以来，截至今年5月31日，人民法院共办理涉台送达文书、调查取证、罪赃移交和裁判认可司法互助案件37423件。总体来看，台方请求案件数量相对较高，如台方请求送达文书案件每年6000件左右，请求调查取证案件每年130件左右；而大陆法院请求案件总数相对偏少，送达文书和调查取证这两类常见案件中，过去五年间大陆法院请求量仅占双方总请求量的18.5%，是台方请求量的22.7%。值得注意的是，大陆法院请求协助的案件数量增长势头迅猛，请求台方送达文书案件从2010年的85件激增至2013年的2976件，请求台方调查取证案件从2010年的8件增长到2013年的175件，2013年大陆法院请求台方送达文书和调查取证案件数量超过前三年半的总和。

相对于国际司法协助和内地与港澳间的区际司法协助而言，涉台司法互助是人民法院的一项全新审判业务。面对这一数量大、增长快的新型业务，经过两岸有关方面的通力协作，人民法院各项涉台司法互助业务的办理质量和效率稳步提升。2013年大陆法院协助台方送达文书案件结案率达82%，其中成功率达到67%；台方协助大陆法院送达文书案件结案率达70.5%，其中成功率达到77.3%，送达效果远非协议签署之前可比。两岸调查取证的成功率更是一直保持在较高水平，2013年大陆法院协助台方调查取证案件结案率为88%，其中成功率达95.5%（包括部分成功案件）；台方协助大陆法院调查取证案件结案率为86.3%，其中成功率达到89%（包括部分成功案件）。

需要说明的是，目前两岸有关司法互助统计数据不尽相同，这种情况也属正常，主要是由于部分案件的材料邮寄在途而存在统计时间差，加之各自请求事项的难易程度有所不同。

（二）**两岸司法互助工作范围不断扩展，内容日益深化。**目前，两岸司法互助在地域范围上已经实现了全覆盖。台湾地区几乎所有法院包括其第三审法院均已通过两岸司法互助途径向大陆法院提出过送达或取证请求；大陆所有省份法院均为台湾法院提供过送达或取证协助。台湾地区地方法院也都积极为大陆法院提供送达或取证协助。

两岸司法互助案件类型不断延伸。相互提供送达文书和调查取证协助的案件中，不仅针对协议明文规定的民事和刑事案件，实践中也涉及了行政诉讼案件。对于非协议列明事项，如果属于各自司法机关的业务活动、又涉及两岸人民权益保护的问题，双方有关业务主管部门均能本着务实合作、保障当事人权益之精神，作出妥善处理。

两岸司法互助业务内容不断丰富。人民法院办理的涉台调查取证司法互助案件，已经涉及取得证言及陈述，提供书证、物证及视听资料，确定关系人所在或其身份、前科，进行勘验、检查、鉴定和查询等几乎所有的证据形式和取证方式，还出现了法律查明和远程视讯询问证人等取证请求。除送达文书、调查取证和裁判认可三类最常见的司法互助业务之外，两岸在罪赃移交、罪犯移管等方面，近期也都取得了实质性进展。目前，大陆法院已成功办结了两起向台湾居民被害人返还财产的罪赃移交案件，共向18名台湾居民被害人返还财产共计人民币238万余元（约合新台币1157万余元）。自协议生效以来，大陆有关方面积极推动年老或重病的台湾服刑人员返台，目前已完成13例罪犯移管个案。

（三）**两岸司法机关和民众认同度高，社会效果良好。**实践证明，两岸司法互助活动具有双重保障作用，既有利于保障两岸有关司法审判活动的顺利进行，也有利于保障当事人的程序权利和实体权益的及时有效实现。在两岸司法互助制度建立之前，人民法院多采用直接邮寄和公告方式向在台湾地区的当事人送达，虽然这也可以实现程序意义上的送达，但是邮寄文书往往下落不明，当事人也往往难以实际知晓公告内容。即使是通过海协会和海基会途径送达，也往往因转递环节多而耽搁时日，不利于当事人权益的及时有效保护。两岸司法互助制度建立后，两岸法院充分利用司法互助途径送达文书，有效避免了采用上述送达方式的弊端，耗时明显

缩短，操作更加规范，程序推进更加顺畅，真正体现出司法的程序正义价值。

至于相互协助调查取证可以有效确保案件的实体公正，相互开展罪赃移交可以最大限度地挽回被害人损失，相互认可和执行裁判可以避免当事人的诉累，这些司法互助工作的作用和意义更是显而易见。两岸民众高度认可司法互助工作。在台湾方面近年来就海协会与海基会所签各项协议执行情况的民意调查中，两岸司法互助协议支持率始终保持最高，最高时超过80%。

二、人民法院落实协议的主要举措

两岸司法互助协议签署生效以来，最高人民法院高度重视，各级人民法院共同行动，积极采取一系列举措确保协议的有效落实。

一是建立完善司法互助规范体系。最高人民法院于2011年6月发布了《关于人民法院办理海峡两岸送达文书和调查取证司法互助案件的规定》，将协议中有关人民法院工作的内容转化为全面系统的司法解释，为人民法院开展两岸送达文书和调查取证司法互助提供了基础性法律规范依据。该《规定》共5章30条，全面规范了人民法院办理两岸送达文书和调查取证司法互助业务应当遵守的基本原则、职责分工、具体办理程序、审查转送流程及时限、相关保障措施等。在发布《规定》的同时，根据两岸司法互助协议第19条有关文书格式的要求，为确保办案规范性，最高人民法院还配套发布了24种涉台司法互助案件文书样式。

在认可和执行台湾地区有关法院判决和仲裁机构裁决问题上，1998年以来最高人民法院曾陆续出台了4个关于认可和执行台湾法院判决等法律文书的司法解释。目前，为进一步明确和规范有关操作，最高人民法院计划就认可和执行台湾法院民事判决、认可和执行台湾仲裁裁决分别重新起草发布系统性的司法解释。此外，为确保两岸司法互助协议约定的罪犯移管工作能够尽早实现双向机制化运作，最高人民法院正在起草有关办理接收在台湾地区服刑的大陆居民返回大陆服刑案件的司法解释。相信在上述司法解释发布后，大陆法院有关涉台司法互助的法制规范体系将更加全面和完善。

二是建立健全司法互助工作机制。首先，为确保涉台司法互助案件的及时有效办理，经与台湾地区业务主管部门沟通协调，大陆法院于2011年6月起建立了对台两级联络的工作机制。最高人民法院作为两岸司法互助协议对台一级联络窗口，负责就协议中涉及人民法院的工作事项与台湾地区业务主管部门开展磋商、协调、交流以及信息通报，同时就涉台调查取证司法互助案件的办理对台联络；各高级人民法院作为对台二级联络窗口，负责就送达文书司法互助案件的办理对台联络。其次，人民法院内部确立了分级审查、指定办理、减省层转的工作模式。对于台方提出的送达和取证请求，经人民法院对台联络窗口审查转送，由高级人民法院直接指定中级或基层人民法院具体办理；对于大陆基层人民法院提出的送达和取证请求，直接报送高级人民法院对台联络或转送最高人民法院对台联络。相对于大陆基层人民法院而言，无论是提供协助还是请求协助，均减省了中级人民法院层转这一环节。最后，各级人民法院对涉台司法互助工作实行归口管理、专人负责。目前，最高人民法院和各高级人民法院均已设立专门机构负责统一办理涉台司法互助业务，并都指定了负责涉台司法互助业务的协议联络人和代理联络人，中级和基层人民法院也普遍确定由一个部门具体负责办理并指定了均由法官担任的专办员，从而形成了上下一体、有效衔接的工作网络。

三是大力加强司法互助业务指导监督。最高人民法院先后3次召开全系统专题会议研究部署涉台司法互助工作，2009年两岸司法互助协议生效不久即召开部分高级法院座谈会进行研究部署；2011年6月召开人民法院涉台司法互助工作电视电话会议，大陆四级法院的院领导和部门负责人以及相关工作人员参加；2012年7月召开人民法院涉台工作座谈会，这是人民法院历史上首次专题研究部署涉台司法整体工作的重要会议，重点研究部署了涉台司法互助工作。截至目前，最高人民法院已经举办了3期大陆法院涉台司法互助专题培训班，共有600多人受训；今年7月还将在国家法官学院举办一期培训班，计划有260人参加。各高级人民法院也纷纷举办此类专题业务培训班，绝大多数高级人民法院已普遍轮训了辖区内中级和基层人民法院的专办员。最高人民法院还及时研究答复各地法院在办理司法互助案件中出现的各种具体问题，每年定期就办案时限执行情况、不定期就重要典型案例向各地法院发出通报。按照最高人民法院要求，目前各级人民法院都已建立起登记与立案、催办与督办、通报与奖惩、考核与评估等具体工作机制。

四是不断提高涉台司法互助物质保障水平。为尽可能提高办案效率，最高人民法院要求各级人民法院办案中须一律采用邮政特快专递方式在上下级法院之间和两岸之间转送案件材料。同时，为便于对台联络，最高人民法院和各高级人民法院都为联络人和代理联络人配置了专用电话机、传真机和公务手机并及时通报台方。福建、上海、重庆等部分高级人民法院还创建了涉台司法互助工作的网络管理平台，以信息化手段统一监管辖区内人民法院司法互助工作环节和流程，努力提高工作质效。

五是深入开展两岸司法互助业务交流。两岸司法互助协议第2条专门约定了两岸业务主管部门人员定期工作会晤、人员互访与业务培训合作的交流机制。据此，2011年起最高人民法院与台湾地区法务主管部门在两岸司法互助协议框架下就协议执行建立了定期会商机制，保持每年至少2次见面商谈，目前已先后进行11次，及时总结检讨工作，努力达成操作共识，明确各自努力方向，大陆各高级人民法院二级联络窗口均已参加过有关业务交流。今年4月，最高人民法院与台湾地区法务主管部门还首次组织联合工作团共同赴金门县和厦门市进行两岸司法互助业务的实地调研与考察交流。这一工作模式具有开创性，也取得了积极成效。最高人民法院与台湾地区司法主管机构自2010年起在两岸司法互助协议司法交流框架下也开展了一系列的交流与合作，不仅实现了在协议项下每年组团互访，而且建立了法律资料交换机制，就各自编辑出版的公报和期刊等资料定期互赠对方50份。特别值得一提的是，在2011年9月大陆方面在南京成功举办首届海峡两岸暨香港澳门司法高层论坛，历史性地实现了两岸四地司法高层首次聚首之后，去年9月如期由台方在两岸司法互助协议司法交流框架下于新竹主办了第二届论坛，初步实现了论坛举办的机制化。

两岸司法互助是一项新生事物。过去的五年，可以说是两岸司法互助协议的起步阶段，最重要的事情是将协议明定的事项先做起来。下一阶段，两岸应重点在深化合作上下功夫，这需要两岸有关方面共同本着积极的态度加以推进，及时研究解决实践中出现的新需求、新问题，把工作做深做细做扎实，努力把好事办得更好。两岸司法互助平等造福于两岸人民，每个司法互助案件都关涉两岸民众的切身利益。两岸司法互助协议的全面落实和良好执行，既关乎公平正义价值的实现，更直接涉及两岸人民福祉的保障。两岸司法合作的日益深化，必将对促进两岸关系和平发展发挥更加积极、更加有力的作用。我们期待两岸各有关方面都能够把握良机，深化交流，扩大合作，共同为维护好、保护好两岸人民权益，实现中华民族伟大复兴作出更大贡献。

附：相关图表、司法解释及媒体报道

1.人民法院涉台司法互助案件有关统计图表

案件类型＼年度		2009	2010	2011	2012	2013	2014年1–5月	总计
送达文书	请求台方	0	85	270	1946	2976	1251	6528
	协助台方	1167	7365	5906	5866	5936	3418	29658
调查取证	请求台方	1	8	12	69	175	88	353
	协助台方	6	116	137	122	166	63	610
罪赃移交*	请求台方	0	0	0	0	3	0	3
	协助台方	0	0	0	0	1	0	1
申请认可和执行台湾民事裁判及仲裁裁决		26	40	56	47	72	29	270
合计		1200	7614	6381	8050	9329	4849	37423

* 包括被害人遗属补偿金返还案件 。

图表1：2009年以来人民法院涉台司法互助案件统计表（单位：件）

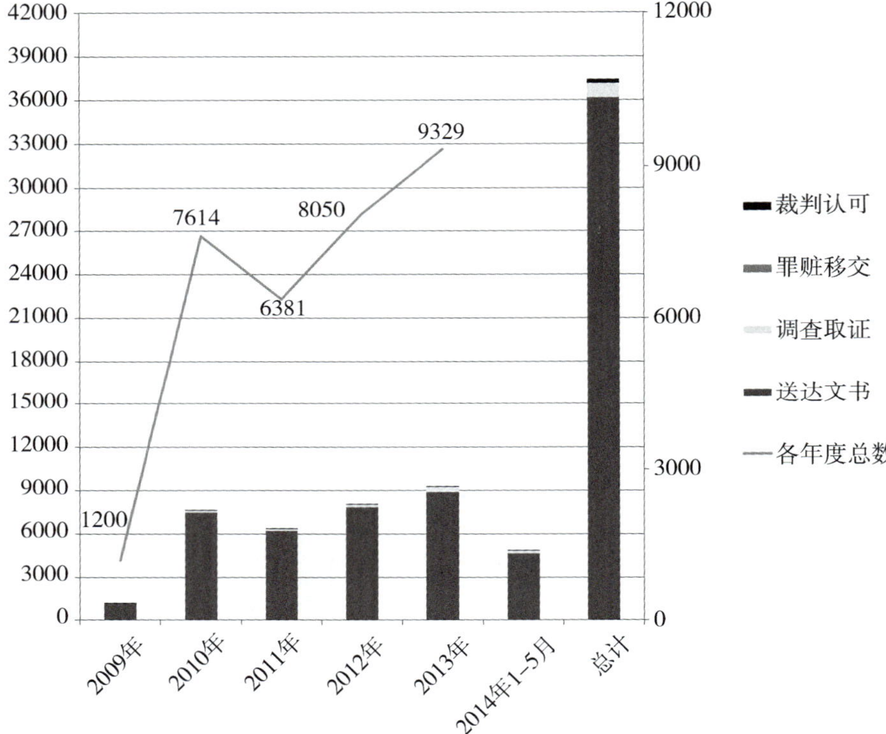

图表2：2009–2014年5月人民法院各类涉台司法互助案件情况（单位：件）

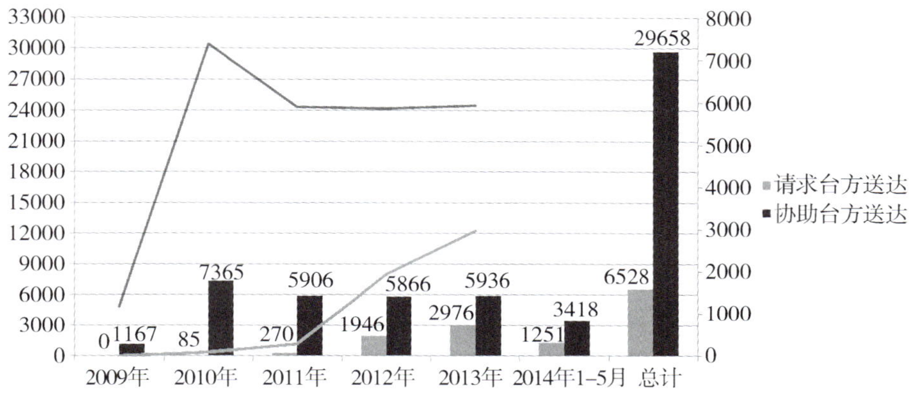

图表3：2009–2014年5月人民法院送达文书司法互助案件情况（单位：件）

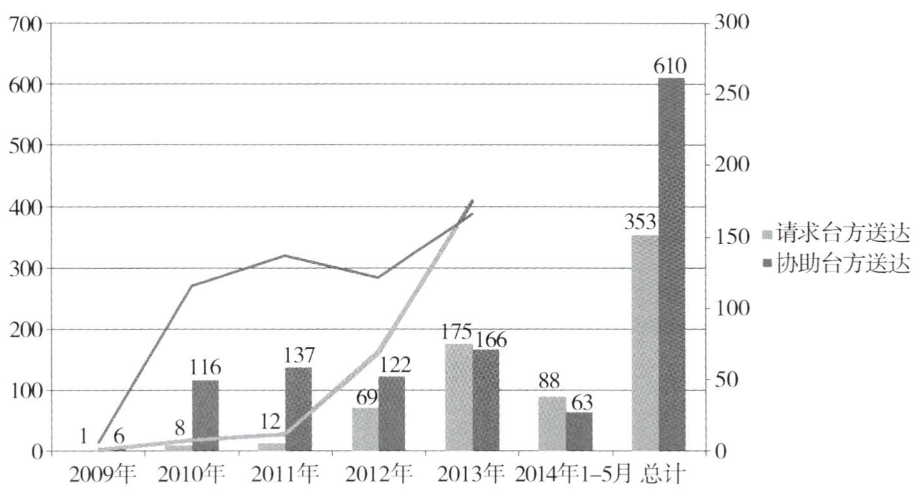

图表4：2009–2014年5月人民法院涉台调查取证司法互助案件情况（单位：件）

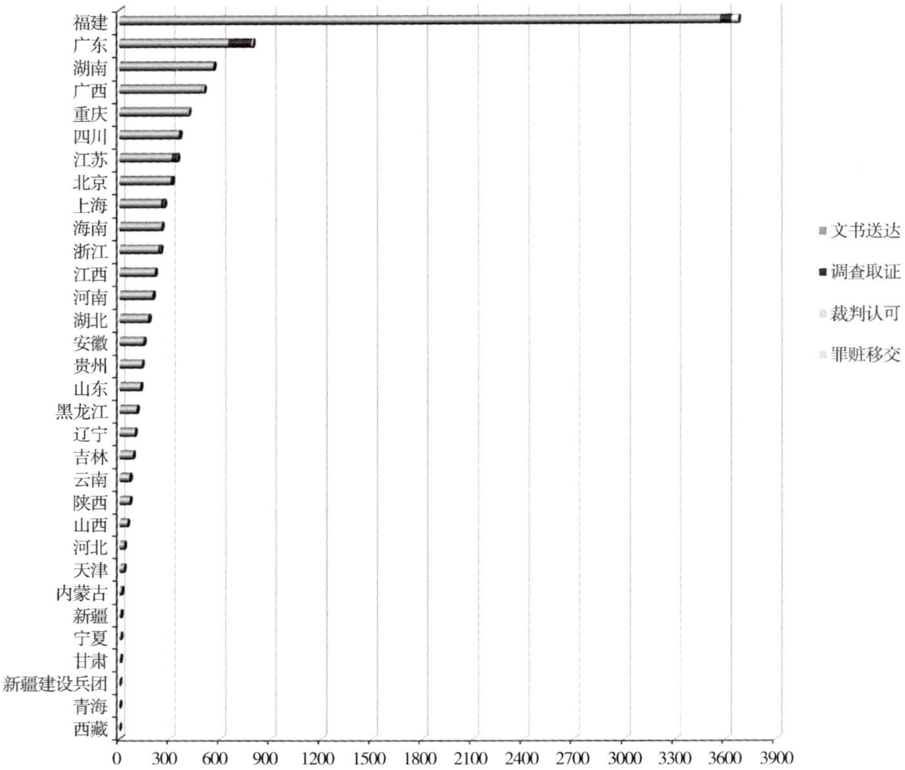

福建
广东
湖南
广西
重庆
四川
江苏
北京
上海
海南
浙江
江西
河南
湖北
安徽
贵州
山东
黑龙江
辽宁
吉林
云南
陕西
山西
河北
天津
内蒙古
新疆
宁夏
甘肃
新疆建设兵团
青海
西藏

0 300 600 900 1200 1500 1800 2100 2400 2700 3000 3300 3600 3900

文书送达
调查取证
裁判认可
罪赃移交

图表5：2013年大陆各省份人民法院涉台司法互助案件情况（单位：件）

2.最高人民法院关于人民法院办理海峡两岸送达文书和调查取证司法互助案件的规定（2010年12月16日最高人民法院审判委员会第1506次会议通过　法释〔2011〕15号）

为落实《海峡两岸共同打击犯罪及司法互助协议》（以下简称协议），进一步推动海峡两岸司法互助业务的开展，确保协议中涉及人民法院有关送达文书和调查取证司法互助工作事项的顺利实施，结合各级人民法院开展海峡两岸司法互助工作实践，制定本规定。

一、总　　则

第一条　人民法院依照协议，办理海峡两岸民事、刑事、行政诉讼案

件中的送达文书和调查取证司法互助业务，适用本规定。

第二条　人民法院应当在法定职权范围内办理海峡两岸司法互助业务。

人民法院办理海峡两岸司法互助业务，应当遵循一个中国原则，遵守国家法律的基本原则，不得违反社会公共利益。

二、职责分工

第三条　人民法院和台湾地区业务主管部门通过各自指定的协议联络人，建立办理海峡两岸司法互助业务的直接联络渠道。

第四条　最高人民法院是与台湾地区业务主管部门就海峡两岸司法互助业务进行联络的一级窗口。最高人民法院台湾司法事务办公室主任是最高人民法院指定的协议联络人。

最高人民法院负责：就协议中涉及人民法院的工作事项与台湾地区业务主管部门开展磋商、协调和交流；指导、监督、组织、协调地方各级人民法院办理海峡两岸司法互助业务；就海峡两岸调查取证司法互助业务与台湾地区业务主管部门直接联络，并在必要时具体办理调查取证司法互助案件；及时将本院和台湾地区业务主管部门指定的协议联络人的姓名、联络方式及变动情况等工作信息通报高级人民法院。

第五条　最高人民法院授权高级人民法院就办理海峡两岸送达文书司法互助案件，建立与台湾地区业务主管部门联络的二级窗口。高级人民法院应当指定专人作为经最高人民法院授权的二级联络窗口联络人。

高级人民法院负责：指导、监督、组织、协调本辖区人民法院办理海峡两岸送达文书和调查取证司法互助业务；就办理海峡两岸送达文书司法互助案件与台湾地区业务主管部门直接联络，并在必要时具体办理送达文书和调查取证司法互助案件；登记、统计本辖区人民法院办理的海峡两岸送达文书司法互助案件；定期向最高人民法院报告本辖区人民法院办理海峡两岸送达文书司法互助业务情况；及时将本院联络人的姓名、联络方式及变动情况报告最高人民法院，同时通报台湾地区联络人和下级人民法院。

第六条 中级人民法院和基层人民法院应当指定专人负责海峡两岸司法互助业务。

中级人民法院和基层人民法院负责：具体办理海峡两岸送达文书和调查取证司法互助案件；定期向高级人民法院层报本院办理海峡两岸送达文书司法互助业务情况；及时将本院海峡两岸司法互助业务负责人员的姓名、联络方式及变动情况层报高级人民法院。

三、送达文书司法互助

第七条 人民法院向住所地在台湾地区的当事人送达民事和行政诉讼司法文书，可以采用下列方式：

（一）受送达人居住在大陆的，直接送达。受送达人是自然人，本人不在的，可以交其同住成年家属签收；受送达人是法人或者其他组织的，应当由法人的法定代表人、其他组织的主要负责人或者该法人、其他组织负责收件的人签收。

受送达人不在大陆居住，但送达时在大陆的，可以直接送达。

（二）受送达人在大陆有诉讼代理人的，向诉讼代理人送达。但受送达人在授权委托书中明确表明其诉讼代理人无权代为接收的除外。

（三）受送达人有指定代收人的，向代收人送达。

（四）受送达人在大陆有代表机构、分支机构、业务代办人的，向其代表机构或者经受送达人明确授权接受送达的分支机构、业务代办人送达。

（五）通过协议确定的海峡两岸司法互助方式，请求台湾地区送达。

（六）受送达人在台湾地区的地址明确的，可以邮寄送达。

（七）有明确的传真号码、电子信箱地址的，可以通过传真、电子邮件方式向受送达人送达。

采用上述方式均不能送达或者台湾地区当事人下落不明的，可以公告送达。

人民法院需要向住所地在台湾地区的当事人送达刑事司法文书，可以通过协议确定的海峡两岸司法互助方式，请求台湾地区送达。

第八条　人民法院协助台湾地区法院送达司法文书，应当采用民事诉讼法、刑事诉讼法、行政诉讼法等法律和相关司法解释规定的送达方式，并应当尽可能采用直接送达方式，但不采用公告送达方式。

第九条　人民法院协助台湾地区送达司法文书，应当充分负责，及时努力送达。

第十条　审理案件的人民法院需要台湾地区协助送达司法文书的，应当填写《〈海峡两岸共同打击犯罪及司法互助协议〉送达文书请求书》附录部分，连同需要送达的司法文书，一式二份，及时送交高级人民法院。

需要台湾地区协助送达的司法文书中有指定开庭日期等类似期限的，一般应当为协助送达程序预留不少于六个月的时间。

第十一条　高级人民法院收到本院或者下级人民法院《〈海峡两岸共同打击犯罪及司法互助协议〉送达文书请求书》附录部分和需要送达的司法文书后，应当在七个工作日内完成审查。经审查认为可以请求台湾地区协助送达的，高级人民法院联络人应当填写《〈海峡两岸共同打击犯罪及司法互助协议〉送达文书请求书》正文部分，连同附录部分和需要送达的司法文书，立即寄送台湾地区联络人；经审查认为欠缺相关材料、内容或者认为不需要请求台湾地区协助送达的，应当立即告知提出请求的人民法院补充相关材料、内容或者在说明理由后将材料退回。

第十二条　台湾地区成功送达并将送达证明材料寄送高级人民法院联络人，或者未能成功送达并将相关材料送还，同时出具理由说明给高级人民法院联络人的，高级人民法院应当在收到之日起七个工作日内，完成审查并转送提出请求的人民法院。经审查认为欠缺相关材料或者内容的，高级人民法院联络人应当立即与台湾地区联络人联络并请求补充相关材料或者内容。

自高级人民法院联络人向台湾地区寄送有关司法文书之日起满四个月，如果未能收到送达证明材料或者说明文件，且根据各种情况不足以认定已经送达的，视为不能按照协议确定的海峡两岸司法互助方式送达。

第十三条　台湾地区请求人民法院协助送达台湾地区法院的司法文书并通过其联络人将请求书和相关司法文书寄送高级人民法院联络人的，高级人民法院应当在七个工作日内完成审查。经审查认为可以协助送达的，应当立即转送有关下级人民法院送达或者由本院送达；经审查认为欠缺相关材料、内容或者认为不宜协助送达的，高级人民法院联络人应当立即向台湾地区联络人说明情况并告知其补充相关材料、内容或者将材料送还。

具体办理送达文书司法互助案件的人民法院应当在收到高级人民法院转送的材料之日起五个工作日内，以“协助台湾地区送达民事（刑事、行政诉讼）司法文书”案由立案，指定专人办理，并应当自立案之日起十五日内完成协助送达，最迟不得超过两个月。

收到台湾地区送达文书请求时，司法文书中指定的开庭日期或者其他期限逾期的，人民法院亦应予以送达，同时高级人民法院联络人应当及时向台湾地区联络人说明情况。

第十四条　具体办理送达文书司法互助案件的人民法院成功送达的，应当由送达人在《〈海峡两岸共同打击犯罪及司法互助协议〉送达回证》上签名或者盖章，并在成功送达之日起七个工作日内将送达回证送交高级人民法院；未能成功送达的，应当由送达人在《〈海峡两岸共同打击犯罪及司法互助协议〉送达回证》上注明未能成功送达的原因并签名或者盖章，在确认不能送达之日起七个工作日内，将该送达回证和未能成功送达的司法文书送交高级人民法院。

高级人民法院应当在收到前款所述送达回证之日起七个工作日内完成审查，由高级人民法院联络人在前述送达回证上签名或者盖章，同时出具《〈海峡两岸共同打击犯罪及司法互助协议〉送达文书回复书》，连同该送达回证和未能成功送达的司法文书，立即寄送台湾地区联络人。

四、调查取证司法互助

第十五条　人民法院办理海峡两岸调查取证司法互助业务，限于与台湾地区法院相互协助调取与诉讼有关的证据，包括取得证言及陈述；提供书证、物证及视听资料；确定关系人所在地或者确认其身份、前科等情

况；进行勘验、检查、扣押、鉴定和查询等。

第十六条　人民法院协助台湾地区法院调查取证，应当采用民事诉讼法、刑事诉讼法、行政诉讼法等法律和相关司法解释规定的方式。

在不违反法律和相关规定、不损害社会公共利益、不妨碍正在进行的诉讼程序的前提下，人民法院应当尽力协助调查取证，并尽可能依照台湾地区请求的内容和形式予以协助。

台湾地区调查取证请求书所述的犯罪事实，依照大陆法律规定不认为涉嫌犯罪的，人民法院不予协助，但有重大社会危害并经双方业务主管部门同意予以个案协助的除外。台湾地区请求促使大陆居民至台湾地区作证，但未作出非经大陆主管部门同意不得追诉其进入台湾地区之前任何行为的书面声明的，人民法院可以不予协助。

第十七条　审理案件的人民法院需要台湾地区协助调查取证的，应当填写《〈海峡两岸共同打击犯罪及司法互助协议〉调查取证请求书》附录部分，连同相关材料，一式三份，及时送交高级人民法院。

高级人民法院应当在收到前款所述材料之日起七个工作日内完成初步审查，并将审查意见和《〈海峡两岸共同打击犯罪及司法互助协议〉调查取证请求书》附录部分及相关材料，一式二份，立即转送最高人民法院。

第十八条　最高人民法院收到高级人民法院转送的《〈海峡两岸共同打击犯罪及司法互助协议〉调查取证请求书》附录部分和相关材料以及高级人民法院审查意见后，应当在七个工作日内完成最终审查。经审查认为可以请求台湾地区协助调查取证的，最高人民法院联络人应当填写《〈海峡两岸共同打击犯罪及司法互助协议〉调查取证请求书》正文部分，连同附录部分和相关材料，立即寄送台湾地区联络人；经审查认为欠缺相关材料、内容或者认为不需要请求台湾地区协助调查取证的，应当立即通过高级人民法院告知提出请求的人民法院补充相关材料、内容或者在说明理由后将材料退回。

第十九条　台湾地区成功调查取证并将取得的证据材料寄送最高人民法院联络人，或者未能成功调查取证并将相关材料送还，同时出具理由说明给最高人民法院联络人的，最高人民法院应当在收到之日起七个工作日

内完成审查并转送高级人民法院，高级人民法院应当在收到之日起七个工作日内转送提出请求的人民法院。经审查认为欠缺相关材料或者内容的，最高人民法院联络人应当立即与台湾地区联络人联络并请求补充相关材料或者内容。

第二十条　台湾地区请求人民法院协助台湾地区法院调查取证并通过其联络人将请求书和相关材料寄送最高人民法院联络人的，最高人民法院应当在收到之日起七个工作日内完成审查。经审查认为可以协助调查取证的，应当立即转送有关高级人民法院或者由本院办理，高级人民法院应当在收到之日起七个工作日内转送有关下级人民法院办理或者由本院办理；经审查认为欠缺相关材料、内容或者认为不宜协助调查取证的，最高人民法院联络人应当立即向台湾地区联络人说明情况并告知其补充相关材料、内容或者将材料送还。

具体办理调查取证司法互助案件的人民法院应当在收到高级人民法院转送的材料之日起五个工作日内，以“协助台湾地区民事（刑事、行政诉讼）调查取证”案由立案，指定专人办理，并应当自立案之日起一个月内完成协助调查取证，最迟不得超过三个月。因故不能在期限届满前完成的，应当提前函告高级人民法院，并由高级人民法院转报最高人民法院。

第二十一条　具体办理调查取证司法互助案件的人民法院成功调查取证的，应当在完成调查取证之日起七个工作日内将取得的证据材料一式三份，连同台湾地区提供的材料，并在必要时附具情况说明，送交高级人民法院；未能成功调查取证的，应当出具说明函一式三份，连同台湾地区提供的材料，在确认不能成功调查取证之日起七个工作日内送交高级人民法院。

高级人民法院应当在收到前款所述材料之日起七个工作日内完成初步审查，并将审查意见和前述取得的证据材料或者说明函等，一式二份，连同台湾地区提供的材料，立即转送最高人民法院。

最高人民法院应当在收到之日起七个工作日内完成最终审查，由最高人民法院联络人出具《〈海峡两岸共同打击犯罪及司法互助协议〉调查取证回复书》，必要时连同相关材料，立即寄送台湾地区联络人。

证据材料不适宜复制或者难以取得备份的，可不按本条第一款和第二款的规定提供备份材料。

五、附　　则

第二十二条　人民法院对于台湾地区请求协助所提供的和执行请求所取得的相关资料应当予以保密。但依据请求目的使用的除外。

第二十三条　人民法院应当依据请求书载明的目的使用台湾地区协助提供的资料。但最高人民法院和台湾地区业务主管部门另有商定的除外。

第二十四条　对于依照协议和本规定从台湾地区获得的证据和司法文书等材料，不需要办理公证、认证等形式证明。

第二十五条　人民法院办理海峡两岸司法互助业务，应当使用统一、规范的文书样式。

第二十六条　对于执行台湾地区的请求所发生的费用，由有关人民法院负担。但下列费用应当由台湾地区业务主管部门负责支付：

（一）鉴定费用；

（二）翻译费用和誊写费用；

（三）为台湾地区提供协助的证人和鉴定人，因前往、停留、离开台湾地区所发生的费用；

（四）其他经最高人民法院和台湾地区业务主管部门商定的费用。

第二十七条　人民法院在办理海峡两岸司法互助案件中收到、取得、制作的各种文件和材料，应当以原件或者复制件形式，作为诉讼档案保存。

第二十八条　最高人民法院审理的案件需要请求台湾地区协助送达司法文书和调查取证的，参照本规定由本院自行办理。

专门人民法院办理海峡两岸送达文书和调查取证司法互助业务，参照本规定执行。

第二十九条　办理海峡两岸司法互助案件和执行本规定的情况，应当纳入对有关人民法院及相关工作人员的工作绩效考核和案件质量评查范围。

第三十条　此前发布的司法解释与本规定不一致的，以本规定为准。

3.台湾媒体关于两岸司法互助工作新闻摘登

台湾《中国时报》曾报道过这样一件大陆法院协助台湾法院调查取证案件：台湾新竹地方法院在审理一起宣告死亡案中，请求大陆法院确认一位赴陆失联十几年的胡姓台湾老人的生存状况，经大陆有关机关具体协助，在大陆某养老院找到该老人，大陆方面及时回复台方后，让台湾当事人大为惊喜。该报称这一结果是大陆“司法部门为胡家在春节送上大礼”。

台湾《工商时报》也曾就两岸首例罪赃移交案件成功办结作出这样的报道：“过去要追回跨境集团诈骗的钱，难如天方夜谭，不过在两岸互助协议下，竟然为台湾17个被害人追回新台币1100万元，受骗的老人家直呼‘真是奇迹’！”

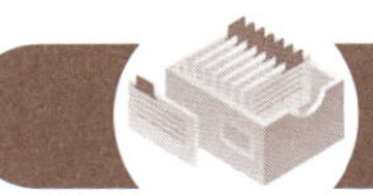

背景链接

人民法院涉台司法互助典型案例

一、送达文书司法互助案（4件）

案例1　广东广州中院协助台湾士林地方法院送达文书案

——速办速结保障适龄儿童按时入学

（一）请求事项

2014年2月10日，广东省高级人民法院协议联络人收到台湾地区法务主管部门协议联络人送达文书请求书，请求协助送达台湾士林地方法院2013年度司养申字第70号认可收养事件民事裁定书给受送达人李某某及其

法定代理人大陆居民杨某。

（二）办理情况

此案为认可收养案件，只有当被收养人亲生母亲，即受送达人的法定代理人杨某签收台方法院裁定书且将送达证明文件返回台方法院后，该裁定方可生效；裁定生效后，收养人（台湾居民）才可为被收养人（系学龄儿童）办理在台入学手续。为保证被收养人能按时入学，广东高院于收到台方请求书当日即转送广州市中级人民法院协助，并要求其立即开始查找受送达人予以送达。广州中院于2014年2月20日完成送达，并于当日将送达回证报送至广东高院，广东高院也于同日审查后回复台方。此案广东有关两级法院从收到台方请求书到作出回复书全程用时仅10天，做到了即来即办、速办速结，切实保障了涉案当事人有关权益的及时实现。

案例2 浙江舟山中院协助台湾屏东地方法院送达文书案

——多次往返偏远小岛并多方查找受送达人

（一）请求事项

2013年7月5日，浙江省高级人民法院协议联络人收到台湾地区法务主管部门协议联络人送达文书请求书，请求协助送达台湾屏东地方法院2013年度家陆许字第12号案件司法文书给受送达人大陆居民王某某。

（二）办理情况

台方提供的送达地址位于浙江省舟山群岛本岛西北角的偏远小岛上，但未提供任何联络方式。浙江高院将该案转送舟山市中级人民法院办理。舟山中院送达人员乘坐汽车、轮渡行程近六个小时到达该岛，经走访调查，发现该送达地址已经长期无人居住。后经向舟山市办证中心查询受送达人户籍信息，确认台方提供地址确系受送达人户籍地址，遂再次上岛搜集受送达人有关信息。经多方走访询问，收集到受送达人多位亲戚朋友的联系方式，再逐一进行联系打听，终于从一位亲友处获得受送达人的联系

方式。经与受送达人电话联系确认，舟山中院于2013年10月31日找到受送达人现住址，并成功进行了直接送达。

案例3 江苏无锡中院协助台湾台北地方法院送达文书案

——地址不明仍尽力协查并成功送达

（一）请求事项

2014年4月2日，江苏省高级人民法院协议联络人收到台湾地区法务主管部门协议联络人送达文书请求书，请求协助送达台湾台北地方法院2014年度婚字第35号离婚事件言词辩论通知书、起诉状副本各一件给受送达人大陆居民王某。

（二）办理情况

江苏省无锡市中级人民法院收到江苏高院转送的台方请求资料后审查发现，按照原告书面陈述，其与受送达人王某已经十年无联系；台方仅提供了王某在大陆的送达地址（江苏省无锡市和新里×号），未提供身份证号码和联络方式；因无锡城市改造变化非常大，台方提供的送达地址早已不存在。为尽可能成功协助，无锡中院想方设法查找受送达人下落，先通过114号码查讯台查询送达地址的电话号码登记和其他相关留存信息，未果；之后通过无锡市电子地图查看十年前的无锡地图并比对现地图，查到原和新里的大体方位后，经与该地区管辖法院无锡市北塘区人民法院核实，该地区确曾存在，但在2007年已被整体拆迁，不复存在，该地区居民都已去向不明。鉴此，无锡中院通过无锡市公安局进行查询，经调取居民户籍信息卡，从全市十余名同名同姓的人员中逐一核对排查，最终查找到受送达人现居住地，并提取了宅电号码。经与王某联系并证实了其身份后，王某到法院亲自领取了台方有关司法文书。

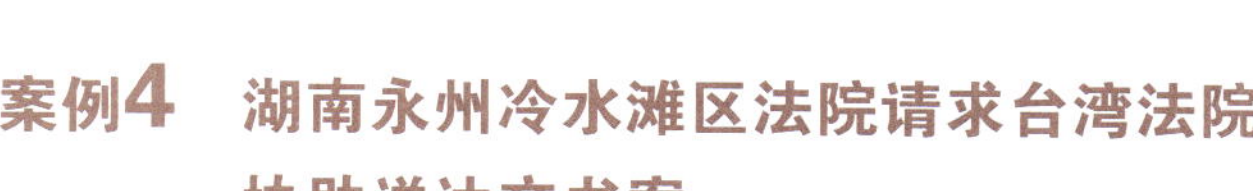

案例4 湖南永州冷水滩区法院请求台湾法院协助送达文书案

——台湾法院尽力协助大陆法院送达

（一）请求事项

2013年11月21日，湖南省高级人民法院协议联络人向台湾地区法务主管部门协议联络人发出送达文书请求书，请求协助向台湾居民张某某送达湖南省永州市冷水滩区人民法院受理的原告黄某某诉被告张某某离婚纠纷一案的应诉通知书、起诉状副本、开庭传票等相关法律文书。

（二）办理情况

大陆法院在请求材料中提供了受送达人在台中市的两个送达地址。台湾台中地方法院不仅针对上述两个地址均予寄存送达，而且查明了受送达人的户籍所在地并再予寄存送达。台方协议联络人于2014年3月27日将有关送达结果完整回复湖南高院协议联络人。

二、调查取证司法互助案（4件）

案例5 云南昆明中院协助台湾台中地方法院就一死亡宣告案件调查取证案

——地毯式查寻被调查人

（一）请求事项

2013年6月19日，最高人民法院协议联络人收到台湾地区法务主管部门协议联络人调查取证请求书及所附台湾台中地方法院2013年度亡字第21号死亡宣告事件相关材料，请求确认台湾居民顾某某现所在地及入境大陆后有无相关活动之资料。

（二）办理情况

云南省昆明市中级人民法院在收到最高人民法院和云南省高级人民

法院转送的材料后，经审查发现，被调查人顾某某是一名中度精神障碍患者，入境大陆后7年多下落不明，台方提供的线索仅是顾某某曾于2006年1月11日搭乘班机到昆明。尽管案件信息十分有限，昆明中院仍高度重视，全力以赴开展调查，分别联系了昆明市台湾同胞联合会、昆明市政府台办和外事侨务办、云南省公安厅出入境管理局、昆明市公安局、昆明边防检查站、昆明铁路公安局、昆明市民政局、云南省卫生厅、云南机场集团和昆明长水国际机场等多家单位，查询了2006年1月1日至2013年8月8日有关口岸出入境记录，检索了2006年1月以来昆明市宾馆旅店住宿登记信息和散居境外人员住宿登记信息，比对了实名制售票系统中的350余万条信息，检索了2006年1月以来从昆明始发的各趟列车乘警宝典收集的11万条乘客身份数据、铁路违法犯罪嫌疑人登记信息和铁路客车违法案件信息，调查了云南省心理卫生中心、昆明医科大学第一附属医院、昆明市和省内周边9个地州（市）卫生局近百家精神病卫生专科医疗机构的就诊、治疗记录，核实了昆明市民政局下属的昆明市政府救助站的离站人员登记信息和受助人员档案。根据各方面反馈的查询结果，均未能查询到顾某某的任何有效信息和相关资料。本案最终虽然以未能成功协助的结果回复台方，但昆明中院用实际行动展现了以最大诚意、尽最大努力开展两岸司法互助的精神。

案例6　大陆7省市13家法院协助台湾台中地方法院就一诈欺案件调查取证案

——多地法院协同完成电信诈骗案取证

（一）请求事项

2012年2月20日，最高人民法院协议联络人收到台湾地区法务主管部门协议联络人调查取证请求书及所附台湾台中地方法院审理的2011年度易字第1965号诈欺案件相关材料，请求代为询问13名大陆居民证人并全程录音录像等。

（二）办理情况

最高人民法院收到台方请求书后，经审查发现，该案涉及一起两岸和第三地通力合作侦办的共同打击跨境电信诈骗案。据台方起诉书所述，洪某某等6名被告人均为台湾居民，被控涉嫌雇佣大陆居民姚某某等13人（即本案台方请求询问的13名证人）在越南从事电信诈骗犯罪，共诈得大陆被害人人民币225万余元。2011年该诈骗团伙在越南落网，6名台湾地区被告人被驱逐出境，在返台时被台警方刑事拘留；姚某某等13名大陆居民返回大陆后交由辽宁省有关公安机关审查处理。台湾台中地方法院检察署就6名被告人涉嫌诈欺罪向台中地院提出刑事检控。

根据台方提供的涉案信息，最高人民法院立即将台方上述请求转送辽宁省高级人民法院协助办理。辽宁高院调查发现，有关涉案人员已被解除监视居住强制措施，其户籍所在地涉及广东、江西、四川、湖南、湖北、重庆等地。

因本调查取证案所涉人员较多、查找困难及取证内容和程序较为复杂，短时间内难以全面完成调查取证。最高人民法院协议联络人及时将阶段性进展情况通报台方，同时分别向广东、江西、四川、湖南、湖北、重庆六地高级人民法院发函要求分别予以协助调查取证。

经江西省德兴市人民法院、弋阳县人民法院和都昌县人民法院，湖北省通山县人民法院，湖南省南县人民法院，广东省河源市中级人民法院、珠海市中级人民法院和新兴县人民法院，重庆市永川区人民法院，四川省自贡市中级人民法院、广安市中级人民法院和遂宁市中级人民法院等6省市12家大陆法院后续协助，最终完成了对全部13名证人的调查取证工作。其中，7名被调查人无法找到；对于找到的6名被调查人，均依法定程序进行调查询问，并根据台方要求对询问过程全程录音录像且制成光盘。

本案前后经大陆7省市13家法院具体协助，最终由最高人民法院协议联络人于2013年8月5日将全部结果附带71页书面材料和10张取证录像光盘一并回复台方。

案例7 西藏高院协助台湾台中地方法院就一给付保险金案件调查取证案

——尽力尽责协助台湾法院取证

（一）请求事项

2011年11月25日，最高人民法院协议联络人收到台湾地区法务主管部门协议联络人调查取证请求书及所附台湾台中地方法院2011年度保险字第22号给付保险金案件相关材料，请求调取台湾居民李某某在西藏旅行期间的有关病历资料及急救记录。

（二）办理情况

西藏自治区高级人民法院在收到最高人民法院转送的台方请求书及相关材料后，立即立案并指定该院民事审判第二庭达娃次仁、次仁旺旦两位法官负责办理。两位承办法官不顾严冬天气严寒，随即远赴林芝地区工布江达县调查取证。在得知因当时条件和管理水平所限，工布江达县卫生服务中心在救治患者李某某时并未制作病历资料后，两位承办法官要求该中心当时的出诊医师和护士就接诊救治的有关情况作出书面说明，而且联系当时通知该院前去接诊救治患者的工布江达县措高乡派出所警官到场介绍情况。根据该警官的介绍，两位承办法官又连夜赶到工布江达县巴河镇，找到当时依警方要求共同对患者进行救治的巴河镇雨阑诊所和省奎诊所的两位医师，由两位医师对当时的急救情况分别出具书面说明。因台方调查取证请求书中所提到的巴松措湖医务站并不存在，为进一步核实清楚有关情况，两位承办法官到患者当时自巴松措湖至工布江达县交通检查站途中经过的工布江达县措高乡中心卫生院和巴河镇中心卫生院两家医疗单位进行调查取证，确认该两家医疗单位在当时并未接诊该患者。在完成上述调查取证工作后，西藏高院将调取的证据完整归类，对部分不易辨认的手写的证人证言予以整理打印，对所取得的书证复印件均与原件逐一进行核对并加盖印章予以确认，并对调查取证经过作出详尽说明后，在规定办理时限内向最高人民法院报送了有关材料。最高人民法院协议联络人在收到取证结果后及时对台作出回复。

案例8 福建厦门海沧区法院请求台湾法院协助就一房屋买卖合同纠纷调查取证案

——台湾法院认真协助并成功完成多项取证请求

（一）请求事项

2012年10月25日，最高人民法院协议联络人向台湾地区法务主管部门协议联络人发出调查取证请求书，请求台方协助福建省厦门市海沧区人民法院审理的一起房屋买卖合同纠纷中被调查人黄某某的死亡时间，死亡时财产及负债情况，是否立有遗嘱，在世时的婚姻状况，继承人情况、送达地址和联系方式，继承人是否存在抛弃继承权的情况和是否已在台陈报遗产清算程序，以及台湾地区关于继承、夫妻财产关系的相关规定等问题，进行调查取证。

（二）办理情况

最高人民法院协议联络人于2013年3月1日收到台方回复材料。该案经台湾台南地方法院协助，全面完成了大陆法院全部请求事项。台南地院查询到了被调查人黄某某的死亡时间、遗嘱、在世时的婚姻情况，详细列明了三位继承人身份、户籍地址及是否抛弃继承权状况，以及近20页的台湾相关规定，并制作了调查结果一览表，还将被调查人黄某某及其配偶和前妻户籍誊本复印件一并附上。上述取证结果为案件审理法院顺利审结案件奠定了基础。

三、罪赃移交司法互助案（3件）

案例9 浙江杭州中院向台湾地区被害人吴某某等17人返还财产案

——司法互助协议项下的首例且数额最大之罪赃移交案

（一）基本案情

本案是2009年两岸签署司法互助协议以来，首例按照协议约定完成的

罪赃移交司法互助案件，而且是目前两岸有关部门开展罪赃移交司法互助中返还财产数额最大的一起。

本案涉及一起电信诈骗案件。经浙江省杭州市中级人民法院一审、浙江省高级人民法院二审审理查明：2008年下半年，被告人魏仲伯等17人（其中犯罪集团首要分子魏仲伯和曾宇辰等13人系台湾居民）在浙江省杭州市设立诈骗窝点，搭建起电信诈骗网络平台，并在台湾及大陆各地先后招募多人组成诈骗犯罪集团，从2008年11月至2010年5月，采用冒充台湾户政事务所、台湾警察署、台湾地方法院检察署工作人员，拨打台湾民众电话，谎称被害人涉及洗钱、诈骗等案件，要求被害人提供银行账户及家庭成员情况，将自己银行账户内资金交由地检署保管、审核等手段，先后对数十人实施诈骗。涉案17名被告人被大陆人民法院依法定罪并判处无期徒刑至有期徒刑一年不等。

案件所涉吴某某等17名被害人均系台湾居民，最大年龄为87岁，最小年龄62岁。案件审理过程中，涉案赃款赃物均被随案移送至杭州中院，赃款和经依法拍卖的赃物价款共计人民币2370775.72元，杭州中院确定依各被害人受害金额多少等比例返还被害人。

（二）办理情况

在上述电信诈骗案审结后，浙江有关法院依据两岸司法互助协议，请求向台湾被害居民送达涉案刑事裁判文书，并请求提供被害人有关信息，以便及时返还财产。最高人民法院协议联络人于2013年3月将上述讯息和资料通报台方，并请台方尽快予以协助。

经过最高人民法院、浙江高院及杭州中院和台湾地区法务主管部门及台湾10个地方法院检察署在协议框架下的通力协作，杭州中院于2013年6月7日将应返还给17名台湾居民被害人的财产共计人民币2370775.72（约合新台币1100万元）全部汇往各被害人在台湾有关银行开设的账户，其中单笔最大约为人民币194万元（约合新台币945万元）。

为最大限度地减少被害人损失，确保依法及时便捷地返还台湾居民被害人财产，两岸有关方面始终保持密集联络，并加强与两岸银行等各有关方面的沟通协调，适值两岸刚刚建立货币清算机制，最终确定本案采用两岸银行直接汇兑这一手续最便捷、费用最低廉的财产返还方式。在收到台方反馈的被害人银行账户等完整信息后，大陆三级法院前后仅用了5个工作日即完成材料转递和汇款手续。

案例10　福建漳州中院向台湾地区被害人李某返还财产案

——全额返还被害人被骗财产

（一）基本案情

本案是目前唯一一起两岸罪赃移交司法互助实践中全额返还被害人财产的案件。

该案涉及一起电信诈骗犯罪案。经福建省漳州市芗城区人民法院一审、漳州市中级人民法院二审审理查明：2011年10月至2012年7月间，被告人陈艺真、张倩琳等受他人雇佣，分别冒充台湾单身女子，通过拨打网络虚拟电话，骗取台湾男子的信任，假装与之谈恋爱，套取被害人的个人身份信息，然后再由被告人李斌将骗取的个人信息交由台湾老板实施下一步诈骗行为，进而骗取被害人钱财。上述被告人总计先后拨打诈骗电话2182人次，其中诈骗既遂本案被害人李某人民币8264元（折合新台币约40000元）。有关被告人被大陆人民法院依法分别定罪并判处刑罚。

（二）办理情况

漳州中院在审理该起电信诈骗犯罪案时，积极促成被告人退赔。因本案仅被害人台湾居民李某一人报案，其被骗金额全部追回。为及时向被害人返还被骗财产，在最高人民法院指导下，经漳州中院通过福建省高级人民法院报请，由最高人民法院协议联络人于2013年11月26日向台湾地区法务主管部门协议联络人作出讯息通报并提出相关调查取证和罪赃移交请求。经台湾桃园地方法院检察署协助确认被害人李某的相关信息并经李某签署有关文件并反馈大陆后，漳州中院于2014年4月3日将被害人李某被骗财产人民币8264元全额汇入其在台湾开立的账户。本案返还金额虽然不很

大，但对已报案的被害人而言，却实现了全额返还，其实际损失得到了全部追偿。

案例11 福建福州中院协助台湾宜兰地方检察署发送被害人遗属补偿金案

——大陆居民首次从台湾获得被害人遗属补偿金

（一）基本案情

这是大陆居民首次从台湾获得被害人遗属补偿金的案件。

2012年7月，台湾居民谢贤德因其妻方某某提出离婚而情绪激动，在台湾宜兰县的住处将妻子方某某缢勒致死。该刑事案件在台湾被提起公诉后，被害人方某某的母亲陈某某、方某某与前夫之子陈某（均系福建闽侯县人），根据台湾地区有关规定，向台湾宜兰地方法院检察署提起补偿因被害人方某某死亡致其无法履行法定抚养义务及精神慰抚金的赔偿申请，陈某另提起补偿因被害人死亡所致的殡葬费的申请。

2013年2月，台湾宜兰地检署通过台湾地区法务主管部门协议联络人向最高人民法院协议联络人提出协助调查取证请求，请求调查陈某某、陈某财产及所得。经福建省福州市中级人民法院协助查明，两被调查人系困难户，无房产、存款等财产。同年8月，台湾宜兰地检署被害人补偿审议委员会依据大陆法院协助调查取证的结果作出决定书，认定陈某某、陈某的资力无法维持生活，有受抚养权利，符合获得被害人遗属补偿金的条件，故决定给予陈某某法定抚养费及精神慰抚金共计新台币673447元（折合人民币约138580元），给予陈某殡葬费、法定抚养费及精神慰抚金新台币498623元（折合人民币约102605元）。

（二）办理情况

2013年11月22日，最高人民法院协议联络人收到台湾地区法务主管部门协议联络人请求书，请求对台湾宜兰地检署上述案件之送达文书、调查取证及遗属补偿金发还等事项予以协助。

收到台方上述第二次请求后，最高人民法院决定作为个案再予协助。经最高人民法院协议联络人与台湾地区法务主管部门协议联络人进行沟通联络，最终确定了《犯罪被害补偿金请领书》、《收据》的样式，补偿金的给付方式及可以用于补偿金划款的金融机构等。之后，经福建省高级人民法院转送，福州市中级人民法院向两位被害人遗属送达了台方裁定书，进行了调查询问，要求两位被害人遗属在指定金融机构范围内开立账户并提供了银行存折封面复印件和身份证明复印件，同时要求两位被害人遗属填写了《犯罪被害补偿金请领书》、《收据》等。2014年3月最高人民法院协议联络人将上述材料回复台方后，被害人遗属陈某某、陈某分别于2014年4月13日和14日顺利收到全部补偿款。

四、裁判认可司法互助案（4件）

案例12 美亚公司申请认可台湾地区有关法院民事判决案

（一）基本案情

2007年7月6日，美亚贸易发展有限公司（以下简称美亚公司）以共同侵权为由将陈某某、谢某某、英属维京群岛商莹旭公司（以下简称商莹旭公司）及上海莹旭金属制品有限公司（以下简称莹旭公司）列为共同被告向台湾台中地方法院提起诉讼，陈某某作为商莹旭公司的投资人及莹旭公司的法定代表人参加诉讼并进行抗辩。2009年6月12日，台湾台中地方法院作出2007年度重诉字第306号民事判决，驳回美亚公司的诉讼请求。美亚公司不服上述判决，遂向台湾高等法院台中分院提起上诉。2010年11月10日，台湾高等法院台中分院作出2009年度重上字第120号民事判决，判决莹旭公司向美亚公司给付美金761603.96元及自2008年2月10日起至清偿之日止的利息（按年息5%计算）。莹旭公司不服该判决，向台湾地区审判主管机构提起上诉，但其上诉理由中并未提出系争纠纷应由仲裁解决的主张。台湾地区审判主管机构于2011年10月27日作出2011年度台上字第1856

号民事裁定，驳回莹旭公司的上诉。2012年3月16日，台湾高等法院台中分院出具《台湾高等法院台中分院民事判决确定证明书》，证明该院2009年度重上字第120号第二审判决确定并生效。

2012年1月19日，美亚公司向上海市第二中级人民法院申请认可台湾高等法院台中分院前述民事判决。

（二）裁判结果

上海二中院经审查认为：被申请人莹旭公司住所地在该院辖区范围内，该院对本申请案具有管辖权。台湾地区有关法院审理该案过程中，陈某某作为莹旭公司的法定代表人进行了抗辩，且莹旭公司在二审和三审程序中均委托律师参加诉讼并发表了意见，莹旭公司未能提供证据证明台湾高等法院台中分院2009年度重上字第120号民事判决系在其缺席且未经合法传唤的情况下作出的。莹旭公司在台湾地区有关法院审理该案过程中从未以双方约定有仲裁条款进行抗辩，而是参加诉讼并就系争纠纷进行程序与实体抗辩，故台湾地区有关法院前述判决并不具有因当事人订有仲裁协议而影响法院管辖权的情形。综上，依照有关法律和《最高人民法院关于人民法院认可台湾地区有关法院民事判决的规定》的有关规定，该院于2012年6月19日作出（2012）沪二中民认（台）字第1号民事裁定，对台湾高等法院台中分院作出的2009年度重上字第120号民事判决的法律效力予以认可。

案例13　王某某申请认可台湾地区有关法院支付命令案

（一）基本案情

2009年3月11日，台湾居民王某某以台湾居民夏某某欠其借款港币120100元，经多次催告仍不返还为由，向台湾士林地方法院申请对夏某某签发支付命令。2009年3月17日，台湾士林地方法院作出2009年度促字第4560号支付命令，该支付命令载明：1.债务人夏某某应向债权人王某某清偿港币120100元及利息并赔偿督促程序费用，否则应于支付命令送达后二十日之不变期间内，向台湾士林地方法院提出异议。2.如债务人未于

第一项期间内提出异议，本命令与确定判决有同一之效力。2009年5月20日，台湾士林地方法院作出支付命令确定证明书，证明前述支付命令经于2009年3月24日送达，业于2009年4月13日确定。

2010年7月，王某某向广东省中山市中级人民法院申请认可台湾士林地方法院前述支付命令。

（二）裁判结果

中山中院经审查查明：1.申请人王某某于2008年2月购买了位于广东省中山市的房屋并在该房屋居住。2.被申请人夏某某对台湾士林地方法院2009年度促字第4560号支付命令的真实性没有提出异议。3.双方均明确确认就本案申请认可支付命令所涉事项，双方既未订有仲裁协议，也未向大陆人民法院或仲裁机构提起相同之诉讼或仲裁。

中山中院认为：申请人王某某经常居住地为广东省中山市，根据《最高人民法院关于人民法院认可台湾地区有关法院民事判决的规定》第三条之规定，中山中院对本申请案有管辖权。台湾士林地方法院2009年度促字第4560号支付命令的效力已于2009年4月13日确定，该支付命令确认之事项非属大陆人民法院专属管辖案件，且申请认可的支付命令确认之内容未违反国家法律的基本原则，也未损害社会公共利益，不具有《最高人民法院关于人民法院认可台湾地区有关法院民事判决的规定》第九条所列不予认可之情形。综上，依照有关法律及民事诉讼法、《最高人民法院关于人民法院认可台湾地区有关法院民事判决的规定》和《最高人民法院关于人民法院认可台湾地区有关法院民事判决的补充规定》的有关规定，该院于2011年4月25日作出（2010）中中法民四初字第12号民事裁定，对台湾士林地方法院2009年度促字第4560号支付命令的法律效力予以认可。

案例14　梁舒某申请认可台湾地区有关法院民事和解笔录案

（一）基本案情

梁舒某（女，福建省南安市人）于2009年1月与梁桦某（男，台湾地区居民）在福建省泉州市登记结婚。2009年4月30日，梁桦某向台湾彰化地方法院家事法庭提起离婚诉讼。彰化地院向梁舒某送达了起诉状及传票，梁舒某委托诉讼代理人到庭，双方于诉讼中达成和解，彰化地院于2009年9月2日作出2009年度第203号民事和解笔录，确定“两造愿意离婚”。

梁舒某于2011年8月24日向福建省泉州市中级人民法院申请认可彰化地院作出的前述民事和解笔录。

（二）裁判结果

泉州中院经审查认为：台湾彰化地院审理该案过程中对申请人梁舒某进行了合法传唤，梁舒某委托诉讼代理人到庭参加诉讼；梁舒某在前述民事和解笔录发生法律效力后二年内提出认可申请，该和解笔录符合《最高人民法院关于人民法院认可台湾地区有关法院民事判决的补充规定》第九条之规定，无不应予以认可之情形。综上，依照《最高人民法院关于人民法院认可台湾地区有关法院民事判决的规定》有关规定，该院于2011年10月16日作出（2011）泉民认字第16号民事裁定，对台湾彰化地方法院2009年度第203号民事和解笔录的法律效力予以认可。

案例15 和华公司申请认可台湾地区有关仲裁机构裁决案

（一）基本案情

和华（海外）置地有限公司（以下简称和华公司）与凯歌（厦门）高尔夫球俱乐部有限公司（以下简称凯歌公司）于1998年6月8日签订《委托经营高尔夫球场契约书》以及《委托销售高尔夫球证契约书》，其中《委托经营高尔夫球场契约书》第八条第四项约定，和华公司向凯歌公司提供借款1000万美元，凯歌公司以其所有的500张高尔夫球场球证作为担保。两份合同均约定因履行合同产生的纠纷提交仲裁裁决，并约定了合同适用的准据法。后双方因前述借贷关系发生纠纷，和华公司依合同约定向台湾地区中华仲裁协会申请仲裁。台湾中华仲裁协会于2003年11月4日作出2002年仲声仁字第135号仲裁裁决：（一）凯歌公司应给付和

华公司美元3 900 000元及自1999年11月29日起至清偿日止按年利率5%计算的利息；（二）驳回和华公司的其余请求；（三）仲裁费用由凯歌公司负担65%，由和华公司负担35%。

2004年3月5日，和华公司向福建省厦门市中级人民法院申请认可台湾中华仲裁协会作出的前述仲裁裁决。

（二）裁判结果

厦门中院经审查认为：申请人和华公司提交了经公证证明的仲裁裁决书，凯歌公司在厦门有可供执行的财产，厦门中院有权受理本案。和华公司与凯歌公司之间的争议虽是因委托经营高尔夫球场而引发，但本案中双方的争议属于金钱借贷纠纷而非不动产纠纷，且双方事先以书面方式约定将纠纷提交台湾中华仲裁协会仲裁。综上，依照《最高人民法院关于人民法院认可台湾地区有关法院民事判决的规定》的有关规定，该院于2004年6月13日作出（2004）厦民认字第20号民事裁定，对台湾中华仲裁协会作出的2002年仲声仁字第135号仲裁裁决的法律效力予以认可。同年7月30日，申请人向厦门中院申请强制执行，执行程序中当事人达成和解，并于2007年3月履行完毕。

这是大陆人民法院受理的第一起申请认可和执行台湾地区仲裁裁决案件。在2009年两岸司法互助协议明确约定双方相互认可和执行民事确定裁判与仲裁裁决之前，根据1998年发布的《最高人民法院关于人民法院认可台湾地区有关法院民事判决的规定》，大陆人民法院就已经开始认可和执行台湾法院民事裁判和仲裁机构裁决，本案即是据此受理、裁定并执行的。2009年两岸司法互助协议签署生效以来，尚未发现有申请认可和执行台湾仲裁裁决的案件。

现场互动

凤凰卫视记者陈琳： 我的问题是关于统计数字方面，每项内容后面都给

出结案率、成功率的数字，我们该怎么理解？这个协议在台湾民调为什么那么高？

郃中林：关于我们这里面使用的结案率和成功率是这样的，年度的结案率是以当年的审结、办结的案件作为分子，以当年新收的案件和上一年未办结的案件作为分母得出来的，所以大家看一些数字是80%多或者是90%多，有些案件确实是因为我们刚刚收到，我们要转下去各级法院执行，还需要时间。最终所有的案件都是被结掉的，我们的成功率是从已结案件里面，看有多少是成功协助的。完成协助和成功协助，这是两个概念。应该讲完成协助率是百分之百，送达成功率是什么意思呢？如我们确确实实已经依照法律规定有效地送达给这个人，取证也是我们对你请求协助调取的证据，我们确实找到了，取得了这些证据，这叫成功。

你提到支持率为什么这么高，这确实是一个很有意思和意义的问题和现象，现在两岸之间已经签了21项协议，应该讲这个协议一直到目前为止支持率都非常高。台湾地区是相对比较多元的社会，有这么高的支持率，恰恰说明这个协议是实实在在的，让每一个老百姓平等受惠的，应该讲我们两岸的老百姓和两岸的司法机关都是平等受惠的，这个不存在谁对谁优惠和让利的问题，因为大家是平等合作。目前台湾地区法院请求案件数量大于大陆请求台湾法院的数量，主要是我们有的法院还不善于利用协议，请求量较低。我们预测可能在不远的将来，我们大陆法院的请求量会上升，2013年调查取证案件数已经超过了台湾请求量，总之这个协议完全是平等互利的。特别是共同打击犯罪，犯罪问题是两岸老百姓共同痛恨的，司法协助也是两岸老百姓需要的，所以这个比例是很高的。

中国国际广播电台记者吴倩：除了司法互助工作以外，近年来两岸法院在司法交流方面开展工作的具体情况是什么样子的呢？

郃中林：谢谢你的问题，人民法院的涉台司法工作基本是三大块，第一块是涉台案件的审判。第二块是涉台的司法互助，就是我们今天发布会

的主题。第三块是涉台司法交流。

应该讲，协议签订之后，根据协议的第二条规定，两岸业务主管部门开展交流，协议项下两岸的司法交流，开展的还是比较顺畅的，也是比较频繁的。这些年基本的平均数字是，每年我们大陆法院大概有300人左右访问台湾，我们接待台湾方面的法律界的朋友大概是500人左右。除了我们一般的法官交流，司法高层交流现在两岸也比较积极地开展起来。

刚才新闻发言人已经讲到了，2011年我们在南京举办了两岸四地司法高层论坛，去年我们在台湾举办论坛期间，港澳方面是各级法院的首席法官参加。大陆也是最高人民法院常务副院长出席，我们九位大法官赴台参加论坛，应该说研讨增加了了解和互信。

这里我特别想讲一个感想，两岸之间的交流，尤其是法律领域和司法领域，交流较顺畅，收获较大，主要原因在于两岸是同文同种，特别是两岸都是传承中华传统的法制文化，台湾现行的法律制度实际上是来自大陆国民政府那个时期的，而我们大陆改革开放以后，法治建设也是参考借鉴了非常多的台湾地区的经验。所以在这样的情况下，两岸的法律特别是法院、法官之间的交流非常有效和务实，我们也期待未来两岸的司法交流能够更加积极、更加有效、更加务实。

深圳卫视记者周庆元：协议履行至今五年，大陆和台湾地区属于不同的法律体系，请你介绍一下两岸互助合作遇到的挑战在哪里？另外，你是港澳台地区司法方面的负责人，在港澳特区方面司法的构建以及实际使用的情况能否介绍一下。

郃中林：如果说目前我们有一些司法互助领域的挑战，我觉得一个是现在整体的效率上，我认为两岸都有提升的空间。因为我曾经也担任过法官，从事过15年的知识产权审判，作为法官，我很体谅法官希望尽快结案的心情，对当事人而言谁都希望自己尽快从官司里面摆脱出来，现在我们司法互助走到了可以互相协助的地步，但是协助的效率我觉得还有提升的空间。为什么呢？因为刚才介绍我们现在的联络机制，各自都还有中转

环节，台湾法院不能直接把他们的请求转给我们地方法院，要经过台湾法务部门中转一次，大陆还要经过高级人民法院中转一次，这样会耽搁一定的时间。如一件文书送达，邮件从台北飞到乌鲁木齐，乌鲁木齐要飞往喀什，需要很长的时间，我在想，台湾方面能不能开通二级窗口，我们大陆能不能开通三级窗口，尤其对案件非常集中的地方，像厦门和金门非常近，船半个小时就可以到达，但是现在送达和请求要经过金门飞海峡，到台北，台北再到福州，福州再到厦门，绕一大圈。我们期望两岸共同想办法解决这个问题。

第二个方面是具体操作问题需要协调，例如，现在大家各自相互协助对方送达，但是各自送达方式不一样，台湾有寄存送达，大陆没有寄存送达，这些东西现在大家初步探讨已经有所共识，但是还没有彻底的明确。再如，近期台湾法院提出来采取远程视讯取证，类似架一个摄像机两边连线，台湾法官在那边，证人在那边，这肯定是未来的发展方向，随着信息技术的发展必然是这样的。但是目前还是有问题的，一个是法律上的障碍，比如说两边的法律制度允许不允许采取这种方式跨境取证，这是法律上首先要解决的问题。第二个是技术连线的问题，我们注意到之前两岸检察机关曾经试图建立远程取证的方式，但是到现在为止没有实际真正运转起来，因为两岸之间的通信方式、通信的技术格式，特别是加密方式不一样。目前厦门和金门之间有关司法机关都已经做了初步的研讨，大家探讨从厦门和金门之间专门拉一条专线，大概年租金是十几万元人民币，金门法院证人在大陆厦门这边作证，金门法院把图像转入到台湾法院专网，这可能就能解决，这目前在探索过程当中。刚才在发布典型案例时，我也已经提过，台湾地区尚未明确认可大陆民事裁判的既判力，也尚未将大陆法院的调解书和支付令纳入认可范围。这需要台湾有关方面本着落实协议约定和互惠原则，尽快加以解决。

司法互助协议当时磋商只有三个多月，很快就签署了，这个协议比较全面，但是它也比较原则，它的可操作性还有待进一步增强，包括罪赃的移交和罪犯的移管，这个需要双方共同坐下来，形成一些更具体的操作规则，甚至不排除是补充性质的协议和条款。

总的来讲，民意支持率很高，现在整体的合作也是比较顺畅的。总之，我们对大陆各级人民法院工作是满意的，对台湾有关业务主管部门和台湾各级法院尽心尽力开展两岸司法互助也要表示钦佩和感谢。我相信，只要两岸各有关方面精诚合作，两岸各级法院竭心尽力，有关的挑战都能被克服，两岸司法互助的前景会更加光明。

关于内地与港澳的司法协助工作，现在两岸之间叫司法互助，港澳叫司法协助，没有本质的区别，只是因为各自的法律文件写成这样。港澳司法协助，按照“一国两制”的方针，基本上由中央政府有关部门和港澳特区政府商签有关司法协助的安排，签了以后我们内地方面就用司法解释的方式把它转化，变成具有法律效力的文件，港澳方面再用立法或者修改相关法令的方式转化。到目前为止，内地和港澳之间在民事领域签署一些安排，跟香港目前在文书送达领域签了安排，在仲裁裁决认可领域签了安排，在当事人协议管辖的民商事案件判决认可领域签了安排。跟澳门目前我们在文书送达和调查取证领域，在仲裁裁决的认可、民商事判决的认可这些领域都签了安排，而且案件都有一定数量。

目前来看，我们跟香港之间大概的统计，平均过去15年，每年大概1000件左右的案子，去年内地和香港之间大概案件是1500件，澳门之间的案子每年大概是50到100件。目前跟港澳之间哪些领域没有建立安排呢？跟港澳在刑事领域都没有制度性的安排能够签署。在民事领域跟澳门已经基本都有了，跟香港方面现在调查取证问题没有解决，还有就是普通的民事案件的裁判认可没有解决。这些问题没有解决原因比较多，但更多的是因为法系差别较大，尤其香港是普通法系，内地是大陆法系，两边有很多的法律理念和框架对接起来是有难度的，这是最主要的原因，这也是基本的原因。如果内地和台湾、香港、澳门对比起来，相对而言现在两岸司法互助起步最晚，2009年才签协议，但是两岸之间现在相对而言合作的范围是最宽的，也是最全面的，几乎包含刑事和民事的所有领域，文书送达、裁判认可、调查取证、罪赃移交、罪犯移管各个领域都已经有框架性的机制建立起来。

案件量现在两岸是最大的，去年我们两岸之间案件量已经达到9000

多，今年两岸的案件量可能会超过10000，也就是说，两岸之间的数量几乎是内地和香港的9到10倍。而香港和内地之间又几乎是内地和澳门之间的10倍，所以数量是不太一样的。谢谢。

台湾中国时报记者蓝孝成：发言人你好，刚才发言人在报告里面提到两岸司法互助协议关注公平正义，台湾长期以来希望大陆方面能够依照两岸司法互助协议和两岸共同打击犯罪的精神，把台湾跑到大陆的罪犯遣返。在对于遣返台湾罪犯，特别是重大的要犯方面，不知道大陆怎么回应台湾长久以来的愿望，来实现公平正义的价值呢?

郃中林：这个问题我来回答一下，刚才发言人已经讲了，今天我们新闻发布会是人民法院落实两岸司法互助协议的情况。刚才我在介绍案例的时候，也大概讲了，司法互助协议里面写了八项，人员遣返不属于我们人民法院的职责，这个你需要向我们有关的主管机关询问，因为这个不属于法院的事情，很抱歉，谢谢。

上海广播电视台法治天地频道记者施雯婷：我有两个简单的问题，一个是如果我没有了解错的话，最高人民法院是第一次对互助协议的情况进行通报，我想知道为什么选择五周年这个节点。前面发言人介绍了我们五年来的成效，我想知道这五年来，就你个人而言，你觉得我们人民法院在协助方面最大的突破或者说亮点是什么呢?

郃中林：我们是第一次就两岸司法互助组织新闻发布，之所以选择这个时候，就是因为它是五周年。一个是两岸司法互助协议是新生事物，过去没有制度性的框架。一个新生事物经过五年，应该讲它的机制和体制、运作到底是怎么样的，基本就定型了，因此我想五年可以作为一个判断的时间节点。

至于你讲到最大的亮点，协议签署的时候，很抱歉我没有亲自参加，但是从2010年年底起，我一直参与两岸司法互助业务，我感觉虽然我们做的工作不能说每一项都是亮点，但是我觉得亮点纷呈，非常之多，包括我们司法解释的发布。大家可能注意到，目前两岸之间已经签了21项协议，

用法律文件形式转化的，可能我们最高人民法院的司法解释是一个特色。这个跟经贸领域不太一样，经贸领域的很多东西不需要这样的操作，但涉及司法领域，就很讲究法律依据和程序操作，所以我们用司法解释来落实协议。

如果你想再让我举什么例子，比如我们举办了两岸四地两届司法高层论坛，恐怕这个是目前为止，两岸四地同一业务领域公务部门的首长坐在一起共同切磋业务问题，原来似乎还没有过的。

台湾联合报记者陈言乔：谢谢发言人，在我们的材料附件里面第19页，调查取证司法互助第16条第3款提到，依照大陆法律规定不认为涉嫌犯罪的，人民法院不予协助，有关这点请问可否具体举一个案例，有没有台湾请求司法调查取证，但是大陆法院不予协助的案例。第二个问题是两岸电信诈骗这几年非常的猖獗，也造成两岸民众很多人受害。但是我们知道大陆的诈骗罪跟台湾的诈欺罪，两边的刑责差很多，据了解大陆诈骗罪刑期是5年以上，台湾的诈欺罪刑期是1年到7年，大陆和台湾司法有没有沟通，因为有很多台湾的被告，他们在大陆犯诈骗罪，他们很希望回到台湾服刑，他们担心在大陆被判重罪，回到台湾会被判轻罪，这个大陆和台湾有没有商讨呢？

郃中林：关于提到司法解释第16条第3款里面的第一句话，这个实际上规定在两岸司法互助协议第4条里面的第3款，这个司法解释的依据是来自协议的约定，我们制定司法解释是为了履行协议，所以这项内容要写进来。不予协助的案例在我印象中非常少，几乎没有。但是我了解两岸的有关法律规定的不同，比如，通奸在台湾是犯罪，大陆法律不认为是犯罪，又如，民事诉讼中的伪证行为，在台湾地区是犯罪，但是依照大陆法律，目前只能予以民事制裁。

关于两岸之间的诈骗和诈欺行为，是我们很关注的问题，这个问题确实需要两岸有效的衔接。同样一个犯罪行为，因为两边的管辖不同，最后可能受到实际的惩处不同，我觉得这并不符合真正的司法正义精神。最好两岸应该大体相当，这是未来的努力目标，所以我们希望跟台湾有关的方面做一些沟通和探讨，也特别希望就类似的业务执行问题能够和台湾的有

关法院做一些探讨，因为有很多问题是要在法院这个层面来沟通解决的，包括我刚才讲的送达方式的有效性，这些恰恰是两岸法院、法官所最关心和最了解的。我们希望两岸的法院和法官在协议项下就这些问题多交流，目前在这方面的交流还需要通过各自的联络窗口进行，这个可能会影响沟通的效果。

在罪犯移管方面，台湾地区移管的规定已经出台了，刚才发言人已经介绍了，我们在努力加快相关司法解释起草，有关的双向机制建立以后，罪犯移管结果上差距不会太大。与此相关，我也希望包括就跨境司法管辖权的问题，无论是民事案件还是刑事案件，由谁来行使管辖权或者是谁来优先行使管辖权的问题，两岸有关部门应共同做一些探讨，这样才能真正避免当事人的诉累。

媒体反响

北京青年报　*桂田田*　2014年6月20日

大陆法院办涉台司法互助案近4万件

昨天上午，最高人民法院召开新闻发布会，通报《海峡两岸共同打击犯罪及司法互助协议》实施五年以来在大陆法院的落实情况。

据悉，为确保两岸司法互助协议约定的罪犯移管工作能够尽早实现双向机制化运作，最高人民法院正在起草有关办理接收在台湾地区服刑的大陆居民返回大陆服刑案件的司法解释。

最高人民法院研究室副主任兼港澳台司法事务办公室主任郜中林认为，在罪犯移管方面，台湾地区移管的规定已经出台，大陆方面也在努力加快相关司法解释起草，有关的双向机制建立以后，罪犯移管结果上差距不会太大。“我也希望包括就跨境司法管辖权的问题，无论是民事案件还

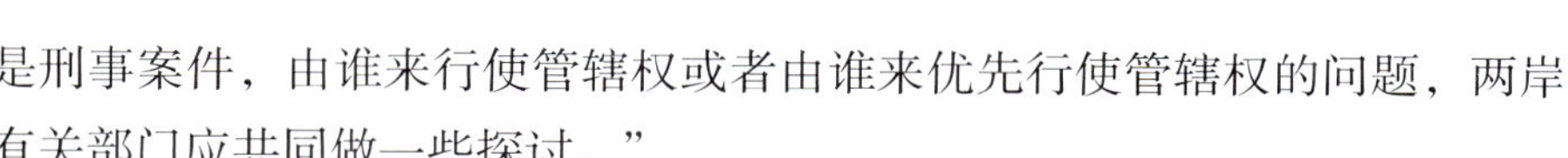

是刑事案件，由谁来行使管辖权或者由谁来优先行使管辖权的问题，两岸有关部门应共同做一些探讨。”

自两岸司法互助协议生效以来，截至5月31日，人民法院共办理涉台送达文书、调查取证、罪赃移交和裁判认可司法互助案37423件。

法制日报　周斌　2014年6月19日

两岸法律不同致担心同罪不同判
台籍电信诈骗分子望回台受审

6月19日，最高人民法院召开关于两岸司法互助工作有关情况的新闻发布会显示，自两岸司法互助协议生效以来，大陆有关方面积极推动年老或重病的台湾服刑人员返台，目前已完成13例罪犯移管个案。

有台湾媒体提问：电信诈骗这几年非常猖獗，两岸民众很多人受害。据了解，大陆诈骗罪刑期是5年以上，台湾诈欺罪刑期是1年到7年，很多台湾籍被告人因担心被判重罪希望回到台湾受审。大陆和台湾有没有对此进行磋商？

最高法研究室副主任兼港澳台司法事务办公室主任郃中林回应说，同样犯罪行为，因管辖不同可能受到不同惩处，并不符合司法正义精神。我们希望就此问题与台湾法院进行沟通和探讨，将来两岸对电信诈骗的处罚能够大体相当。

“在罪犯移管方面，台湾地区移管规定已经出台，最高法也在努力加快相关司法解释起草工作，有关双向机制建立以后，罪犯移管在结果上差距不会太大。”郃中林说。

有大陆媒体提出，大陆和台湾属不同法律体系，两岸司法互助目前的挑战在哪里？

“目前的挑战就是：两岸如何进一步提升司法互助效率。”郃中林直言不讳。他举例说，福建厦门和台湾金门两地非常近，坐船半个小时就可以到达，但现在送达和请求要经过金门到台北，台北再到福州，福州再到

厦门，绕一大圈。

邰中林分析说，台湾法院不能直接把请求转给大陆地方法院，要经过台湾法务部门中转，大陆则要经过高级人民法院中转，这样会耽搁一定时间。他建议两岸进行协商，台湾方面开通二级窗口，大陆开通三级窗口，尤其对案件非常集中的地方，以提高效率。

在司法协助的操作方面，也有一些问题需要协调解决。

邰中林告诉记者，近期，台湾法院提出采取远程视讯取证，证人在大陆作证，图像音频传到台湾法院。这肯定是未来合作的方向，但目前而言既存在法律上的障碍，也有技术连线问题。厦门和金门两地司法机关对此作了初步研讨，提出了探索性方案。此外，台湾法院尚未将大陆法院的调解书和支付令纳入认可范围，也需要尽快协商解决。

更多媒体报道题目选登：

1.法制日报记者周斌2014年6月19日报道《最高法发布两岸司法互助工作情况 5年办涉台司法互助案3.7万件》。

2.中新社记者陈家伦2014年6月20日报道《台报：司法互助高声望　可望成两岸议题沟通典范》。

3.光明日报记者王逸吟2014年6月19日报道《最高法起草罪犯移管司法解释》。

▶ 图为发布会现场。

图为最高人民法院新闻发言人孙军工主持发布会。

图为最高人民法院研究室副主任兼港澳台司法事务办公室主任郃中林回答记者提问。

图为台湾中国时报记者蓝孝成提问。

▶ 图为台湾联合报记者陈言乔提问。

◀ 图为深圳卫视记者周庆元提问。

▶ 图为上海广播电视台法治天地频道记者施雯婷提问。

第八场新闻发布会

从严惩处毒品犯罪　确保死刑适用准确有力

发布主题：最高人民法院依法严惩毒品犯罪有关情况

发布时间：2014年6月25日

关 键 词：毒品犯罪　从严惩处　典型案例

主 持 人：最高人民法院新闻发言人　孙军工

出席嘉宾：最高人民法院刑事审判第五庭副庭长　马　岩

发布主题

关于最高人民法院依法严惩毒品犯罪有关情况的新闻发布稿

最高人民法院新闻发言人　孙军工

各位记者：

大家上午好！明天是第27个国际禁毒日。最高人民法院今天专门召开，通报2013年以来人民法院禁毒工作的有关情况，并将公布5起典型案例，其中4起系毒品犯罪案例，1起系吸毒诱发的故意杀人犯罪案例。这5起案例中，贩卖、运输毒品罪犯熊东平，贩卖、运输、制造毒品罪犯肖文中，运输毒品罪犯杨永树，故意杀人罪犯龚兴富均已被依法执行死刑。

一、2013年以来人民法院审理毒品犯罪案件的基本情况

2013年以来，人民法院继续毫不动摇地坚持对毒品犯罪从严惩处的指导思想，认真履行刑事审判职能，充分发挥刑罚惩治和预防毒品犯罪的作用。2012年下半年以来，国家禁毒委员会、公安部部署开展了一系列

禁毒专项行动，全国法院2013年以来新收毒品犯罪案件较往年同期大幅增长。据统计，2013年，全国法院新收毒品犯罪案件97225件，同比增长26.40%；审结95216件，同比增长24.82%；判决发生法律效力的犯罪分子99486人，同比增长22.78%，其中判处五年以上有期徒刑、无期徒刑至死刑的21962人，同比增长7.28%。2014年1–5月，全国法院新收毒品犯罪案件43180件，同比增长30.19%；审结37186件，同比增长31.15%；判决发生法律效力的犯罪分子39762人，同比增长27.38%，其中判处五年以上有期徒刑、无期徒刑至死刑的9168人，同比增长23.21%。为配合禁毒专项行动，各级人民法院集中力量对受理的毒品犯罪案件依法、及时审判，该判处重刑的依法判处重刑，有力震慑了毒品犯罪分子，遏制了毒品犯罪的高发多发势头，保障了人民群众的生命安全和身心健康。

二、坚持对毒品犯罪从严惩处，确保死刑适用准确有力

在毒品犯罪案件审判中，各级人民法院认真贯彻宽严相济刑事政策，坚持整体从严并突出打击重点，毒品犯罪案件的重刑率多年来始终高于同期全部刑事案件的重刑率。2013年毒品犯罪案件的重刑率为22.08%，2014年1–5月的重刑率为23.06%，分别高出同期全部刑事案件重刑率11.29和13.85个百分点。对于严重毒品犯罪以及毒枭、职业毒犯、累犯、毒品再犯等主观恶性深、人身危险性大的毒品犯罪分子，依法予以严惩，该判处重刑的坚决判处重刑，符合判处死刑条件的，依法判处死刑。最高人民法院对报请核准死刑的毒品犯罪案件，凡符合判处死刑条件的，坚决依法核准，确保死刑适用于罪行极其严重的毒品犯罪分子。同时，根据罪责刑相适应的刑法基本原则，审判工作中根据案件的具体情节予以区别对待，做到宽严相济，罚当其罪。对于罪行较轻，或者具有自首、立功、从犯等从宽处罚情节的被告人，依法从宽处罚，以分化瓦解毒品犯罪分子，预防和减少毒品犯罪。

今天将要公布的5起典型案例，目的在于充分昭示人民法院依法对毒品犯罪从严惩处的一贯立场，同时进一步向社会公众揭示毒品的严重危害。熊东平等贩卖、运输毒品案，肖文中等贩卖、运输、制造毒品案，杨永树等运输毒品案这3起案件都是长途贩运毒品或者自行制造、运输毒品

的案件，是毒品交易链条中的上游犯罪。其中，罪犯熊东平起意贩毒并联络毒品交易的上下家后，遥控指挥两名同伙两次到广东省东莞市、汕尾市等地购买毒品运至浙江省温州市贩卖，共计贩卖、运输甲基苯丙胺4740余克、海洛因3700余克，所贩卖、运输的毒品数量巨大，社会危害极大。熊东平在共同犯罪中系罪行最为严重的主犯。罪犯肖文中为制造毒品，租用地下室作为制毒场所，指使他人购得制毒原料，纠集同伙制出大量甲基苯丙胺液体，并进行提炼结晶，被查获的甲基苯丙胺固液体共计21988.5克，其中甲基苯丙胺含量在24%–65.4%之间的达8000余克。此外，肖文中还曾向他人贩卖甲基苯丙胺190余克。肖文中制造、运输毒品数量巨大，并向他人贩卖毒品，社会危害极大，且系共同犯罪中罪行最为严重的主犯。罪犯杨永树筹集18万元购毒款，纠集他人从北京市前往广东省东莞市购买甲基苯丙胺770余克，后携带所购毒品驾车回到北京，被公安人员查获。杨永树运输毒品数量大，社会危害大，罪行极其严重，且其曾因犯盗窃罪、贩卖毒品罪两次被判刑，系累犯和毒品再犯，主观恶性深，人身危险性大，应依法从重处罚。人民法院对上述3名罪行极其严重的毒品犯罪分子依法判处并核准了死刑。

人民法院历来高度重视对发生在毒品消费环节的犯罪给予从严打击，以遏制毒品问题的滋生蔓延。近年来，随着毒品消费市场的持续膨胀，零包贩卖毒品、容留他人吸毒、非法持有毒品等犯罪增长迅速。今天公布的高鹤、潘德虎贩卖毒品案就是一起直接向吸毒人员贩卖毒品的案例。高鹤、潘德虎购得甲基苯丙胺25.03克后向吸毒人员加价贩卖，被公安人员查获。二人贩卖毒品数量较大，社会危害大，且在共同犯罪中均系主犯，高鹤还系累犯，法院依法对高鹤从重判处有期徒刑九年，对潘德虎判处有期徒刑八年六个月。

近年来，毒品的次生危害有加剧之势，需要引起全社会的关注。毒品犯罪不仅损害吸毒者的身心健康，还引发其他违法犯罪活动，主要表现就是因吸毒诱发的侵财性、暴力性犯罪频发。有的犯罪分子为获取吸食毒品所需资金而实施盗窃、抢夺、抢劫等犯罪，有的犯罪分子吸食毒品后行为失控，实施故意杀人、故意伤害、以危险方法危害公共安全等犯罪，严重

危害社会治安和人民群众生命财产安全。人民法院高度重视吸毒诱发的次生犯罪案件的审判工作，在加大对此类犯罪的打击力度、依法惩处犯罪分子的同时，也注重寓教于审，提高社会公众对毒品危害的认识。今天公布的龚兴富故意杀人案就是一起因吸毒诱发的严重暴力犯罪案件。罪犯龚兴富吸毒后深夜回到家中，次日早上因给年仅4个月的儿子穿衣服等琐事与同居女友发生争执，瞬间产生杀人之念，持菜刀接连将女友和儿子杀死，犯罪情节特别恶劣，手段特别残忍，后果和罪行极其严重，法院依法对其判处并核准死刑。这种吸毒后杀害、伤害亲属的案件近年来时常发生，充分说明了吸毒的危害。

受国际和国内多种因素影响，我国禁毒工作的总体形势依然较为严峻。人民法院将继续加强对毒品犯罪形势的研判，以毒品犯罪案件审判为中心，坚定不移地执行对毒品犯罪从严惩处的指导思想，加大参与禁毒综合治理工作的力度，确保禁毒工作取得更大成效。

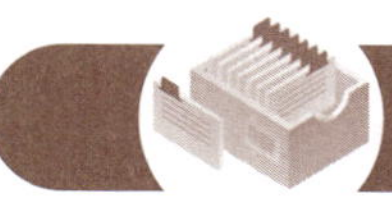

背景链接

毒品犯罪典型案例

案例1 熊东平等贩卖、运输毒品案

——指使他人跨省贩卖、运输毒品数量巨大，罪行极其严重

（一）基本案情

被告人熊东平，男，汉族，1990年12月8日出生，农民。

2012年2月，被告人熊东平在四川省开江县指使李阳平、林芳萍到浙江省温州市帮其贩卖、运输毒品，李、林二人遂来到温州市暂住。同年3月至5月，熊东平联络好上下家，指使李阳平、林芳萍到广东省东莞市、汕尾市等地购得甲基苯丙胺（冰毒）3747.5克、海洛因2721.5克，运至温州市卖出。李阳平、林芳萍将收取的毒资汇入熊东平指定的银行账户。

2012年5月7日，被告人熊东平联络好毒品上家，指示李阳平、林芳萍向其指定的银行账户汇入毒资10万元，并让李、林二人携带17万元现金从温州市前往广东省东莞市、陆丰市购买毒品。同月9日上午，李阳平、林芳萍携所购毒品到达温州市新南汽车站时被抓获，公安人员从二人处缴获海洛因973.6克、甲基苯丙胺1001.2克。同月11日，公安人员从李、林二人在温州市的暂住处缴获海洛因6.43克。同年8月27日，熊东平在四川省开江县被抓获。

综上，被告人熊东平共计贩卖、运输甲基苯丙胺4748.7克、海洛因3701.53克。

（二）裁判结果

本案由浙江省温州市中级人民法院一审，浙江省高级人民法院二审。最高人民法院对本案进行了死刑复核。

法院认为，被告人熊东平伙同他人贩卖、运输甲基苯丙胺、海洛因，其行为已构成贩卖、运输毒品罪。在共同犯罪中，熊东平提起犯意，联络毒品上下家，指使他人实施毒品犯罪，系罪行最为严重的主犯，应当按照其所参与和指挥的全部犯罪处罚。李阳平、林芳萍受熊东平指使，积极实施贩卖、运输毒品犯罪，在共同犯罪中地位、作用相对小于熊东平。熊东平遥控指挥他人两次到广东购买毒品运至温州市贩卖，贩卖、运输毒品数量巨大，社会危害极大，罪行极其严重，应依法惩处。据此，依法对被告人熊东平判处并核准死刑，对另案被告人李阳平、林芳萍判处死刑，缓期二年执行。

罪犯熊东平已于2014年6月19日被依法执行死刑。

案例2 肖文中等贩卖、运输、制造毒品案

——制造、运输毒品数量巨大，并贩卖毒品，罪行极其严重

（一）基本案情

被告人肖文中，男，汉族，1966年11月12日出生，无业。1989年12月7日因犯贪污罪、挪用公款罪被判处有期徒刑八年。

被告人肖文中为制造毒品，租用四川省安岳县李世强家的地下室作为制毒场所。2011年春节前后，肖文中指使李华到四川省成都市购买了大量制毒原料。同年4月4日晚，肖文中伙同李世强、李华、康凡在该地下室制出大量甲基苯丙胺液体，后指使康凡将上述液体带到肖文中在成都市的一处租住房存放。4月中旬，肖文中、李华又将上述液体带到肖文中在成都市的另一租住房进行提炼结晶。同月22日晚，李世强、李华协助肖文中在地下室再次制出甲基苯丙胺液体。同月25日凌晨，李华按肖文中指示驾车将一瓶甲基苯丙胺液体（重632克）带往四川省乐至县，途中被公安人员截获。当日，公安人员在安岳县将肖文中、李世强抓获，并在李世强家查获甲基苯丙胺固液体17670.5克。同年5月6日，公安人员在肖文中的租住房内查获甲基苯丙胺固液体3686克。经鉴定，上述毒品固液体中甲基苯丙胺含量在24%–65.4%之间的达8000余克。

另，2010年9月，被告人肖文中在成都市向他人贩卖甲基苯丙胺（冰毒）194.463克。

（二）裁判结果

本案由四川省资阳市中级人民法院一审，四川省高级人民法院二审。最高人民法院对本案进行了死刑复核。

法院认为，被告人肖文中伙同他人制造、运输甲基苯丙胺，并向他人贩卖甲基苯丙胺，其行为已构成贩卖、运输、制造毒品罪。在共同犯罪中，肖文中租用制毒场地，指使他人购买制毒原料，掌握制毒技术并直接参与制毒，还指使他人运输毒品，系罪行最为严重的主犯，应当按照其所参与和指挥的全部犯罪处罚。李世强、李华、康凡在肖文中的纠集下参与制造毒品，在共同犯罪中作用小于肖文中。肖文中伙同他人制造、运输毒品数量巨大，并向他人贩卖毒品，社会危害性极大，罪行极其严重，应依法惩处。据此，依法对被告人肖文中判处并核准死刑，对同案被告人李世强、李华、康凡分别判处无期徒刑、有期徒刑十五年、有期徒刑十四年。

罪犯肖文中已于2014年6月24日被依法执行死刑。

案例3　杨永树等运输毒品案

——运输毒品数量大，且系累犯和毒品再犯，罪行极其严重

（一）基本案情

被告人杨永树，男，汉族，1966年2月26日出生，农民。1989年3月16日因犯盗窃罪被判处有期徒刑二年；2011年2月11日因犯贩卖毒品罪被判处有期徒刑六个月，并处罚金人民币一千元。

2012年3月初，被告人杨永树从其外甥邝习川处得知蒋茜在广东省东莞市能联系到毒品卖家，遂将筹集的18万元毒资存入其妻子的工商银行卡。而后，杨永树纠集邝习川等人驾驶邝租赁的轿车从北京市来到东莞市常平镇。杨永树经蒋茜介绍，与戴道等人商谈毒品交易事宜，并指使邝习川支付毒资。同月7日，杨永树等人携带所购毒品驾车返回，在北京市通州区一高速公路检查站被截获，公安人员从上述车辆内查获甲基苯丙胺（冰毒）778.32克、甲基苯丙胺片剂（“麻古”）1.06克。

（二）裁判结果

本案由北京市第二中级人民法院一审，北京市高级人民法院二审。最高人民法院对本案进行了死刑复核。

法院认为，被告人杨永树明知是毒品而运输，其行为已构成运输毒品罪。杨永树出资购买并纠集他人运输毒品，在共同犯罪中系主犯，应当按照其所参与的全部犯罪处罚。杨永树运输毒品数量大，社会危害大，罪行极其严重，且其曾因犯贩卖毒品罪被判处有期徒刑，在刑罚执行完毕后五年内又犯运输毒品罪，系累犯和毒品再犯，主观恶性深，人身危险性大，应依法从重处罚。戴道贩卖毒品数量大，在共同犯罪中亦系主犯，鉴于其到案后揭发他人犯罪，有立功情节，依法可从轻处罚。邝习川受杨永树邀约参与毒品犯罪，在共同犯罪中亦系主犯，鉴于其到案后如实供述罪行，并提供同案犯相关信息，依法可从轻处罚。蒋茜居间介绍贩卖毒品，在共同犯罪中系从犯，且到案后如实供述罪行，并有重大立功表现，依法可减轻处罚。据此，依法对被告人杨永树判处并核准死刑，对同案被

告人戴道、邝习川、蒋茜分别判处死刑缓期二年执行、无期徒刑、有期徒刑十年。

罪犯杨永树已于2014年6月20日被依法执行死刑。

案例4　高鹤、潘德虎贩卖毒品案

——购得毒品后加价贩卖给吸毒人员，依法惩处

（一）基本案情

被告人高鹤，男，汉族，1979年8月25日出生，无业。2007年1月因犯伪造国家机关证件罪、抢劫罪被决定执行有期徒刑五年，并处罚金人民币二千元。

被告人潘德虎，男，汉族，1986年6月18日出生，无业。

2013年5月初，江苏省扬州市的吸毒人员谢某某打电话给被告人高鹤约购甲基苯丙胺（冰毒），双方约定一套甲基苯丙胺（约25克）8000元，另加路费500元。后高鹤电话联系被告人潘德虎，潘从他人处以7500元购得一套甲基苯丙胺。同月7日，高鹤、潘德虎携带上述毒品从江苏省宜兴市开车到扬州市，途中潘德虎给高鹤少量甲基苯丙胺作为样品。高鹤、潘德虎到扬州后与谢某某准备交易时被抓获，公安人员当场从高鹤的手提包内查获甲基苯丙胺2包（净重0.74克），从潘德虎的上衣口袋内查获甲基苯丙胺1包（净重24.29克）。

（二）裁判结果

本案由江苏省扬州市广陵区人民法院一审，扬州市中级人民法院二审。

法院认为，被告人高鹤、潘德虎贩卖甲基苯丙胺，其行为均已构成贩卖毒品罪。高鹤、潘德虎贩卖甲基苯丙胺25.03克，在共同犯罪中均系主犯，应当按照其所参与的全部犯罪处罚。高鹤曾因犯罪被判处有期徒刑，在刑罚执行完毕后五年内又犯贩卖毒品罪，系累犯，应依法从重处罚。据此，依法对被告人高鹤、潘德虎分别判处有期徒刑九年、有期徒刑八年六个月。

上述裁判已于2014年3月21日发生法律效力。

案例5　龚兴富故意杀人案

——吸食毒品后杀死同居女友和幼子，罪行极其严重

（一）基本案情

被告人龚兴富，男，汉族，1973年10月13日出生，无业。

2007年，被告人龚兴富和被害人邓某（女，殁年24岁）相识后同居，2011年生育一子龚某（被害人，殁年4个月）。2012年3月28日晚，龚兴富和他人在宾馆房间吸食甲基苯丙胺后，于23时许回到其租住处。次日8时许，龚兴富和邓某因给龚某穿衣服等事发生争执，龚兴富自感异常烦躁、亢奋，产生杀人而后快之念，遂持菜刀朝正在卫生间洗漱的邓某头、面、颈等处砍击数刀，又朝龚某头部砍击一刀，并抓起龚某扔在地上，致邓某、龚某因重度颅脑损伤死亡。

（二）裁判结果

本案由湖南省永州市中级人民法院一审，湖南省高级人民法院二审。最高人民法院对本案进行了死刑复核。

法院认为，被告人龚兴富故意非法剥夺他人生命，其行为已构成故意杀人罪。龚兴富吸食毒品后仅因生活琐事便持刀行凶，砍击同居女友及年仅4个月大的幼子，致二人死亡，犯罪情节特别恶劣，手段特别残忍，后果和罪行极其严重，应依法惩处。据此，依法对被告人龚兴富判处并核准死刑。

罪犯龚兴富已于2013年12月19日被依法执行死刑。

现场互动

中新社记者欧阳开宇：今天公布的典型案例中有3起案例的3名毒贩被判处死刑，其涉案毒品数量从几百克到上万克不等。请问毒品犯罪案件中死刑适用的数量标准是怎样把握的？

马岩：司法实践中最高人民法院一直在强调，毒品犯罪的数量是毒品犯罪案件量刑的重要情节，但不是唯一的情节。对毒品犯罪的被告人，人民法院在决定量刑的时候，特别是在考虑是不是适用死刑时，要综合考虑毒品数量、犯罪的情节、毒品犯罪危害的后果、被告人的主观恶性、被告人的人身危险性等因素，同时还要考虑到当地毒品犯罪形势，做到依法、准确、科学量刑。

刚才记者朋友也提到，我们也可以注意到，今天发布的案例1中熊东平案的两同案犯李阳平和林芳萍，这两人两次贩卖、运输甲基苯丙胺4700余克、海洛因3700余克，这两次到了8000克，数量巨大。但法院考虑李阳平和林芳萍两人都是受熊东平指使，在共同犯罪中的地位和作用小于熊东平，所以法院依法对熊东平判处死刑，对李、林二人判处死缓。

案例3中杨永树纠集他人到广州东莞购买甲基苯丙胺驾车返回北京，运输毒品数量770余克，如果单纯从毒品犯罪的数量上看，这700多克与案例1中的李阳平、林芳萍8000多克，数量差距比较大，但是杨永树是共同犯罪中的主犯，又是累犯和毒品再犯，对于这种主观恶性比较深、人身危险性大的被告人，人民法院要依法从重处罚，所以法院对杨永树判处并核准死刑。

我们国家地域面积比较大，各个地方毒情也不同。最高法院考虑到目前各地毒品犯罪形势差异比较大的实际情况，对于毒品犯罪的死刑数量适用标准，一直坚持采取原则性与灵活性相结合的做法。针对不同地区毒情的不同特点、毒品犯罪的不同形势采取适宜的、相对均衡的死刑数量标准，而不是在全国范围内搞“一刀切”。

同时，通过死刑复核案件、发布典型案例等方式，引导各地逐步形成一个有一定幅度、相对统一的毒品犯罪死刑数量标准，以最大限度地实现毒品犯罪案件的量刑平衡。

上海广播电视台法治天地频道记者蔡彦：您的发言稿中有一块是加强对毒品犯罪形势的研判，关于这一块具体的内容能不能简单介绍一下？

马岩：几年来，在党中央高度重视、正确领导下，各级法院充分地

发挥审判职能作用，坚持依法从严惩治毒品犯罪。同时，积极参与毒品犯罪的综合治理，对遏制毒品犯罪起到了非常积极的作用。从审判数据来分析，当前的毒品犯罪形势主要体现在以下几方面：

第一，毒品犯罪案件的数量这几年在持续增长。我们原来有个统计，从2007-2013年全国法院审结的毒品犯罪案件的数量以及判决发生法律效力的毒品犯罪分子的人数一直在持续增长，案件数从2007年的3.8万件增加到2013年的9.5万件，年均增长16.3%，犯罪分子人数从2007年的4.3万人增长到2013年的9.9万人，年均增长14.8%。毒品犯罪案件在全部刑事犯罪案件中的比例从2007-2013年这几年也有变化，2007年毒品犯罪占全部刑事犯罪的比例是5.34%，到2013年这个数据已经上升到9.98%。这几年毒品犯罪的增长幅度还是比较快的。

第二，从统计数据来看，各级法院始终坚持从严惩治毒品犯罪。2007-2013年毒品犯罪案件适用五年以上有期徒刑到死刑的重刑率总体为27.28%，始终高于全部刑事案件重刑率十几个百分点。并且在毒情相对比较严峻的地区，比如西南地区，在东北部分省份，重刑率还要高。特别是云南的重刑率这几年一直在高位徘徊。2012年云南省对毒品犯罪的重刑率达到83%，2013年仍然达到78%。从重刑率方面能够看到各级人民法院始终坚持从严惩治毒品犯罪的立场。

第三，现在毒品犯罪逐渐地呈现发展、蔓延的态势。以往毒品犯罪高发于边境、西南地区、沿海地区，地域化特征比较明显，但是现在从毒品犯罪地域分布来看，已经从边境、沿海地区逐渐地向周边、内陆地区多渠道、全方位的蔓延。2013年，全国审结毒品犯罪案件，以省排名，排名靠前的省份有广东、浙江、重庆，特别是广东毒品犯罪数量在2007-2013年始终居于全国首位。云南、广西、重庆现在也是毒品犯罪数量高发区，东北地区的辽宁省受各种因素的影响，毒品犯罪案件数量也快速增长。

第四，走私、制造毒品犯罪呈加剧态势。从毒品犯罪来源来看，毒品一部分从境外的毒源地入境，另外一部分是国内制造，无论是走私还是制造毒品，从案件数量上看都在逐渐地加剧。

第五，零包贩毒的毒品犯罪呈现逐渐增长态势。受这几年毒品消费市场持续膨胀的影响。零包贩毒、容留他人吸毒、非法持有毒品等犯罪案件数量增长比较迅速。据统计，零包贩毒案件占全部毒品犯罪案件总量的70%左右。零包贩毒虽然是毒品犯罪下游的、末端的环节，但是直接导致毒品进入消费领域，所以零包贩毒的社会危害性不容忽视。

下一步，人民法院将进一步加大工作力度，依法从严惩治毒品犯罪，采取多种措施，有效地遏制毒品犯罪的高发态势。

中央电视台记者武兵： 目前基层民警在缉毒的时候会遇到一些执法尴尬，比如特殊人群运毒，孕妇或者未成年人运毒。还有一个问题就是目前被我国列为管制的易制毒化学品只有20多种，但实际上易制毒化学品远远超过这个数字，缉毒民警在查扣的时候也会遇到执法尴尬，以上两个问题是否在相关的法律法规上有完善呢？

马岩： 第一个问题，关于特殊人群贩卖毒品的问题我们这几年确实一直在努力研究解决的问题。各地公安机关在处理类似案件的时候也遇到这种情况，比较突出的像在云南边境地区有四川籍的孕妇、艾滋病患者、体弱多病的贩毒人员运输、贩卖毒品，在关押、处理和打击上遇到一定的障碍。最高法院也在协同相关部门研究怎么样妥善解决特殊人群贩卖毒品的问题。这个应当说不是仅靠法院一家能够解决的问题。特别是2013-2014年我们一直在做这方面的调查研究工作，也会同公安部、最高人民检察院到相关地域进行一些调研，努力采取多方面、多层次的办法来解决这方面的问题。这个工作我们现在正在做，记者朋友如果感兴趣的话，我们以后可以就这方面的问题再一起交流。

第二个问题，关于易制毒化学品管制的问题，去年“6·26”新闻发布会的时候提到了，去年一个主题是最高法院会同最高检察院、公安部等部门联合印发了关于加强麻黄草管理的意见，这个问题就是涉及了对易制毒化学品管制的问题。对易制毒化学品管制的问题有两个方面：一方面对相关犯罪要严厉打击，依法惩处；另一方面我们也会与相关的部门配合，加强对易制毒化学品的行政监管。

中国日报社记者曹音：我有两个问题。次生犯罪的问题，大概占整个毒品犯罪比例的多少？另外，今天公布的典型案例中有一个因为吸食毒品导致杀人的犯罪，联想到去年的一个案件，南京的一位妈妈，吸食毒品以后遗弃了她的两个女儿，导致了惨剧。请问最高人民法院如何看待这个案子？

马岩：你提的这个问题非常好。这两起案件充分说明了毒品给社会带来的严重危害，教训极其深刻。虎毒尚且不食子。但在这两起案件中，罪犯龚兴富吸毒后行为失控，仅因给幼子穿衣服这样的家庭琐事便产生杀人之念，将同居女友和年仅4个月的幼子残忍杀害；罪犯乐燕为了吸毒，将两名幼女关在家中一个多月不管不问，导致二人活活饿死在家中。两名罪犯的罪行违背基本的天理人伦，令人发指，被害人的遭遇也令人痛心。

虽然两名犯罪分子都受到了应有的惩罚，但社会公众应当从中看到毒品和吸毒行为的严重危害。它们不仅损害吸毒者的身心健康，使吸毒者丧失理智，也会给吸毒者的家庭乃至社会造成巨大的危害。据罪犯龚兴富供述，他与女友发生争执后，感到异常烦躁、亢奋，有厌世情绪，必杀人而后快，然后持菜刀砍杀女友和无辜的幼子，作案后仍到宾馆吸毒、打牌。由此可见，毒品的危害有多大！我们希望全社会都要增强拒毒意识，切实做到“珍爱生命，远离毒品”。

人民网记者李婧：前段时间我参加了一个被告人李代沫容留他人吸毒案件的庭审。容留他人吸毒的案件近年来增长明显，请介绍一下刑法对容留他人吸毒罪的有关规定。

马岩：我国刑法第354条规定，容留他人吸毒罪，是指容留他人吸食、注射毒品的行为。“容留”是指行为人利用自己的住房或者其他场所，长期或者短期为他人吸食、注射毒品提供场所。容留既可以是主动实施的，也可以是被动实施的；既可以是有偿的，也可以是无偿的。容留他人吸食、注射毒品的，应当判处三年以下有期徒刑、拘役或者管制，并处罚金。被告人李代沫犯容留他人吸毒罪，被依法判处有期徒刑九个月，并

处罚金人民币二千元。

近年来，受毒品消费市场持续膨胀的影响，零包贩毒、容留他人吸毒这种末端犯罪增长迅速。容留他人吸毒案件从2007年的878件增加到2013年的12320件，增长了13倍。从各地情况看，广东、江苏、浙江、重庆、四川这些地方此类犯罪的比例也比较高，增长速度比较快，从某种程度上反映出当地毒品滥用问题比较突出。吸毒市场的庞大是诱发毒品犯罪的重要原因，针对这种严峻形势，人民法院今后要更加注重对引诱、教唆、欺骗、强迫、容留他人吸食毒品等末端毒品犯罪的处罚力度，通过审判职能作用的充分发挥，遏制毒品供应，减少毒品需求。

孙军工：发布会已经进行了一小时，现在是最后一个提问机会。有关今天新闻发布会预告发出后，昨天晚上腾讯微博的工作人员和新闻局工作人员取得联系，表示希望今天新闻发布会代表腾讯微博的网友在发布会上提一个问题，我想把最后一个提问机会留给腾讯微博的网友。

腾讯微博张安杰：我是来自腾讯微博的，我带了网友的四个问题。第一，对于新类型的毒品在法律上缺乏法规，造成了法律适用的困惑问题，人民法院是如何解决的？第二，在不知情的情况下被人放了毒品夹带，这怎么治罪，如何识别毒品夹带？第三，引诱儿童吸毒如何定刑？第四，大数据被广泛应用在各个行业领域，请问最高法有没有计划引用大数据技术惩治毒品犯罪？

孙军工：我刚才讲最后一个提问机会，按照规则平等的要求，我只回答其中一个问题。首先要感谢网友对最高法院新闻发布会的关注，在最高法院的新闻发布会上欢迎网友提问不是第一次，今后我们也欢迎更多的网友参与到发布会当中来。这里向今天参与发布会的媒体做一个邀约、一个承诺，你们今后参加最高人民法院新闻发布会的时候可以事前收集网站用户、网民朋友的问题带到发布会上来，最高人民法院的发布会要实现最彻底的公开，和网民实现最直接的交流互动。

感谢腾讯微博网友提出的问题，由于时间关系我只回答一个大数据的问题。我们身处大数据的时代，这是当前最热的话题之一。大数据对人们的工作和生活已经带来了，并且将继续带来十分深刻的影响。法院的审判工作事关民生，所以也不能例外。法院工作在大数据时代，如何去更好地发挥作用，这是各级人民法院都十分关注的一个问题。最高人民法院对这个问题高度关注，一直以来我们十分注重审判工作中产生的所有数据的集纳、整理，公开发布、挖掘使用、成果转化等一系列的工作。这其中包括从海量的审判数据当中挖掘、总结、提炼可能对司法决策、制定司法解释、制定裁判标准有影响的各种数据内容，目的就是要进一步提高广大法官的裁判能力和水平。在使用的目的上我想可以归纳为四句话：通过数据进一步提高审判工作水平；通过数据进一步满足社会公众对司法的知情需求；通过数据进一步在全社会凝聚法治建设的共识；通过数据的分享进一步使全体社会成员分享法治的成果。

媒体反响

人民法院报　陈思　2014年6月25日

最高法院：毒品犯罪案件凡符合死刑条件坚决依法核准

“6·26”是国际禁毒日，今天，最高人民法院召开新闻发布会表示，将继续坚持对毒品犯罪从严惩处，确保死刑适用准确有力。最高法院对报请核准死刑的毒品犯罪案件，凡符合判处死刑条件的，坚决依法核准，确保死刑适用于罪行极其严重的毒品犯罪分子。

据统计，全国法院2013年以来新收毒品犯罪案件较往年同期大幅增长。2013年，全国法院新收毒品犯罪案件97225件，同比增长26.40%；审结95216件，同比增长24.82%；判决发生法律效力的犯罪分子99486人，同比增长22.78%，其中判处五年以上有期徒刑、无期徒刑至死刑的21962人，同比增长7.28%。2014年1–5月，全国法院新收毒品犯罪案件43180

件，同比增长30.19%；审结37186件，同比增长31.15%；判决发生法律效力的犯罪分子39762人，同比增长27.38%，其中判处五年以上有期徒刑、无期徒刑至死刑的9168人，同比增长23.21%。

最高法院新闻发言人孙军工指出，在毒品犯罪案件审判中，各级人民法院认真贯彻宽严相济刑事政策，坚持整体从严并突出打击重点，毒品犯罪案件的重刑率多年来始终高于同期全部刑事案件的重刑率。2013年毒品犯罪案件的重刑率为22.08%，2014年1–5月的重刑率为23.06%，分别高出同期全部刑事案件重刑率11.29和13.85个百分点。

孙军工强调指出，对于严重毒品犯罪以及毒枭、职业毒犯、累犯、毒品再犯等主观恶性深、人身危险性大的毒品犯罪分子，依法予以严惩，该判处重刑的坚决判处重刑，符合判处死刑条件的，依法判处死刑。最高人民法院对报请核准死刑的毒品犯罪案件，凡符合判处死刑条件的，坚决依法核准，确保死刑适用于罪行极其严重的毒品犯罪分子。同时，根据罪责刑相适应的刑法基本原则，审判工作中根据案件的具体情节予以区别对待，做到宽严相济，罚当其罪。对于罪行较轻，或者具有自首、立功、从犯等从宽处罚情节的被告人，依法从宽处罚，以分化瓦解毒品犯罪分子，预防和减少毒品犯罪。

更多媒体报道题目选登：

中央人民广播电台记者孙莹2014年6月26日报道《两高：对毒品犯罪从严惩处　确保死刑适用准确有力》。

▶ 图为发布会现场。

◀ 图为最高人民法院新闻发言人孙军工主持发布会。

▶ 图为最高人民法院刑事审判第五庭副庭长马岩回答记者提问。

◀图为中国日报社记者曹音提问。

◀图为人民网记者李婧提问。

◀图为腾讯微博网友提问。

第九场新闻发布会

设立专门审判机构　全面加强环境保护

发布主题：全面加强环境资源审判工作有关情况

发布时间：2014年7月3日

关 键 词：环境资源审判　司法文件　典型案例

主 持 人：最高人民法院新闻发言人　孙军工

出席嘉宾：最高人民法院环境资源审判庭庭长　郑学林

发布主题

关于全面加强环境资源审判工作有关情况的新闻发布稿

最高人民法院新闻发言人　孙军工

各位记者：

大家上午好！今天新闻发布会的主题是通报最高人民法院成立环境资源审判庭的有关情况，同时发布《最高人民法院关于全面加强环境资源审判工作为推进生态文明建设提供有力司法保障的意见》（以下简称《意见》）。为了使大家能够更加充分地了解这方面的工作，我们专门邀请了最高人民法院环境资源审判庭庭长郑学林出席今天的发布会并公布涉及环境资源保护的9个典型案例。下面，首先由我向各位通报环境资源审判工作的有关情况。

一、最高人民法院成立环境资源审判庭的有关情况

近年来，环境资源纠纷数量呈现出较快的增长趋势，其中因重大环境

污染等引发的群体性事件已越来越成为影响社会稳定的突出问题。全国人大常委会于今年4月24日修订通过了环境保护法这部被称为“史上最严”的环境基本法，与大气污染防治法、水污染防治法、固体废物污染环境防治法等法律法规一起，形成了较为完善的环境资源保护法律体系。

最高人民法院一直高度关注环境资源保护问题。2013年6月，最高人民法院与最高人民检察院共同出台了《关于办理环境污染刑事案件适用法律若干问题的解释》，进一步明确了惩处污染环境犯罪的法律适用问题，并向社会公布了一批典型案件，有力地震慑了犯罪分子。各地人民法院也在环境资源司法专门化方面进行了积极探索。据初步统计，自2007年贵阳清镇市人民法院成立我国第一家生态保护法庭以来，迄今已有16个省（区、市）设立了134个环境保护法庭、合议庭或者巡回法庭，依法审判了一批有影响力的环境资源类案件，取得了良好的法律效果和社会效果，并在环境资源专门化审判方面积累了有益经验。

为积极回应人民群众对环境资源司法的新期待，为生态文明建设提供坚强有力的司法保障，最高人民法院决定设立专门的环境资源审判庭。最高人民法院环境资源审判庭的主要职责包括：审判第一、二审涉及大气、水、土壤等自然环境污染侵权纠纷民事案件，涉及地质矿产资源保护、开发有关权属争议纠纷民事案件，涉及森林、草原、内河、湖泊、滩涂、湿地等自然资源环境保护、开发、利用等环境资源民事纠纷案件；对不服下级人民法院生效裁判的涉及环境资源民事案件进行审查，依法提审或裁定指令下级法院再审；对下级人民法院环境资源民事案件审判工作进行指导；研究起草有关司法解释等。

环境资源专门审判机构的设立，对于促进和保障环境资源法律的全面正确施行，统一司法裁判尺度，切实维护人民群众环境权益，在全社会培育和树立尊重自然、顺应自然、保护自然的生态文明新理念，遏制环境形势的进一步恶化，提升我国在环境保护方面的国际形象等，必将产生积极而深远的影响。

二、《意见》的主要内容

《意见》共分七个部分总计26条，内容十分丰富，涵盖了环境资源审判工作的指导思想、基本原则和目标任务等方面的内容，是当前和今后一个时期环境资源审判工作的重要指导性文件。《意见》明确将依法保护、保护优先、注重预防和损害担责作为环境资源审判工作基本原则，并且将其贯穿于程序规则的制定和工作机制的构建始终。《意见》的主要内容包括：

（一）**突出环境民事公益诉讼工作重点**。民事诉讼法第55条规定了民事公益诉讼制度，新修订的环境保护法第58条进一步明确了可以提起环境民事公益诉讼的社会组织资格。《意见》将推进环境公益诉讼作为全面加强环境资源审判工作的突破口和着力点，并对大力推进环境民事公益诉讼作出专门规定。一是充分保障法律规定的机关和有关组织的环境民事公益诉权。《意见》第11条强调："依照民事诉讼法、环境保护法和海洋环境保护法等有关法律规定，充分保障环境公益诉讼原告诉权，及时受理符合条件的公益诉讼。""同一污染环境、破坏生态行为既损害社会公共利益，又损害公民、法人和其他组织民事权益的，有关机关和组织提起公益诉讼，不影响受害人另行提起民事诉讼。"二是探索完善环境民事公益诉讼的审判程序。环境公益诉讼关涉社会公共利益，加之环境污染、生态破坏具有即时性、紧迫性和不可逆性等特点，决定了其审理程序的设置有别于普通的民事诉讼案件。《意见》第13条要求："探索建立受理公告制度，及时公告环境公益诉讼受理情况。对于审理案件需要的涉及社会公共利益的证据原告因客观原因无法取得的，可以依职权调取。对于原告承担举证责任的涉及社会公共利益的事实需要鉴定的，可以依职权委托鉴定。""对于需要采取强制执行措施的生效判决，可以依法移送执行。"三是依法确定环境民事公益诉讼的责任方式和赔偿范围。环境公益诉讼的终极目的是修复被破坏的生态环境，凡有可能采取一定措施恢复原状的，要在判令污染者承担赔偿责任的同时，责令其或者由第三方机构代替进行恢复原状。由于公益诉讼的损害赔偿不同于直接受损害者所遭受的私益上的损害，此类诉讼的目的在于保护社会公共利益，故公益诉讼赔偿金不能由原告直接领取。《意见》第14条规定："探索研究环境公益诉讼的赔偿范围及其与私益诉讼赔偿范围的关系。环境公益诉讼的原告请求被告赔偿

预防损害发生或恢复环境费用、破坏自然资源等生态环境造成的损失以及合理的律师费、调查取证费、鉴定评估费等诉讼支出的，可以根据案件审理情况予以支持。探索设立环境公益诉讼专项基金，将环境赔偿金专款用于恢复环境、修复生态、维护环境公共利益。”四是探索构建合理的诉讼成本负担机制。环境公益诉讼成本高昂，已经成为制约环保社会组织提起公益诉讼的主要障碍，解决这个问题很重要的一个方面就是构建合理的诉讼成本负担机制。《意见》第15条规定：“在原告胜诉时，原告支出的合理的律师费、调查取证费、鉴定评估费等费用可以判令由被告承担。鼓励从环境公益诉讼基金中支付原告环境公益诉讼费用的做法，充分发挥环境公益诉讼主体维护环境公共利益的积极作用。”

（二）**始终坚持专门化审判工作方向。**最高人民法院环境资源审判庭的成立，标志着我国环境资源审判工作已经跨入专门化审判的崭新历史阶段。《意见》紧紧围绕环境资源审判专门化这一工作目标，从加强环境资源审判机构专门化建设、审判队伍专门化建设和审判机制专门化建设等三个方面提出了具体要求。在加强环境资源审判机构专门化建设方面，人民法院应当根据适度集中和区别对待的原则，充分考虑环境资源案件受理数、案件疑难复杂程度以及法院的审判能力和水平等因素，合理确定高、中、基层人民法院环境资源案件的管辖布局。同时，还要有一定的前瞻性，及时调整工作部署，使环境资源审判工作适应经济社会发展的需要。《意见》第16条指出：“本着确有需要、因地制宜、分步推进的原则，建立环境资源专门审判机构。”高级人民法院要“设立环境资源专门审判机构”。中级人民法院应当“根据环境资源审判业务量，合理设立环境资源审判机构，案件数量不足的地方，可以设立环境资源合议庭”。“个别案件较多的基层人民法院经高级人民法院批准，也可以考虑设立环境资源审判机构。”在加强环境资源审判队伍专门化建设方面，要挑选那些既精通法律又熟悉环境专业知识的人员充实到环境资源审判队伍中来，还要加大对现有人员的培训力度，更新环境资源司法理念，提升司法能力，为实现环境资源审判专业化发展奠定坚实的人才基础。《意见》第25条规定：“按照环境资源专业审判要求，适时引进人才，注重培养人才。”“加大环境资源审判队伍的培训力度。”在加强环境资源审判机制专门化建设方面，《意见》第20条规定：“建立环境资源审判专家库，在审理重大疑难案件、研讨疑难专业问题、制定规范性文件时，充分听取专家意见。”“保障当事人要求专家出庭发表意见的权利，对于符合条件的申请及时通知专家出庭就鉴定意见和专业问题提出意见。”

（三）**积极创新环境资源审判工作机制。**环境资源审判是一项开拓性的工作，没有现成的道路可走，需要四级法院共同努力开辟新路。《意见》以改革创新精神为引领，既坚持顶层设计，准确把握环境资源审判机构设置原则、管辖模式和审判机制等总体方向，又鼓励摸着石头过河，充分发挥各地人民法院的积极性和能动性，为下一步的改革提供可资借鉴的经验。一是积极探索环境资源刑事、民事、行政案件归口审理。环境资源案件具有专业性强，且同一案件中民事、行政，甚至刑事问题往往交织在一起等特点，单一审理程序模式已不能满足此类案件的审判需要。归口审判模式有利于统一裁判尺度、克服地方保护主义以及实现环境资源案件的优质高效审理。《意见》第17条指出：“结合各地实际，积极探索环境资源刑事、民事、行政案件由环境资源专门审判机构归口审理，优化审判资源，实现环境资源案件的专业化审判。未实行环境资源案件归口审理的地方，要注重加强刑事、民事、行政审判机构之间的业务协调与沟通。”二是探索建立与行政区划适当分离的环境资源案件管辖制度。由于生态系统是不可分割的一个整体，水、空气等环境因素具有流动性，一旦出现环境污染，往往就是跨行政区划污染，而目前环境监管、资源利用是以行政区划为界限，行政权力配置与生态系统相割裂的冲突，导致跨行政区划污染不易得到有效的解决。《意见》第18条指出：“逐步改变目前以行政区划分割自然形成的流域等生态系统的管辖模式，着眼于从水、空气等环境因素的自然属性出发，结合各地的环境资源案件量，探索设立以流域等生态系统或以生态功能区为单位的跨行政区划环境资源专门审判机构，实行对环境资源案件的集中管辖，有效审理跨行政区划污染等案件。”三是加强环境资源保护职能部门之间的协调联动。环境保护是一项复杂的系统工程，需要环境资源保护行政执法机关、人民法院、人民检察院和公安机关等有关方面的共同参与。人民法院在不脱离审判职能、准确把握司法功能边界的前提下，也要重视发挥司法的能动作用，将审判职能适当向前、向后延伸。《意见》第21条规定："充分运用司法建议促进环境执法。积极推动建立审判机关、检察机关、公安机关和环境资源保护行政执法机关之间的环境资源执法协调机制。加强与环境资源保护行政执法机关和司法鉴定主管部门的沟通，推动完善环境资源司法鉴定和损害结果评估机制。"同时，《意见》第23条还提出："充分运用传统媒体和微信、微博、新闻客户端等新媒体，通过公开审判、以案说法、发布环境资源司法重要新闻和典型案例等形式，宣传环境资源保护法律法规，提高公众环境资源保护意识。定期发布《中国环境资源审判白皮书》，增进社会公众对环境资源司法保护制度及保护状况的客观全面了解。"

我要通报的情况就是这些，谢谢大家！

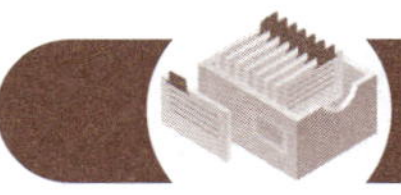

背景链接

最高人民法院关于全面加强环境资源审判工作为推进生态文明建设提供有力司法保障的意见

（2014年6月23日　法发〔2014〕11号）

为深入贯彻党的十八大、十八届三中全会和习近平总书记系列重要讲话精神，充分发挥人民法院审判职能作用，为推进生态文明建设提供有力司法保障，现就全面加强人民法院环境资源审判工作，提出如下意见。

一、新形势下全面加强环境资源审判工作的重大意义

1.全面加强环境资源审判工作是贯彻中央决定，推进生态文明建设的必然要求。当前，我国面临资源约束趋紧、环境污染严重、生态系统退化

的严峻形势，已经影响到人民群众的生命健康和经济社会的可持续发展。为从源头上扭转生态环境恶化趋势，建设美丽中国，实现中华民族的永续发展，党的十八大把生态文明建设纳入中国特色社会主义事业五位一体总体布局。党的十八届三中全会作出的《中共中央关于全面深化改革若干重大问题的决定》进一步指出，要建设生态文明，必须建立系统完整的生态文明制度体系，用制度保护生态环境。习近平总书记强调，走向生态文明新时代，建设美丽中国，是实现中华民族伟大复兴的中国梦的重要内容。面对新的形势和任务，各级人民法院要认真学习中央关于加强生态文明建设的新思想、新论断，统一思想认识，全面加强环境资源审判工作，以法律的手段制裁污染环境、破坏生态等违法行为，切实保障自然资源和环境保护制度的落实，维护人民群众生命健康，促进社会和谐安定，推动经济社会可持续发展。

2.全面加强环境资源审判工作是回应人民群众环境资源司法新期待，维护人民群众环境资源权益的必然要求。习近平总书记提出了“山水林田湖是一个生命共同体”“绿水青山就是金山银山”“人民对美好生活的向往，就是我们的奋斗目标”等一系列新思想新要求。随着经济的快速发展和物质生活水平的日益提高，广大人民群众的环境资源意识正在逐步增强，对于洁净的水源、清新的空气、安全的食品等良好生态环境和优质生态产品的需求越来越迫切，要求参与环境资源保护的呼声也越来越高。各级人民法院要积极回应人民群众对环境资源司法的新期待新要求，通过依法审理环境资源类案件，切实维护公众环境资源权益，为中华民族子孙后代永享优美宜居的生活空间、山清水秀的生态空间提供坚实的司法保障。

3.全面加强环境资源审判工作是统一裁判尺度、保障环境资源法律正确实施的必然要求。民事诉讼法规定了环境公益诉讼制度，修订后的环境保护法大大强化了对生态环境的保护力度，进一步明确了环境公益诉讼主体范围，与其他环境资源保护法律一起形成了较为完善的环境资源保护法律体系，成为预防和惩治污染环境、破坏生态行为的有力法律武器。各级人民法院要认真学习、贯彻环境资源法律，深入研究环境资源审判规律，更新环境资源司法理念，规范环境资源审判程序，统一裁判尺度，通过优质高效的案件审理和执行工作，促进和保障环境资源法律的全面正确施行。

二、环境资源审判工作的指导思想、基本原则和目标任务

4.指导思想。以党的十八大和十八届二中、三中全会精神为指导，认真学习贯彻习近平总书记系列重要讲话精神，深入贯彻中央关于全面深化改革的重大部署，紧紧围绕“让人民群众在每一个司法案件中都感受到公平正义”的目标，牢牢坚持司法为民、公正司法工作主线，切实贯彻节约资源和保护环境的基本国策，更加重视和全面加强环境资源审判工作，依法审理环境资源保护类案件，积极推进环境资源司法理论和制度研究，促进完善最严格的源头保护制度、损害赔偿制度、责任追究制度，为推进生态文明建设，增进人民福祉，建设美丽中国提供有力司法保障。

5.基本原则。一要坚持依法保护。依照法律和行政法规的规定履行环境资源司法保护职责，切实维护人民群众环境资源权益。注意加强与检察机关、公安机关和环境资源保护行政执法机关的工作沟通，分工负责、各司其职、协调联动，共同扭转生态环境恶化趋势。二要坚持保护优先。积极创新审判机制和执行措施，按照环境资源保护优先的要求，加大对污染环境和破坏资源行为的惩处力度。三要坚持注重预防。在案件审理过程中积极采取司法措施预防、减少环境损害和资源破坏，通过事前预防措施降低环境风险发生的可能性及损害程度。四要坚持损害担责。落实全面赔偿规定，探索建立环境修复、惩罚性赔偿等制度，依法严肃追究违法者的法律责任。

6.目标任务。环境资源纠纷司法救济渠道畅通；环境资源源头保护、损害赔偿、责任追究制度得到落实；环境公益诉讼、环境资源案件管辖等制度不断完善；环境资源刑事、民事、行政、执行等司法保护体系更加健全；环境资源法官队伍专业化水平和司法能力显著提高；环境资源审判工作全面加强，职能作用充分发挥。

三、充分发挥环境资源审判职能作用

7.依法严惩污染环境、破坏资源犯罪。加大对涉及环境资源保护刑事案件的审判力度，依法严惩污染环境、乱砍滥伐、滥捕野生动物、乱采滥

挖矿产资源、非法占用农用地、制污排污、非法处置进口固体废物、擅自进口固体废物等污染环境和破坏资源违法犯罪行为。严厉惩治环境监管失职犯罪。对造成环境污染严重后果的投放危险物质犯罪、重大安全责任事故犯罪，以及受害群众较多的涉众型案件，积极配合有关部门做好善后处置工作，最大限度地维护人民群众的合法权益。

8.依法审理环境资源民事案件。畅通司法救济渠道，完善司法便民措施，依法及时受理环境资源保护民事案件。妥善审理与土地、矿产、草场、林场、渔业、水、电、气、热力以及海洋等环境资源保护相关的物权、合同和侵权案件，特别要加强对污染土壤、污染水源等环境侵权案件的审理。对于涉及到矿业权、林权及其他自然资源权属的股权转让、承包、联营、出租、抵押等案件，要将保护生态环境和自然资源作为裁判的重要因素予以综合考量。充分发挥保全和先予执行措施的预防和减损作用，对于保全和先予执行申请，要及时受理、迅速审查、依法裁定、立即执行。依法确定当事人举证责任，对于因污染环境、破坏生态发生的纠纷，原告应当就存在污染行为和损害承担举证责任，并提交污染行为和损害之间可能存在因果关系的初步证据，被告应当就法律规定的不承担责任或者减轻责任的情形及其行为与损害之间不存在因果关系承担举证责任。

9.依法审理环境资源行政案件。依法受理环境资源行政案件，充分保障当事人诉权。案件审理既要从程序上审查行政机关的执法程序是否合法，也要从实体上审查行政许可、行政处罚等行为是否符合法定标准，特别要加强对行政机关不履行查处违反环境资源保护法律法规行为职责案件的审理，督促行政机关依法履职。谨慎适用协调手段结案，最大限度保护行政相对人的合法权益以及社会公众的环境健康与安全。妥善审理山林权属纠纷及确权行政案件，促进健全自然资源资产产权制度，加强对土地、矿产、水源、森林等自然资源的保护。妥当处理因同一环境资源纠纷引发的民事诉讼与行政诉讼的关系，避免不同审判组织对同一行政行为作出矛盾认定。积极探索环境行政诉讼与民事诉讼的合并审理，不断完善环境行政诉讼证据规则和法律适用规则。

10.加大环境资源案件执行力度。执行过程中积极争取环境资源保护行

政执法机关的支持和配合，确保被执行人应承担的行政责任及民事责任落实到位。适当采取限期履行、代为履行等方式实现恢复生态环境的目的。创新执行方式，探索建立环境资源保护案件执行回访制度，密切监督判决后责任人对污染的治理、整改措施以及生态恢复是否落实到位。依法审查环境行政非诉案件，对环境资源保护行政执法机关依法申请人民法院强制执行生效行政处罚决定，人民法院经审查裁定准予强制执行的，应当及时组织实施强制执行。

四、大力推进环境民事公益诉讼

11.充分保障法律规定的机关和有关组织的环境民事公益诉权。依照民事诉讼法、环境保护法和海洋环境保护法等有关法律规定，充分保障环境公益诉讼原告诉权，及时受理符合条件的公益诉讼。对于负有监督、管理、保护环境公共利益职责的海洋环境监督管理部门等机关依法提起的公益诉讼，以及符合环境保护法第五十八条规定的社会组织提起的公益诉讼，应当依法受理。同一污染环境、破坏生态行为既损害社会公共利益，又损害公民、法人和其他组织民事权益的，有关机关和组织提起公益诉讼，不影响受害人另行提起民事诉讼。

12.依法确定环境民事公益诉讼的管辖法院。环境公益诉讼一般由侵权行为地或者被告住所地的中级人民法院管辖。同一原告或者不同原告对同一行为分别向两个或者两个以上有管辖权的人民法院提起环境公益诉讼的，由最先受理的人民法院管辖。共同上级人民法院也可以在有管辖权的法院中指定一个法院集中管辖。

13.探索完善环境民事公益诉讼的审判程序。探索立案沟通协调机制，及时将环境公益诉讼起诉情况通报环境资源保护行政执法机关。探索建立受理公告制度，及时公告环境公益诉讼受理情况。对于审理案件需要的涉及社会公共利益的证据原告因客观原因无法取得的，可以依职权调取。对于原告承担举证责任的涉及社会公共利益的事实需要鉴定的，可以依职权委托鉴定。对于当事人达成的调解协议或者和解撤诉申请，应当特别注重审查是否损害国家利益、社会公共利益或者他人合法权益。对于需要采取强制执行措施的生效判决，可以依法移送执行。

14.依法确定环境民事公益诉讼的责任方式和赔偿范围。人民法院审理环境公益诉讼案件，可以根据原告请求判令被告停止侵害、排除妨碍、消除危险、返还财产、恢复原状、赔偿损失。探索研究环境公益诉讼的赔偿范围及其与私益诉讼赔偿范围的关系。环境公益诉讼的原告请求被告赔偿预防损害发生或恢复环境费用、破坏自然资源等生态环境造成的损失以及合理的律师费、调查取证费、鉴定评估费等诉讼支出的，可以根据案件审理情况予以支持。探索设立环境公益诉讼专项基金，将环境赔偿金专款用于恢复环境、修复生态、维护环境公共利益；尚未设立基金的地方，可以与环境资源保护行政执法机关、政府财政部门等协商确定环境赔偿金的交付使用方式。

15.探索构建合理的诉讼成本负担机制。加大对环境公益诉讼原告的司法救助力度，法律规定的机关和有关组织向人民法院依法申请缓交、减交或者免交案件受理费、保全申请费的，可以予以准许。合理确定诉讼费用的负担主体，在原告胜诉时，原告支出的合理的律师费、调查取证费、鉴定评估费等费用可以判令由被告承担。鼓励从环境公益诉讼基金中支付原告环境公益诉讼费用的做法，充分发挥环境公益诉讼主体维护环境公共利益的积极作用。

五、有序推进环境资源司法体制改革

16.合理设立环境资源专门审判机构。本着确有需要、因地制宜、分步推进的原则，建立环境资源专门审判机构，为加强环境资源审判工作提供组织保障。高级人民法院要按照审判专业化的思路，理顺机构职能，合理分配审判资源，设立环境资源专门审判机构。中级人民法院应当在高级人民法院的统筹指导下，根据环境资源审判业务量，合理设立环境资源审判机构，案件数量不足的地方，可以设立环境资源合议庭。个别案件较多的基层人民法院经高级人民法院批准，也可以考虑设立环境资源审判机构。

17.积极探索环境资源刑事、民事、行政案件归口审理。结合各地实际，积极探索环境资源刑事、民事、行政案件由环境资源专门审判机构归口审理，优化审判资源，实现环境资源案件的专业化审判。未实行环境资

源案件归口审理的地方，要注重加强刑事、民事、行政审判机构之间的业务协调与沟通。

18.探索建立与行政区划适当分离的环境资源案件管辖制度。逐步改变目前以行政区划分割自然形成的流域等生态系统的管辖模式，着眼于从水、空气等环境因素的自然属性出发，结合各地的环境资源案件量，探索设立以流域等生态系统或以生态功能区为单位的跨行政区划环境资源专门审判机构，实行对环境资源案件的集中管辖，有效审理跨行政区划污染等案件。

六、建立健全环境资源司法工作机制

19.加强环境资源司法解释和调研工作。紧密结合我国环境资源司法保护需求，加强对环境资源司法保护新问题的法律适用和诉讼制度研究，借鉴国际环境资源司法保护的有益经验，适时就环境资源损害民事责任、环境民事公益诉讼、矿业权等环境资源纠纷适用法律问题制定司法解释。加强对碳排放交易、排污权交易、水权交易、新能源开发利用及环境服务相关纠纷等新课题的研究，待条件成熟时出台司法解释或者指导意见。积极参与环境资源立法，深入调研及时提出立法建议，推动环境资源法律体系的不断完善。

20.充分发挥专家在环境资源审判工作中的作用。建立环境资源审判专家库，在审理重大疑难案件、研讨疑难专业问题、制定规范性文件时，充分听取专家意见。可以聘请环境资源领域的专家担任特邀调解员，运用专业技术知识促使当事人自觉认识错误，修复环境，赔偿损失。保障当事人要求专家出庭发表意见的权利，对于符合条件的申请及时通知专家出庭就鉴定意见和专业问题提出意见。

21.加强环境资源保护职能部门之间的协调联动。加强环境资源审判机构与立案、执行和审判监督机构之间的工作衔接，加强上下级法院之间的信息通报和业务交流。充分运用司法建议促进环境执法。积极推动建立审判机关、检察机关、公安机关和环境资源保护行政执法机关之间的环境资源执法协调机制。加强与环境资源保护行政执法机关和司法鉴定主管部门的沟通，推动完善环境资源司法鉴定和损害结果评估机制。

七、加大环境资源司法公开和宣传力度

22.加大环境资源审判公众参与和司法公开力度。积极回应人民群众参与环境资源保护意愿，在环境资源审判领域全面推行人民陪审员参与案件审理。自觉接受社会公众监督，推动建立中国环境资源裁判文书网，及时上网公开生效裁判文书。对于有重大影响的案件，邀请人大代表、政协委员、社会公众等旁听庭审，增强环境资源审判的公开性和公信力。

23.加大环境资源司法保护宣传力度。充分运用传统媒体和微信、微博、新闻客户端等新媒体，通过公开审判、以案说法、发布环境资源司法重要新闻和典型案例等形式，宣传环境资源保护法律法规，提高公众环境资源保护意识。定期发布《中国环境资源审判白皮书》，增进社会公众对环境资源司法保护制度及保护状况的客观全面了解。

八、大力加强环境资源审判队伍建设

24.加强环境资源审判队伍的思想政治建设。按照习近平总书记提出的“五个过硬”的标准，结合环境资源审判工作的政策性与专业性要求，强化队伍的政治意识、大局意识、群众意识、国情意识、稳定意识，确保环境资源审判工作为党和国家工作大局服务。

25.加强环境资源审判队伍专业化建设。按照环境资源专业审判要求，适时引进人才，注重培养人才。加大环境资源审判队伍的培训力度，学习环境资源专业知识，研究审判疑难问题，更新司法理念，提升司法能力，努力打造一支政治强、业务精、素质高的专业化环境资源审判队伍。

26.加强环境资源审判机构领导班子建设。选优配强环境资源审判机构领导班子，增强领导班子把握环境资源审判工作全局和破解环境资源保护实践难题的能力，提高领导班子集体决策能力和整体合力，形成讲政治、顾大局、有凝聚力、有战斗力的领导核心，为全面加强人民法院环境资源审判工作提供坚强的组织领导。

环境资源审判典型案例

案例1 中华环保联合会、贵阳公众环境教育中心与贵阳市乌当区定扒造纸厂水污染责任纠纷案

（一）基本案情

贵阳市乌当区定扒造纸厂（以下简称定扒纸厂）自2003年起经常将生产废水偷偷排入南明河或超标排放锅炉废气，多次受到当地环境保护行政主管部门处罚。但该纸厂仍采取夜间偷排的方式逃避监管，向南明河排放污水。中华环保联合会、贵阳公众环境教育中心提起诉讼，请求判令定扒纸厂立即停排污水，消除危险并支付原告支出的合理费用。贵州省清镇市人民法院（以下简称清镇法院）受理案件的同时，即依原告申请采取了拍照、取样等证据保全措施，固定了证据，并裁定责令定扒纸厂立即停止排污。经法院委托贵阳市环境中心监测站对定扒纸厂排放的废水取样检测，废水中氨氮含量等指标均严重超过国家允许的排放标准，其排污口下游的南明河水属劣五类水质。经原告申请，法院协调由贵阳市两湖一库基金会从环境公益诉讼援助基金中先行垫付上述检测费用。清镇法院确定由一名审判员和两名环保专家担任人民陪审员共同组成合议庭。审理过程中，合议庭充分发挥专家作用，召开专家咨询委员会会议对被告的排污行为进行论证，依法采信了专家意见。该院还针对其他几家纸厂排污行为提出由环境保护行政主管部门对这些纸厂进行查处的司法建议，将南明河的污染问题一并解决。

（二）裁判结果

清镇法院一审认为，定扒纸厂取得的排污许可证载明，其能够排放的污染物仅为二氧化硫、烟尘等，不包含废水。但定扒纸厂却采取白天储存、夜间偷排的方式，利用溶洞向南明河排放严重超标工业废水，从直观上、实质上都对南明河产生了污染，严重危害了环境公共利益，故其应当承担侵权民事责任。清镇法院于2011年1月作出判决，判令定扒纸厂立即

停止向南明河排放污水，消除对南明河产生的危害，并承担原告合理支出的律师费用及贵阳市两湖一库基金会垫付的检测费用。

（三）典型意义

为加大环境司法保护力度，贵阳市积极探索环境保护案件集中管辖和三审合一的模式，即由清镇法院生态保护法庭负责审理贵阳市辖区内所有涉及环境保护的刑事、行政、民事一审案件。本案被告地处贵阳市乌当区，清镇法院系按照上述环境污染案件跨行政区域管辖的规定受理并审理本案。本案审理中，合议庭在受理案件的同时保全证据，及时采取先予执行措施，协助原告申请环保基金垫付评估、鉴定、分析检测费用，依法采信专家意见，邀请环保专家担任人民陪审员，进行了一系列有益的探索。清镇法院还注意与环境保护行政主管部门协调联动，及时采取措施制止被告及其他纸厂的排污行为，使南明河的生态环境得到改善。

案例2　聂胜等149户辛庄村村民与平顶山天安煤业股份有限公司五矿等水污染责任纠纷案

（一）基本案情

自2003年6月起，聂胜等149户辛庄村村民因本村井水达不到饮用水的标准，而到附近村庄取水。聂胜等人以平顶山天安煤业股份有限公司五矿（以下简称五矿）、平顶山天安煤业股份有限公司六矿（以下简称六矿）、中平能化医疗集团总医院（以下简称总医院）排放的污水将地下水污染，造成井水不能饮用为由提起诉讼，请求判令三被告赔偿异地取水的误工损失等共计212.4万元。

（二）裁判结果

河南省平顶山市新华区人民法院一审认为，三被告排放生产、生活污水污染了辛庄村井水，导致聂胜等149户村民无法饮用而到别处取水，对此产生的误工损失，三被告应承担民事责任，判决三被告共同承担赔偿责任。双方不服上诉至平顶山市中级人民法院。二审庭审中，鉴定人员出庭接受质询，证明即便三被告排放的是达标污水，也肯定会含有一定的污染因子，五矿、六矿职工及家属排放的生活污水与五矿、六矿排放的生产污水只能按主次责任划分。二审法院依据鉴定报告及专家意见，结合二审查明的生产污水与生活污水对损害发生所起的主次作用以及五矿、六矿职工及其家属所排生活污水约占致损生活污水总排量的60%等事实，认定三被告对因其排放生产污水造成的本案误工损失共同承担40%的赔偿责任；五矿、六矿就其职工及家属排放生活污水造成的其余60%误工损失共同承担六成的赔偿责任。二审法院于2011年7月作出判决，判令五矿、六矿、总医院因排放生产污水共同赔偿聂胜等人误工费17.65万元，五矿、六矿因其职工及其家属排放生活污水共同赔偿聂胜等人误工费15.89万元。

（三）典型意义

本案系多方排污导致地下水污染，危害饮用水水源，严重威胁聂胜等人的身心健康。被告的生产、生活污水排入地下，且不能举证证明其排污行为与聂胜等人的损害之间不存在因果关系，一、二审法院认定三被告污染环境，应当承担民事责任并无不当。根据侵权责任法第六十五条和第六十六条的规定，污染者应对其污染行为造成的损害承担无过错责任，即使三被告排放的污染物达标，造成损害的，仍不能免除其民事责任。涉案地下水污染系多个责任主体、多个排污行为叠加所致，二审法院根据鉴定报告和专家意见，厘清了不同排污行为产生的主次责任以及被告承担责任的比例划分，进而作出了相应判决。

案例3　上海市松江区叶榭镇人民政府与蒋荣祥等水污染责任纠纷案

（一）基本案情

浩盟车料（上海）有限公司（以下简称浩盟公司）、上海日新热镀锌有限公司（以下简称日新公司）与上海佳余化工有限公司（以下简称佳余公司）存在盐酸买卖关系，并委托佳余公司处理废酸。佳余公司委托未取得危险废物经营许可证的蒋荣祥从上述两公司运输和处理废酸。2011年2月至3月期间，蒋荣祥多次指派其雇佣的驾驶员董胜振将从三公司收集的共计6车废酸倾倒至叶榭镇叶兴路红先河桥南侧的雨水井中，导致废酸经雨水井流入红先河，造成严重污染。污染事故发生后，上海市松江区叶榭镇人民政府（以下简称叶榭镇政府）为治理污染，拨款并委托松江区叶榭水务管理站对污染河道进行治理。经审计确认红先河河道污染治理工程款、清理管道污染淤泥工程款、土地征用及迁移补偿费、勘察设计费、合同公证及工程质量监理费、审计费等合计887266元。因本次污染事故，蒋荣祥、董胜振分别被判处有期徒刑二年和一年三个月，佳余公司、浩盟公司、日新公司分别被上海市环境保护局罚款46万元、16万元、16万元。叶榭镇政府提起诉讼，请求判令蒋荣祥、董胜振、佳余公司、浩盟公司、日新公司连带赔偿经济损失887266元。

（二）裁判结果

上海市松江区人民法院一审认为，本案中叶榭镇政府作为被污染河道的主管单位，有权对污染河道进行治理，也有权作为原告提起诉讼。蒋荣祥以营利为目的，在未取得危险废物经营许可证的情况下，指派其雇员将废酸倾倒至叶榭镇政府境内通向红先河的雨水井中，造成严重污染，应当承担民事赔偿责任。董胜振盲目听从蒋荣祥的指派，故意将废酸倒入雨水井中导致红先河严重污染，应当与其雇主蒋荣祥承担连带赔偿责任。佳余公司、浩盟公司、日新公司在生产过程中所产生的废酸属于危险废物，应向当地环境保护行政主管部门申报，并移交到有相应资质的单位进行处理。但上述三公司均未办理法定手续，擅自处理废酸，与此后红先河严重污染有直接的因果关系，对本次污染事故具有重大过错，理应与蒋荣祥承担连带赔偿责任，综合三公司运出并倾倒的废酸数量及佳余公司在本次事故中所起作用等因素，酌情确定各自对损害后果承担的赔偿责任比例。一审法院于2012年6月作出判决，判令蒋荣祥赔偿叶榭镇政府各项经济损失887266元，董胜振承担连带赔偿责任；佳余公司、浩盟公司、日新公司分别对蒋荣祥应当赔偿的款项承担20%、65%、15%的连带赔偿责任。

（三）典型意义

危险废物不但严重威胁人体健康，也会对人类赖以生存的生态环境造成巨大破坏，必须依法进行申报和处理。本案中，蒋荣祥在未取得危险

废物经营许可证的情况下擅自倾倒废酸，致使红先河严重污染，应承担全部赔偿责任。董胜振作为蒋荣祥雇用的驾驶员，对未经处理的废酸倾倒至雨水井可能造成的危害后果应当具有预见能力，但其盲目听从蒋荣祥的指派，故意将废酸倒入雨水井中，应与蒋荣祥承担连带赔偿责任。佳余公司、浩盟公司与日新公司未办理法定手续，擅自将废酸交由不具备资质的个人运输并排放，应根据各自违法处理危险废物的数量以及对事故发生所起作用等因素按份额与蒋荣祥共同承担责任。虽然环境保护行政主管部门已对上述三公司进行了行政罚款，蒋荣祥、董胜振也被处以刑罚，但均不能免除或减轻其民事赔偿责任。通过刑事责任、行政责任、民事责任三种责任方式的综合运用，提高污染者的违法成本，并对潜在的污染者形成有效震慑，达到防治危险废物污染的目的。

案例4　重庆市长寿区龙河镇盐井村1组与蒙城县利超运输有限公司等环境污染责任纠纷案

（一）基本案情

2010年7月6日，李勇驾驶杨玉文所有的牵引车与濮阳市汽车运输公司（以下简称濮阳公司）所有的重型罐式货车尾随相撞发生交通事故，造成杨玉文死亡、财产毁损，罐式货车所载的一甲胺溶液发生泄漏，产生环境污染。李勇承担此次事故的全部责任，濮阳公司的驾驶员不承担责任。上述牵引车系挂靠蒙城县利超运输有限公司（以下简称利超公司）、新余市广诚汽车运输有限责任公司（以下简称广诚公司）经营。此次交通事故泄漏一甲胺溶液5.34吨，对当地鱼塘、农田造成污染。后政府职能部门对被污染的鱼塘和农田损失情况进行了实地测查，确认了相关损失。重庆市长寿区龙河镇盐井村1组（以下简称盐井村1组）提起诉讼，请求判令利超公司、广诚公司、李书芳等杨玉文遗属、濮阳公司连带赔偿因环境污染造成的财产损失7500元。

（二）裁判结果

重庆市长寿区人民法院一审认为，根据侵权责任法第六十八条之规

定，环境污染者即使因第三人的过错造成他人损失，也不能免责，故濮阳公司应当承担环境污染的损害赔偿责任，其在赔偿后有权向有过错的其他责任人进行追偿。杨玉文一方在交通事故中负有全部责任，对于盐井村1组遭受的环境污染损害具有过错，也应承担赔偿责任。现杨玉文已经死亡，该债务发生在杨玉文与李书芳婚姻关系存续期间，故李书芳应当对该债务承担连带责任，杨爱芹等杨玉文的继承人应在继承杨玉文遗产的范围内承担赔偿责任。杨玉文所有的车辆，挂靠在利超公司、广诚公司名下，故该两公司应当承担补充赔偿责任。李勇系杨玉文雇用的驾驶员，其在从事雇佣活动中造成他人损害的，依法应由雇主对外承担侵权责任。事故发生后，政府职能部门作出的损失情况统计表应予采纳。被告对污染行为与损害之间不存在因果关系未予举证证明，故对其辩解不予采信。一审法院于2011年12月作出判决，判令由濮阳公司、李书芳赔偿盐井村1组损失7500元；利超公司、广诚公司承担补充赔偿责任；杨爱芹等继承人在继承杨玉文遗产的范围内对前款债务承担清偿责任；驳回盐井村1组对李勇的诉讼请求。

（三）典型意义

本案系因交通事故导致有毒化学物质泄漏引起的环境污染责任纠纷，涉及不同法律关系的多方当事人。濮阳公司因第三人杨玉文方的过错造成了环境污染，被侵权人依法可以向污染者请求赔偿，也可以向第三人请求赔偿。本案中，盐井村1组同时以濮阳公司、杨玉文方为被告提起诉讼，一审法院予以受理并依法认定两被告应各自承担相应的责任，合法有据。污染者依法应对其污染行为造成的损害承担无过错责任，故濮阳公司不得以第三人过错造成损害为由拒绝赔偿，且该公司未能举证证明其行为与损害结果之间不存在因果关系，濮阳公司应当承担赔偿责任。濮阳公司赔偿后，有权向第三人追偿。因杨玉文方的过错发生交通事故，其过错行为与盐井村1组遭受的环境污染损害具有直接的因果关系，杨玉文方也应承担赔偿责任。

案例5　朱正茂、中华环保联合会与江阴港集装箱公司环境污染责任纠纷案

（一）基本案情

2004年上半年，江阴港集装箱公司（以下简称集装箱公司）未经环境保护行政主管部门环境影响评价和建设行政主管部门立项审批，自行增设铁矿石（粉）货种接卸作业。在作业过程中，该公司采用露天接卸，造成了铁矿石粉尘直接侵入周边居民住宅；采用冲洗方式处理散落在港区路面和港口外道路上的红色粉尘，形成的污水直接排入周边河道和长江水域，并在河道中积淀，造成了周边环境大气污染、水污染，严重影响了周边地区空气质量、长江水质和附近居民的生活环境。虽经朱正茂等周边居民反映情况、江阴市人民政府召开协调会议，集装箱公司亦采取了整改措施，但仍未彻底消除污染现象。2009年7月6日，朱正茂作为周边居民代表与中华环保联合会共同提起诉讼，请求判令集装箱公司停止侵害，使港口周围的大气环境符合环境标准，排除妨碍；对铁矿粉冲洗进行处理，消除对饮用水源地和取水口产生的危险；将港口附近的下水道恢复原状，铁矿粉泥做无害化处理。无锡市中级人民法院（以下简称无锡中院）于受理本案的次日，进行了现场勘验，裁定责令被告立即停止污染侵害行为，并向无锡市人民政府法制办公室、江阴市人民政府发函，取得政府部门的配合和支持。该院还召集听证，责成集装箱公司在案件审结前采取切实可行的方案和措施，迅速改善环境质量状态。集装箱公司据此再次采取整改措施，并在审理过程中提出调解申请。

（二）裁判结果

无锡中院一审认为，集装箱公司自行增设铁矿石（粉）港口接卸作业，属违法行为，对周边大气环境和地表、水域造成了污染侵害，影响了周边居民的正常生活。鉴于集装箱公司在诉讼前已采取了一定的污染防治措施，在本案审理过程中又采取了一系列治理措施，并提出调解申请。经法院依法主持调解，双方当事人达成协议，由集装箱公司限期补办相关的行政许可审批手续，限期内未获得行政许可的，必须立即停止相关业务；

在申办期内，必须做到无尘化装卸作业，不得向周边河流、水域排放任何影响水体质量的污染物，不得产生超过国家规定标准的噪声；每30天书面报告本协议履行情况，并附当地环境保护行政主管部门的环境监测报告。无锡中院于2009年9月出具民事调解书，对上述协议依法予以确认。

（三）典型意义

本案兼具私益诉讼和公益诉讼的特点。朱正茂是居民代表，同时又是环境污染的受害者，其与中华环保联合会共同作为原告起诉后，无锡中院依法予以受理，对环境公益诉讼的原告主体资格问题进行了有益的探索和实践。鉴于环境污染具有不可逆性、地域广阔性、潜在受害人不确定性和社会公共利益受损的广泛性，无锡中院受理案件后，依职权进行现场勘验，针对正在实施的环境污染侵害行为，先行裁定污染者立即停止侵害，防止了损害扩大。无锡中院在审理本案的过程中，重视与政府相关部门的对接和联动，各司其职、各尽其责，正确处理了维权与维稳的关系，鼓励污染者积极采取防治措施，修复环境，对迅速治理环境污染起到了积极作用。

案例6　张长健等1721人与福建省（屏南）榕屏化工有限公司环境污染责任纠纷案

（一）基本案情

福建省（屏南）榕屏化工有限公司（以下简称榕屏公司）自1995年投产后，对周边地区陆续造成污染，排放的废水、废气、废渣，对环境和人体造成严重损害。特别是排放的氯气，造成大片树林、竹林、果树、庄稼枯死，鱼虾不能生存。对此，有现场勘验报告和当地乡人民政府出具的《屏城乡溪坪村受榕屏公司污染情况》佐证，江西惠普会计师事务所据此提出了损失计算标准。张长健等1721人提起诉讼，请求判令榕屏公司立即停止侵害，赔偿农作物及竹、木等损失，清除厂内及后山废渣。

（二）裁判结果

宁德市中级人民法院一审认为，榕屏公司虽主张排放达标，但不能证明排放不会造成损害，应推定因果关系存在，侵权责任成立。张长健等1721人从1995年榕屏公司投产后、山地陆续出现毛竹等死亡时，就陆续向有关部门反映，诉讼时效并未超过。一审判决，榕屏公司立即停止侵害，清除厂内和后山工业废渣，并赔偿山场林木、果树、毛竹和农田等部分损失。双方不服上诉至福建省高级人民法院。该院二审认为，污染物排放标准不是确定排污单位是否承担侵权赔偿责任的界限，榕屏公司未能提供证据证明其废气排放、废渣堆放与张长健等1721人的农作物受损没有因果关系，应承担举证不能的责任。二审法院于2005年11月16日作出判决，维持一审判决关于榕屏公司立即停止侵害的判项，判令榕屏公司赔偿山场林木、果树、毛竹和农作物等损失68.42万元，在限期内对厂内及后山的含铬废渣进行清理，并按规范进行处置，对原后山的堆场进行封场。

（三）典型意义

环境污染责任的构成要件包括污染者有污染环境的行为、受害人有损害、污染者污染环境的行为与受害人的损害之间有因果关系。其中，因果关系的认定是环境污染责任纠纷中的重要问题。鉴于环境污染侵权具有致害途径复杂多样、损害证明科学技术性强以及多因一果现象频发等特性，侵权责任法第六十六条规定环境污染侵权实行因果关系的举证责任倒置，将污染行为与损害之间不存在因果关系的举证义务加于污染者，其举证不能时，则推定因果关系成立，从而认定环境污染责任成立，保护受害人的合法权益。此外，环境污染责任系无过错责任，污染者有污染行为并造成损害的，除其举证证明存在法律规定的不承担责任或者减轻责任的情形外，均应承担侵权责任，不得以排污达标为由提出抗辩、减免责任。再者，在认定环境污染责任成立的前提下，准确界定损害赔偿的范围，涉及化学、生物、地理等专业知识，宁德市中级人民法院经双方当事人同意委托专业人士进行现场勘验，并依据具备资产评估资格的会计师事务所提出的损失计算标准，认定赔偿数额，具有一定的指导意义。

案例7 姜建波与荆军噪声污染责任纠纷案

（一）基本案情

2009年起荆军租用了谷某的房屋和院落，此院落与姜建波住所前后相邻，仅一墙之隔。荆军在租用的院落里对钢铁制品进行切割作业，产生的噪声使姜建波不堪忍受。姜建波先后向村委会及当地环境保护行政主管部门反映，但问题仍未得到解决，遂提起诉讼，请求判令荆军停止侵害，排除妨碍，将产生噪声污染及粉尘污染的铁制品搬离与姜建波相邻的院落，赔偿其精神损失8000元。

（二）裁判结果

乌鲁木齐市米东区人民法院一审判令荆军立即停止侵权、排除妨害，将产生噪声的钢铁制品搬离与姜建波相邻的院落，并赔偿姜建波精神损害抚慰金2000元。荆军不服，上诉至乌鲁木齐市中级人民法院。该院二审认为，钢铁制品在装卸、运送或者加工过程中产生的声音超出一般公众普遍可忍受的程度。本案中，荆军院落与姜建波居所一墙相隔，荆军在院落中放置工具、加工材料时所产生的声音势必能传入到其他居民的居室内，已成为干扰周围居民生活的环境噪声。噪声污染对人体健康可能造成损害，是为公众普遍认可的，姜建波称其因噪声无法休息导致精神受到伤害符合日常生活经验法则，应推定属实。荆军否认噪声污染给姜建波造成了实际损害，应举证证明，但荆军不能举出其院落中发出的噪声对姜建波的身体健康未产生损害的证据。一审判决根据荆军加工钢铁制品产生的噪声的时间、两家距离的远近、噪声的大小酌情支持2000元精神损害抚慰金并无不当。二审法院于2012年7月作出判决，驳回上诉，维持原判。

（三）典型意义

在工业生产、建筑施工、交通运输和社会生活中产生的严重噪声污染，侵害人们安宁生活、工作和学习的权利，导致人们身心健康受损。本案中，荆军在装卸、运送、加工钢铁制品过程中产生的噪声，超过了一般人可容忍的程度，严重干扰了周边人群的正常生活，应承担停止侵害、排除妨碍及赔偿损失的民事责任。噪声污染给受害人身心健康造成的损害具有持续性和隐蔽性等特点，受害人的症状往往不明显且暂时无法用精确的计量方法反映。二审判决适用了日常生活经验法则及事实推定规则，认为钢铁制品加工、搬卸的噪声会比较严重的影响相邻院落居民正常的生活和休息，符合一般人的认知规律，而且噪声污染对身心健康造成损害，也是为公众普遍认可的。在荆军未举出反证证明其产生的噪声未对姜建波产生损害的情况下，即使姜建波尚未出现明显症状，其生活受到噪声侵扰而导致精神损害的事实也是客观存在的。二审法院系结合荆军加工钢铁制品产生噪声的时间、双方距离的远近、噪声的大小，酌情作出了由荆军赔偿姜建波精神损害抚慰金2000元的判决。

案例8　中华环保联合会与无锡市蠡湖惠山景区管理委员会生态环境损害赔偿纠纷案

（一）基本案情

无锡市蠡湖惠山景区管理委员会（以下简称景区管委会）在负责开发建设动植物园和儿童乐园项目的过程中，擅自占用2万平方米左右的林地。涉案项目尚有2500平方米山体土壤裸露宕口地块，系上世纪八十年代开采山石遗留状态，景区管委会未在该地块进行任何建设。中华环保联合会提起诉讼，请求判令景区管委会将非法占用的林地恢复用途并赔偿损失，立即将项目区域内裸露的部分土地进行复绿固土。

（二）裁判结果

无锡市滨湖区人民法院一审认为，景区管委会未经审批占用17477平方米林地是事实，但动植物园项目系城市绿地系统的组成部分，后期景区管委会又恢复和新增了一定数量的林地，未造成显著损害。本案审理中，景区管委会已缴纳了植被恢复费114万余元，应当视为已经弥补了生态损害。景区管委会擅自改变3677平方米林地用途，应当恢复原状。鉴于该地块建设已经被纳入立项规划范围，且建设项目中的观光电梯具有逃生、急救通道的功能，涉及较大公共利益，不宜恢复原状。在审理中，景区管委会提出了异地补植方案，得到了主管单位和中华环保联合会的认可，并经咨询相关专业机构确定了杨湾异地补植恢复生态的方案。景区管委会等单位作为宕口裸露地块的使用人，有义务对该地块的状况进行持续整治，消除水土进一步流失的危险。在案件审理中，景区管委会自愿提出的复绿方案具有可行性，法院予以确认与准许。一审法院于2012年12月作出判决，判令景区管委会一个月内完成17477平方米林地改变用途的申报程序，将异地补植费用人民币79.44万元汇至指定账户并在六个月内完成杨湾地块4500平方米的异地补植，景区管委会及其他地块使用人六个月内完成2500平方米宕口地块复绿固土工作。

（三）典型意义

建设单位景区管委会在建设工程中未经批准占用并改变林地用途对生态环境造成损害，理应承担恢复生态环境的民事责任。本案的特殊之处在于，涉案工程所占用土地已经纳入立项规划范围，且工程对于整个项目具有重要作用，涉及公共利益，直接恢复原状不具可行性。在此情况下，一审法院经咨询专业机构意见，采纳了异地补植的方案进行生态恢复，探索了环境污染者、生态破坏者承担民事责任的方式，避免了社会财富的浪费，又在整个区域范围内恢复了生态容量的水平，可资借鉴。

案例9 王仕龙与刘俊波采矿权转让合同纠纷案

（一）基本案情

2007年8月27日，王仕龙以兴隆县龙思敏大理石厂的名义与刘俊波订立了矿山转让合同书，该合同约定王仕龙将兴隆县龙思敏大理石厂作价305万元转让给刘俊波。合同还对付款期限，违约责任等内容进行了约定。合同签订后，刘俊波共支付转让款等款项共计133.5万元。刘俊波修建了矿路及部分厂房，但未对该大理石矿进行开采。后王仕龙以刘俊波未足额付款为由提起诉讼请求判令解除矿山转让合同，刘俊波返还矿山并给付违约金76万元。刘俊波提起反诉请求判令王仕龙继续履行合同并赔偿损失108.8万元。

（二）裁判结果

承德市中级人民法院一审判决驳回双方的诉讼请求。双方不服，上诉至河北省高级人民法院。该院二审认为，王仕龙和刘俊波均认可本案转让合同的标的物为大理石矿及相应采矿权，双方所签矿山转让合同已成立，但属于依照法律规定应到相关部门办理批准手续才能生效的合同。由于合同对移交矿山手续等约定不明，双方对合同未能履行均负有责任。对于按照法律、行政法规的规定须经批准或者登记才能生效的合同，双方当事人均应积极履行各自的义务，促使合同生效，以维护交易各方的合法权益。二审法院于2011年2月作出判决，判令王仕龙、刘俊波按照各自义务向有关部门提交相关资料，申请办理转让兴隆县龙思敏大理石矿的批准手续。王仕龙仍不服，向最高人民法院申请再审，最高人民法院裁定驳回再审申请。

（三）典型意义

矿产资源是人类生存和经济社会可持续发展的重要物质基础。采矿权的转让审批，是国家规范采矿权有序流转，实现矿产资源科学保护、合理开发的重要制度。采矿权转让未经审批的，转让合同尚未发生法律效力。二审法院在审理本案过程中严格依照法律规定，认定转让合同因未经审批而未生效，并判令双方按照各自义务办理采矿权转让报批手续，积极促使合同生效，维护了采矿权市场交易秩序，也符合合同法鼓励交易、创造财富的原则。

现场互动

中央电视台记者李文杰：在最高人民法院成立环境资源审判庭之前，有些省份已经探索过专门的环境审判庭室，这些庭室的现状是怎么样的？另外，下一步最高人民法院怎样进一步推进各个省的环境资源审判庭的建设？

郑学林：最高人民法院环境资源审判庭成立之前，地方有关法院已经成立了相关的环境资源审判机构。据我了解，目前贵州、海南、福建、云南等省高级人民法院已经成立了环境资源审判专门机构。有的中级法院

和基层法院也成立了专门审理环境资源类案件的审判机构。比如贵州，从2007年贵州省的清镇市成立了中国第一个专门审理环境资源案件的环保法庭（后更名为生态保护法庭），运行几年来，效果非常好，对于贵阳市的“两湖一库”生态资源的保护起到了很好的作用。各地法院也积极探索刑事、民事、行政审判统一由环境资源审判庭审理的模式，效果还是不错的。下一步，最高法院要指导地方各级法院成立相应的环境资源审判专门机构，要求高级人民法院成立相应机构，要和最高法院的环境资源审判庭业务基本对口、职能基本统一。至于中级法院和基层法院，要在各高院的具体指导下，根据确有需要、有序推进的原则，成立相应的机构。案件多的法院可以成立相应审判庭，案件少的法院，也可以成立相应专门合议庭审理这样的案件。

新华社记者陈菲：据我们所知，目前的环境资源案件数量还是比较少的，尤其是一些基层的法院还面临无案可审的局面。借此机会，我们想了解一下，近几年来人民法院审理环境资源案件的数量是多少，如何破解案件数量少的困局？谢谢。

郑学林：这位记者提的问题确实存在。有些法院专门成立了环境资源的审判机构，但是确实面临案源不足的问题。案源不足，就只能审理其他的民事或者行政案件。据我了解，从2011年到2013年，全国各级法院受理的涉及环境资源类的刑事、民事、行政案件，年均不足三万件，对于我们全国法院系统1100多万件案件来讲，这个案件量确实是比较少的。我想在最高法院党组的高度重视下，随着最高法院环境资源审判庭的成立，各级法院将成立相应的专门审判机构，畅通环境资源类案件的诉讼渠道，这类案件会慢慢多起来。我们还要制定相应的司法解释，规范审理程序，统一裁判制度。当前环境资源类案件受理、审理、执行确实都存在一些问题，一个是立案难的问题，另一个是相应制度和体制的缺位，还存在损失的评估难、鉴定难等一些技术性问题。再加上一些地方保护因素，也是影响案件数量的重要问题。有一些案件，法院想受理，但是也可能受到一些影响和干扰，不敢受理或者不愿受理。随着最高法院对这项工作的高度重视和

大力推进，案件的数量会逐年上升。谢谢。

上海电视台记者杨培：《意见》将环境公益诉讼工作作为重点内容，我们如何认识环境公益诉讼的作用？怎么样来推进环境公益诉讼的有序开展？谢谢。

郑学林：环境公益诉讼确实是目前环境资源审判工作中的一个热点问题，一个难点问题，也是社会关注度比较高的问题。据我了解，有关社会组织提起的公益诉讼很多法院不受理，很多公益诉讼案件被挡到法院的门外，原因是非常复杂的。有法院自身的原因，有属于地方政府的原因，还有一些属于程序、制度、机构、机制不健全的问题。在民事诉讼法和环境保护法中都规定了环境公益诉讼问题，我们这一次的《意见》，也把环境公益诉讼作为一个重点问题来研究解决。

第一点，要正确理解民事诉讼法和环境保护法关于环境公益诉讼的立法精神，准确把握这个立法精神，畅通有关机关和社会组织环境公益诉权，该立案的我们一定要立案，符合法律规定的条件、符合法律规定的要求，法院就不能拒之门外。

第二点，我们将开展环境公益诉讼的试点工作。我们准备在贵州、江苏等省积极推动环境公益诉讼的试点工作。尽管环境保护法是2015年1月1日正式实施，但是现行民事诉讼法已经规定了环境公益诉讼问题，所以在法律上已经不存在障碍了。

第三点，我们要探索环境公益诉讼的责任承担方式和赔偿金的合理使用。消除危险、排除妨害、赔偿损失等都是法律规定的责任承担方式。但是公益诉讼有它的特点，公益诉讼的原告不能拿到赔偿金。这个赔偿金怎么用，交给谁，这是个问题。目前有些地方已经设立了环境保护基金，我们可以判定将赔偿金交付基金，由基金使用，专项用于生态的修复、环境的保护。

第四点，我们还想探索在环境公益诉讼中加大对原告的司法救助。如原告起诉的时候，因为他是环保公益组织，可能没有资金，因此对于他们提出的诉讼费的减、免、缓的申请，是能够允许的，只要法律

规定可以准许的我们就应当准许。同时，对原告胜诉的案件，被告对原告支出的合理的律师费、调查费用、鉴定费用、评估费用，统统都要由被告来承担，这样可以加大对被告的惩罚力度，增加其污染环境的成本。

综上，我们将从这几个方面全力推进环境公益诉讼的开展。今后一个时期，这是我们工作的重点和突破口。

中国日报社记者曹音：在发布稿里面我们看到，要通过这次环境审判庭专业机构的建立，探索建立与行政区划适当分离环境资源案件的管辖制度，想问一下目前这个探索进展到哪个阶段，我们做了哪些调研，大概什么时候我们可以做到跨行政区划审理相关的案件？谢谢。

郑学林：按照组织法的规定，我们的法院都是按照行政区划设立的，管辖在一定行政区划内的案件，不能管辖跨行政区划的案件，不管是刑事案件、民事案件、行政案件，都有类似的管辖规定。但是，环境资源类案件具有一定的特点，比如水、空气这些环境因素具有很强的流动性。2014年3月，北京雾霾的污染，它就不是限于北京一个区域，北京、河北、天津同时出现大面积的雾霾污染。如果有人提起诉讼，能够进入诉讼程序，由一个地方的法院进行审理可能就面临一些困难。所以根据环境资源类案件的特点，建立跨行政区域的案件管辖方式，是我们今后工作的一个努力方向。据我了解，目前有一些成立了环境资源审判机构的法院已经采取了这种方式，比如刚才我介绍的贵州省的清镇市人民法院。同时贵州省把他们全省划定了四个生态司法保护板块，是以流域或者生态区域为标准划分的，整个贵州省划定了四个生态保护区域。清镇市法院就管辖贵阳市周围包括安顺市在内的几个市的环境污染类案件。刚才我介绍的案例，就是跨行政区域管辖的一个典型案例。我想，将来这应该是环境资源审判的发展趋势，案件管辖问题确实要打破地域的界限。在一个地方的法院管辖这一类案件，可能与环境资源类的案件的特点不相符，同时也不利于克服地方的一些干扰，如果跨行政区划，统一由一个法院管辖其他法院辖区的案件，可能有助于克服地方保护，统一裁判尺度，更好地保护环境和生态。

德新社记者SCHENER：我有两个问题。第一，你们认为，最高人民法院的工作对中国保护环境的发展会有多大的影响？第二，关于审判，你们估计可能未来每年在最高人民法院会有多少对空气或者自然污染有关的审判？

郑学林：这就涉及最高法院成立环境资源审判庭的意义了。这个重要性和意义，我就不从大的方面讲了。我个人的体会，最高法院成立专门的环境资源审判机构，是中国环境资源审判史上的一个里程碑，标志着我们国家的环境资源审判工作进入了一个全新的历史发展阶段，具有重大的现实意义和深远的历史意义。我作为环境资源审判庭的首任庭长，觉得这项工作是造福子孙万代的非常有益的工作。我能够从事这项工作，感到非常光荣，非常自豪，这是一个全新的领域。这个领域对于我们国家未来的经济社会可持续发展，对于老百姓的健康权，对于我们子孙后代永享优美宜居的生活空间、山清水秀的生态空间，都具有非常重要的意义。

究竟会有多少案件，我想能够到最高法院的案件不会很多，最高法院环境资源审判庭的主要职能应该是指导下级法院的审判工作，制定相关的司法解释，加强调查研究，对新情况、新问题及时了解、及时掌握，指导高级法院、中级法院包括基层法院对环境资源审判统一司法尺度、统一裁判标准，主要的作用和职能在这里。所以有多少案件我现在还说不好。但是我想，环境资源审判庭成立之后，案件数量肯定会增加，一方面是机构成立了，另一方面环境保护法2015年1月1日正式实施了，对环境公益诉讼和环境私益诉讼，老百姓有维权意识了，有法律手段了，诉讼渠道也畅通了，所以案件会有一个比较大的增长。

深圳卫视记者周庆元：我刚才注意到《意见》第23条有这样一个规定，需要充分运用传统媒体以及新媒体来进一步通过公开审判等其他方式提高公众对于环境资源保护意识方面的看法。但是，我们也注意到，在地方上一些机构其实已经开启了先行先试的做法。其中我们就了解到，如广东深圳，涉及环保违法的企业，除了要罚款、要赔偿，同时还要求涉及的企

业在公众媒体上公开忏悔。我想问一下，最高法对于这方面的举措认为是否有效？

郑学林：因为目前我们国家的环境保护形势不容乐观。我们经过三十多年时间，经济高速发展，人民生活水平也有了很大的提高。但是，我们的资源约束趋紧，大家知道，我们很多资源是从国外进口的，我们的生态系统严重退化，我们的环境污染非常严重。我想，要改变这种状况，要维护一个良好的生态环境，要保持经济社会永续发展，为子孙后代留下一个山清水秀、优美宜居的生活环境，需要全社会的共同努力，不仅是法院作为一个司法机关要通过审理案件保护环境，而且有关的行政机关也要加大保护力度。我们公民个人和其他社会组织也应当加强这方面的工作。其实在这方面，中华环保联合会做了大量的工作，他们的工作很辛苦，尤其是环境公益诉讼方面。你刚才提到深圳的做法，让有关的企业向公众忏悔，我觉得这也是对他们进行惩罚的一种措施。你既然污染了环境，最起码的，从你的道德上，从你的良心上，要向社会说一声对不起，要向公众说一声对不起，要向广大的人民群众鞠躬道歉。严重的还要承担民事责任甚至刑事责任。

新浪微博网友：在新浪微博中，环境污染问题一直是大家非常关注的热点话题，2014年4月，兰州出现水污染事件之后，当地五个居民向兰州中院提起了诉讼，但是被兰州中院以诉讼主体不符合要求被拒绝受理，最高法院怎么看这件事？谢谢。

郑学林：2014年4月，在兰州发生的苯污染案件，影响很大，涉及兰州市很多居民的日常生活。对这个案件，最高法院一直非常关注，环境资源审判庭在这之前也在关注这个案子。但是具体的案件，由原告起诉的法院根据法律的规定来判断是否应该受理，是否符合受理的条件。该受理的，他们就会受理，不该进入司法程序的，或者不符合法律规定的，可能就不会受理。具体的案件，由当地的法院根据具体的情况来掌握和判断。

腾讯微博网友：请问在环境公益诉讼中，原告主体资格如何鉴定？

郑学林：环境公益诉讼原告主体资格其实在民事诉讼法和环境保护法里已经有了规定。民事诉讼法第55条规定，法律规定的机关和社会组织可以提起环境公益民事诉讼。法律规定的机关究竟怎么理解？目前有不同的看法。我们也正在加强这方面的调研和征求意见。目前环保法规定的是，在设区的市登记的专门从事环境保护公益事业的有关社会组织，这种社会组织目前我们了解到的有300多家。结合民事诉讼法和环境保护法的规定，我们下一步就准备制定环境公益诉讼方面的司法解释，首先要明确主体的范围，如法律规定的机关究竟是哪些机关。据我们了解，在民诉法对公益诉讼做出规定之前，检察机关作为原告提起过民事公益诉讼，新民诉法出台之后，明确了检察机关不再作为环境公益诉讼的主体。还有一些其他的机关，究竟包括哪些机关、限定于哪些机关，我们还在研究，还在调研，还在征求意见。环境资源审判庭成立之后要做的第一件工作就是这个司法解释，争取尽快出台。如果不能出台司法解释的话，也要尽快出台指导性文件，指导下级法院畅通环境公益诉讼的渠道，保障有关机关和组织的环境公益诉权。

媒体反响

中国网　孙满桃　2014年7月3日

最高人民法院决定设立环境资源专门审判机构

最高人民法院新闻发言人孙军工今日上午表示，为积极回应人民群众环境资源司法新期待，为生态文明建设提供坚强有力的司法保障，最高人民法院决定设立专门的环境资源审判庭。该审判庭的主要职责包括：审判第一、二审涉及大气、水、土壤等自然环境污染侵权纠纷民事案件等。

7月3日，最高人民法院召开最高人民法成立环境资源审判庭的有关情况新闻发布会。同时发布《最高人民法院关于全面加强环境资源审判工作为推进生态文明建设提供有力司法保障的意见》（以下简称《意见》）。

据孙军工介绍，近年来，环境资源纠纷数量呈现出较快的增长趋势，其中因重大环境污染等引发的群体性事件已越来越成为影响社会稳定的突出问题。全国人大常委会于今年4月24日修订通过了环境保护法这部被称为“史上最严”的环境基本法，与大气污染防治法、水污染防治法、固体废物污染环境防治法等法律法规一起，形成了较为完善的环境资源保护法律体系。

孙军工表示，最高人民法院一直高度关注环境资源保护问题。2013年6月，最高人民法院与最高人民检察院共同出台了《关于办理环境污染刑事案件适用法律若干问题的解释》，进一步明确了惩处污染环境犯罪的法律适用问题，并向社会公布了一批典型案件，有力地震慑了犯罪分子。各地人民法院也在环境资源司法专门化方面进行了积极探索。据初步统计，自2007年贵阳清镇市人民法院成立我国第一家生态保护法庭以来，迄今已有16个省（区、市）设立了134个环境保护法庭、合议庭或者巡回法庭，依法审判了一批有影响的环境资源类案件，取得了良好的法律效果和社会效果，并在环境资源专门化审判方面积累了有益经验。

孙军工说，为积极回应人民群众环境资源司法新期待，为生态文明建设提供坚强有力的司法保障，最高人民法院决定设立专门的环境资源审判庭。最高人民法院环境资源审判庭的主要职责包括：审判第一、二审涉及大气、水、土壤等自然环境污染侵权纠纷民事案件，涉及地质矿产资源保护、开发有关权属争议纠纷民事案件，涉及森林、草原、内河、湖泊、滩涂、湿地等自然资源环境保护、开发、利用等环境资源民事纠纷案件；对不服下级人民法院生效裁判的涉及环境资源民事案件进行审查，依法提审或裁定指令下级法院再审；对下级人民法院环境资源民事案件审判工作进行指导；研究起草有关司法解释等。

孙军工表示，环境资源专门审判机构的设立，对于促进和保障环境资源法律的全面正确施行，统一司法裁判尺度，切实维护人民群众环境权

益，在全社会培育和树立尊重自然、顺应自然、保护自然的生态文明新理念，遏制环境形势的进一步恶化，提升我国在环境保护方面的国际形象等，必将产生积极而深远的影响。

更多媒体报道题目选登：

中国法院网记者边江2014年7月3日报道《最高人民法院全面加强环境资源审判工作》。

◀图为发布会现场。

◀图为最高人民法院新闻发言人孙军工主持发布会。

图为最高人民法院环境资源审判庭庭长郑学林回答记者提问。

图为发布会记者席。

图为中国日报社记者曹音提问。

▶ 图为中央电视台记者李文杰提问。

◀ 图为德新社记者SCHENER提问。

▶ 图为上海电视台记者杨培提问。

第十场新闻发布会

发布四五改革纲要　深化司法体制改革

发布主题：《人民法院第四个五年改革纲要（2014–2018）》
发布时间：2014年7月9日
关 键 词：四五改革纲要　司法体制
主 持 人：最高人民法院新闻发言人　孙军工
出席嘉宾：最高人民法院司法体制和工作机制改革领导小组办公室主任　贺小荣

发布主题

关于《人民法院第四个五年改革纲要（2014–2018）》的新闻发布稿

最高人民法院司改办主任　贺小荣

各位记者：

大家上午好。今天新闻发布会的主题是通报《人民法院第四个五年改革纲要（2014–2018）》（以下简称“四五改革纲要”），并介绍人民法院深化司法改革的推进情况。按照议程安排，今天由我向各位通报“四五改革纲要”的总体思路和主要内容，并回答部分大家感兴趣的问题。

一、“四五改革纲要”的总体思路和主要特点

党的十八届三中全会审议通过的《中共中央关于全面深化改革若干重大问题的决定》，对深化司法体制改革作了全面部署。中央全面深化改革领导小组第二次会议审议通过的《关于深化司法体制和社会体制改革的意见及贯彻实施分工方案》，明确了深化司法体制改革的目标、原则，确定

了各项改革任务的路线图和时间表。中央全面深化改革领导小组第三次会议审议通过的《关于司法体制改革试点若干问题的框架意见》，对若干重点难点问题确定了政策导向。为贯彻党的十八届三中全会精神，进一步深化司法体制改革，最高人民法院结合法院工作实际，在深入开展调研、广泛征求意见的基础上，研究制定了“四五改革纲要”，并报中央审批同意。

作为指导未来五年法院改革工作的重要纲领性文件，“四五改革纲要”明确了改革的总体思路，即紧紧围绕让人民群众在每一个司法案件中都感受到公平正义的目标，始终坚持司法为民、公正司法工作主线，着力解决影响司法公正和制约司法能力的深层次问题，确保人民法院依法独立公正行使审判权，加快建设公正高效权威的社会主义司法制度，着力推进国家治理体系和治理能力现代化，到2018年初步建成具有中国特色的社会主义审判权力运行体系，为建设法治中国、实现“两个一百年”奋斗目标和中华民族伟大复兴的中国梦提供强有力的司法保障。

“四五改革纲要”在谋篇布局与内容设置上体现了四个重要特点：一是整体性。纲要提出的改革举措严格与三中全会决定和中央司改意见“对表”，是对中央改革任务的分解、延伸与细化，兼顾了人民法院牵头和参加的各项任务。凡是人民法院牵头的改革任务，纲要表述较为详细，并提出了明确要求；凡是人民法院配合中央其他部门推进的改革任务，纲要表述较为原则，侧重协同推进。二是系统性。纲要充分考虑了改革举措之间的关联性，在内容设置、进度安排、成果形式上能够相互呼应，确保改革稳妥有序推进。三是科学性。纲要内容主次分明，坚持以问题为导向，将建立符合司法职业特点的法院人员管理制度作为重要抓手，将健全审判责任制作为关键环节，做到整体推进与重点突破相结合。四是连续性。纲要立足中国国情，科学研判形势，在总结梳理人民法院之前三个“五年改革纲要”的成果经验基础上，结合前期试点工作，确定了需要继续推进的项目和需要调整的内容。

二、“四五改革纲要”的主要内容

围绕建立具有中国特色的社会主义审判权力运行体系这一关键目标，“四五改革纲要”针对八个重点领域，提出了45项改革举措，重点归纳为

8个方面的核心内容：

第一，深化法院人事管理改革。长期以来，我国对法官沿用普通公务员管理模式，不能充分体现司法职业特点，也不利于把优秀人才留在审判一线。针对上述问题，“四五改革纲要”提出：要坚持以法官为中心、以服务审判工作为重心，建立分类科学、结构合理、分工明确、保障有力的法院人员管理制度。

这里重点介绍五项措施：（1）配合省以下法院人事统管改革，推动在省一级设立法官遴选委员会，从专业角度提出法官人选，由组织人事、纪检监察部门在政治素养、廉洁自律等方面考察把关，人大依照法律程序任免。（2）推进法院人员分类管理制度改革，将法院人员分为法官、审判辅助人员和司法行政人员，实行分类管理。与之配套的，则是拓宽审判辅助人员的来源渠道，建立审判辅助人员的正常增补机制，减少法官事务性工作负担。（3）建立法官员额制，对法官在编制限额内实行员额管理，确保法官主要集中在审判一线，高素质人才能够充实到审判一线。（4）完善法官等级定期晋升机制，确保一线办案法官即使不担任领导职务，也可以正常晋升至较高的法官等级。（5）完善法官选任制度，针对不同层级的法院，设置不同的法官任职条件。初任法官首先到基层人民法院任职，上级法院法官原则上从下一级法院遴选产生。

第二，探索建立与行政区划适当分离的司法管辖制度。为维护国家法制统一，优化司法资源配置，纲要就建立与行政区划适当分离的司法管辖制度作出了安排。主要措施包括：（1）在管辖制度方面，通过提级管辖和指定管辖，确保行政案件、跨行政区划的民商事案件和环境保护案件得到公正审理。（2）在法院管理方面，巩固铁路运输法院管理体制改革成果，将林业法院、农垦法院统一纳入国家司法管理体系，改革部门、企业管理法院的体制。（3）在机构设置方面，建立上级法院在重大、疑难、复杂案件较多的地方派出巡回法庭工作机制。进一步推动环境资源审判机构建设。（4）在法院设置方面，推动在知识产权案件较集中的地区设立知识产权法院。

第三，健全审判权力运行机制。让审理者裁判，由裁判者负责，是司

法规律的客观要求。近年来，司法机关为完善司法权力运行机制，进行了许多积极探索，也取得了一定成效，但仍存在内部层层审批，办案权责不明等问题。针对上述问题，“四五改革纲要”将完善主审法官、合议庭办案责任制作为关键环节，推动建立权责明晰、权责一致、监督有序、配套齐全的审判权力运行机制。

在完善审判责任制方面，主要改革措施可归纳为：（1）完善主审法官、合议庭办案机制。选拔政治素质好、办案能力强、专业水平高、司法经验丰富的审判人员担任主审法官，作为独任法官或合议庭中的审判长。完善合议庭成员在阅卷、庭审、合议等环节中的共同参与和制约监督机制。（2）改革裁判文书签发机制，主审法官独任审理案件的裁判文书，不再由院、庭长签发。（3）建立科学合理、客观公正、符合规律的法官业绩评价体系，实现法官评价机制、问责机制、惩戒机制与退出机制的有效衔接。（4）科学界定合议庭成员的责任，既要确保其独立发表意见，也要明确其个人意见、履职行为在案件处理结果中的责任。（5）建立法官惩戒制度，设立法官惩戒委员会，既确保法官的违纪违法行为及时得到应有惩戒，又保障其辩解、举证、申请复议和申诉的权利。

主审法官、合议庭审判责任制与院、庭长的审判监督制约机制并不是对立关系。为了确保司法公正，“四五改革纲要”提出要进一步完善审判监督制约机制，主要措施包括：（1）在加强专业化合议庭建设基础上，实行随机分案为主、指定分案为辅的案件分配制度，建立分案情况内部公示制度。（2）对于变更审判组织或承办法官的，应当说明理由并公示。（3）规范案件审理程序变更、审限变更的审查报批制度。（4）规范院、庭长对重大、疑难、复杂案件的监督机制，建立院、庭长在监督活动中形成的全部文书入卷存档制度。（5）依托现代信息化手段，建立主审法官、合议庭行使审判权与院、庭长行使监督权的全程留痕、相互监督、相互制约机制，确保监督不缺位、监督不越位、监督必留痕、失职必担责。

第四，加大人权司法保障力度。为强化对公民人身权利、财产权利和诉讼权利的司法保障，“四五改革纲要”提出要建立和完善以庭审为中心的审判机制，有效发挥审判对侦查、起诉的制约和引导作用，确保司法公正。（1）严格实行非法证据排除规则，进一步明确排除非法证据的程序和标准。（2）建立对被告人、罪犯的辩解、申诉和控告认真审查、及时处理的机制。完善审判环节重视律师辩护、代理意见工作机制。（3）健全司法过错追究机制，统一司法过错责任认定标准。（4）规范处理涉案财物的司法程序，明确人民法院处理涉案财物的范围、标准和程序。（5）进一步完善轻微刑事案件快速办理机制。在立法机关的授权和监督下，有序推进刑事案件速裁程序改革。

第五，进一步深化司法公开。最高人民法院已于去年启动审判流程公开、裁判文书公开和执行信息公开三大平台建设。在前期工作基础上，“四五改革纲要”对深化司法公开工作提出了更高的要求。（1）完善庭审公开制度。建立庭审公告和旁听席位信息的公示与预约制度。推进庭审全程同步录音录像。规范以图文、视频等方式直播庭审的范围和程序。（2）完善审判信息数据库，方便当事人自案件受理之日起，在线获取立案信息和审判流程节点信息。（3）继续加强中国裁判文书网网站建设，严格按照“以公开为原则，不公开为例外”的要求，实现四级人民法院依法应当公开的生效裁判文书统一在中国裁判文书网公布。（4）整合各类执行信息，方便当事人在线了解执行工作进展，实现执行信息公开平台与各类征信平台的有效对接。

第六，明确四级法院职能定位。为合理定位四级法院职能，“四五改革纲要”提出要建立定位科学、职能明确、监督得力、运行有效的审级制度。主要措施可以归纳为：（1）进一步改革民商事案件级别管辖制度，逐步改变主要以诉讼标的额确定案件级别管辖的做法，将绝大多数普通民商事一审案件的管辖权下放至基层人民法院，辅之以加强人民法庭和诉讼服务中心建设，强化基层人民法院化解矛盾的职能。（2）规范上下级法院审级监督关系。完善提级管辖制度，明确一审案件管辖权从下级法院向上级法院转移的条件、范围和程序，充分发挥中级、高级人民法院通过提级审理重大、疑难、复杂和新类型案件，指导类案审判工作，确保法律统一适用的功能，压缩个案请示空间。（3）改革法院考评机制，废止没有实际效果的考评指标和措施，取消违反司法规律的排名排序做法，消除不同审级法院之间的行政化。（4）推进最高人民法院内设机构改革，建立真正符合最高人民法院法律职能的机构设置模式。同时，最高人民法院还将建立将本院作出的裁判转化为指导性判例的机制，充分发挥其确保法律统一正确实施、维护国家法制统一的职能。

第七，健全司法行政事务保障机制。“四五改革纲要”立足审判权的中央事权属性，就健全法院司法行政事务保障机制推出了一系列有力举措：（1）配合中央有关部门，推动省级以下地方法院经费统一管理机制改革。（2）严格“收支两条线”管理，地方各级人民法院收取的诉讼费、罚金、没收的财物，以及追缴的赃款赃物等，统一上缴省级国库。（3）推进法院内设机构改革。建立以服务审判工作为重心的机构设置模式和人员配置方式。完善人民法院购买社会服务的工作机制，凡属事务性管理服务，原则上都要引入竞争机制，通过合同、委托等方式向社会购买。（4）深化司法统计改革，以“大数据、大格局、大服务”理念为指导，建立司法信息大数据中心。

第八，推进涉法涉诉信访改革。“四五改革纲要”提出建立诉访分离、终结有序的涉诉信访工作机制，主要措施为：（1）完善诉访分离工作机制，明确诉访分离的标准、范围和程序。（2）建立就地接访督导机制，创新网络办理信访机制。（3）探索建立律师为主体的社会第三方参与机制，增强涉诉信访矛盾多元化解合力。（4）推动完善司法救助制度，研究出台人民法院司法救助实施细则，切实发挥司法救助在帮扶群众、化解矛盾中的积极作用。

三、“四五改革纲要”的落实和推进

为认真贯彻中央决策部署，有重点、有步骤、有秩序地抓好落实和推进改革工作，最高人民法院成立了司法改革领导小组，由最高人民法院院长周强同志担任组长，负责研究确定改革要点、审议改革方案、听取进度汇报、讨论重大问题。最高人民法院司法改革领导小组办公室作为具体办事机构，负责“四五改革纲要”的组织协调、实施推进、试点管理、督促检查和评估总结工作，并及时向中央全面深化改革领导小组办公室、中央

司法改革领导小组办公室报告改革进展、请示重要事项。

“四五改革纲要”发布后，最高人民法院将配套推出贯彻实施方案，明确各项改革措施的牵头部门和参加部门，科学确定路线图和时间表，建立情况通报、督导检查、评估总结制度，做到每项改革任务都有布置、有督促、有检查，确保各项任务不折不扣完成。

谢谢大家。

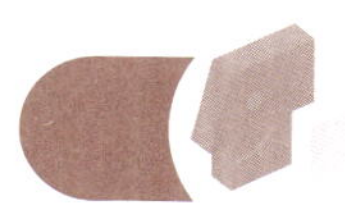

现场互动

中国国际广播电台记者吴倩：请问贺主任，省级以下法院人财物统管之后，怎么确保这些法院的审级独立？

贺小荣：推动省以下地方法院人财物统一管理，对于确保人民法院依法独立公正行使审判权、确保国家法律统一正确实施，具有重要而深远的意义。按照“四五改革纲要”，人民法院将推出以下改革举措，既确保统管工作顺利推进，又切实保障审级独立：一是在省一级成立法官遴选委员会，广泛吸收法官代表、组织人事部门代表和其他社会人员参加。统管只是依托省一级的制度平台统筹管理，并不是系统内部的“垂直管理”。上级法院对下级法院仍是监督指导关系，不是领导关系。二是通过完善提级管辖制度，压缩个案请示空间。三是建立更加科学的审判权力运行机制，确保让审理者裁判、由裁判者负责。四是严格规范上级法院发回重审和指令再审的条件，强化审级监督的纠错功能。五是改革法院考评机制，废止没有实际效果的考评指标和措施，取消违反司法规律的排名排序做法。六是建立审判流程公开、裁判文书公开、执行信息公开三大平台，确保让审判权在阳光下运行，让一切侵犯人民法院依法独立公正行使审判权的行为无处藏匿。上述举措对于推动建立科学合理的审级制度，具有十分重要的意义。

中央电视台记者陈瑶书：“四五改革纲要”在重视律师辩护、代理意见方面，将推出哪些改革举措？

贺小荣：律师的辩护和代理意见是人民法院判决形成的重要依据和前提基础。“四五改革纲要”提出“完善审判环节重视律师辩护、代理意见工作机制”，对于实现和维护司法公正、充分发挥律师在诉讼中的作用具有十分重要的意义。完善审判环节重视律师辩护、代理意见工作机制，一是要严格落实律师在刑事辩护、民行代理中依法享有的各项权利；二是要重点落实律师在各类庭审中举证、质证、辩论的权利；三是要完善裁判文书说理机制和对律师辩护、代理意见的回应机制；四是要健全完善裁判文书公开机制，确保律师的辩护和代理意见通过裁判文书能够向全社会公开，充分彰显法律职业共同体捍卫司法公正的共同信念和职业良知。

人民日报记者徐隽：党的十八届三中全会决定提出要进行裁判文书说理性改革，“四五改革纲要”对此有哪些具体规定？

贺小荣：裁判文书说理是人民法院展示公正、彰显公信、推进公开的重要途径，推进裁判文书说理性改革，对实现让人民群众在每一个司法案件中感受到公平正义的目标具有十分重要的意义。为改革裁判文书说理机制，“四五改革纲要”推出如下改革措施：一是完善裁判文书说理的刚性约束机制和激励机制，建立裁判文书说理的评价体系，将裁判文书的说理水平作为法官考评、遴选和晋级的重要因素。二是根据不同审级和案件类型，实现裁判文书的繁简分流。三是加强对当事人争议较大、法律关系复杂、社会关注度较高的一审案件，以及所有的二审案件、再审案件、审判委员会讨论决定案件裁判文书的说理性。四是对事实清楚、权利义务明确、当事人争议不大的一审民商事案件和事实清楚、证据确实充分、被告人认罪的一审轻微刑事案件，使用简化的裁判文书，通过填充要素、简化格式，提高裁判效率。

媒体反响

光明网　王旭　2014年9月1日

从“四五改革纲要”看司法腐败的遏制

司法审判是人民群众解决纠纷、寻求正义的最后途径，司法廉洁、公平正义是全社会的共同期盼，然而，近年来对司法腐败的揭露和抨击却频频见诸报端，司法腐败是最大的腐败。2014年7月9日，最高人民法院通报《人民法院第四个五年改革纲要（2014-2018）》，彰显了解决影响司法公正和制约司法能力深层次问题的决心。

一、司法腐败的特征分析

当今法官职业属高风险职业，法官的职业风险来自于物质利益或非物质利益的诱惑，这种风险贯穿于立案、审判、执行、司法鉴定、评估、拍卖等诉讼全过程，法官稍有疏忽就会陷入可怕的诱惑和巨大的陷阱，滋生司法腐败。通过对各诉讼环节司法腐败行为的分析，可以发现司法腐败具有以下几方面特征：

第一，司法腐败的主体是司法工作人员。关于司法腐败的概念众说纷纭，但有两层含义是被普遍接受的，即“利用公共权力或职权”以及“非法或不正当地谋取私利”，因此司法腐败的概念大致可以定义为“法官为了获得某种个人利益，利用自己职务上的权力而试图影响审判活动的行为”。如一些法官在办案中顶不住人情风，冲不破关系网，接受当事人的钱物或吃请后办人情案、关系案、金钱案。

第二，司法腐败侵犯的客体是司法廉洁和公平正义。司法腐败具有渎职性和违法性，有的司法人员丧失原则，对当事人吃拿卡要，得到好处后就置法律于不顾，有法不依，执法不严，徇私枉法。司法腐败是对司法公正和司法中立的极大破坏，社会公众对此深恶痛绝，严重影响了司法机关

在人民群众中的形象，进而影响到社会对裁判结果的信赖，这也是近年来“信访不信法”现象愈演愈烈的重要原因。

第三，司法腐败具有交易性。司法腐败行为主体具有特定的职务，行使国家和人民赋予的权力，其以“特权”作为交易的成本，权钱交易、权权交易、权色交易屡屡发生。近年来，这种交易行为呈现出多样性和隐蔽性的特点，如利用打麻将、把玩古玩字画等方式巧妙进行，但殊途同归，这些都是对公民权利的践踏和漠视。

二、司法腐败的成因解读

十八大以来，以习近平为总书记的新一届中央领导集体铁腕反腐，“拍蝇打虎”深得民心。司法腐败作为社会的毒瘤和顽疾，亟待解决，探寻司法腐败的成因，有助于正本溯源，为遏制司法腐败找准突破口。

第一，审判人员自身素质的原因。法治的司法离不开高素质司法队伍的支撑。由于历史和制度的原因，我国法官队伍虽然数量庞大，但与现代司法精英化、高素质的要求还存在较大差距。一是有的法官政治素质不高，正确的“三观”树立不牢，贪图享乐，以“官”自居，一旦受到腐朽思想的侵蚀，极易滑入犯罪的泥潭；二是有的法官廉洁自律意识不强，禁不住金钱诱惑和利益驱动，认为搞些小动作无伤大雅，久而久之犯了温水煮青蛙的错误，走上犯罪道路；三是我国现行法官队伍中，正规政法院校毕业、受过系统法律培训的人员比例不高，而从社会招干补充的人员和从部队转业的人员占很大比例，导致我国法官队伍专业素养不够。

第二，体制机制不健全。一是司法廉洁先天不足。中国人生活在各种各样的人情关系网之中，即使法官也未能免俗，“人之常情”带来的消极影响已蔓延至司法领域，唯利是图、急功近利的社会心态给司法腐败预留了漏洞。二是法律具有滞后性，致使在新形势下出现的许多新情况、新问题没有法律加以规范，加之部分法律弹性较大，司法人员有相当的自由裁量权，这就容易给腐败分子钻空子，趁机进行非法活动。三是在司法机关内部，虽然制定了廉洁办案等规章制度，但“雷声大，雨点小”者多，真

正抓好落实者少，制度流于形式，收效甚微，存在“家丑不可外扬”的思想，未能起到警钟长鸣、防微杜渐的作用。

第三，监督、惩治力度不够。权力在缺少监督制约的情况下，必然导致腐败。审判是一种专业性很强活动，社会公众难以对审判中的信息予以全面、准确的了解，而现在对审判的监督偏重于从外部着手，规范力度不够。司法人员在处理具体案件时，掌握着特有的权力，甚至是生杀予夺的大权，而在监督制约乏力的情况下，必然导致权力滥用，枉法裁判。就我国目前的监督机制来说，民谣有云“同级监督太空，上级监督太远，司法监督太迟，报刊监督太死，民众监督太软”。

三、遏制司法腐败的对策

治理司法腐败问题，是人心所向。“四五改革纲要”围绕建立具有中国特色的社会主义审判权力运行体系这一目标，针对八个重点领域，提出了45项改革举措，其中不乏遏制腐败的得力之举，笔者在此做一简单梳理。

第一，把好司法工作的入口关。一是在省一级设立法官遴选委员会，从专业角度提出法官人选，由组织人事、纪检监察部门在政治素养、廉洁自律等方面考察把关，人大依照法律程序任免，建立一支政治坚定、业务精通、作风优良的高素质司法队伍。“人”的问题解决了，“忠诚、为民、公正、廉洁”的核心价值观才能真正落到实处。二是实行随机分案为主、指定分案为辅的案件分配制度，建立分案情况内部公示制度。立案环节是产生“一条龙”腐败现象的源头，而随机分案可以避免“权力寻租”隐患，从源头上杜绝人为因素操纵办案程序、影响案件公正的可能性。

第二，完善司法权力运行机制。“四五改革纲要”明确提出，健全审判权力运行机制，让审理者裁判，由裁判者负责，推动建立权责明晰、权责一致、监督有序、配套齐全的审判权力运行机制。在依法独立行使审判权的前提下，法官为自己的审判活动承担职业道德责任、纪律责任、行政责任，情节严重的还要承担刑事责任，这就解决了独立与问责间的矛盾，堵塞了腐败漏洞，使有犯罪苗头的司法人员知难而退，促使其做到“以事

实为根据，以法律为准绳”，公平正义，为民司法。

第三，进一步深化司法公开。司法公开是预防司法腐败的有力武器。自去年启动审判流程公开、裁判文书公开和执行信息公开三大平台建设以来，“四五改革纲要”又提出完善庭审公开制度、完善审判信息数据库等要求，这无疑是遏制司法腐败的利器，公开度越高，暗箱操作越困难，说情打招呼、徇私枉法越困难。要想充分发挥司法公开遏制司法腐败的作用，还应注意两个问题：一是裁判文书制作水平。肖扬同志指出“现在的裁判文书千篇一面，缺乏认证断理的过程，看不出裁判结果的形成过程，缺乏说服力，严重影响了公正司法的形象”，因此，改变我国法院裁判文书不注重说理、简单化、生硬化、无说服力的现象迫在眉睫。二是法官的职业化问题。法律是一门专业性很强的科学，拥有一套独特的法律术语和思维方式，但司法公开要求法官将法律术语“翻译”成当事人听得懂的“普通话”，真正将司法工作置于当事人和社会的监督之下。

第四，强化监督制约机制，确保司法公正。一是向社会公布法官违法违纪行为举报网站、举报电话，强化社会监督，使人们自觉拿起法律武器维护自身的合法权益，确保司法腐败无市场。二是建立法官惩戒制度，设立法官惩戒委员会，既确保法官的违法违纪行为及时得到应有惩戒，又保障其辩解、举证、申请复议和申诉的权利。与此同时，应建立法官廉政档案，与法官的晋升、任用挂钩，从而促使他们秉公办案，廉洁执法。

经济日报 李万祥 2014年7月14日

人民法院“四五改革纲要”

最高法院日前发布了《人民法院第四个五年改革纲要（2014–2018）》。“四五改革纲要”主要针对8个重点领域，提出了45项改革举措，并明确到2018年初步建成具有中国特色的社会主义审判权力运行体系。

"四五改革纲要"8个主要方面的核心内容分别是：深化法院人事管理改革、探索建立与行政区划适当分离的司法管辖制度、健全审判权力运行机制、加大人权司法保障力度、进一步深化司法公开、明确四级法院职能定位、健全司法行政事务保障机制、推进涉法涉诉信访改革。

司法公正公开是近年来司法改革的重要内容。最高法院司法改革领导小组办公室主任贺小荣介绍说，此次"四五改革纲要"提出，在审判流程公开、裁判文书公开和执行信息公开三大平台建设的基础上，完善审判信息数据库，方便当事人自案件受理之日起，在线获取立案信息和审判流程节点信息。

值得注意的是，"四五改革纲要"提出，严格人民法院"收支两条线"管理，地方各级人民法院收取的诉讼费、罚金、没收的财物，以及追缴的赃款赃物等，统一上缴省级国库。

同时，"四五改革纲要"就建立与行政区划适当分离的司法管辖制度作出了安排。如，通过提级管辖和指定管辖，确保行政案件、跨行政区划的民商事案件和环境保护案件得到公正审理；巩固铁路运输法院管理体制改革成果，将林业法院、农垦法院统一纳入国家司法管理体系，改革部门、企业管理法院的体制；建立上级法院在重大、疑难、复杂案件较多的地方派出巡回法庭工作机制，进一步推动环境资源审判机构建设；推动在知识产权案件较集中的地区设立知识产权法院。

针对司法机关内部层层审批，办案权责不明等问题，"四五改革纲要"提出推动建立权责明晰、权责一致、监督有序、配套齐全的审判权力运行机制。如，改革裁判文书签发机制，主审法官独任审理案件的裁判文书，不再由院、庭长签发；建立法官惩戒制度，设立法官惩戒委员会等。

此外，"四五改革纲要"还提出，进一步改革民商事案件级别管辖制度，逐步改变主要以诉讼标的额确定案件级别管辖的做法，将绝大多数普通民商事一审案件的管辖权下放到基层人民法院；改革法院考评机制，废止没有实际效果的考评指标和措施，取消违反司法规律的排名排序做法，消除不同审级法院之间的行政化。

更多媒体报道题目选登：

人民法院报记者张先明2014年7月10日报道《最高人民法院发布“四五改革纲要” 针对8个重点领域 提出45项改革举措》。

▲图为发布会现场。

▲图为最高人民法院新闻发言人孙军工主持发布会。

▶ 图为最高人民法院司法体制和工作机制改革领导小组办公室主任贺小荣回答记者提问。

◀ 图为人民日报记者徐隽提问。

▲图为中国国际广播电台记者吴倩提问。

▲图为中央电视台记者陈瑶书提问。

第十一场新闻发布会

妥善处理工伤保险行政纠纷
依法保障工伤职工合法权益

发布主题：《最高人民法院关于审理工伤保险行政案件若干问题的规定》

发布时间：2014年8月20日

关 键 词：工伤保险案件　司法解释　典型案例

主 持 人：最高人民法院新闻发言人　孙军工

出席嘉宾：最高人民法院行政庭庭长　赵大光

发布主题

关于《最高人民法院关于审理工伤保险行政案件若干问题的规定》的新闻发布稿

最高人民法院新闻发言人　孙军工

各位记者：

大家上午好！今天新闻发布会的主题是通报《最高人民法院关于审理工伤保险行政案件若干问题的规定》（以下简称《规定》）的有关情况，并公布4起工伤保险行政纠纷典型案例。首先，由我向大家通报《规定》的有关情况，而后请最高人民法院行政审判庭赵大光庭长就4起典型案例做一个介绍。

一、《规定》出台的背景

近年来，我国不断加大工伤保险法律制度建设，2004年1月1日《工伤保险条例》的施行，为保护工伤职工的合法权益提供了有力的法律依据。

2010年10月28日，全国人大常委会审议通过了《中华人民共和国社会保险法》，对工伤保险制度作出了一些新的规定。随后，国务院对《工伤保险条例》进行了修订，并于2011年1月1日起实施。

随着新修订《工伤保险条例》的实施，工伤保险参保范围进一步扩大，参保人数不断增加，工伤保险行政案件数量呈进一步上升的趋势。据统计，近年来工伤保险行政案件数量位居各类行政案件前列。工伤保险行政案件涉及职工的切身利益，直接影响社会稳定。相关行政案件审判过程中新情况、新问题不断出现，解决纠纷的难度日益增大。例如，工伤认定中劳动关系交叉的处理问题；工伤认定中的“工作原因、工作时间和工作场所”、“因工外出期间”以及“上下班途中”如何认定；职工或者其近亲属工伤认定申请法定期限能否扣除或者延长；因第三人的原因造成工伤的工伤保险待遇与民事侵权赔偿如何衔接处理等。为了妥善处理工伤保险行政纠纷，统一司法尺度，最高人民法院于2007年开始就审理工伤保险行政案件的法律适用问题进行调研，并在认真总结审判实践经验的基础上，经过反复论证和广泛征求意见，按照“依法保障工伤职工权益、大力促进社会公平正义”的要求，制定出台了本《规定》。《规定》将于2014年9月1日起施行。

二、《规定》的主要内容

《规定》共10个条文，主要包括以下三个方面内容：

（一）**明确了特殊情况下承担工伤保险责任的用人单位。**随着社会的发展，劳动关系形态日益复杂，经常出现与职工存在用人关系的单位有两个或者两个以上的情形，具体由哪个单位承担工伤保险责任容易产生争议。为此，《规定》第三条第一款专门对双重劳动关系、派遣、指派、转包和挂靠关系等五类比较特殊的工伤保险责任主体作了规定：“社会保险行政部门认定下列单位为承担工伤保险责任单位的，人民法院应予支持：（一）职工与两个或两个以上单位建立劳动关系，工伤事故发生时，职工为之工作的单位为承担工伤保险责任的单位；（二）劳务派遣单位派遣的职工在用工单位工作期间因工伤亡的，派遣单位为承担工伤保险责任的单位；（三）单位指派到其他单位工作的职工因工伤亡的，指派单位为承担工伤保险责任的单位；（四）用工单位违反法律、法规规定将承包业务转包给不具备用工主体资格的组织或者自然人，该组织或者自然人聘用的职工从事承包业务时因工伤亡的，用工单位为承担工伤保险责任的单位；（五）个人挂靠其他单位对外经营，其聘用的人员因工伤亡的，被挂靠单位为承担工伤保险责任的单位。”该条第二款还规定，在上述非法转包和挂靠情形中，“承担工伤保险责任的单位承担赔偿责任或者社会保险经办机构从工伤保险基金支付工伤保险待遇后，有权向相关组织、单位和个人追偿”。该规定不仅突出保护劳动者的合法权益，还力求在用工单位之间以及用工单位与其他责任主体之间合理分配责任。

（二）细化了工伤认定中的“工作原因、工作时间和工作场所”、“因工外出期间”以及“上下班途中”等问题。一是关于“工作原因、工作时间和工作场所”的认定。《规定》确定了以下三个思路：第一是对“工作原因”的认定应当考虑是否履行工作职责、是否受用人单位指派、是否与工作职责有关、是否基于用人单位的正当利益等因素；第二是对“工作时间”的认定应当考虑是否属于因工作所需的时间；第三是对“工作场所”的认定则应当考虑是否属于因工作涉及的区域以及自然延伸的合理区域。在此基础上，《规定》第四条规定：“社会保险行政部门认定下列情形为工伤的，人民法院应予支持：（一）职工在工作时间和工作场所内受到伤害，用人单位或者社会保险行政部门没有证据证明是非工作原因导致的；（二）职工参加用人单位组织或者受用人单位指派参加其他单位组织的活动受到伤害的；（三）在工作时间内，职工来往于多个与其工作职责相关的工作场所之间的合理区域因工受到伤害的；（四）其他与履行工作职责相关，在工作时间及合理区域内受到伤害的。”该规定不仅列举了实践中常见但又容易产生争议的几种工伤认定情形，还力求在列举情形中揭示“三工”的基本要素。二是与“工作原因、工作时间和工作场所”相关的工伤认定情形。（1）“因工外出期间”的工伤认定。“因工外出期间”属于“工作时间”的一种特殊情形，应当从职工外出是否因工作或者为用人单位的正当利益等方面综合考虑。《规定》第五条第一款规定：“社会保险行政部门认定下列情形为‘因工外出期间’的，人民法院应予支持：（一）职工受用人单位指派或者因工作需要在工作场所以外从事与

工作职责有关的活动期间；（二）职工受用人单位指派外出学习或者开会期间；（三）职工因工作需要的其他外出活动期间。”为了更好地保护因工外出受伤职工的合法权益，《规定》第五条第二款规定，只要不属于职工从事与工作或者受用人单位指派外出学习、开会无关的个人活动受到伤害的，原则上应当认定为工伤。（2）关于“上下班途中”的认定。《规定》第六条规定：“对社会保险行政部门认定下列情形为‘上下班途中’的，人民法院应予支持：（一）在合理时间内往返于工作地与住所地、经常居住地、单位宿舍的合理路线的上下班途中；（二）在合理时间内往返于工作地与配偶、父母、子女居住地的合理路线的上下班途中；（三）从事属于日常工作生活所需要的活动，且在合理时间和合理路线的上下班途中；（四）在合理时间内其他合理路线的上下班途中。”

（三）明确了由于第三人的原因造成工伤的三种处理方式。社会保险法第四十二条规定：“由于第三人的原因造成工伤，第三人不支付工伤医疗费用或者无法确定第三人的，由工伤保险基金先行支付。工伤保险基金先行支付后，有权向第三人追偿”。根据该条规定，工伤职工可以分别按照侵权责任法和社会保险法要求侵权赔偿和享受工伤待遇。按照这一立法精神，《规定》第八条明确了以下三种处理方式：（1）职工因第三人的原因受到伤害，社会保险行政部门以职工或者其近亲属已经对第三人提起民事诉讼或者获得民事赔偿为由，作出不予受理工伤认定申请或者不予认定工伤决定的，人民法院不予支持。（2）职工因第三人的原因受到伤害，社会保险行政部门已经作出工伤认定，职工或者其近亲属未对第三人提起民事诉讼或者尚未获得民事赔偿，起诉要求社会保险经办机构支付工伤保险待遇的，人民法院应予支持。（3）职工因第三人的原因导致工伤，社会保险经办机构以职工或者其近亲属已经对第三人提起民事诉讼为由，拒绝支付工伤保险待遇的，人民法院不予支持，但第三人已经支付的医疗费用除外。

此外，《规定》还对涉及劳动关系确认的行政审判程序作了规范。按照《社会保险法》第三十六条第二款“工伤认定应当简捷、方便”的要求，《规定》第二条规定：“人民法院受理工伤认定行政案件后，发现原告或者第三人在提起行政诉讼前已经就是否存在劳动关系申请劳动仲裁或

者提起民事诉讼的，应当中止行政案件的审理。”依据该规定，原告或者第三人在提起行政诉讼前如未申请劳动仲裁或者提起民事诉讼的，人民法院无需中止行政案件的审理，从而加快了工伤认定法律程序，对保护受伤职工的合法权益具有积极意义。

我要通报的情况就是这些，谢谢大家。

附：相关法律条文

1.《社会保险法》

第三十六条　职工因工作原因受到事故伤害或者患职业病，且经工伤认定的，享受工伤保险待遇；其中，经劳动能力鉴定丧失劳动能力的，享受伤残待遇。

工伤认定和劳动能力鉴定应当简捷、方便。

第三十七条　职工因下列情形之一导致本人在工作中伤亡的，不认定为工伤：

（一）故意犯罪；

（二）醉酒或者吸毒；

（三）自残或者自杀；

（四）法律、行政法规规定的其他情形。

第四十二条　由于第三人的原因造成工伤，第三人不支付工伤医疗费用或者无法确定第三人的，由工伤保险基金先行支付。工伤保险基金先行支付后，有权向第三人追偿。

2.《工伤保险条例》

第十四条　职工有下列情形之一的，应当认定为工伤：

（一）在工作时间和工作场所内，因工作原因受到事故伤害的；

（二）工作时间前后在工作场所内，从事与工作有关的预备性或者收尾性工作受到事故伤害的；

（三）在工作时间和工作场所内，因履行工作职责受到暴力等意外伤害的；

（四）患职业病的；

（五）因工外出期间，由于工作原因受到伤害或者发生事故下落不明的；

（六）在上下班途中，受到非本人主要责任的交通事故或者城市轨道交通、客运轮渡、火车事故伤害的；

（七）法律、行政法规规定应当认定为工伤的其他情形。

第十五条　职工有下列情形之一的，视同工伤：

（一）在工作时间和工作岗位，突发疾病死亡或者在48小时之内经抢救无效死亡的；

（二）在抢险救灾等维护国家利益、公共利益活动中受到伤害的；

（三）职工原在军队服役，因战、因公负伤致残，已取得革命伤残军人证，到用人单位后旧伤复发的。

职工有前款第（一）项、第（二）项情形的，按照本条例的有关规定享受工伤保险待遇；职工有前款第（三）项情形的，按照本条例的有关规定享受除一次性伤残补助金以外的工伤保险待遇。

第十六条　职工符合本条例第十四条、第十五条的规定，但是有下列情形之一的，不得认定为工伤或者视同工伤：

（一）故意犯罪的；

（二）醉酒或者吸毒的；

（三）自残或者自杀的。

第十七条　职工发生事故伤害或者按照职业病防治法规定被诊断、鉴定为职业病，所在单位应当自事故伤害发生之日或者被诊断、鉴定为职业病之日起30日内，向统筹地区社会保险行政部门提出工伤认定申请。遇有特殊情况，经报社会保险行政部门同意，申请时限可以适当延长。

用人单位未按前款规定提出工伤认定申请的，工伤职工或者其近亲属、工会组织在事故伤害发生之日或者被诊断、鉴定为职业病之日起1年内，可以直接向用人单位所在地统筹地区社会保险行政部门提出工伤认定申请。

按照本条第一款规定应当由省级社会保险行政部门进行工伤认定的事项，根据属地原则由用人单位所在地的设区的市级社会保险行政部门办理。

用人单位未在本条第一款规定的时限内提交工伤认定申请，在此期间

发生符合本条例规定的工伤待遇等有关费用由该用人单位负担。

第十八条　提出工伤认定申请应当提交下列材料：

（一）工伤认定申请表；

（二）与用人单位存在劳动关系（包括事实劳动关系）的证明材料；

（三）医疗诊断证明或者职业病诊断证明书（或者职业病诊断鉴定书）。

工伤认定申请表应当包括事故发生的时间、地点、原因以及职工伤害程度等基本情况。工伤认定申请人提供材料不完整的，社会保险行政部门应当一次性书面告知工伤认定申请人需要补正的全部材料。申请人按照书面告知要求补正材料后，社会保险行政部门应当受理。

第十九条　社会保险行政部门受理工伤认定申请后，根据审核需要可以对事故伤害进行调查核实，用人单位、职工、工会组织、医疗机构以及有关部门应当予以协助。职业病诊断和诊断争议的鉴定，依照职业病防治法的有关规定执行。对依法取得职业病诊断证明书或者职业病诊断鉴定书的，社会保险行政部门不再进行调查核实。

职工或者其近亲属认为是工伤，用人单位不认为是工伤的，由用人单位承担举证责任。

背景链接

最高人民法院关于审理工伤保险行政案件若干问题的规定

（2014年4月21日最高人民法院审判委员会第1613次会议通过
法释〔2014〕9号）

为正确审理工伤保险行政案件，根据《中华人民共和国社会保险法》《中华人民共和国劳动法》《中华人民共和国行政诉讼法》《工伤保险条

例》及其他有关法律、行政法规规定，结合行政审判实际，制定本规定。

第一条 人民法院审理工伤认定行政案件，在认定是否存在《工伤保险条例》第十四条第（六）项“本人主要责任”、第十六条第（二）项“醉酒或者吸毒”和第十六条第（三）项“自残或者自杀”等情形时，应当以有权机构出具的事故责任认定书、结论性意见和人民法院生效裁判等法律文书为依据，但有相反证据足以推翻事故责任认定书和结论性意见的除外。

前述法律文书不存在或者内容不明确，社会保险行政部门就前款事实作出认定的，人民法院应当结合其提供的相关证据依法进行审查。

《工伤保险条例》第十六条第（一）项“故意犯罪”的认定，应当以刑事侦查机关、检察机关和审判机关的生效法律文书或者结论性意见为依据。

第二条 人民法院受理工伤认定行政案件后，发现原告或者第三人在提起行政诉讼前已经就是否存在劳动关系申请劳动仲裁或者提起民事诉讼的，应当中止行政案件的审理。

第三条 社会保险行政部门认定下列单位为承担工伤保险责任单位的，人民法院应予支持：

（一）职工与两个或两个以上单位建立劳动关系，工伤事故发生时，职工为之工作的单位为承担工伤保险责任的单位；

（二）劳务派遣单位派遣的职工在用工单位工作期间因工伤亡的，派遣单位为承担工伤保险责任的单位；

（三）单位指派到其他单位工作的职工因工伤亡的，指派单位为承担工伤保险责任的单位；

（四）用工单位违反法律、法规规定将承包业务转包给不具备用工主体资格的组织或者自然人，该组织或者自然人聘用的职工从事承包业务时因工伤亡的，用工单位为承担工伤保险责任的单位；

（五）个人挂靠其他单位对外经营，其聘用的人员因工伤亡的，被挂靠单位为承担工伤保险责任的单位。

前款第（四）、（五）项明确的承担工伤保险责任的单位承担赔偿责

任或者社会保险经办机构从工伤保险基金支付工伤保险待遇后，有权向相关组织、单位和个人追偿。

第四条　社会保险行政部门认定下列情形为工伤的，人民法院应予支持：

（一）职工在工作时间和工作场所内受到伤害，用人单位或者社会保险行政部门没有证据证明是非工作原因导致的；

（二）职工参加用人单位组织或者受用人单位指派参加其他单位组织的活动受到伤害的；

（三）在工作时间内，职工来往于多个与其工作职责相关的工作场所之间的合理区域因工受到伤害的；

（四）其他与履行工作职责相关，在工作时间及合理区域内受到伤害的。

第五条　社会保险行政部门认定下列情形为“因工外出期间”的，人民法院应予支持：

（一）职工受用人单位指派或者因工作需要在工作场所以外从事与工作职责有关的活动期间；

（二）职工受用人单位指派外出学习或者开会期间；

（三）职工因工作需要的其他外出活动期间。

职工因工外出期间从事与工作或者受用人单位指派外出学习、开会无关的个人活动受到伤害，社会保险行政部门不认定为工伤的，人民法院应予支持。

第六条　对社会保险行政部门认定下列情形为“上下班途中”的，人民法院应予支持：

（一）在合理时间内往返于工作地与住所地、经常居住地、单位宿舍的合理路线的上下班途中；

（二）在合理时间内往返于工作地与配偶、父母、子女居住地的合理路线的上下班途中；

（三）从事属于日常工作生活所需要的活动，且在合理时间和合理路线的上下班途中；

（四）在合理时间内其他合理路线的上下班途中。

第七条 由于不属于职工或者其近亲属自身原因超过工伤认定申请期限的，被耽误的时间不计算在工伤认定申请期限内。

有下列情形之一耽误申请时间的，应当认定为不属于职工或者其近亲属自身原因：

（一）不可抗力；

（二）人身自由受到限制；

（三）属于用人单位原因；

（四）社会保险行政部门登记制度不完善；

（五）当事人对是否存在劳动关系申请仲裁、提起民事诉讼。

第八条 职工因第三人的原因受到伤害，社会保险行政部门以职工或者其近亲属已经对第三人提起民事诉讼或者获得民事赔偿为由，作出不予受理工伤认定申请或者不予认定工伤决定的，人民法院不予支持。

职工因第三人的原因受到伤害，社会保险行政部门已经作出工伤认定，职工或者其近亲属未对第三人提起民事诉讼或者尚未获得民事赔偿，起诉要求社会保险经办机构支付工伤保险待遇的，人民法院应予支持。

职工因第三人的原因导致工伤，社会保险经办机构以职工或者其近亲属已经对第三人提起民事诉讼为由，拒绝支付工伤保险待遇的，人民法院不予支持，但第三人已经支付的医疗费用除外。

第九条 因工伤认定申请人或者用人单位隐瞒有关情况或者提供虚假材料，导致工伤认定错误的，社会保险行政部门可以在诉讼中依法予以更正。

工伤认定依法更正后，原告不申请撤诉，社会保险行政部门在作出原工伤认定时有过错的，人民法院应当判决确认违法；社会保险行政部门无过错的，人民法院可以驳回原告诉讼请求。

第十条 最高人民法院以前颁布的司法解释与本规定不一致的，以本规定为准。

工伤保险行政纠纷典型案例

案例1　张成兵诉上海市松江区人力资源和社会保障局工伤认定行政案

——用工单位违反法律、法规规定将承包业务转包或者发包给不具备用工主体资格的组织或者自然人，该组织或者自然人聘用的职工因工伤亡的，用工单位为承担工伤保险责任的单位

（一）基本案情

南通六建公司系国基电子（上海）有限公司A7厂房工程的承包人，其以《油漆承揽合同》的形式将油漆工程分包给自然人李某某，约定李某某所雇人员应当接受南通六建公司管理。李某某又将部分油漆工程转包给自然人王某某，王某某招用张成兵进行油漆施工。李某某和王某某均无用工主体资格，也无承揽油漆工程的相应资质。2008年3月10日，张成兵在进行油漆施工中不慎受伤。11月10日，松江区劳动仲裁委员会裁决确定张成兵与南通六建公司之间存在劳动关系，但该裁决书未送达南通六建公司。12月29日，张成兵提出工伤认定申请，并提交了劳动仲裁裁决书。上海市松江区人力资源和社会保障局立案审查后，认为张成兵受伤符合工伤认定条件，且南通六建公司经告知，未就张成兵所受伤害是否应被认定为工伤进行举证。上海市松江区人力资源和社会保障局遂于2009年2月19日认定张成兵受伤为工伤。南通六建公司不服，经复议未果，遂起诉请求撤销上海市松江区人力资源和社会保障局作出的工伤认定。

（二）裁判结果

经上海市松江区人民法院一审，上海市第一中级人民法院二审认为，根据劳社部发〔2005〕12号《劳动和社会保障部关于确立劳动关系有关事项的通知》第四条规定，建筑施工、矿山企业等用人单位将工程（业务）或经营权发包给不具备用工主体资格的组织或自然人，对该组织或自然人

招用的劳动者，由具备用工主体资格的发包方承担用工主体责任。本案中，南通六建公司作为建筑施工单位将油漆工程发包给无用工主体资格的自然人李某某，约定李某某所雇用的人员应服从南通六建公司管理。后李某某又将部分油漆工程再发包给王某某，并由王某某招用了上诉人张成兵进行油漆施工。上海市松江区人力资源和社会保障局依据上述规定及事实认定上诉人与被上诉人具有劳动关系的理由成立。根据《工伤保险条例》的规定，张成兵在江苏南通六建建设集团有限公司承建的厂房建设项目中进行油漆施工不慎受到事故伤害，属于工伤认定范围。据此，维持上海市松江区人力资源和社会保障局作出被诉工伤认定的具体行政行为。

案例2 孙立兴诉天津新技术产业园区劳动局工伤认定行政案

——工作原因、工作场所的认定应当考虑是否与履行工作职责相关，是否在合理区域内受到伤害的

（一）基本案情

孙立兴系中力公司员工，2003年6月10日上午受中力公司负责人指派去北京机场接人。其从中力公司所在天津市南开区华苑产业园区国际商业中心（以下简称商业中心）八楼下楼，欲到商业中心院内开车，当行至一楼门口台阶处时，孙立兴脚下一滑，从四层台阶处摔倒在地面上，经医院诊断为颈髓过伸位损伤合并颈部神经根牵拉伤、上唇挫裂伤、左手臂擦伤、左腿皮擦伤。孙立兴向园区劳动局提出工伤认定申请，园区劳动局于2004年3月5日作出《工伤认定决定书》，认为没有证据表明孙立兴的摔伤事故是在工作场所、基于工作原因造成的，决定不认定为工伤。

（二）裁判结果

经天津市第一中级人民法院一审，天津市高级人民法院二审认为，该案焦点问题是孙立兴摔伤地点是否属于工作场所和工作原因。《工伤

保险条例》规定，职工在工作时间和工作场所内，因工作原因受到事故伤害，应当认定为工伤。该规定中的“工作场所”，指职工从事职业活动的场所，在有多个工作场所的情形下，还应包括职工来往于多个工作场所之间的必经区域。本案中，位于商业中心八楼的中力公司办公室，是孙立兴的工作场所，而其完成去机场接人的工作任务需驾驶的汽车，是其另一处工作场所。汽车停在商业中心一楼的门外，孙立兴要完成开车任务，必须从商业中心八楼下到一楼门外停车处，故从商业中心八楼到停车处是孙立兴来往于两个工作场所之间的必经的区域，应当认定为工作场所。园区劳动局认为孙立兴摔伤地点不属于其工作场所，将完成工作任务的必经之路排除在工作场所之外，既不符合立法本意，也有悖于生活常识。孙立兴为完成开车接人的工作任务，从位于商业中心八楼的中力公司办公室下到一楼，并在一楼门口台阶处摔伤，系为完成工作任务所致。上诉人园区劳动局以孙立兴不是开车时受伤为由，认为孙立兴不属于“因工作原因”摔伤，理由不能成立。故判决撤销被告园区劳动局所作的《工伤认定决定书》，限其在判决生效后60日内重新作出具体行政行为。

案例3　何培祥诉江苏省新沂市劳动和社会保障局工伤认定行政案

——关于“上下班途中”的认定

（一）基本案情

原告何培祥系原北沟镇石涧小学教师，2006年12月22日上午，原告被石涧小学安排到新沂城西小学听课，中午在新沂市区就餐。因石涧小学及原告居住地到城西小学无直达公交车，原告采取骑摩托车、坐公交车、步行相结合方式往返。下午15：40左右，石涧小学邢汉民、何继强、周恩宇等开车经过石涧村大陈庄水泥路时，发现何培祥骑摩托车摔倒在距离石涧小学约二三百米的水泥路旁，随即送往医院抢救治疗。12月27日，原告所在单位就何培祥的此次伤害事故向被告江苏省新沂市劳

动和社会保障局提出工伤认定申请，后因故撤回。2007年6月，原告就此次事故伤害直接向被告提出工伤认定申请。经历了二次工伤认定，二次复议，二次诉讼后，被告于2009年12月26日作出《职工工伤认定》，认定：何培祥所受机动车事故伤害虽发生在上下班的合理路线上，但不是在上下班的合理时间内，不属于上下班途中，不认定为工伤。原告不服，向新沂市人民政府申请复议，复议机关作出复议决定，维持了被告作出的工伤认定决定。之后，原告诉至法院，请求撤销被告作出的工伤认定决定。

（二）裁判结果

经江苏省新沂市人民法院一审，徐州市中级人民法院二审认为：上下班途中的“合理时间”与“合理路线”，是两种相互联系的认定属于上下班途中受机动车事故伤害情形的必不可少的时空概念，不应割裂开来。结合本案，何培祥在上午听课及中午就餐结束后返校的途中骑摩托车摔伤，其返校上班目的明确，应认定为合理时间。故判决撤销被告新沂市劳动和社会保障局作出的《职工工伤认定》；责令被告在判决生效之日起六十日内就何培祥的工伤认定申请重新作出决定。

案例4 邹政贤诉广东省佛山市禅城区劳动和社会保障局工伤认定行政案

——由于不属于职工或者其近亲属自身原因超过工伤认定申请期限的，被耽误的时间不计算在工伤认定申请期限内

（一）基本案情

宏达豪纺织公司系经依法核准登记设立的企业法人，其住所位于被告广东省佛山市禅城区劳动和社会保障局辖区内。邓尚艳与宏达豪纺织公司存在事实劳动关系。2006年4月24日邓尚艳在宏达豪纺织公司擅自增设的经营场所内，操作机器时左手中指被机器压伤，经医院诊断为“左中指

中节闭合性骨折、软组织挫伤、伸腱断裂”。7月28日邓尚艳在不知情的情况下向被告申请工伤认定时，列“宏达豪纺织厂”为用人单位。被告以“宏达豪纺织厂”不具有用工主体资格、不能与劳动者形成劳动关系为由不予受理其工伤认定申请。邓尚艳后通过民事诉讼途径最终确认与其存在事实劳动关系的用人单位是宏达豪纺织公司。2008年1月16日，邓尚艳以宏达豪纺织公司为用人单位向被告申请工伤认定，被告于1月28日作出《工伤认定决定书》，认定邓尚艳于2006年4月24日所受到的伤害为工伤。2008年3月24日，宏达豪纺织公司经工商行政管理部门核准注销。邹政贤作为原宏达豪纺织公司的法定代表人于2009年3月10日收到该《工伤认定决定书》后不服，向佛山市劳动和社会保障局申请行政复议，复议机关维持该工伤认定决定。邹政贤仍不服，向佛山市禅城区人民法院提起行政诉讼。广东省佛山市禅城区人民法院判决维持被告作出的《工伤认定决定书》。宣判后，邹政贤不服，向广东省佛山市中级人民法院提起上诉。

（二）裁判结果

法院经审理认为，因宏达豪纺织公司未经依法登记即擅自增设营业点从事经营活动，故2006年7月28日邓尚艳在不知情的情况下向禅城劳动局申请工伤认定时，错列“宏达豪纺织厂”为用人单位并不存在主观过错。另外，邓尚艳在禅城劳动局以“宏达豪纺织厂”不具有用工主体资格、不能与劳动者形成劳动关系为由不予受理其工伤认定申请并建议邓尚艳通过民事诉讼途径解决后，才由生效民事判决最终确认与其存在事实劳动关系的用人单位是宏达豪纺织公司。故禅城劳动局2008年1月16日收到邓尚艳以宏达豪纺织公司为用人单位的工伤认定申请后，从《工伤保险条例》切实保护劳动者合法权益的立法目的考量，认定邓尚艳已在1年的法定申请时效内提出过工伤认定申请，是因存在不能归责于其本人的原因而导致其维护合法权益的时间被拖长，受理其申请并作出是工伤的认定决定，程序并无不当。被告根据其认定的事实，适用法规正确。依照行政诉讼法的规定，判决维持被告作出的《工伤认定决定书》。

现场互动

京华时报记者孙思娅：《规定》第六条里有关于上下班途中内容的介绍，我想问一下，出台这个是不是因为以前存在大量的争议，或者存在同案不同判的情况？能不能具体解释一下什么是合理时间，什么是合理路线？日常生活当中需要的合理活动能不能具体解释一下？

赵大光：这位记者提出的问题很关键，也是我们在研究制定司法解释当中遇到的一个比较重点的问题。什么是上下班途中？法律法规规定得比较原则，只规定上下班途中的事故伤害可认定为工伤，但是对于“上下班途中”具体情形的认定没有具体规定。具体实践当中、生活当中可以说是有多种情况。在理解和认识上确实不一致，各地法院在处理相同或者是相似案件的过程当中也有裁判标准不一致的问题，也就是刚才所说的同案不同判。为了解决这些问题，我们才把它作为司法解释当中的一个重点问题来进行研究和规定。

什么是合理时间？这个合理时间可以说比较宽泛，用我们的话来讲就是应当具有正当性。上下班有一个时间区域，可能早一点，可能晚一点，比如下了班以后，还要加一会儿班，或者是等交通的高峰时段过了之后再回家。我们认为这些都属于合理时间。合理路线包括的范围就比较广泛，举一个比较简单的例子，比如下班的途中需要到菜市场买一点菜，然后再回家，而且是顺路，是不是合理的路线，是不是日常工作中所需要的必需的活动呢？我们认为都应当包括在内。所以理解这一条规定，我们要抓住一个关键词就是“合理”。

中央人民广播电台记者孙莹：在日常生活中处理工伤的案件，劳动关系处理程序是比较复杂的，往往劳动者很难证明自己到底在为谁工作，特别是一些劳务派遣的情况，您认为这个规定能解决这个问题吗？

赵大光：应当说我们这个司法解释主要是解决工伤认定的规定。是否

具有劳动关系是认定工伤的一个前提，如果没有劳动关系，原则上不存在工伤认定的问题。但是劳动关系的判断标准并不是我们司法解释所要解决的主要问题。而且劳动关系的认定可以通过另外一个途径来解决，可以申请劳动关系仲裁机构来仲裁，对仲裁机构的仲裁不服还可以向法院提起民事诉讼，所以我们这个司法解释重点是解决工伤认定的问题，劳动关系只是解决工伤认定的一个前提，并不是我们这个司法解释的重点。

上海广播电视台法治天地频道记者程文韬：第一个问题，有一些部门以没有非本人主要责任，醉酒或吸毒、自杀或自残等认定结论不明确为由，长时间终止认定工伤或者是直接不认定工伤，人民法院对这个问题是怎么看的？第二个问题，上海的案例为什么会作为典型的案例，它作为典型案例的意义在哪里？以前在审判此类案件当中碰到了哪些问题或者困惑？谢谢。

赵大光：你提出这个问题实际上是我们司法解释第一条的问题，第一条的规定主要是解决什么问题呢？就是解决由于醉酒或吸毒、自杀或自残，这些事故引发的工伤争议如何认定的问题。出现这种事故，通常情况下是要由有权的机关对事故性质做出认定，比如是不是属于自杀还是自残？通常情况下要公安机关来认定，或者说发生了交通事故，交通事故的性质和责任的分配要由道路交通管理部门来加以认定，但是实践当中往往有权机关没有做出认定，或者说难以做出认定，受伤职工的权益保护问题就会受到影响。在这种情况下应该怎么办？这一条规定解决的问题主要是在没有认定或者说没有结论的情况下，工伤认定机关可以根据现有的证据或者是经过调查取得的证据来对是否是工伤加以认定，实际上我们司法解释这一条认可或者承认了工伤认定部门在这种情况下有权直接认定是否为工伤。这样对于受伤职工能够及时得到救治，能够及时得到工伤认定是非常有利的。但是工伤部门的这种认定不是权威性的结论，是否能够起到证据的作用，法院在审理案件的时候还要进行审查，然后确定它的效力。

第二个问题，为什么要以上海这个案例作为典型案例。我觉得这里面

至少没有地域的歧视。我们选案例也是看案例是否具有典型性，上海这个案例的价值就在于它回答了用工单位转包或者是多次转包，聘用的人员发生工伤以后由谁来承担工伤保险责任的问题，这个案例是比较典型的。它不仅转包，而且是两次转包，转包方都不具备用工主体资格，他聘用的人员发生了工伤，如何确定这个责任主体，这在实践当中是认识不一致的，需要统一规范。我们经过反复研究，并且征求了各方面意见，认为应当由有用工资格的单位来承担工伤保险责任。当然我们这个司法解释也规定它承担了工伤保险责任之后，还可以向转包方去追偿。所以这就使转包方也不能逍遥法外，特别是现在一些包工头，出了事情就跑了，责任由用工单位来负责，包工头都不承担责任。这个司法解释实际上解决了这个问题。这样的规定既有利于对职工权益的保护，又有利于追究转包方应当承担的法律责任。因为有的时候找包工头找不到，或者他没有能力来承担这个责任，由有用工资格的单位来承担工伤保险责任，然后向转包方来追偿这个责任。这样责任的分配就比较合理。

环球时报记者胡卿云：请您再解释一下关于第八条的一些相关规定，如果工伤是第三人所导致的，员工应该向第三人进行民事索赔还是应该向工伤保险基金要求享受这个保险待遇？谢谢。

赵大光：因第三人的原因造成伤害，工伤保险责任承担问题是我们司法解释的另外一个重点。刚才提出的这个问题，实际上我们这个司法解释已经做了回答，也就是说因第三人的原因造成伤害的，受害者既可以向法院提起民事诉讼，请求民事赔偿，由第三人（致害人）承担民事责任，也可以主张享受工伤保险待遇，这两种权利都是有的。至于怎么选择，要由受害方根据他的意愿来做出选择。我们司法解释要解决的问题就是由第三人造成的伤害，还能不能申请工伤认定，还能不能享受工伤保险待遇？实际上我们的意义就在这里，当然这个问题确实是有争议的，而且争论很大，我们在充分调研的基础上，征求了多方面的意见后，基于现行法律法规，制定了本条规定。

媒体反响

人民法院报 罗书臻 2014年8月21日

最高人民法院出台司法解释
规范工伤保险行政案件审理

8月20日上午，最高人民法院召开新闻发布会，通报了《最高人民法院关于审理工伤保险行政案件若干问题的规定》（以下简称《规定》）的有关情况，并公布了4起工伤保险行政纠纷典型案例。

最高人民法院新闻发言人孙军工介绍了《规定》的有关情况，行政庭庭长赵大光介绍了典型案例有关情况并回答了与会媒体记者的问题。

针对经常出现与职工存在用人关系的单位有两个或者两个以上的情形，《规定》专门明确了双重劳动关系、派遣、指派、转包和挂靠关系等五类比较特殊的工伤保险责任主体，规定职工与两个或两个以上单位建立劳动关系，工伤事故发生时，职工为之工作的单位为承担工伤保险责任的单位；在派遣、指派和挂靠关系中，派遣单位、指派单位和被挂靠单位为承担工伤保险责任的单位；如果用工单位违反法律、法规规定，将承包业务转包给不具备用工主体资格的组织或者自然人，用工单位为承担工伤保险责任的单位。

“工作原因、工作时间和工作场所”、“因工外出期间”以及“上下班途中”等问题往往是工伤认定中争议较多的问题，《规定》对此进行了细化，明确社会保险行政部门认定下列情形为工伤的，人民法院应予支持：职工在工作时间和工作场所内受到伤害，用人单位没有证据证明是非工作原因导致的；职工参加用人单位组织或者受指派参加其他单位组织的活动受到伤害的；在工作时间内，职工来往于多个与其工作职责相关的工作场所之间的合理区域因工受到伤害的等。

关于“因工外出期间”的工伤认定，《规定》明确，只要职工受用人单位指派或者因工作需要在工作场所以外从事与工作职责有关的活动期间，受用人单位指派外出学习或者开会期间，以及只要不属于职工从事与工作或者受用人单位指派外出学习、开会无关的个人活动受到伤害的，原则上应当认定为工伤。关于“上下班途中”的认定，《规定》明确，在合理时间内往返于工作地与住所地、经常居住地、单位宿舍、配偶父母子女居住地的，从事属于日常工作生活所需要的活动且在合理时间和合理路线的等，均应被认定为“上下班途中”。

由于第三人的原因造成的工伤，《规定》明确，职工可以分别按照侵权责任法和社会保险法要求侵权赔偿和享受工伤待遇，第三人不支付工伤医疗费用或者无法确定第三人的，由工伤保险基金先行支付，并明确了三种处理方式：社会保险行政部门不能以职工已经对第三人提起民事诉讼或者获得民事赔偿为由不受理工伤认定申请或不认定工伤；社会保险行政部门已经作出工伤认定，职工未对第三人提起民事诉讼或者尚未获得民事赔偿，起诉要求支付工伤保险待遇的，人民法院应予支持；社会保险经办机构以工伤职工已经对第三人提起民事诉讼为由，拒绝支付工伤保险待遇的，人民法院不予支持。

更多媒体报道题目选登：

1.中央人民广播电台记者孙莹2014年8月20日报道《最高法出台司法解释 规范工伤保险行政案件审理》。

2.法制日报记者袁定波2014年8月20日报道《最高法司法解释明确由第三人致工伤三种处理方式》。

▶ 图为发布会现场。

◀ 图为最高人民法院新闻发言人孙军工主持发布会。

▶ 图为最高人民法院行政审判庭庭长赵大光回答记者提问。

◀ 图为上海广播电视台法治天地频道记者程文韬提问。

▶ 图为环球时报记者胡卿云提问。

◀ 图为京华时报记者孙思娅提问。

第十二场新闻发布会

最高人民法院
首次举办面向外国驻华使节主题开放活动

发布主题：面向外国驻华使节主题开放活动
发布时间：2014年8月27日
关 键 词：司法公开　外国使节　开放活动
主 持 人：最高人民法院外事局局长　刘合华
出席嘉宾：最高人民法院院长　周　强

发布主题

周强：各位使节、女士们、先生们，新闻界的朋友们，大家上午好。今天是最高法院对外国驻华使馆使节开放日。2013以来，最高法院加大了司法公开的力度，为了让更多的人了解中国的审判，让公民更多地参与我国的审判，我们定期对外开放。2014年6月11日，最高人民法院公开开庭审理了新加坡中华环保公司股东出资纠纷上诉案并当庭作出宣判，该案首次邀请外国使节、外国媒体旁听，近30家中外媒体进行了全媒体、全方位的报道。今天我们是对外国使节的专题开放日，而且邀请的使节最多，也是出席人数最多的。我对各位使节旁听最高法院审判，到最高法院参观，表示欢迎。

借这个机会，我对最高法院和中国法院的情况首先做一个介绍，我们这个会议室是新近落成的最高法院审判委员会的会议室，今天首次对外开放。我们今天还要给各位使节介绍有关材料，一个是最高法院的，2014年最高人民法院工作报告；另一个是人民法院维护消费者权益状况，以及最高法院新闻发布会的有关资料。其中有一份纪念册是卡通宣传资料，普受新闻界的欢迎。

根据中国宪法和法律的规定，最高人民法院是中国最高的审判机关，依照法律规定，负责审理重大的一审案件和二审案件。同时，对各级法院进行监督指导。最高法院还担负制定司法解释的职能，这是中国最高法院特有的一项职能，根据中国法律的规定，最高人民法院就中国法律在使用中的问题可以制定司法解释，指导地方人民法院正确地适用法律、实施法律。借这个机会，我简要介绍以下几方面的情况：

第一，中国各级人民法院坚持法律面前人人平等的原则，平等地保护中外当事人、中国公民和外国公民在中国的一切合法权益。

第二，中国法院坚持以事实为根据，以法律为准绳，严格司法，公正司法。

第三，中国各级法院目前正在全力推进司法公开，通过司法公开进一步促进司法公正，维护当事人的合法权益。在推进司法公开方面我们正在全力推进三大平台建设，第一个是审判流程公开平台，我们要求各级法院对案件的审判信息，也就是说，案件的信息情况通过互联网及时向案件当事人公开，同时我们推进庭审公开，就是对公众开放、对社会公开。根据法律规定，各级人民法院审理案件除法律另有规定的以外，都要开庭审理，对公众、对社会开放。我们还通过电视、互联网对开庭审理情况进行直播，2013年全国各级法院有45万件案子通过互联网或者电视向公众直播报道，今年我们通过中国庭审直播网将更多的案件进行网上直播，可以说每天都有大量的案件在网上直播报道。2013年最高法院审理了中国互联网行业的著名案件，就是奇虎360诉腾讯案，我们通过电视、广播、互联网等全媒体向中国公众直播。第二个是裁判文书公开平台，我们建立了中国裁判文书网。我们要求最高法院和中国东中部地区的14个省市各级法院的裁判文书在今年内都要实现上网公布，三年内全国包括西部省份的法院，所有的生效裁判文书都要上网。当然，依照中国法律规定，涉及未成年人的案件以及个人隐私的案件的裁判文书是不向社会公开的。到目前为止，中国裁判文书网已经公布了全国各级法院166万多份生效的裁判文书，其中公布了最高人民法院5200多份生效裁判文书。第三个是执行信息公开平台。通过这个平台我们将案件的执行信息及时地向当事人公开，有些信息向社会公开。为了加大执行力度，今年我们在以下几个方面采取了措施：一是对有条件执行而拒不执行人民法院判决的失信被执行人，用我们中国的话说就是“老赖”，把他们的名单在互联网和媒体上公开曝光。目前，最高法院公布了全国失信被执行人，也就是“老赖”的名单20多万个。同时，我们对这些失信的被执行人进行信用惩戒，限制他们的高消费行为，以及在贷款、开办企业方面进行惩戒。三是我们对这些失信的被执行人情节严重的依法进行制裁，包括拘留甚至是判处刑罚。

第四，我们正在积极稳妥地推进司法改革，保障人民法院依法独立公正行使审判权。司法改革目前正在进行，这项任务十分繁重，也是社会各界非常关注的，我们将积极稳妥地推进，来实现保障人民法院依法公正审理案件。

第五，全国各级法院坚持司法为民的原则，就是我们审判执行案件都要坚持便民、利民、方便群众。

第六，我们高度重视同外国的司法协作。依照我国同外国签订的司法协作的协定，积极开展司法协作工作，包括对外国法院判决和仲裁的承认和执行，以及中国法院审理涉及外国公民的案件，我们都及时邀请外国驻华使馆、领馆派员参加案件的旁听，告知相关信息，而且为外国当事人提供法律帮助。

同时，我们坚持新闻发布和主题开放日的活动。最高法院定期就中国法院审理的重大案件以及审判执行工作的情况及时向社会发布相关的新闻，而且是定期举办新闻发布会，发布案件审理信息以及司法解释的实施情况。我们还定期向公众举办专题开放日活动，邀请公众走进最高法院，了解中国的审判。今天我们举办的外国使节专题开放日活动是最高法院公众开放日系列活动中的一项，今后我们还会举办更多这样的活动，我们欢迎有更多外国使节走进中国最高法院，了解中国的审判工作。我们想通过这个形式来促进中国法院同世界各个法院之间的交流与合作，进一步推动中国的司法公开。

谢谢。

现场互动

法国驻华使馆公使白良： 周院长，首先向你表示非常感谢，因为我们今天参加的公众开放活动是很有意思的，当然我们驻华使节的第一个目的是理解中国法律，也更理解中国法治建设政策，所以今天的活动我觉得非常有用。我也非常赞成你刚才介绍的司法公开化。我有两个问题，第一个问题，我们参加庭审的情况，今天我觉得很有意思，我们常常愿意参加庭审，但是遇到了很多困难，所以如果你可以提供帮助，我们特别赞赏。第二个问题，关于我们的企业家，现在我们特别赞赏中国开放的政策，我们的企业家在中国也越来越多。当然，做贸易发生很多困难，如果一个企业家在中国遇到困难，应该怎样求助于法律？谢谢。

周强： 谢谢你的提问，我做一个简要的回答。第一个问题，从最高法院来讲，我们要求各级法院依照中国的法律规定为外国驻华使节旁听我们的审判提供便利，将来如果有这方面的需求，你可以同各级法院联系，遇到困难可以找最高法院。第二个问题，关于中国法院所作出的生效裁决，主要是民商事案件，刚才讲到的涉及一些外国企业得不到执行的问题。中国法律明确规定法院的生效判决必须执行，如果执行不了，我们前面讲了很多情况，我们要将“老赖”名单公布，还要采取信用惩戒、法律处罚。在保护外国企业和公民在华合法权益方面，我一开始就强调了，我们国家法律规定，也是我们的司法原则，平等保护外国企业和公民在华的合法权益，如果发现外国企业和公民在华合法权益得不到保障，我们会发挥监督职能，对地方法院进行监督，要求予以纠正。有些判决得不到执行，我们正在大力加大执行力度，解决执行难的问题。我们要求凡是能够执行的判决，必须得到执行。

德国驻华使馆代办爱睿赋： 院长先生，感谢您给我发言的机会。跟我刚才的法国同事不一样，我现在用英语发言。我很赞赏今天有机会能够应邀过来

参加你们的开放日的活动，让我们有机会旁听最高法院审理案件。我们觉得这样的机会对我们来说是很有帮助的，可以增加知识，可以亲眼目睹一个案件的审理，对我们来说很有帮助。院长先生，德中进行合作已经有多年实践，比如在法官的培训方面等，我们希望能够增进两国法治方面的相互理解和了解。谢谢。

博茨瓦纳驻华使馆大使萨萨拉·乔治：院长阁下，非常感谢你们举办开放日活动，让我们旁听案件庭审，也感谢刚才您在发言中对司法的表述。作为大使，我们看到一些资料，亲眼目睹你们的做法，跟刚才发言的同事一样，除了今天的庭审开放，我们希望将来能够继续有开放的机会，院长先生，我非常赞赏和感谢。谢谢。

乌干达驻华使馆领事苏珊·提萨：谢谢院长先生。我想说的话其他外交官可能都说了。我们希望作为外国驻华使馆，对中国的规则、法律的变化，希望能有更多的了解，更及时的了解。因为我们的公民会经常找我们使馆来询问中方有关规则的变化，我们也有必要和中国有关部门进行接洽，在发现有新的规则出现时，我们外方了解的速度并不是很快，不能及时了解。如果这方面规则的透明度和向使馆通报方面进一步提高，我想对我们是有帮助的。类似今天涉及中方和外方当事人的庭审案件，我们希望能够更多允许我们外方旁听。过去常有人说，如果是外方当事人告中方当事人，在中国胜诉是非常难的，外方告中方是很难胜诉的，如何让我们消除这种误解和偏见，安排类似今天这种涉及中外当事人的案件是很好的。涉及中国和乌干达的案件，我们是有义务向国内汇报的，如果发生乌干达公民在中国被拘留，而获得不了案件的详细情况，希望将来这一问题能够有所改观。

哈萨克斯坦驻华使馆大使努克兰·叶尔梅克巴耶夫：尊敬的周院长，首先对今天的活动表示感谢。据我所知，您准备最近访问哈萨克斯坦，我非常欢迎。目前举行的中国司法改革的最主要的特点或者方向是什么？谢谢。

周强：我想做个简要的回答。这个问题涉及的面很广，也是中国社会

各界非常关注的问题。司法改革的目标就是建立公正高效权威的社会主义司法制度，建设一支专业化、正规化、职业化的司法队伍，这是目标。但是，关键的是落实司法责任制，让审理者裁判，让裁判者负责。还有一个重点，用中国话说叫做“牛鼻子”，就是法官的职业保障，就是加强法官的职业保障。概括来讲就是一个目标、一个关键、一个保障。谢谢各位的提问，也谢谢各位今天到最高法院来参观。就像各位讲到的，今天我们仅仅是开始，今后中国最高法院将会举办更多这样的专题活动，中国最高法院将进一步推进司法公开，进一步推进司法公正，提升司法公信力，促进司法文明。

谢谢各位使节，谢谢新闻界的朋友们。

媒体反响

法制日报　周斌、袁定波　2014年8月28日

16国驻华使馆派出使节走进最高法感受司法公开
中国首席大法官主动当场解惑

“主审法官表现出色，法庭驾驭能力强，非常专业。我曾经也是一名法官，他和我有很多相似的地方。”刚刚旁听完一起知识产权案件庭审，走出最高人民法院中法庭的安哥拉大使加西亚·比雷斯说。

8月27日上午，最高人民法院首次举办面向外国驻华使节主题开放活动，16个国家的驻华使馆派出使节走进最高法，旁听一起涉外知识产权案件庭审，参观最高法“高山仰止”浮雕，与最高人民法院院长、中国首席大法官周强进行互动交流。

老外认真旁听知产案庭审

8时30分，离开庭还有半个小时，各国驻华使节均已在最高法中法

庭旁听席落座。“国家之间的商业往来愈发频繁，我们越来越关注中国涉外知识产权司法保护，对今天的庭审非常感兴趣。”不少驻华使节表示。

就在两天前的8月25日，最高法向全国人大常委会提请审议《关于在北京、上海、广州设立知识产权法院的决定（草案）》，标志着中国知识产权司法保护体系不断完善，知识产权司法保护力度不断加大。

9时整，随着审判长敲响法槌，浙江健龙卫浴有限公司与（德国）高仪股份公司侵害外观设计专利权纠纷一案正式开庭。

据介绍，2012年12月，高仪公司提起诉讼称，健龙公司生产、销售和许诺销售的丽雅系列等卫浴产品采用与其“手持淋浴喷头”外观设计专利相同或近似的外观设计，侵犯其外观设计专利权，请求判令健龙公司停止侵权、销毁库存侵权产品、赔偿损失20万元等。

一审法院判决驳回了高仪公司的诉求，而二审法院支持了高仪公司绝大部分诉求。健龙公司不服二审判决，申请最高法再审。

双方发表答辩意见后，法庭归纳了“授权外观设计与在先设计的区别设计特征是什么”等3大焦点，并围绕焦点逐一展开调查。涉案双方现场借助PPT，图文并茂阐述了各自观点。

健龙公司提出，其与高仪公司生产的淋浴喷头至少有8个不同点，其中喷头头部、手柄以及两者连接处3个地方区别非常明显。“涉案淋浴喷头为手持淋浴喷头，不会放在墙上，使用时，喷头头部与手柄连接处更容易被使用者观察到”。

“淋浴喷头正常使用时安装在墙上，淋浴喷头出水面最容易被使用者观察到；手柄是插入插头的，中下部很难被观察到。”高仪公司一方反驳称，出水面的部分，专利和侵权产品都采用跑道型设计，出水孔的排列和方式十分近似。

《法制日报》记者注意到，最高法为驻华使节安排了庭审同声翻译，各驻华使节旁听时神态专注。

庭审结束后，各国驻华使节对此次公开庭审给予高度评价。德国驻华使馆代办艾睿赋说，有机会到中国最高法目睹一起知识产权案件的审理，

对了解中国知识产权司法保护工作大有帮助。

“庭审充分保障了当事人双方的诉讼权利。”哈萨克斯坦大使努克兰·耶尔梅克巴耶夫说，整个庭审秩序井然，法官提问专业，给他留下深刻印象。

开放更有力促公正树公信

“我愿意就上午的审判和刚才介绍的情况回答几个问题。”庭审结束后，周强向各国驻华使节介绍最高法和中国法院的情况后，主动提出接受提问。

法国公使连提两个问题：一个是，外国驻华使节非常愿意旁听中国法院的庭审，但实践中遇到很多困难，希望能够得到帮助；另一个是，越来越多的法国企业来到中国投资，产生了一些纠纷，法院判决后执行存在一些困难，应该如何求助于法律？

周强回应说，最高法要求各级法院依照中国法律规定为外国驻华使节旁听审判提供便利，“如果有这方面的需求，您可以同各级法院联系，遇到困难可以找最高法”。

对于外国企业得不到执行的问题，周强表示，中国法律明确规定，平等保护外国企业和公民在华的合法权益。最高法如果发现地方法院没有很好地保障这一合法权益，将行使监督权予以纠正。目前，中国法院正在加强执行力度，解决执行难问题。

乌干达领事苏珊·提萨对乌方公民在中国受到刑事处罚，而乌方不能及时了解案件详情表达了关切；哈萨克斯坦大使询问了中国司法改革的情况……更多使节希望中国进一步推进司法公开，加强与外国的司法合作。大家畅所欲言，周强从容应对，一一作答。

座谈会上，周强介绍，中国法院正在全力推进审判流程公开、裁判文书公开、执行信息公开三大平台建设。去年，全国45万件案件通过互联网或电视向公众直播。截至目前，中国裁判文书网公布各级法院166万多份生效裁判文书，最高法公布全国失信被执行人名单20多万个。

外国使节对中国法院推进司法公开一致表示欢迎和赞赏。称通过参加最高法的开放活动，切身感受到了中国司法的进步，此举有助于世界了解

中国法院，了解中国司法制度，期待今后最高法组织更多的开放活动，祝愿中国法治建设顺利推进。

为了让使节们更好地了解中国法院工作，最高法特意为他们准备了中英文的最高人民法院2014年工作报告、人民法院维护消费者权益状况及典型案例等资料。

“今天仅仅是开始，今后我们会举办更多这样的专题活动，中国最高人民法院将进一步推进司法公开，以此推进司法公正，提升司法公信力，促进司法文明。”周强表示。

更多媒体报道题目选登：

1.新华社记者罗沙2014年8月27日报道《最高人民法院首次举办面向外国驻华使节开放活动》

2.人民网记者张雨2014年8月27日报道《最高人民法院首次举行面向外国驻华使节的开放活动》

▶图为座谈会现场。

◀图为首席大法官、最高人民法院院长周强出席座谈会与嘉宾互动交流。

▶图为嘉宾签到。

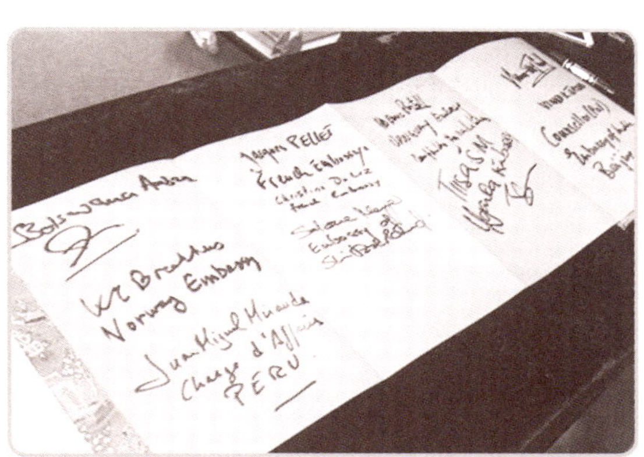

◀ 图为嘉宾签名留言。

▶ 图为庭审现场。

◀ 图为法庭旁听。

◀图为嘉宾参观最高人民法院。

◀图为嘉宾接受采访。

第十三场新闻发布会

加强海事审判　维护海洋权益

发布主题：海事审判三十年有关情况
发布时间：2014年9月2日
关 键 词：中国海事审判白皮书　典型案例
主 持 人：最高人民法院新闻发言人　孙军工
出席嘉宾：最高人民法院民事审判第四庭副庭长　王彦君

发布主题

关于海事审判三十年有关情况的新闻发布稿

最高人民法院新闻发言人　孙军工

各位记者：

大家下午好！今天新闻发布会的主题是向大家通报海事审判三十年来的有关情况。为了使全社会更加全面地了解海事审判工作，最高人民法院专门印发了《中国海事审判白皮书》（1984-2014）（以下简称《白皮书》）。今天的发布会上，还将公布十个海事审判典型案例。最高人民法院民四庭副庭长王彦君应邀出席今天的发布会。下面，首先由我向各位通报海事审判三十年来的有关情况。

一、海事审判发展历程

1984年11月14日，为了适应海上运输和对外贸易发展的需要，第六届全国人大常委会第八次会议通过了《关于在沿海港口城市设立海事法院的决定》。据此，最高人民法院作出《关于设立海事法院几个问题的决

定》，并相继在广州、上海、青岛、天津、大连、武汉、海口、厦门、宁波和北海十个港口城市设立海事法院，专门管辖海事案件。三十年来，在党的领导和人大的监督下，在政府和社会各界的关心支持下，中国海事审判工作取得了令人瞩目的成就，建立了“三级法院两审终审制”的专门法院体系，形成了独立系统的海事审判专门法律制度，设置了跨行政区域的长臂管辖制度，培养了一支政治素质优良、业务水平精湛的海事法官队伍，高质、高效、公正地审理了一大批海事案件，为国家改革开放、航运贸易、海洋经济科学发展提供了有力的司法保障。

自1984年设立海事法院至2013年12月底，全国十个海事法院共受理各类海事案件225283件，审结执结215826件，结案标的额人民币1460多亿元。上述案件的当事人、案件事实等因素涉及70多个国家和地区。截至2013年年底，海事法院共扣押船舶7744艘次（其中包括外轮1660艘次），拍卖船舶633艘（其中包括外轮123艘）。全国海事审判队伍忠实履行宪法法律赋予的职责，积极行使海事司法管辖权，准确适用国内法、国际条约、国际惯例，公正高效审理海事案件，平等保护中外当事人的合法权益，极大地提升了中国海事审判的国际地位，取得了较高的国际声誉和广泛的国际影响。

21世纪是海洋的世纪，维护海洋权益、开发和保护海洋日益成为全球竞争的热点和焦点。我国作为海洋大国、贸易大国和航运大国，正在努力实现“由大转强”的战略转型。推进国际海洋经济发展战略、维护国家海洋权益和促进海洋强国建设，需要海事司法发挥更大更重要的作用。今天，最高人民法院首次发布中、英文版《白皮书》，回顾和总结海事法院成立三十年来全国海事审判工作取得的成绩和经验，明确提出未来海事审判工作要努力打造具有广泛国际影响力的海事司法品牌的奋斗目标，对全面加强海事审判工作，服务国家开放战略和海洋强国战略，不断开创海事审判工作新局面，必将产生深远的影响。

二、海事审判三十年取得的成就

（一）完善海事审判制度体系，建设亚太地区海事司法中心。自1984年海事法院设立以后，随着海事法院管理体制的逐步理顺，海事审判纳入

正规化快速发展的轨道。由十个海事法院及其所属39个派出法庭形成的全面覆盖18000余公里海岸线、沿海沿江港口、通海可航水域等中华人民共和国管辖港口和水域的专门化海事审判格局，以及由海事法院及其上诉审高级人民法院、最高人民法院构建的“三级法院两审终审制”专门法院体系，使我国成为世界上设立海事审判机构最多最完善的国家。1992年颁布的中华人民共和国海商法和1999年颁布的中华人民共和国海事诉讼特别程序法，标志着我国海事法律制度体系基本形成。其后陆续出台的关于海上保险、船舶碰撞、船舶油污、海事赔偿责任限制等16个司法解释，逐步实现了对常规性海事纠纷的“全覆盖”，保障了海事审判法律的统一、规范适用。三十年来，全国海事案件数量总体上逐年以约10%的幅度持续增长。目前，我国是世界上设立海事审判专门机构最多、最齐全的国家，也是受理海事案件最多的国家，具备较为完善的海事法律制度和海事司法服务保障体系。最高人民法院于1997年年初在第十七次全国法院工作会议上提出的，在2010年之前将我国建设成为亚太地区海事司法中心的目标已经如期实现。

（二）**发挥海事审判职能作用，保障对外开放和海洋经济发展。**海事审判工作一直强调抓好执法办案第一要务，通过对国际海上货物运输合同纠纷、货运代理合同纠纷、船舶碰撞与触碰损害赔偿纠纷、海上保险纠纷、海洋环境污染纠纷等典型海事案件的公正审理，维护了国际贸易和航运市场的安全秩序，推动了海洋生态文明建设。海事司法实践中探索和积累的海事诉讼保全制度、海洋环境公益诉讼索赔等方面的成熟做法，为中华人民共和国民事诉讼法、中华人民共和国海洋环境保护法等法律法规的修改完善提供了丰富的实证素材。为了不断提高海事审判的社会公信力和国际影响力，最高人民法院进一步加强了审判指导和审判管理，针对海事案件收案范围比较集中、法官队伍专业化程度高等特点，提出实施海事审判精品战略，强调海事审判以精取胜、以质取胜，注重品牌效应，以持续、稳定的精品案件，赢得社会和人民群众的认可与信任。海事审判法官坚持公正、高效、权威的司法主题，妥善裁判、调解了一批在国际国内有重大影响的海事案件，赢得了国际信誉，国外当事人选择来华诉

讼的海事案件逐年增多。三十年来，各海事法院共审结执结涉外涉港澳台海事案件64747件，结案标的额折合人民币约800多亿元。我国海事审判已经成为国际航运界、海事司法界关注和研究亚太地区海事司法动态的重要参考。

（三）**强化海事司法服务功能，保障改革发展稳定大局。**各海事法院及其上诉审高级人民法院、最高人民法院一直坚持紧紧围绕国家对外开放与海洋开发战略等经济社会发展大局，通过研究制定海事司法服务保障大局的指导意见与配套措施、加强司法建议工作等举措发挥海事司法能动作用。通过设立巡回审判点和海事审判联络点等方式不断拓展海事司法服务地域范围；通过大力推行法制宣传、便利立案、司法救助等便民利民措施解决群众诉讼困难；通过坚持公开审判原则、设立"中国涉外商事海事审判网"专业网站、向国际社会公开英文版生效海事裁判文书、建设网上拍卖平台、选任专家人民陪审员、举办"法院开放日"等方式全面落实司法公开，满足人民群众对海事司法的知情权、监督权与参与权。其中，"中国涉外商事海事审判网"于2002年1月1日正式开通，截至今年8月底，共公布裁判文书8258份。网站开通以来，截至目前浏览点击率达1000多万人次，目前日点击量达2000人次。通过探索建立多元调解机制，实现"诉调对接"、与基层组织共同打造"无讼海域"和"无讼港区"、争取行政主管部门的支持和配合，加强社会风险评估与公共危机应急处置等活动，成功化解矛盾解决纠纷。

（四）**加强队伍和基础建设，保障海事审判科学发展。**在最高人民法院、各海事法院及其上诉审高级人民法院的共同努力下，海事法官的正规化、专业化、职业化建设已经取得显著成效。至2013年年底，全国从事海事审判的法官共570人，其中90%以上具有硕士、博士学历；具有学历层次高，专业化程度强，懂法律、懂航运、外语好的特点。长期以来，通过采取强化思想教育、强化能力训练、强化作风养成、强化制度创新等一系列举措，一支政治坚定、业务过硬、作风优良、清正廉洁的海事法官队伍已经逐步建立，并以优良的工作作风赢得了社会认同和尊重。随着海事法官队伍建设的全面发展，海事法院的基础建设也实现了跨越式发展，基本实

现内部办公无纸化、管理网络化、庭审记录数字化、卷宗档案电子化等办公现代化和智能化，充分保障了海事审判的科学发展。

伴随着中国航运快速增长的同时，国际航运中心继续向亚太地区转移。中国作为海洋大国和航运大国，在不断巩固中国作为全球航运中心地位的同时，有效维护、合理开发海洋资源环境对于促进经济社会科学发展、繁荣稳定具有重要战略意义。海事法院将充分发挥海事审判职能作用，继续深化海事司法改革，大力实施海事审判精品战略，积极服务国家开放战略和海洋强国战略，进一步增强海事审判的国际公信力，努力实现海事审判新的历史跨越。

我向大家通报的情况就是这些。谢谢大家！

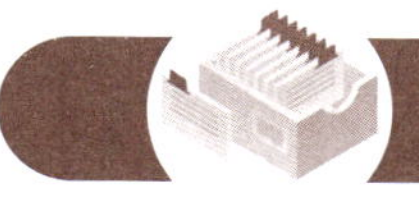

背景链接

海事审判典型案例

案例1　中威轮船公司、陈震、陈春与商船三井株式会社定期租船合同及侵权损害赔偿纠纷案

（一）基本案情

中威轮船公司（以下简称中威公司）由陈顺通于上世纪三十年代初在上海设立，1940年前后歇业。“顺丰”轮、“新太平”轮（以下简称两轮）的所有权人为陈顺通。两轮由中威公司经营，船籍港均为上海。该公司并无其他出资人。

1936年6月16日和10月14日，陈顺通代表中威公司与大同海运株式会社（商船三井株式会社的前身）分别在上海签订两轮的定期租船合同，租期均为12个日历月。合同约定了租金支付方式、还船地点等。合同例外事故条款约定，上述轮船不得被要求进入处于禁运状态的港口或正发生敌对

行动的港口，不得装运有害物资，不得进行有可能引起统治者或政府没收、扣留或处罚风险的航行，亦不得装运此类货物等。合同签订后，两轮在上海港分别交付给大同海运株式会社使用。1937年8月，两轮在日本大阪和八幡被日本军方扣留，后日本递信省以定期租船契约的形式将两轮委托大同海运株式会社营运。1938年和1944年，两轮分别触礁沉没、被击沉。

陈顺通于1949年8月8日立下遗嘱，将两轮的权益及应收未收之租金应全部归其子陈洽群继承。1987年12月31日，陈洽群立下遗嘱，由其子陈震、陈春全权代理向日诉讼。中威公司、陈震、陈春向上海海事法院起诉商船三井株式会社（以下简称商船三井），主张两轮租金、营运损失及船舶损失等合计2916477260.80日元。

（二）裁判结果

上海海事法院审理认为，以原告身份提起诉讼的是陈洽群设立的中威公司，该公司不是涉案定期租船合同的签订方，也不是两轮的登记所有人，无权主张定期租船合同项下的权利和财产所有权人的权利。两轮是陈顺通个人所有的财产，陈震、陈春根据遗嘱，行使两轮的索赔权依法有据。

支付租金是承租人的合同义务。商船三井应当向船舶出租人支付欠付的租金。两轮并未被安排到安全的海域航行，导致被日本军方扣留，是大同海运株式会社违反合同约定所造成的后果，依照《中华人民共和国海商法》规定，出租人有权解除合同，并有权要求赔偿因此遭受的损失。大同海运株式会社明知船舶所有人为陈顺通，又继续占有两轮，既不及时告知船舶所有人详情，又不支付合同费用，构成对两轮财产权利人的侵权。鉴于两轮已经灭失，大同海运株式会社对船舶所有人实际发生的经济损失，应当承担侵权赔偿责任。

《中华人民共和国民法通则》实施前民事权利被侵害超过二十年的，该法实施后，权利人向人民法院请求保护的诉讼时效期间，应当从1987年1月1日起算。涉案定期租船合同的给付租金和侵权之诉，根据法律规定，诉讼时效为二年。两项诉请的诉讼时效均至1988年12月31日届满，中威公

司于1988年12月30日提起诉讼未超过诉讼时效。本案的诉讼时效因中威公司提出诉讼已经中断，陈震、陈春申请参加本案诉讼，不存在诉讼时效问题。

2007年12月7日，上海海事法院作出（1989）沪海法商字第25号民事判决：对中威公司的诉讼请求不予支持；商船三井向陈震、陈春支付并赔偿两轮的租金、营运损失、船舶损失及孳息共2916477260.80日元。

中威公司、陈震、陈春与商船三井均不服一审判决，向上海市高级人民法院提起上诉。该院于2010年8月6日作出（2008）沪高民四（海）终字第80号终审判决，驳回各方当事人的上诉。商船三井不服，向最高人民法院提出再审申请。2010年12月23日最高人民法院作出（2010）民申字第1269号民事裁定书，驳回商船三井的再审申请。

由于商船三井未履行生效判决确定的义务，上海海事法院于2014年4月19日依法对到达我国浙江省舟山市嵊泗马迹山港的商船三井所有的226434吨"BAOSTEEL　EMOTION"轮实施了扣押。商船三井于2014年4月23日根据上海海事法院《限期履行通知书》的要求，全面履行生效判决确定的全部义务，2014年4月24日上海海事法院裁定，解除对"BAOSTEEL　EMOTION"轮的扣押，同时发布《解除扣押船舶命令》。

（三）典型意义

本案系定期租船合同及侵权损害赔偿纠纷。租船合同的履行及标的物的灭失发生在上世纪三、四十年代，历史久远。法院对本案的审理，围绕合同中约定的当事人间的权利与义务，当事人有无违反合同约定的情形以及相应的违约责任的承担，本案属于普通的商事合同及损害赔偿纠纷。

本案的关键点有三：一是事实以及案件性质的认定。本案纠纷产生年代久远，双方当事人均提供了大量的证据支持其主张。法院经过多次开庭，对所有证据逐一认证，使案件事实的认定具有充分的证据支持。关于案件定性，大同海运株式会社并未按照合同约定支付租金，且未将两轮安排在安全的海域航行，反而将中国籍的两轮安排在日本沿海航行，致使两轮被日本军方扣留，大同海运株式会社不仅违反了合同约定，而且其违约行为与两轮的毁损和灭失之间有法律上的因果关系，构成对两轮财产权利人的侵权。二是当事人的主体资格问题。原告方通过遗嘱继承等方式，祖孙三代接力，始终不放弃诉讼权利，在原告权利主体资格上，具有一以贯之的延续性，因此，原告的主体资格是适格的。被告作为义务主体，其历史沿革及权利、义务继受关系的脉络也很清晰。从签约时的大同海运株式会社，到1964年大同海运株式会社被并入日本海运株式会社，至1989年日本海运株式会社被并入奈维克斯海运株式会社，至1999年奈维克斯海运株式会社又被并入商船三井。历史斗转星移，然涉案租船合同的签约主体即原、被告之间权利主体与义务主体脉络依然清晰，其法律上的权利、义务继受关系仍旧存在。三是诉讼时效问题。尽管纠纷发生于上世纪三十年代，但《中华人民共和国民法通则》实施前民事权利被侵害超过二十年的，《中华人民共和国民法通则》实施后，权利人向人民法院请求保护的诉讼时效期间，应当从1987年1月1日起算。根据这一明确的法律规定，原告方在1988年12月30日提起诉讼，并未超过法律规定的时效期间。

本案生效判决最终通过法院扣押船舶的强制措施得以执行。在商船三井未履行生效判决确定的赔偿义务情形下，法院根据申请执行人的申请，对被执行人的船舶采取扣押的强制措施，完全符合《中华人民共和国海事诉讼特别程序法》以及《中华人民共和国民事诉讼法》的规定。

案例2　马士基（中国）航运有限公司、马士基（中国）航运有限公司厦门分公司、中国厦门外轮代理有限公司与厦门瀛海实业发展有限公司国际海上货运代理经营权损害赔偿纠纷案

（一）基本案情

马士基（中国）航运有限公司（以下简称马士基公司）在厦门口岸经营国际集装箱班轮运输，中国厦门外轮代理有限公司（以下简称厦门外代）担任马士基公司集装箱运输业务的代理人。在2005年3月3日之前，厦

门瀛海实业发展有限公司（以下简称瀛海公司）均能从厦门外代处正常提取马士基公司的集装箱，从事进出口集装箱拖运等陆路运输业务。马士基公司于2005年3月3日通知厦门外代停止向瀛海公司提供马士基公司的集装箱及集装箱铅封。瀛海公司遂以马士基公司等不接受其代理货主订舱托运造成其损失为由向厦门海事法院起诉，请求法院判令马士基公司等向瀛海公司提供货运订舱和相关服务，并不得拒绝瀛海公司接受委托办理与马士基公司等有关的集装箱进出口货运和陆路集装箱运输业务。

（二）裁判结果

厦门海事法院一审认为，国际班轮公司不是公共承运人，不负有法定强制缔约义务，据此判决驳回瀛海公司的诉讼请求。福建省高级人民法院二审认为，马士基公司属于公共承运人，其明确表示不与瀛海公司发生业务关系，违反了公共承运人的强制缔约义务，遂判决：撤销一审判决；责令马士基公司等不得拒绝瀛海公司依业务惯例要求的订舱和相关运输服务。马士基公司及其厦门分公司不服二审判决，向最高人民法院申请再审。最高人民法院再审认为：公共运输是指为社会提供公用事业性服务并具有垄断地位的运输。国际海上集装箱班轮运输是服务于国际贸易的商事经营活动，不属于公用事业，不具有公益性，也不具有垄断性、价格受严格管制的特征，故不属于《中华人民共和国合同法》（以下简称《合同法》）第二百八十九条规定的公共运输，其承运人不负有强制缔约义务。最高人民法院于2011年6月28日判决：撤销二审判决；维持一审判决。

（三）典型意义

本案争议焦点为国际班轮运输是否属于《合同法》第二百八十九条规定的“公共运输”。最高人民法院对该案的再审判决，具有三个层面的指导、参考价值。一是填补了立法空白。对《合同法》第二百八十九条规定“公共运输”作出了具体阐释，明确了公共运输的基本特征，强调了《合同法》规定公共运输承运人强制缔约义务的本意是克服其垄断性问题。二是澄清了理论和实务长期存在的认识误区。本案再审判决进一步明确，班轮运输的承运人是英美法或者我国海商法理论上所讲的“公共承运人（Common Carrier）”，但不是我国《合同法》第二百八十九条规定的

"从事公共运输的承运人"。三是有效规范了国际航运市场。国际航运业是我国重要的支柱产业，我国港口集装箱总量多年位居世界第一，中国有10个港口排入全球二十大集装箱港口。最高人民法院对该案的再审判决为国际航运市场的竞争与发展明确了一项带有普遍意义的规则，具有重要实践意义。

案例3 JP摩根大通银行与海流航运公司船舶抵押权纠纷案

（一）基本案情

1997年6月19日，JP摩根大通银行（以下简称摩根大通）与包括海流航运公司（以下简称海流公司）在内的五借款人订立了贷款合同，约定由摩根大通向五借款人提供贷款3500万美元。1997年6月27日，摩根大通与海流公司签订担保契据，约定以海流公司所有的"航海者"轮向摩根大通抵押，为3500万美元贷款设立第一优先抵押权，并在伦敦巴哈马籍船舶注册官处办理了抵押登记手续。1999年7月7日，摩根大通与海运国际公司签订了一份200万美元的透支贷款协议，海流公司同意对该透支贷款承担连带清偿责任。2000年7月18日，双方又签订第二份担保契据，以"航海者"轮再次为200万美元透支贷款设立抵押并进行了登记。2002年3月14日，摩根大通以海流公司拖欠其抵押贷款本息7323377.26美元为由，向广州海事法院申请扣押"航海者"轮。3月15日，该院裁定扣押了该轮。3月22日，摩根大通在广州海事法院提起诉讼。后经摩根大通申请，"航海者"轮被依法拍卖，由摩根大通以594万美元买得。

（二）裁判结果

广州海事法院审理认为，本案所涉贷款合同均为当事人真实意思表示，不违反中华人民共和国公共利益和强制性规定，合法有效。本案抵押船舶的船旗国为巴哈马，依据《中华人民共和国海商法》第二百七十一条的规定，本案船舶抵押权纠纷应适用船旗国法律，即《巴哈马商船法》。涉案"航海者"轮项下两项船舶抵押登记不违反《巴哈马商船法》中船舶抵押权的规定，该两项抵押登记有效。广州海事法院于2002年7月25日判

决海流公司偿付摩根大通贷款、透支款及其利息与相关费用，摩根大通基于该债权在广州海事法院拍卖“航海者”轮以前对该轮享有船舶抵押权，在该轮拍卖后有权从该轮拍卖款项中优先受偿。

（三）典型意义

本案是一起典型的涉外船舶抵押权纠纷案，涉案“航海者”轮是大型油轮，本案原、被告均为外国当事人，且案件事实发生在境外，但原告摩根大通主动选择在我国扣押船舶、进行诉讼。海事法院适用《巴哈马商船法》作出判决，受到媒体和国际航运界的广泛好评。本案判决对外国法的查明与适用、涉外民事关系的法律适用等均具有较强的指导意义。（1）对查明外国法的指导意义。法官在查明外国法的过程中应发挥积极的引导作用。在当事人查明外国法存在较大困难时，法官应当积极发挥自身优势，利用各种合法途径查明外国法。需当事人查明外国法的，应要求其提供该外国法的相关解释和适用资料。查明外国法须经过公证认证程序，并在法庭上接受质证认证。（2）对适用外国法的指导意义。明确案件所涉法律关系的性质是正确适用外国法的前提，本案针对贷款合同和抵押担保两种法律关系，谨慎地审核外国法的内容，平衡内国公共利益保护与尊重当事人意思自治两大价值，采取了区分适用不同法律的方法，对今后审理类似案件具有重要的借鉴意义。（3）对审理涉外民商事案件的指导意义。本案审理所遵循的“涉外因素——管辖权——法律适用”三步走的裁判思路，已成为我国涉外民商事审判的基本裁判方法，对类似涉外民商事案件的审理与裁判都有着广泛的指导意义。

案例4　浙江省纺织品进出口集团公司与长荣国际储运股份有限公司海上货物运输合同纠纷案

（一）基本案情

2000年7月31日、8月7日，浙江省纺织品进出口集团公司（以下简称浙纺公司）作为卖方与案外人签订校服售货确认书。浙纺公司通过华海国际货运有限公司、鸿海国际船务货运公司、上海外联发国际货运有限公司

和上海三星国际货运有限公司的依次代理，分批向承运人长荣国际储运股份有限公司（以下简称长荣公司）订舱出运，并取得长荣公司代理人签发的21套正本海运提单。21套提单载明的托运人分别为三家国外公司。浙纺公司按规定支付了海运费，长荣公司也确认收到。货物出运后，浙纺公司通过银行托收货款，因无人赎单，全套贸易单证包括提单被银行退回。长荣公司确认在正本提单未收回的情况下将货物交付收货人。为此，浙纺公司以长荣公司无正本提单放货为由，向上海海事法院提起诉讼，请求判令长荣公司赔偿其货款等损失。

（二）裁判结果

上海海事法院审理认为，浙纺公司依次通过各货运代理环节，向承运人长荣公司订舱，支付运费并交付货物出运；长荣公司接受了货物，收取了运费，并按照浙纺公司的要求出具了提单。尽管浙纺公司根据贸易合同的约定未将其名称在提单上载明，但浙纺公司和长荣公司履行海上货物运输的事实证明，浙纺公司是海上货物运输合同的缔约人和唯一交货人，浙纺公司作为涉案货物托运人的主体资格应当依法得以认定。长荣公司仅以提单托运人的记载内容认为浙纺公司已经转移了货物所有权，缺乏充分的事实和法律依据。浙纺公司系涉案提单签发以后的第一合法持有人，该提单未经贸易环节流转，且来自银行退单，其持单形式合法，有权据以向相对人主张提单项下的权利。综上，浙纺公司具有涉案货物托运人的资格，有权向长荣公司主张提单项下的权利。长荣公司作为承运人应当对托运人浙纺公司承担无单放货的赔偿责任。一审判决长荣公司赔偿浙纺公司货款损失2602562美元及利息和退税款损失人民币3111486.35元及利息。上海市高级人民法院于2003年9月4日作出二审判决，驳回长荣公司的上诉，维持原判。

（三）典型意义

本案是一起涉台的海上货物运输合同无单放货纠纷案件，争议焦点是未被提单记载为托运人的交货人是否具有托运人主体资格，并享有向承运人主张权利的诉权。这是长期以来一直困扰我国出口贸易中FOB卖方的权益保护问题，也是我国海事司法实践中一直不能取得一致的法律分歧点。法院通过对本案事实的审理，认定向承运人实际交付货物、接受承运人签

发的提单并履行贸易合同项下向银行交单义务的人，因无人赎单并经银行退单后，作为提单的原始持有人，即使未被提单记载为托运人，亦未经提单相关指示背书，仍然具有托运人的主体资格。这一原则的确立统一了审判实践中对法律规定的不同理解，依法保护了我国大量存在的出口贸易中FOB卖方的利益和交易安全。2009年最高人民法院颁布的《关于审理无正本提单交付货物案件适用法律若干问题的规定》将这一原则以司法解释的形式予以明确规定。此外，本案判决是首例经台湾地区三级法院裁定认可的大陆法院作出的海事案件判决，对于海峡两岸相互认可和执行民商事裁判的司法实践也具有积极的意义。

案例5 巴拿马易发航运公司、香港威林航业有限公司与钟孝源、珠海市政府打击走私办公室船舶碰撞损害赔偿纠纷案

（一）基本案情

1992年11月25日3：00时左右，由珠海市政府打击走私办公室（以下简称珠海打私办）征用参加海上缉私的钟孝源所有的“汕尾12138”渔船被撞沉没，船上21人全部落水。肇事船舶没有对落水人员进行救助，继续向东航行。落水人员中15人被救起，其余5人死亡，1人宣告死亡。为此，钟孝源、珠海打私办向广州海事法院提起诉讼，主张巴拿马易发航运公司（以下简称易发公司）所有的“易发”轮为撞沉“汕尾12138”船的肇事船，并请求判令其赔偿全部损失。

（二）裁判结果

广州海事法院一审认为，“易发”轮与“汕尾12138”船发生碰撞，导致“汕尾12138”船沉没，应对碰撞造成的人身伤亡及财产损失承担全部责任。一审判决易发公司赔偿钟孝源人民币2390400元、港币20000元及两款项利息；易发公司赔偿珠海打私办人民币226420元、港币34276元及两款项利息。广东省高级人民法院二审判决驳回易发公司的上诉，维持原判。易发公司和香港威林航业有限公司向最高人民法院申请再审。最

高人民法院再审认为，钟孝源、珠海打私办主张“易发”轮是撞沉“汕尾12138”船的肇事船，应承担相应的举证责任。由于“易发”轮船首没有碰撞痕迹和损伤，“易发”轮左舷提取的附着油漆与“汕尾12138”船的油漆不完全相同，“易发”轮经过出事海域时没有大幅度向左转向和减速，钟孝源、珠海打私办主张的碰撞位置与沉船及落水人员被救起位置的相对态势不符合当时当地的潮流，在碰撞事故发生时还有一艘从香港出来的集装箱船经过出事海域向东航行等客观事实的存在，认定“易发”轮是肇事船的证据不足。最高人民法院于1999年5月18日判决撤销该案一、二审判决，驳回钟孝源、珠海打私办的诉讼请求。

（三）典型意义

本案是最高人民法院公开审理的第一起船舶碰撞纠纷案件。在海事审判中，缺乏认定碰撞事实的直接证据是审理船舶碰撞损害赔偿纠纷的难点。本案中所有指向“易发”轮是肇事船的证据均为间接证据，对此本案再审判决依照证据运用的规则，运用逻辑推理和经验法则，结合民事诉讼“高度盖然性”的证明标准，对所有证据综合判断，确立了间接证据只有相互印证并构成完整证据链时，才能认定碰撞事实存在的基本原则。这一原则对于如何运用间接证据认定船舶碰撞事实的审判实践具有指导意义。本案的再审庭审过程也极具亮点。为保证专家鉴定的客观性，技术鉴定报告由专家当庭宣读，当事人当庭予以质证。这一质证程序的运用对本案最终得到公正判决起到了积极的决定性作用。此外，本案再审时对经台湾地区法院确认的证据文件予以采信，在当时对于解决大陆与台湾地区法院之间证据采纳问题具有借鉴价值。

案例6　海南丰海粮油工业有限公司与中保财产保险有限公司海南省分公司海运货物保险合同纠纷案

（一）基本案情

1995年11月28日，海南丰海粮油工业有限公司（以下简称丰海公司）

在中保财产保险有限公司海南省分公司（简称海南人保）投保了“哈卡”轮（HAGAAG）所运载的4999.85吨桶装棕榈油，投保险别为一切险。根据保险条款规定，一切险的承保范围除包括平安险和水渍险的各项责任外，海南人保还“负责被保险货物在运输途中由于外来原因所致的全部或部分损失”。该条款还规定了五项除外责任。1995年11月23日至29日，“哈卡”轮启航后，由于该轮的船东与期租船人之间发生船舶租金纠纷，“哈卡”轮中止了提单约定的航程并对外封锁了该轮的动态情况，直至1996年4月“哈卡”轮走私至中国汕尾被我海警查获。根据广州市人民检察院穗检刑免字（1996）64号《免予起诉决定书》的认定，“哈卡”轮所载棕榈油已被盗卖或被我国检察机关作为走私货物没收上缴国库。丰海公司向海南人保提出索赔申请，海南人保明确表示拒赔，丰海公司因此向海口海事法院提起诉讼。

（二）裁判结果

海口海事法院一审认为，本案所涉投保货物的损失是由于船东的盗卖和走私行为造成的，应属于丰海公司所不能预测和控制的外来原因，符合丰海公司投保的一切险的承保条件。一审判决海南人保应赔偿丰海公司保险价值损失3593858.75美元。海南省高级人民法院二审认为，根据保险单所附的保险条款和保险行业惯例，一切险的责任范围属于列明风险，包括平安险、水渍险和普通附加险。丰海公司投保货物的损失不属于一切险的责任范围。二审判决撤销一审判决，驳回丰海公司的诉讼请求。丰海公司向最高人民法院申请再审。最高人民法院再审认为，本案保险标的的损失不属于保险条款中规定的除外责任之列，应为收货人即被保险人丰海公司无法控制的外来原因所致，本案保险事故属一切险的责任范围。最高人民法院于2004年7月13日判决撤销海南省高级人民法院二审判决，维持海口海事法院一审判决。

（三）典型意义

本案争议焦点在于如何理解海洋运输货物保险条款中一切险的责任范围。此问题在海上保险法理论界和司法实践中一直存在不同的观点。本案一、二审两级法院就此作出截然相反的判决结果。最高人民法院对此案的判决，对于海洋运输货物保险条款中一切险的理解作出最终的论断。涉

案“海洋运输货物保险条款”规定的一切险，除包括平安险和水渍险的各项责任外，还包括被保险货物在运输途中由于外来原因所致的全部或部分损失。在不存在被保险人故意或者过失的情况下，除非被保险货物的损失属于保险合同规定的保险人的除外责任，保险人应当承担运输途中外来原因所致的一切损失。最高人民法院通过对此案的改判，确定了如下原则：（1）一切险并非列明风险，而是非列明风险。（3）保险标的的损失必须是外来原因造成的。（3）外来原因应当限于运输途中发生的。该判决对一切险范围的认定，对此后司法实践的统一具有重要的指导意义。

案例7　何远堂、许鉴本、何远就与广西合浦西场永鑫糖业有限公司海域渔业污染损害赔偿纠纷案

（一）基本案情

何远堂等人合伙经营的文蛤养殖场312亩位于合浦县西场镇鲎港江出海口高沙海域，其申领的国家海域使用许可证已经过期，且无养殖证。2003年10月，广西合浦西场永鑫糖业有限公司（以下简称永鑫糖业公司）开始制糖生产，11月中旬何远堂等人的文蛤大量死亡。11月25日，北海环境监测中心监测结果：永鑫糖业公司35吨锅炉冲灰水排放口所排放的污水严重超标。2004年1月8日，广西壮族自治区渔业环境监测中心作出《渔业污染事故调查鉴定报告书》，认为根据广西水产研究所水产生物技术实验室检测结果，基本排除了文蛤因病致死的可能；案涉螺场COD高达11.4mg/L，表明该海域受到了外来污染物的污染。3月30日，广西水产畜牧局渔政处高级工程师李启南等9名专家出具《合浦县西场镇文蛤养殖受污染损失评估专家意见》，评估污染造成文蛤损失2118000公斤。5月10日广西壮族自治区水产局渔政处出具《广西合浦县西场镇养殖文蛤受污染事件结论》：2003年11月期间，合浦县西场镇文蛤养殖场文蛤死亡原因系永鑫糖业公司排放严重超过国家规定排放标准的污水所致，造成文蛤死亡损失2118000公斤，直接经济损失不低于9319200元。何远堂等人据此向北海海事法院

提起诉讼。

（二）裁判结果

北海海事法院一审认为，何远堂等人养殖文蛤死亡的损害事实与永鑫糖业公司超标排污的行为之间具有必然的因果关系，永鑫糖业公司应当承担损失赔偿责任。何远堂等人的养殖行为属于非法养殖，对其养殖文蛤的收入损失不予保护，但对其购买文蛤苗的财产损失应予适当保护。因何远堂等人擅自将文蛤苗投放养殖，其行为具有过错，应自负主要责任，对文蛤苗损失承担60%的责任，永鑫糖业公司承担40%的责任。一审判决永鑫糖业公司赔偿何远堂等人文蛤苗种损失300484元，驳回其他诉讼请求。广西壮族自治区高级人民法院于2005年12月20日判决驳回永鑫糖业公司的上诉，维持原判。

（三）典型意义

本案系海事法院受理的因陆源污染造成的养殖损害赔偿纠纷。该案的典型意义在于明确了在没有养殖许可证和海域使用权证情况下取得的养殖收益不能受到法律保护的基本原则。侵权之债产生的基础在于侵权人不法行为侵害了受法律保护的合法利益，只有在这一前提下，侵害人才就其侵权行为所造成的损害承担责任。本案中，何远堂等人既无海域使用权证书，也无养殖许可证，其养殖行为属违法养殖，因养殖产生的收益等不应受法律保护。但何远堂等人对其筹资购买的文蛤苗种具有合法的财产权益，该合法权益不应因其养殖行为的违法性而丧失，应予以一定程度的法律保护。这一原则的确立既体现了无证养殖的法律后果，也体现了非法侵害他人财产权的法律责任，充分诠释了既要鼓励合法利用海洋资源发展生产，也要大力加强环境保护和资源管理的法律宗旨。

案例8　迁安第一造纸厂等九企业与孙有礼等十八人养殖损害赔偿纠纷案

（一）基本案情

1997年孙有礼等十八人签订集资创办养殖场合伙经营协议书，共同出

资联合经营六个海产品养殖场。六个养殖场合法养殖资格经相关部门核准确认。2000年10月上中旬，乐亭县王滩镇滦河、大青河入海口等海域养殖区发生重大渔业污染事故，孙有礼等十八人的养殖区遭受重大经济损失。孙有礼等十八人将迁安第一造纸厂等九企业诉至天津海事法院。经一审法院委托鉴定，确认本起污染事故系迁安第一造纸厂等九企业将大量污水直接排入滦河，并经乐亭县沿海各排水闸入海，使乐亭县近岸养殖海域受到有机物和悬浮物的严重污染所致。另查明，九企业中河北省迁安化工有限责任公司（以下简称“化工公司”）属于达标排放。

（二）裁判结果

天津海事法院一审认为，本案九企业的排污行为与孙有礼等十八人的损害结果之间具有因果关系。化工公司虽属排污达标，但化工公司不能充分证明其排放的污水与孙有礼等十八人的损害事实不存在因果关系，应承担损害赔偿责任，遂判决迁安第一造纸厂等九企业对孙有礼等十八人的经济损失连带赔偿1365.97万元。天津市高级人民法院二审认为，化工公司已被当地环保部门确定为排污达标企业，属于国家许可的正常经营活动，虽然化工公司不能提供排放工业废水入海的行为与孙有礼等十八人养殖损失不存在因果关系的相关证据，但在承担民事责任上应与超标企业有所区分。天津市高级人民法院于2003年3月24日改判化工公司单独承担损失14万元，迁安第一造纸厂等其他八企业连带承担损失655.325万元。

（三）典型意义

本案系人民法院以司法判决形式明确，对于陆源污染案件，即使排放达标亦应适当承担环境污染损害赔偿责任，有力惩戒了陆源污染制造者，有效地维护了环渤海地区海洋环境，标志着我国环境保护工作与国际先进水平的进一步接轨，是我国环境保护法治进程的重要里程碑，也对随后的环境污染司法实践乃至侵权责任法相关条文的制定起到了参考与借鉴作用。对于此类案件的审理，法院一方面要发挥裁判的重要功能，惩戒污染者，维护受害人权益；另一方面也要基于公平原则，按照排放行为是否超标科学合理划分侵权人的责任。本案审理期间，有关共同侵权、环境污染的法律法规均不完备。本案酌情判令化工公司承担独立的民事责任而非连带责任，充分体现了过错与责任相一致的原则，也有利于鼓励企业达标排放的积极性，维护法律的公平，在当时特定的历史条件下起到了很好的效果。

案例9　中海发展股份有限公司货轮公司申请设立海事赔偿责任限制基金案

（一）基本案情

中海发展股份有限公司货轮公司（以下简称货轮公司）所属“宁安11”轮，于2008年5月23日从秦皇岛运载电煤前往上海外高桥码头，5月26日在靠泊过程中触碰码头2号卸船机，造成码头和机器受损。2009年3月9日货轮公司依据《中华人民共和国海商法》（以下简称《海商法》）第二百一十条第二款和交通部《关于不满300总吨船舶及沿海运输、沿海作业船舶海事赔偿限额的规定》第四条的规定向上海海事法院申请设立非人身伤亡海事赔偿责任限制基金。中国人民财产保险股份有限公司上海市分公司（以下简称人保上海分公司）等提出异议称：货轮公司对事故负全部责任，无权享受海事赔偿责任限制；事故所涉及的清理残骸费用应当属于非限制性债权；“宁安11”轮是一艘可以从事国际远洋运输的船舶，不属于从事中国港口之间货物运输的船舶，应适用《海商法》第二百一十条第一款第（二）项规定的限额。

（二）裁判结果

上海海事法院一审认为，人保上海分公司等提出的货轮公司无权享受责任限制的意见，因涉及对货轮公司是否享有赔偿责任限制实体权利的判定，而该问题应在案件的实体审理中解决，故对该异议不作处理。人保上海分公司等提出的清理残骸费用属于非限制性债权的意见，不影响法院准予货轮公司就所涉限制性债权事项提出的设立海事赔偿责任限制基金申请。“宁安11”轮营业运输证载明的核定经营范围为“国内沿海及长江中下游各港间普通货物运输”，涉案事故发生时其所从事的也正是从秦皇岛

港至上海港航次的运营。因此，该船舶应认定为“从事中华人民共和国港口之间的运输的船舶”，而不宜以船舶适航证书上记载的船舶可航区域或者船舶有能力航行的区域来确定。货轮公司据此计算涉案限制基金数额并无不当。一审裁定准予货轮公司设立海事赔偿责任限制基金。上海市高级人民法院于2009年7月27日裁定驳回人保上海分公司的上诉，维持原裁定。

（三）典型意义

本案的焦点在于设立海事赔偿责任限制基金申请的审查范围和从事中国港口之间运输的船舶的界定问题。长期以来，对于设立海事赔偿责任限制基金申请的审查范围，理论上始终存在争议。审判实践中，对《海商法》第二百一十条第二款规定的“从事中华人民共和国港口之间的运输的船舶”，也存在不同的理解。本案明确了法院对设立海事赔偿责任限制基金申请应仅从申请人主体资格、事故所涉及的债权性质和申请设立基金的数额三个方面进行程序性审查的原则，有利于保证申请设立海事赔偿责任限制基金案件的审判效率和效果。本案确定应将“从事中华人民共和国港口之间的运输的船舶”理解为发生海事事故航次正在从事中国港口之间运输的船舶，对于同类案件的审理具有示范效用，对保护国内沿海运输行业合法权益而言具有重要意义。

案例10　马绍尔群岛第一投资公司申请承认和执行英国伦敦临时仲裁庭仲裁裁决案

（一）基本案情

2003年9月15日，被申请人福建省马尾造船股份有限公司（以下简称马尾公司）和被申请人福建省船舶工业集团公司（以下简称福船集团）作为联合卖方，与希腊雷斯缔斯集团在马绍尔群岛共和国注册的第一投资公司（以下简称FIC）签订了关于船舶建造的《选择权协议》，约定：两被申请人不可撤销地同意与FIC或其指定人签订最多8艘船的《选择船建造合同》。因协议产生的或与之有关的任何争议应在伦敦提交仲裁；仲裁程序、包括仲裁裁决的执行应依据《1996年英国仲裁法》或其任何当前生效的修订或重订规定以及伦敦海事仲裁员协会当时的生效规则（以下简称LMAA规则）；双方各指定一名仲裁员，并由指定的该两名仲裁员挑选第三名仲裁员。此后，FIC在《选择权协议》约定的声明期限内宣布8艘选择船生效，要求被申请人与其指定的8家单船公司签订8艘船的《选择船建造合同》，并寄送其提供的合同文本要求签署，但两被申请人未在期限内签署。FIC及8家被指定公司于2004年6月4日在英国伦敦提起仲裁，要求两被申请人连带赔偿其4540万美元的商业损失及利息，并指定哈利斯为仲裁员。被申请人指定王生长为仲裁员。哈利斯和王生长共同指定马丁·亨特为第三名仲裁员。经过两次听证，2006年1月21日，首席仲裁员马丁·亨特作出该案仲裁裁决的第一稿，并分发给王生长和哈利斯审阅。2006年2月16日，王生长提交了其保留意见的草稿。2006年3月20日因涉嫌犯罪王生长被天津市人民检察院第一分院刑事拘留，并于2006年3月31日被该院批准逮捕。王生长自其被刑事拘留后，即与马丁·亨特和哈利斯未再发生任何联系，其未能看到马丁·亨特2006年3月25日发给他的裁决第二稿和3月31日的定稿，其对该案的参与截止于上述对裁决第一稿发出的"意见草稿"。马丁·亨特及哈利斯根据LMAA规则第八条第（e）项规定"在任命了第三名仲裁员之后，决定、裁定和仲裁裁决应由全体或多数仲裁员作出"，于2006年6月19日在裁决上签署日期并以仲裁庭多数仲裁员意见的方式公布了仲裁裁决，裁决被申请人应向FIC支付赔偿金2640万美元及此款利息和复息。FIC于2006年12月5日向厦门海事法院提出申请，请求依据《承认与执行外国仲裁裁决公约》（以下简称《纽约公约》）承认该仲裁裁决在中华人民共和国境内具有法律效力并予以执行。

（二）裁判结果

厦门海事法院认为，LMAA规则第八条第（e）项适用于仲裁案件的前提是仲裁庭的每一名仲裁员都全程参与了仲裁程序，否则多数仲裁员就无权作出仲裁裁决。据此认定，仲裁庭的仲裁程序与当事人约定的仲裁协议不符，也与仲裁地英国的法律相违背。依照《中华人民共和国民

事诉讼法》第二百六十七条和《纽约公约》第五条第一款第（四）项的规定，厦门海事法院于2008年5月11日裁定对该仲裁裁决不予承认和执行。

（三）典型意义

本案是我国法院对缺员仲裁不予承认与执行的案件，在国际仲裁界有一定影响。本案的焦点是仲裁审理后期出现了一名仲裁员不能继续履行职责的情况，仲裁庭其他成员继续推进仲裁并作出裁决，应当如何认定这种缺员仲裁裁决的效力。本案仲裁协议中明确约定仲裁庭由三人组成，《英国仲裁法》及LMAA规则均没有缺员仲裁庭审理的规定，而仲裁庭却在一名仲裁员没有全程参与仲裁程序的情况下，适用LMAA规则第八条第e项关于多数裁决的规定作出裁决，属于《纽约公约》规定的仲裁庭的仲裁程序与当事人约定的仲裁协议不符的情形，法院据此裁定不予承认与执行该仲裁裁决。《纽约公约》被誉为国际商事仲裁的基石，为外国仲裁裁决的承认与执行设定了国际标准，并得到大多数国家的认同。截至2014年3月底，该公约缔约国已达149个。作为公约的缔约国，我国关于外国仲裁裁决的承认和执行制度已经基本与国际通行实践接轨。本案中，我国法院准确把握公约的宗旨与精神，正确解释与适用公约的条文，平等保护了中外当事人的合法权利。

现场互动

中国日报社记者曹音：我有两个问题想问一下王庭长。刚才提到长臂管辖的问题，在长臂管辖的情况下，如何保证海事审判的公正和效率。海事审判代表着中国海事法院的司法形象，也有越来越多的外国当事人或者公司愿意选择在中国的法院进行审判，能不能具体介绍一些情况，这么多外国人到我们这里来审判，对我们提出了哪些要求？

王彦君：我来谈一下第一个问题。关于长臂管辖的问题。长臂管辖

是海事审判一个专门的管辖制度，打破了以行政区划分法院管辖权的传统。但是，长臂管辖也容易产生一个问题，因为我们中国的法院一直强调要司法为民便民，长臂管辖可能造成面广线长。为了便于当事人诉讼，海事法院包括最高法院也采取了一些措施。第一方面的措施，目前要解决海事审判覆盖面的问题，在现有的十家海事法院，我们目前已经成立了39个派出法庭。另外，现在的航运发展很快，尤其是集装箱运输，以前传统都是有水港到有水港的国际海上货物运输，现在集装箱运输把它的货场改到了内陆了，但是管辖权又属于海事法院，该怎么办？我们就在这些地区，我们叫无水港区，比如说有的在内蒙，有的在山西，我们设立巡回审判点或者叫联络点，通过这种方式进行覆盖。另外一种，我们建立了十家海事法庭相互协助的制度，包括立案相互协助、送达相互协助，执行、保全都通过相互协助，通过这种方式提高了审判运行的效率。

第二方面的措施叫巡回审判，包括最高法院，如两个当事人都在一个地方，我们为了方便当事人，合议庭直接到烟台进行调解，采取这样一种方式，通过一些行业协会加强沟通协调，实现诉调对接，有一些案件或者纠纷，在进入法院之前，通过他们专业的协会来调解，可能化解矛盾的效果最好。如果调解不成，我们的法院再通过立案把事情协调，通过对接，便于化解社会矛盾。

现在信息化发展非常快，法院的信息化建设也很快。比如说，北海海事法院专门建立了面向当事人的信息联络机制，有的可以通过上网就把案子立了，通过上网就把案件送达了，充分地利用现代的科学技术。

第二个问题，海事审判三十年，随着我们国家海事审判的公信力逐步提高，有些案件本来在中国没有管辖上的连接点，双方当事人也约定到中国的法院来管辖。这里面归纳起来主要有以下几个因素：

一是因为现在国际航运中心这个地理位置已经转移到亚太地区，尤其是在中国，刚才说了，目前中国港口的吞吐量和集装箱的吞吐量都位居世界第一，全国现在有十个集装箱港口被列入全世界二十大集装箱港口。另外，我国现在有世界上最大的商船队，我们的中远公司、中海公司，我们

的一些航运公司在国际上都是航运量非常大的。我们的造船业目前也是非常强大。我们的海事审判就具有了这样一个地理地位优势，使我们海事审判的发展空间越来越大。有了这样的地位优势，一旦发生了纠纷，出于便利当事人首先就选择到中国法院来进行诉讼。

二是我们国家的海事法律目前来说还是非常先进的，从我们制定海商法和海事诉讼特别程序法时，就充分借鉴了国际上海事法律发展最前沿的一些理念。

三是我们国家的法律有平等保护的原则。平等保护中外当事人的利益，这一点我们做得还是很有成效的，受到国际社会的广泛认可。今天公布的十大案例，其中有六个是涉外的，都是在国际上受关注并且最后被认可的。

另外，我们通过审理一大批有影响力的案件，把中国海事审判的国际公信力也确立了起来。尤其是近年来，我们一直在强调更加深入地实施精品战略，无论从审判程序和实体上，还是从裁判文书上，都要经得起考验，要塑造一个中国海事审判的品牌。

人民法院报记者罗书臻：请问王庭长，对于海事审判以后的制度建设有什么想法？

王彦君：制度建设问题，三十年以来，我们有这样一个体会，主要还是两手抓，一是抓审判；二是通过审判实务的总结，来完善制度、建立制度，这个过程其实就是一个开拓创新的过程。我想，今后要想保持中国海事审判制度的先进性、在国际上的前沿性，今后我们还要继续坚持。根据目前我国现有海事审判制度的情况，要进行深入分析。从目前看，我们国内的法律发展也很快，国际上的法律统一化趋势也很快。今后我们主要有三点考虑：一是把我们现行的海商法律和社会主义法律体系做一个完善的结合。因为海事审判制度尤其是海商法有很多都是借鉴国外的东西，虽然它是国内的法律，但是它的内容都是一些国际规则、国际惯例的借鉴，但是和国内的法律在理念上、在各方面有一个协调统一的问题。这是我们在制度上要做的工作。

二是要继续深入研究和借鉴目前国际法律发展的态势，要进行探索，要有创新精神，不断地进化和完善我们的一些法律理念。海事法律制度如果不为国际社会认可的话，它的国际公信力就无法建立起来，所以一定要保持它的先进性。

三是我们的海商法、海事特别诉讼程序法已经实施了很长时间，我们在审判实践中又积累了一些新的情况、新的问题，我们不断总结海事审判经验，海商、海事实体法和程序法就需要不断地进行修改和进一步的完善与提高。

深圳卫视记者周庆元：我们注意到材料中讲到，中国目前已经是世界上设立海事审判专门机构最齐全的国家，而与此同时我们建设亚太地区海事司法中心的目标已经如期实现了。但是我们也注意到，近期与中国南海包括一些周边国家出现了这样一些纠纷，一些中国公民遇到这种纠纷性事件时很可能会遭遇到其他国家执法部门的粗暴执法或者强制扣留，咱们最高法院对待这一系列事情，在保障中国公民权益方面，该怎么发挥自己的职能？

王彦君：经过三十年的发展，我们取得了一定的成就，但是对于未来和海域管辖权的问题，应该是怎么强化的问题。目前海事法院的管辖范围，主要是民商事性质的，在海域进行行政管辖，应该要有行政司法管辖权。但是根据我们十八大确立的国家海洋战略和海洋强国战略，今后作为海事审判改革方面会不会有什么变化，我们还要拭目以待。

上海广播电视台法治天地频道记者程文韬：海事审判下一步的目标任务有哪些？谢谢。

王彦君：海事审判近三十年的发展后，我们初步确立了亚太地区海事司法中心的地位，只是初步确立了。为什么这么说？目前我们审理案件的量，在世界上应该是首屈一指的，因为航运量过来了，纠纷解决就近都过来了。但是在今后要想巩固这种地位，我们确实还需要做一些努力，因为现在国际航运发展也是风云变幻，也有很大的挑战。大家在日常生活中可能都能感受到，电商的发展，网上购物的发展，不需要到实体店买东西

了，将来物流业的发展也是革命性的，传统的这种海运模式将来会怎么样，谁都无法预见，传统上国际上的运输法律制度，会不会被新的国际物流模式取代？这些都需要我们法院尤其是海事法院进行研究，因为社会出现新的模式，就必须有相应的法律去调整、去规范，今后必须时刻掌握世界发展的新潮流。

社会上都很关注生态问题、环境问题，将来海洋生态的保护，海洋经济的开发利用，都越来越重要，这方面法律的完善和法院面临的其他非常艰巨复杂的任务，都需要我们有开拓创新的思维，去摸索、去逐渐巩固。我想，这种挑战我们能够迎难而解，我们国家海事审判工作也会有新的跨越。

厦门卫视记者李晓萍：这几年两岸经贸交流非常频繁，涉台方面的海事案件在总体案件中大概占怎样的比例？我们在审判过程和执行这些涉台海事案件的时候遇到什么样的困难，采取什么样的措施来提高审判和执行的效力？

王彦君：这个问题也是两岸之间协作的问题。目前，国际的船舶都能到中国来靠港，台湾地区的也到中国来。目前两岸的法院系统在判决认可执行方面有了一个明确的协助，也有这方面的案例。海事和普通的国际贸易还不一样，因为海事案件最关键的是对船舶进行扣押，有了这条船在手里，在法院起诉就有可执行的东西。

媒体反响

中央人民广播电台　孙莹　2014年9月2日

最高法召开新闻发布会　通报十个海事审判典型案例

《中国海事审判白皮书》今天（2014年9月2日）发布，最高人民法院

正在举行新闻发布会，通报中国海事审判三十年来的有关情况，并公布十个海事审判典型案例。

最高人民法院新闻发言人孙军工介绍，1984年11月14日，为了适应海上运输和对外贸易事业发展的需要，第六届全国人大常委会第八次会议通过了《关于在沿海港口城市设立海事法院的决定》。我国相继在广州、上海、青岛、天津、大连、武汉、海口、厦门、宁波和北海十个港口城市设立海事法院，专门管辖海事案件。自1984年设立海事法院至2013年12月底，全国10个海事法院共受理各类海事案件225283件，审结执结215826件，结案标的额人民币1460多亿元，涉及亚洲、欧洲、非洲和南北美洲70多个国家和地区。截至2013年年底，海事法院共扣押船舶7744艘次（其中包括外轮1660艘次），拍卖船舶633艘（其中包括外轮123艘）。全国海事审判队伍忠实履行宪法法律赋予的职责，积极行使海事司法管辖权，准确适用国内法、国际条约、国际惯例，公正高效审理海事案件，平等保护中外当事人的合法权益，极大提升了中国海事审判的国际地位，取得了较高的国际声誉和广泛的国际影响。

孙军工说，21世纪是海洋的世纪，维护海洋权益、开发和保护海洋日益成为全球竞争的热点和焦点。我国作为海洋大国、贸易大国和航运大国，正在努力实现“由大转强”的战略转型。推进国际海洋经济发展战略、维护国家海洋权益和促进海洋强国建设，需要海事司法发挥更大更重要的作用。

最高人民法院首次发布中、英文版《白皮书》，认真回顾和总结海事法院成立30年来全国海事审判工作取得的成绩和经验，明确提出未来海事审判工作要努力打造具有广泛国际影响力的海事司法品牌的奋斗目标，对全面加强海事审判工作，服务国家开放战略和海洋强国战略，不断开创海事审判工作新局面，必将产生深远的影响。

成就一、完善海事审判制度体系，建设亚太地区海事司法中心

自1984年海事法院设立以后，随着海事法院管理体制的逐步理顺，海事审判纳入正规化快速发展的轨道。由10个海事法院及其所属39个派出法庭形成的全面覆盖18000余公里海岸线、沿海沿江港口、通海可航水域等中华人民共和国管辖港口和水域的专门化海事审判格局，以及由海事法院及其上诉审高级人民法院、最高人民法院构建的“三级法院两审终审制”专门法院体系，使我国成为世界上设立海事审判机构最多最完善的国家。1992年颁布的《中华人民共和国海商法》和1999年颁布的《中华人民共和国海事诉讼特别程序法》，标志着我国海事法律制度体系基本形成。其后陆续出台的关于海上保险、船舶碰撞、船舶油污、海事赔偿责任限制等16个司法解释，逐步实现了对常规性海事纠纷的“全覆盖”，保障了海事审判法律的统一、规范适用。30年来，全国海事案件数量总体上逐年以约10%的幅度持续增长，使我国成为受理海事案件最多的国家，初步确立了亚太地区海事司法中心的地位。

成就二、发挥海事审判职能作用，保障对外开放和海洋经济发展

海事审判工作一直强调抓好执法办案第一要务，通过对国际海上货物运输合同纠纷、货运代理合同纠纷、船舶碰撞与触碰损害赔偿纠纷、海上保险纠纷、海洋环境污染纠纷等典型海事案件的公正审理，维护了国际贸易和航运市场的安全秩序，推动了海洋生态文明建设。海事司法实践中探索和积累的海事诉讼保全制度、海洋环境公益诉讼索赔等方面的成熟做法，为《中华人民共和国民事诉讼法》、《中华人民共和国海洋环境保护法》等法律法规的修改完善提供了丰富的实证素材。为了不断提高海事审判的社会公信力和国际影响力，最高人民法院进一步加强了审判指导和审判管理，针对海事案件数量相对较少、收案范围比较集中、法官队伍专业化程度高等特点，提出实施海事审判精品战略，强调海事审判以精取胜、以质取胜，注重品牌效应，以持续、稳定的精品案件，赢得社会和人民群众的认可与信任。海事审判法官坚持公正、高效、权威的司法主题，妥善裁判、调解了一批在国际国内有重大影响的海事案件，赢得了国际信誉，国外当事人选择来华诉讼的海事案件逐年增多。三十年来，各海事法院共审结执结涉外涉港澳台海事案件64747件，结案标的额折合人民币约800多亿元，涉及全球航运大国和我国主要贸易伙伴等70多个国家和地区。我国海事审判已经成为国际航运界、海事司法界关注和研究亚太地区海事司法动态的重要参考。

成就三、强化海事司法服务功能，保障改革发展稳定大局

各海事法院及其上诉审高级人民法院、最高人民法院一直坚持紧紧围绕国家对外开放与海洋开发战略等经济社会发展大局，通过研究制定海事司法服务保障大局的指导意见与配套措施、加强司法建议工作积极参加社会经济综合治理等举措发挥海事司法能动作用；通过设立巡回审判点和海事审判联络点等方式不断拓展海事司法服务地域范围；通过大力推行法制宣传、便利立案、司法救助等便民利民措施解决群众诉讼困难；通过坚持公开审判原则、设立“中国涉外商事海事审判网”专业网站、向国际社会公开英文版生效海事裁判文书、建设网上拍卖平台、选任专家人民陪审员、举办“法院开放日”等方式全面落实司法公开，满足人民群众对海事司法的知情权、监督权与参与权；通过探索建立多元调解机制，实现“诉调对接”、与基层组织共同打造“无讼海域”和“无讼港区”、争取行政主管部门的支持和配合，加强社会风险评估与公共危机应急处置等活动，成功化解矛盾解决纠纷。

成就四、加强队伍和基础建设，保障海事审判科学发展

在最高人民法院、各海事法院及其上诉审高级人民法院的共同努力下，海事法官的正规化、专业化、职业化建设已经取得显著成效。至2013年年底，全国从事海事审判的法官共570人，其中90%以上具有硕士、博士学历，具有学历层次高、专业化程度强、懂法律懂航运外语好的特点。长期以来，通过采取强化思想教育、强化能力训练、强化作风养成、强化制度创新等一系列举措，一支政治坚定、业务过硬、作风优良、清正廉洁的海事法官队伍已经逐步建立，并以优良的工作作风赢得了社会认同和尊重。随着海事法官队伍建设的全面发展，海事法院的基础建设也实现了跨越式发展，基本实现内部办公无纸化、管理网络化、庭审记录数字化、卷宗档案电子化等办公现代化和智能化，充分保障了海事审判的科学发展，不断展现我国司法现代文明的新形象。

成就五、继往开来，为国家开放战略和海洋强国战略提供更加有力的海事司法保障

中国海事审判事业取得累累硕果，取决于我们一直坚持党的领导、

自觉接受人大和社会监督；坚持司法为民公正司法，努力让人民群众在每一件司法案件中都感受到公平正义；坚持遵循海事审判规律，开拓创新，大力推进海事审判精品战略；坚持以人为本，大力加强海事审判队伍建设。展望未来，中国海事审判工作正站在新的历史起点上，面临新的形势和任务，面对新的机遇和挑战。伴随着中国航运快速增长的同时，国际航运中心继续向亚太地区转移。中国作为海洋大国和航运大国，在不断巩固中国作为全球航运中心地位的同时，有效维护、合理开发海洋资源环境对于促进经济社会科学发展、繁荣稳定具有重要战略意义。

更多媒体报道题目选登：

中国法院网记者边江2014年9月2日报道《最高人民法院举行海事法院成立三十周年新闻发布会》。

图为发布会现场。

图为最高人民法院新闻发言人孙军工主持发布会。

图为最高人民法院民事审判第四庭副庭长王彦君回答记者提问。

▶ 图为人民法院报记者罗书臻提问。

▶ 图为深圳卫视记者周庆元提问。

▶ 图为厦门卫视记者李晓萍提问。

第十四场新闻发布会

为中国—东盟自贸区建设提供有力司法支持

发布主题：“中国—东盟大法官论坛”有关情况
发布时间：2014年9月17日
关 键 词：中国—东盟大法官论坛　合作与交流
主 持 人：最高人民法院新闻发言人　孙军工
出席嘉宾：最高人民法院外事局局长　刘合华

发布主题

关于“中国—东盟大法官论坛”有关情况的新闻发布稿

最高人民法院外事局局长　刘合华

各位记者：

大家上午好！首先，对各位记者朋友的到来表示热烈的欢迎！我很高兴在这里向大家介绍此次中国—东盟大法官论坛暨中国法院国际合作与交流的情况。

中国和东盟国家山水相连、友好关系源远流长。随着中国—东盟自贸区建设的快速发展，相关各国司法机关在维护社会公平正义、促进社会和谐和地区稳定等方面都面临着共同的挑战，承担着共同的使命与责任。由于中国和东盟各国的社会制度不同，文化传统、法律渊源和司法体制各异，各国司法机关之间有必要进一步加强交流合作，协力应对各种挑战，为实现自贸区经济的共同发展提供强有力的司法支持。正是在这样的背景下，我们于2014年9月16日-17日在广西南宁举办了“中国—东盟大法官

论坛”，与会代表围绕“司法合作与中国—东盟自贸区发展”这一主题，就“司法改革与投资环境完善”、“法官教育培训与自贸区发展”、“多元纠纷解决机制与区域经济繁荣”三个议题进行了深入的讨论，加深了理解，达成了共识，促进了合作，展现了前景，即将通过成果性文件“中国—东盟大法官论坛”《南宁声明》。

此次论坛有以下几个特点：一是规格高。来自中国和东盟9个成员国的5位最高法院院长或首席大法官、13位副院长或大法官及其他中外代表共90余人参加了本届论坛。二是与东盟“两会”密切配合。此次论坛与中国—东盟博览会和商务与投资峰会“两会”同时召开，中国和东盟最高法院院长、首席大法官参加了“两会”的主要活动。三是交流广泛、讨论深入。中国和东盟各国代表共同分享了司法改革、法官教育以及多元纠纷解决机制方面的经验和做法。专题讨论内容涉及面广、信息量大，各国受益匪浅。四是成果丰硕、效果显著。论坛将通过成果性文件“中国—东盟大法官论坛”《南宁声明》，为建立自由、便利、透明及竞争的投资体制提供了司法支撑，为进一步加强与深化中国与东盟各国的司法交流与合作指明了方向。可以说，此次论坛的成功举办，标志着中国与东盟各国的司法领域务实合作进入了新的历史阶段！

我也愿意借此机会向各位媒体的朋友介绍中国法院国际交流与合作的基本情况。

人民法院外事工作是在我国改革开放的背景下，伴随着经济社会发展和法治建设进步而不断发展壮大的。30多年来，各级人民法院积极开展国际司法交流、司法协助、项目合作等外事工作，为促进人民法院审判、执行工作发展以及司法改革做出了积极贡献，为推进改革开放和经济建设发挥着越来越重要的作用，取得了显著成绩。

一是成功举办多次全球性、区域性国际司法会议，为促进国际交流做出重大贡献。

1990年4月，最高人民法院在北京举办了第十四届世界法律大会，来自67个国家和地区的1400多名中外法律界人士参加了大会。大会就“法律为和平与发展服务”等21个专题进行了讨论，并通过了《北京宣言》。

1995年8月，最高人民法院举办了以“法律在走向21世纪亚太经济发展中的作用”为主题的第6届亚太首席大法官会议。2005年9月，最高人民法院举办了第22届世界法律大会。这次大会共有1500多名中外代表与会，是世界法学家协会历史上规模最大、层次最高的一次大会。大会以“法治与国际和谐社会”为主题，组织会议代表进行深入研讨交流，表达了全球法律工作者的共同愿望，引起国际社会的广泛共鸣；大会讨论、通过了具有指导意义的《上海宣言》，并就保障人权、打击恐怖主义、保护知识产权等专题分别形成决议，对推动世界法治进步起到了积极作用。2010年10月，最高人民法院在北京主办了第四次亚太司法改革论坛会议。来自亚太国家和地区的24个国家、4个国际组织的105名代表参加了会议，其中包括9位最高法院首席大法官或院长，10位大法官或副院长。该会议不仅进一步加强了亚太各国在司法改革领域的交流与合作，促进了我对各国司法改革经验和教训的研究与借鉴，还有针对性地介绍了我在司法改革等方面取得的成就。2007年我国香港还举办了第十二届亚太首席大法官会议。

二是倡议建立上海合作组织成员国最高法院院长会议机制，为成员国开展司法交流与合作提供了重要平台。

上海合作组织成员国最高法院院长会议机制由中国和俄罗斯两国最高法院于2006年倡导建立，为推进区域安全和司法合作、实现上海合作组织既定目标和任务、维护地区共同利益做出了积极贡献。作为该会议机制的倡导和主导方，中国最高法院分别于2006年和2012年举办了首次和第七次最高法院院长会议，进一步完善了上合组织框架内司法合作磋商机制，推动了各成员国在司法领域的交流与合作。

三是积极开展多边、双边司法交流，不断深化交流与合作的深度和广度。

人民法院的对外交往是国家总体外交的重要组成部分，深入开展与外国最高法院之间的高层互访以及派遣高级代表团出席重要国际会议，是法院外事工作的重中之重。自改革开放以来，最高人民法院已与125个国家及地区的司法机构及15个国际或区域性组织建立了友好交往，与22个国

家的最高司法机关签署了合作备忘录或合作协议；最高人民法院先后派出148个由院领导率领的重要团组出席世界法律大会与协会年会、国际最高行政法院协会大会、亚太首席大法官会议、亚太司法改革论坛圆桌会议等多边国际会议，在这些舞台上发挥了重要作用；积极开展双边司法交往，访问期间受到往访国总统、议长或总理等国家领导人的会见，充分显示了司法交往在双边外交中的特殊地位和独特作用；最高人民法院先后邀请了171位外国首席大法官、大法官或最高法院院长、副院长来华访问，使双边合作不断走向深入。在司法交流中，我们既注重加强与大国法院的交往，也注重做好与周边国家和发展中国家的司法交流。改革开放以来，最高人民法院共组团出访1488批4237人次，地方各级法院共组团出访2349批15916人次；最高人民法院共邀请来访国外法官代表团324批2187人次，临时接待团组1495批9754人次。这些交往，极大地丰富了多边、双边交流的内涵，促进了多边、双边友好关系的发展。法院国际合作与交流还为中国的司法改革和法院人才的培养做出了重要贡献。

四是加强国际司法协助工作，充分发挥审判职能作用，树立良好的国际司法形象。

30多年来，最高人民法院先后参与了民事司法协助条约、刑事司法协助条约、引渡条约、移管被判刑人条约中方文本的起草和制定工作，并参与了由外交部主管的上述条约、协定的谈判工作，从审判业务主管部门的角度，对条约、协定文本进行研究和审查，以保证缔结的各项司法协助条约、协定既符合国内法的规定，符合我国利益，又兼顾外方利益。同时，最高人民法院还积极参与《海牙送达公约》、《海牙取证公约》、《联合国打击跨国有组织犯罪公约》、《联合国反腐败公约》等诸多司法类国际公约的文本审查以及缔结和批准、加入的准备工作，取得了积极成效。截至目前，我国已与56个国家签订了95项司法协助条约、协定。随着国际交流的日益扩大，国际司法协助工作呈现出“协助领域越来越宽、工作程序越来越复杂、案件数量越来越多、工作要求越来越高”的发展趋势。以民事司法协助为例，全国法院办理国际民事司法文书送达的数量由最初的每年500余件增加到近年来每年3000余件。

2013年5月2日，首部国际司法协助司法解释《关于依据国际公约和双边司法协助条约办理民商事案件司法文书送达和调查取证司法协助请求的规定》（法释〔2013〕11号）及其《实施细则（试行）》（司法文件）正式生效，全面规范了各级人民法院国际司法协助工作的机制建设和制度建设，确立了人民法院国际司法协助工作的基本原则，细化了民商事案件司法文书送达和调查取证国际司法协助请求在各级法院、各个环节的办理程序和审查标准，全面提高了全国法院国际司法协助工作的规范性。

五是积极推进与周边国家的司法交流与合作，构建睦邻友好法治环境。

一直以来，最高人民法院重视加强与周边国家开展高层司法交流，几乎与所有周边国家建立了不同形式的司法交流关系，为推动国家间双边关系全面发展发挥了独特作用。同时，最高人民法院还会同有关高级人民法院为蒙古、老挝、上海合作组织成员国、古巴等国家培训法官，促进相关国家司法界对我国法律制度的了解，介绍我国社会、经济特别是法治建设方面所取得的成就。接受培训的法官普遍认为，培训不仅使其对中国的法律制度、审判制度有了一个较为全面的了解，同时也对中国悠久的历史文化留下深刻的印象。法官们表示一定要把所学的审判经验带回去，以促进本国司法制度的发展与完善。

我要通报的情况就是这些，谢谢大家！

▲ 图为“中国—东盟大法官论坛”会议现场。

▲ 图为最高人民法院外事局局长刘合华介绍中国法院外事工作情况。

第十五场新闻发布会

惩治利用信息网络侵权　建立良好网络秩序

发布主题：《最高人民法院关于审理利用信息网络侵害人身权益民事纠纷案件适用法律若干问题的规定》

发布时间：2014年10月9日

关 键 词：信息网络侵害人身权益　司法解释　典型案例

主 持 人：最高人民法院新闻发言人　孙军工

出席嘉宾：最高人民法院民事审判第一庭副庭长　姚　辉

发布主题

关于《最高人民法院关于审理利用信息网络侵害人身权益民事纠纷案件适用法律若干问题的规定》的新闻发布稿

最高人民法院新闻发言人　孙军工

各位记者：

大家上午好！今天新闻发布会的主题是通报《最高人民法院关于审理利用信息网络侵害人身权益民事纠纷案件适用法律若干问题的规定》（以下简称《规定》）的有关情况，同时公布8起利用信息网络侵害人身权益的典型案例。今天的发布会还专门邀请了最高人民法院民事审判第一庭副庭长姚辉出席，就典型案例进行说明并回答各位记者的提问。下面，首先由我向各位通报《规定》的有关情况。

一、《规定》的制定背景

近年来，互联网行业的全面发展，促进了传统产业的升级和新兴产业的崛起，丰富了人民群众的物质文化生活，推动了我国的信息化进程，深刻影响了社会生产方式。同时，也带来了一系列的法律问题。例如，网络知识产权保护、个人信息保护、网络犯罪的惩治以及利用信息网络侵害人身权益的治理与预防等，都成为亟须解决的问题。

针对互联网发展过程中出现的法律适用问题，最高人民法院制定了《关于审理侵害信息网络传播权民事纠纷案件适用法律若干问题的规定》，联合最高人民检察院制定了《关于办理利用信息网络实施诽谤等刑事案件适用法律若干问题的解释》，连同今天发布的司法解释，共同形成了有关互联网法律问题的裁判规则体系，对于规范网络行为、建立良好的网络秩序，具有重要的意义。

为起草《规定》，最高人民法院自2013年起，在总结审判实践、尊重互联网发展规律的基础上，通过召开座谈会、书面征求意见等形式，听取了法院系统、立法机构、相关部委和专家学者的意见，特别是反复听取了互联网行业及主管部门的意见和建议。《规定》立足司法解释的功能定位，严格按照侵权责任法的精神，结合审判实践中遇到的难点问题，在充分考虑互联网技术的特点、发展现状和未来趋势的前提下，为民事主体权益保护提供充分的司法手段。《规定》于2014年6月23日由最高人民法院审判委员会第1621次会议通过，自2014年10月10日起施行。

二、《规定》的主要内容

《规定》共19个条文，重点内容包括以下六个方面：

（一）结合互联网技术的发展，合理确定管辖法院和诉讼程序。《规定》坚持方便当事人诉讼和方便人民法院审理的原则，在管辖地的确定上，结合互联网技术的发展现状，在第2条明确规定："利用信息网络侵害人身权益提起的诉讼，由侵权行为地或者被告住所地人民法院管辖。侵权行为实施地包括实施被诉侵权行为的计算机等终端设备所在地，侵权结果发生地包括被侵权人住所地。"针对可能出现的起诉难问题，《规定》在两个方面作出规定：一是在诉讼程序上，允许原告仅起诉网络用户或网

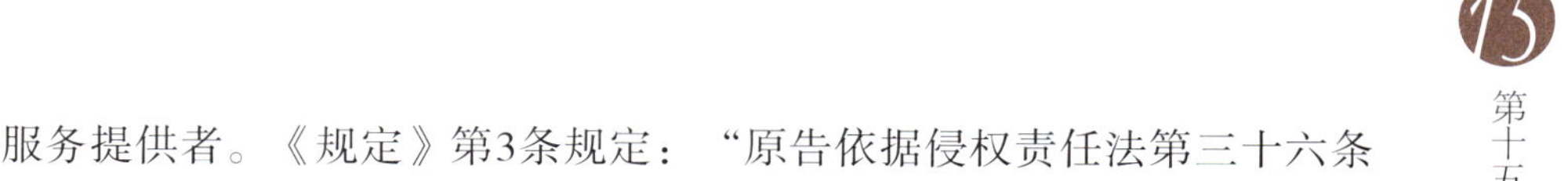

络服务提供者。《规定》第3条规定：“原告依据侵权责任法第三十六条第二款、第三款的规定起诉网络用户或者网络服务提供者的，人民法院应予受理。”二是明确原告起诉后，人民法院可以根据案件情况和原告的请求责令网络服务提供者提供涉嫌侵权的网络用户的个人信息，以方便原告起诉。《规定》第4条规定：“原告起诉网络服务提供者，网络服务提供者以涉嫌侵权的信息系网络用户发布为由抗辩的，人民法院可以根据原告的请求及案件的具体情况，责令网络服务提供者向人民法院提供能够确定涉嫌侵权的网络用户的姓名（名称）、联系方式、网络地址等信息。”

（二）明确了网络服务提供者是否“知道”侵权的认定问题。目前，互联网行业已经进入了内容、社区和商务高度结合的形态。在这种背景下，如何认定侵权责任法第三十六条第三款规定的“知道”，需要更加慎重。如果司法裁判中认定的标准过严，会造成网络服务提供者承担责任过重，可能会使网络服务提供者自我审查过严，经营负担加大，进而影响合法信息的自由传播，不利于互联网的发展。如果司法裁判中的标准过宽，则会导致网络服务提供者怠于履行必要的注意义务，放纵甚至主动实施侵权行为。《规定》第9条在兼顾两者的前提下明确规定：“人民法院依据侵权责任法第三十六条第三款认定网络服务提供者是否‘知道’，应当综合考虑下列因素：（一）网络服务提供者是否以人工或者自动方式对侵权网络信息以推荐、排名、选择、编辑、整理、修改等方式作出处理；（二）网络服务提供者应当具备的管理信息的能力，以及所提供服务的性质、方式及其引发侵权的可能性大小；（三）该网络信息侵害人身权益的类型及明显程度；（四）该网络信息的社会影响程度或者一定时间内的浏览量；（五）网络服务提供者采取预防侵权措施的技术可能性及其是否采取了相应的合理措施；（六）网络服务提供者是否针对同一网络用户的重复侵权行为或者同一侵权信息采取了相应的合理措施；（七）与本案相关的其他因素。”

（三）明确了利用自媒体等转载网络信息行为的过错及程度认定问题。微博、微信等近几年迅猛发展的社交网络以及由此产生的自媒体，在

传播范围、影响力等各个方面均有超出传统媒体之势。在信息传播的主体上，往往是自媒体先发出声音，产生影响后，传统媒体再跟进。在信息传播的形态上，以社交网络为媒介的转载等二次传播，影响巨大。针对这些特征，《规定》第10条对转载网络信息行为的相关问题作出规定："人民法院认定网络用户或者网络服务提供者转载网络信息行为的过错及其程度，应当综合以下因素：（一）转载主体所承担的与其性质、影响范围相适应的注意义务；（二）所转载信息侵害他人人身权益的明显程度；（三）对所转载信息是否作出实质性修改，是否添加或者修改文章标题，导致其与内容严重不符以及误导公众的可能性。"

（四）明确了个人信息保护范围。在互联网时代，个人信息尤其是个人电子信息的保护正面临着诸多挑战。个人信息的收集几乎无处不在，个人信息的内涵越来越丰富，范围越来越广。基于这些背景，《规定》第12条在利用司法手段保护个人信息方面作出规定："网络用户或者网络服务提供者利用网络公开自然人基因信息、病历资料、健康检查资料、犯罪记录、家庭住址、私人活动等个人隐私和其他个人信息，造成他人损害，被侵权人请求其承担侵权责任的，人民法院应予支持。但下列情形除外：（一）经自然人书面同意且在约定范围内公开；（二）为促进社会公共利益且在必要范围内；（三）学校、科研机构等基于公共利益为学术研究或者统计的目的，经自然人书面同意，且公开的方式不足以识别特定自然人；（四）自然人自行在网络上公开的信息或者其他已合法公开的个人信息；（五）以合法渠道获取的个人信息；（六）法律或者行政法规另有规定。"

（五）明确了非法删帖、网络水军等互联网灰色产业的责任承担问题。实践中，以非法删帖服务为代表的互联网灰色产业之所以存在，一个非常重要的原因就是互联网技术的不对等性，发布侵权信息的网络用户或者网络服务提供者往往具备技术优势。《规定》从民事责任角度对这些行为作出规制，第14条明确规定："被侵权人与构成侵权的网络用户或者网络服务提供者达成一方支付报酬，另一方提供删除、屏蔽、断开链接等服务的协议，人民法院应认定为无效。擅自篡改、删除、屏蔽

特定网络信息或者以断开链接的方式阻止他人获取网络信息，发布该信息的网络用户或者网络服务提供者请求侵权人承担侵权责任的，人民法院应予支持。接受他人委托实施该行为的，委托人与受托人承担连带责任。”《规定》第15条明确：“雇佣、组织、教唆或者帮助他人发布、转发网络信息侵害他人人身权益，被侵权人请求行为人承担连带责任的，人民法院应予支持。”

（六）加大被侵权人的司法保护力度。《规定》针对司法实践中出现的维权成本高，利用网络侵害他人人身权益的违法成本过低的现实，第18条规定：“被侵权人为制止侵权行为所支付的合理开支，可以认定为侵权责任法第二十条规定的财产损失。合理开支包括被侵权人或者委托代理人对侵权行为进行调查、取证的合理费用。人民法院根据当事人的请求和具体案情，可以将符合国家有关部门规定的律师费用计算在赔偿范围内。被侵权人因人身权益受侵害造成的财产损失或者侵权人因此获得的利益无法确定的，人民法院可以根据具体案情在50万元以下的范围内确定赔偿数额。”如此规定加大了司法保护的力度，有利于遏制网络侵权行为的蔓延，进而实现网络环境规范有序。

我向大家通报的情况就是这些。谢谢大家！

附：相关司法解释及法律条文

1.最高人民法院关于审理侵害信息网络传播权民事纠纷案件适用法律若干问题的规定（2012年11月26日最高人民法院审判委员会第1561次会议通过　法释〔2012〕20号）

为正确审理侵害信息网络传播权民事纠纷案件，依法保护信息网络传播权，促进信息网络产业健康发展，维护公共利益，根据《中华人民共和国民法通则》《中华人民共和国侵权责任法》《中华人民共和国著作权法》《中华人民共和国民事诉讼法》等有关法律规定，结合审判实际，制定本规定。

第一条　人民法院审理侵害信息网络传播权民事纠纷案件，在依法行使裁量权时，应当兼顾权利人、网络服务提供者和社会公众的利益。

第二条　本规定所称信息网络，包括以计算机、电视机、固定电话机、移动电话机等电子设备为终端的计算机互联网、广播电视网、固定通信网、移动通信网等信息网络，以及向公众开放的局域网络。

第三条　网络用户、网络服务提供者未经许可，通过信息网络提供权利人享有信息网络传播权的作品、表演、录音录像制品，除法律、行政法规另有规定外，人民法院应当认定其构成侵害信息网络传播权行为。

通过上传到网络服务器、设置共享文件或者利用文件分享软件等方式，将作品、表演、录音录像制品置于信息网络中，使公众能够在个人选定的时间和地点以下载、浏览或者其他方式获得的，人民法院应当认定其实施了前款规定的提供行为。

第四条　有证据证明网络服务提供者与他人以分工合作等方式共同提供作品、表演、录音录像制品，构成共同侵权行为的，人民法院应当判令其承担连带责任。网络服务提供者能够证明其仅提供自动接入、自动传输、信息存储空间、搜索、链接、文件分享技术等网络服务，主张其不构成共同侵权行为的，人民法院应予支持。

第五条　网络服务提供者以提供网页快照、缩略图等方式实质替代其他网络服务提供者向公众提供相关作品的，人民法院应当认定其构成提供行为。

前款规定的提供行为不影响相关作品的正常使用，且未不合理损害权利人对该作品的合法权益，网络服务提供者主张其未侵害信息网络传播权的，人民法院应予支持。

第六条　原告有初步证据证明网络服务提供者提供了相关作品、表演、录音录像制品，但网络服务提供者能够证明其仅提供网络服务，且无过错的，人民法院不应认定为构成侵权。

第七条　网络服务提供者在提供网络服务时教唆或者帮助网络用户实施侵害信息网络传播权行为的，人民法院应当判令其承担侵权责任。

网络服务提供者以言语、推介技术支持、奖励积分等方式诱导、鼓励网络用户实施侵害信息网络传播权行为的，人民法院应当认定其构成教唆侵权行为。

网络服务提供者明知或者应知网络用户利用网络服务侵害信息网络传播权，未采取删除、屏蔽、断开链接等必要措施，或者提供技术支持等帮助行为的，人民法院应当认定其构成帮助侵权行为。

第八条　人民法院应当根据网络服务提供者的过错，确定其是否承担教唆、帮助侵权责任。网络服务提供者的过错包括对于网络用户侵害信息网络传播权行为的明知或者应知。

网络服务提供者未对网络用户侵害信息网络传播权的行为主动进行审查的，人民法院不应据此认定其具有过错。

网络服务提供者能够证明已采取合理、有效的技术措施，仍难以发现网络用户侵害信息网络传播权行为的，人民法院应当认定其不具有过错。

第九条　人民法院应当根据网络用户侵害信息网络传播权的具体事实是否明显，综合考虑以下因素，认定网络服务提供者是否构成应知：

（一）基于网络服务提供者提供服务的性质、方式及其引发侵权的可能性大小，应当具备的管理信息的能力；

（二）传播的作品、表演、录音录像制品的类型、知名度及侵权信息的明显程度；

（三）网络服务提供者是否主动对作品、表演、录音录像制品进行了选择、编辑、修改、推荐等；

（四）网络服务提供者是否积极采取了预防侵权的合理措施；

（五）网络服务提供者是否设置便捷程序接收侵权通知并及时对侵权通知作出合理的反应；

（六）网络服务提供者是否针对同一网络用户的重复侵权行为采取了相应的合理措施；

（七）其他相关因素。

第十条　网络服务提供者在提供网络服务时，对热播影视作品等以设置榜单、目录、索引、描述性段落、内容简介等方式进行推荐，且公众可以在其网页上直接以下载、浏览或者其他方式获得的，人民法院可以认定其应知网络用户侵害信息网络传播权。

第十一条　网络服务提供者从网络用户提供的作品、表演、录音录像

制品中直接获得经济利益的，人民法院应当认定其对该网络用户侵害信息网络传播权的行为负有较高的注意义务。

网络服务提供者针对特定作品、表演、录音录像制品投放广告获取收益，或者获取与其传播的作品、表演、录音录像制品存在其他特定联系的经济利益，应当认定为前款规定的直接获得经济利益。网络服务提供者因提供网络服务而收取一般性广告费、服务费等，不属于本款规定的情形。

第十二条 有下列情形之一的，人民法院可以根据案件具体情况，认定提供信息存储空间服务的网络服务提供者应知网络用户侵害信息网络传播权：

（一）将热播影视作品等置于首页或者其他主要页面等能够为网络服务提供者明显感知的位置的；

（二）对热播影视作品等的主题、内容主动进行选择、编辑、整理、推荐，或者为其设立专门的排行榜的；

（三）其他可以明显感知相关作品、表演、录音录像制品为未经许可提供，仍未采取合理措施的情形。

第十三条 网络服务提供者接到权利人以书信、传真、电子邮件等方式提交的通知，未及时采取删除、屏蔽、断开链接等必要措施的，人民法院应当认定其明知相关侵害信息网络传播权行为。

第十四条 人民法院认定网络服务提供者采取的删除、屏蔽、断开链接等必要措施是否及时，应当根据权利人提交通知的形式，通知的准确程度，采取措施的难易程度，网络服务的性质，所涉作品、表演、录音录像制品的类型、知名度、数量等因素综合判断。

第十五条 侵害信息网络传播权民事纠纷案件由侵权行为地或者被告住所地人民法院管辖。侵权行为地包括实施被诉侵权行为的网络服务器、计算机终端等设备所在地。侵权行为地和被告住所地均难以确定或者在境外的，原告发现侵权内容的计算机终端等设备所在地可以视为侵权行为地。

第十六条 本规定施行之日起，《最高人民法院关于审理涉及计算机网络著作权纠纷案件适用法律若干问题的解释》（法释〔2006〕11号）同时废止。

本规定施行之后尚未终审的侵害信息网络传播权民事纠纷案件，适用本规定。本规定施行前已经终审，当事人申请再审或者按照审判监督程序决定再审的，不适用本规定。

2.《中华人民共和国侵权责任法》部分条文

第三十六条　网络用户、网络服务提供者利用网络侵害他人民事权益的，应当承担侵权责任。

网络用户利用网络服务实施侵权行为的，被侵权人有权通知网络服务提供者采取删除、屏蔽、断开链接等必要措施。网络服务提供者接到通知后未及时采取必要措施的，对损害的扩大部分与该网络用户承担连带责任。

网络服务提供者知道网络用户利用其网络服务侵害他人民事权益，未采取必要措施的，与该网络用户承担连带责任。

背景链接

最高人民法院关于审理利用信息网络侵害人身权益民事纠纷案件适用法律若干问题的规定

（2014年6月23日最高人民法院审判委员会第1621次会议通过
法释〔2014〕11号）

为正确审理利用信息网络侵害人身权益民事纠纷案件，根据《中华人民共和国民法通则》《中华人民共和国侵权责任法》《全国人民代表大会常务委员会关于加强网络信息保护的决定》《中华人民共和国民事诉讼

法》等法律的规定，结合审判实践，制定本规定。

第一条 本规定所称的利用信息网络侵害人身权益民事纠纷案件，是指利用信息网络侵害他人姓名权、名称权、名誉权、荣誉权、肖像权、隐私权等人身权益引起的纠纷案件。

第二条 利用信息网络侵害人身权益提起的诉讼，由侵权行为地或者被告住所地人民法院管辖。

侵权行为实施地包括实施被诉侵权行为的计算机等终端设备所在地，侵权结果发生地包括被侵权人住所地。

第三条 原告依据侵权责任法第三十六条第二款、第三款的规定起诉网络用户或者网络服务提供者的，人民法院应予受理。

原告仅起诉网络用户，网络用户请求追加涉嫌侵权的网络服务提供者为共同被告或者第三人的，人民法院应予准许。

原告仅起诉网络服务提供者，网络服务提供者请求追加可以确定的网络用户为共同被告或者第三人的，人民法院应予准许。

第四条 原告起诉网络服务提供者，网络服务提供者以涉嫌侵权的信息系网络用户发布为由抗辩的，人民法院可以根据原告的请求及案件的具体情况，责令网络服务提供者向人民法院提供能够确定涉嫌侵权的网络用户的姓名（名称）、联系方式、网络地址等信息。

网络服务提供者无正当理由拒不提供的，人民法院可以依据民事诉讼法第一百一十四条的规定对网络服务提供者采取处罚等措施。

原告根据网络服务提供者提供的信息请求追加网络用户为被告的，人民法院应予准许。

第五条 依据侵权责任法第三十六条第二款的规定，被侵权人以书面形式或者网络服务提供者公示的方式向网络服务提供者发出的通知，包含下列内容的，人民法院应当认定有效：

（一）通知人的姓名（名称）和联系方式；

（二）要求采取必要措施的网络地址或者足以准确定位侵权内容的相关信息；

（三）通知人要求删除相关信息的理由。

被侵权人发送的通知未满足上述条件，网络服务提供者主张免除责任的，人民法院应予支持。

第六条 人民法院适用侵权责任法第三十六条第二款的规定，认定网络服务提供者采取的删除、屏蔽、断开链接等必要措施是否及时，应当根据网络服务的性质、有效通知的形式和准确程度，网络信息侵害权益的类型和程度等因素综合判断。

第七条 其发布的信息被采取删除、屏蔽、断开链接等措施的网络用户，主张网络服务提供者承担违约责任或者侵权责任，网络服务提供者以收到通知为由抗辩的，人民法院应予支持。

被采取删除、屏蔽、断开链接等措施的网络用户，请求网络服务提供者提供通知内容的，人民法院应予支持。

第八条 因通知人的通知导致网络服务提供者错误采取删除、屏蔽、断开链接等措施，被采取措施的网络用户请求通知人承担侵权责任的，人民法院应予支持。

被错误采取措施的网络用户请求网络服务提供者采取相应恢复措施的，人民法院应予支持，但受技术条件限制无法恢复的除外。

第九条 人民法院依据侵权责任法第三十六条第三款认定网络服务提供者是否“知道”，应当综合考虑下列因素：

（一）网络服务提供者是否以人工或者自动方式对侵权网络信息以推荐、排名、选择、编辑、整理、修改等方式作出处理；

（二）网络服务提供者应当具备的管理信息的能力，以及所提供服务的性质、方式及其引发侵权的可能性大小；

（三）该网络信息侵害人身权益的类型及明显程度；

（四）该网络信息的社会影响程度或者一定时间内的浏览量；

（五）网络服务提供者采取预防侵权措施的技术可能性及其是否采取了相应的合理措施；

（六）网络服务提供者是否针对同一网络用户的重复侵权行为或者同一侵权信息采取了相应的合理措施；

（七）与本案相关的其他因素。

第十条 人民法院认定网络用户或者网络服务提供者转载网络信息行为的过错及其程度，应当综合以下因素：

（一）转载主体所承担的与其性质、影响范围相适应的注意义务；

（二）所转载信息侵害他人人身权益的明显程度；

（三）对所转载信息是否作出实质性修改，是否添加或者修改文章标题，导致其与内容严重不符以及误导公众的可能性。

第十一条 网络用户或者网络服务提供者采取诽谤、诋毁等手段，损害公众对经营主体的信赖，降低其产品或者服务的社会评价，经营主体请求网络用户或者网络服务提供者承担侵权责任的，人民法院应依法予以支持。

第十二条 网络用户或者网络服务提供者利用网络公开自然人基因信息、病历资料、健康检查资料、犯罪记录、家庭住址、私人活动等个人隐私和其他个人信息，造成他人损害，被侵权人请求其承担侵权责任的，人民法院应予支持。但下列情形除外：

（一）经自然人书面同意且在约定范围内公开；

（二）为促进社会公共利益且在必要范围内；

（三）学校、科研机构等基于公共利益为学术研究或者统计的目的，经自然人书面同意，且公开的方式不足以识别特定自然人；

（四）自然人自行在网络上公开的信息或者其他已合法公开的个人信息；

（五）以合法渠道获取的个人信息；

（六）法律或者行政法规另有规定。

网络用户或者网络服务提供者以违反社会公共利益、社会公德的方式公开前款第四项、第五项规定的个人信息，或者公开该信息侵害权利人值得保护的重大利益，权利人请求网络用户或者网络服务提供者承担侵权责任的，人民法院应予支持。

国家机关行使职权公开个人信息的，不适用本条规定。

第十三条 网络用户或者网络服务提供者，根据国家机关依职权制作的文书和公开实施的职权行为等信息来源所发布的信息，有下列情形之

一，侵害他人人身权益，被侵权人请求侵权人承担侵权责任的，人民法院应予支持：

（一）网络用户或者网络服务提供者发布的信息与前述信息来源内容不符；

（二）网络用户或者网络服务提供者以添加侮辱性内容、诽谤性信息、不当标题或者通过增删信息、调整结构、改变顺序等方式致人误解；

（三）前述信息来源已被公开更正，但网络用户拒绝更正或者网络服务提供者不予更正；

（四）前述信息来源已被公开更正，网络用户或者网络服务提供者仍然发布更正之前的信息。

第十四条　被侵权人与构成侵权的网络用户或者网络服务提供者达成一方支付报酬，另一方提供删除、屏蔽、断开链接等服务的协议，人民法院应认定为无效。

擅自篡改、删除、屏蔽特定网络信息或者以断开链接的方式阻止他人获取网络信息，发布该信息的网络用户或者网络服务提供者请求侵权人承担侵权责任的，人民法院应予支持。接受他人委托实施该行为的，委托人与受托人承担连带责任。

第十五条　雇佣、组织、教唆或者帮助他人发布、转发网络信息侵害他人人身权益，被侵权人请求行为人承担连带责任的，人民法院应予支持。

第十六条　人民法院判决侵权人承担赔礼道歉、消除影响或者恢复名誉等责任形式的，应当与侵权的具体方式和所造成的影响范围相当。侵权人拒不履行的，人民法院可以采取在网络上发布公告或者公布裁判文书等合理的方式执行，由此产生的费用由侵权人承担。

第十七条　网络用户或者网络服务提供者侵害他人人身权益，造成财产损失或者严重精神损害，被侵权人依据侵权责任法第二十条和第二十二条的规定请求其承担赔偿责任的，人民法院应予支持。

第十八条　被侵权人为制止侵权行为所支付的合理开支，可以认定为侵权责任法第二十条规定的财产损失。合理开支包括被侵权人或者委托代理人对侵权行为进行调查、取证的合理费用。人民法院根据当事人的请求和具体案情，可以将符合国家有关部门规定的律师费用计算在赔偿范围内。

被侵权人因人身权益受侵害造成的财产损失或者侵权人因此获得的利益无法确定的，人民法院可以根据具体案情在50万元以下的范围内确定赔偿数额。

精神损害的赔偿数额，依据《最高人民法院关于确定民事侵权精神损害赔偿责任若干问题的解释》第十条的规定予以确定。

第十九条　本规定施行后人民法院正在审理的一审、二审案件适用本规定。

本规定施行前已经终审，本规定施行后当事人申请再审或者按照审判监督程序决定再审的案件，不适用本规定。

利用信息网络侵害人身权益的典型案例

案例1　徐大雯与宋祖德、刘信达侵害名誉权民事纠纷案

——精神损害赔偿应与侵权人的过错程度相适应

（一）基本案情

2008年10月18日凌晨1时许，著名导演谢晋因心源性猝死，逝世于酒店客房内。2008年10月19日至同年12月，宋祖德向其开设的新浪网博客、搜狐博客、腾讯网博客上分别上传了《千万别学谢晋这样死！》、《谢晋和刘××在海外有个重度脑瘫的私生子谢××!》等多篇文章，称谢晋因性猝死而亡、谢晋与刘××在海外育有一个重度脑瘫的私生子等内容。2008年10月28日至2009年5月5日，刘信达向其开设的搜狐网博客、网易网博客分别上传了《刘信达愿出庭作证谢晋嫖妓死，不良网站何故黑箱操作撤博文？》、《刘信达：美×确是李××女儿，照片确是我所拍》、《宋祖德

十五大预言件件应验!》、《宋祖德的22大精准预言！》等文章，称谢晋事件是其亲眼目睹、其亲自到海外见到了“谢晋的私生子”等内容。2008年10月至11月间，齐鲁电视台、成都商报社、新京报社、华西都市报社、黑龙江日报报业集团生活报社、天府早报社的记者纷纷通过电话采访了宋祖德。宋祖德称前述文章其有确凿证据，齐鲁电视台及各报社纷纷予以了报道。成都商报社记者在追问宋祖德得知消息来源于刘信达后，还通过电话采访了刘信达。刘信达对记者称系自己告诉了宋祖德，并作出了同其博客文章内容一致的描述。徐大雯以宋祖德、刘信达侵害谢晋名誉为由起诉，请求停止侵害、撤销博客文章、在相关媒体上公开赔礼道歉并赔偿经济损失10万元和精神损害抚慰金40万元。

（二）裁判结果

上海市静安区人民法院一审认为，博客注册使用人对博客文章的真实性负有法律责任，有避免使他人遭受不法侵害的义务。宋祖德、刘信达各自上传诽谤文章在先，且宋祖德称消息来源于刘信达的“亲耳所闻、亲眼所见”，而刘信达则通过向博客上传文章和向求证媒体叙述的方式，公然宣称其亲耳听见了事件过程并告诉了宋祖德。两人不仅各自实施了侵权行为，而且对于侵犯谢晋的名誉有意思联络，构成共同侵权。诽谤文章在谢晋逝世的次日即公开发表，在此后报刊等媒体的求证过程中继续诋毁谢晋名誉，主观过错十分明显。宋祖德、刘信达利用互联网公开发表不实言论，使谢晋的名誉在更大范围内遭到不法侵害，两被告的主观过错十分严重，侵权手段十分恶劣，使谢晋遗孀徐大雯身心遭受重大打击。综上，判决宋祖德、刘信达承担停止侵害、在多家平面和网络媒体报醒目位置刊登向徐大雯公开赔礼道歉的声明，消除影响；并赔偿徐大雯经济损失89951.62元、精神损害抚慰金人民币200000元。宋祖德、刘信达不服上诉，上海市第二中级人民法院维持原判，驳回上诉。

（三）典型意义

本案是一起利用博客侵害他人名誉权的案件。正如一、二审判决所言，在公开博客这样的自媒体中表达，与通过广播、电视、报刊等方式表达一样，都应当遵守国家的法律法规，不得侵犯他人的合法权益。博客开

设者应当对博客内容承担法律责任。本案两被告利用互联网和其他媒体侵犯谢晋名誉，法院根据其行为的主观过错、侵权手段的恶劣程度、侵权结果等因素，判处较高数额的精神损害抚慰金，体现了侵权责任法的理念和精神。

案例2 蔡继明与百度公司侵害名誉权、肖像权、姓名权、隐私权纠纷案

——不宜仅以侵权信息的出现即认定网络服务提供者知道侵权事实的存在

（一）基本案情

原告作为政协委员公开发表假日改革提案后，引起社会舆论关注。网络用户于百度贴吧中开设的"蔡继明吧"内，发表了具有侮辱、诽谤性质的文字和图片信息，且蔡继明的个人手机号码、家庭电话等个人信息也被公布。百度公司在"百度贴吧"首页分别规定了使用"百度贴吧"的基本规则和投诉方式及规则。其中规定，任何用户发现贴吧帖子内容涉嫌侮辱或诽谤他人，侵害他人合法权益的或违反贴吧协议的，有权按贴吧投诉规则进行投诉。蔡继明委托梁文燕以电话方式与百度公司就涉案贴吧进行交涉，但百度公司未予处理，梁文燕又申请作"蔡继明贴吧"管理员，未获通过，后梁文燕发信息给贴吧管理组申请删除该贴吧侵权帖子，但该管理组未予答复。2009年10月13日，蔡继明委托律师向百度公司发送律师函要求该公司履行法定义务、删除侵权言论并关闭蔡继明吧。百度公司在收到该律师函后，删除了"蔡继明吧"中涉嫌侵权的网贴。蔡继明起诉百度公司请求删除侵权信息，关闭蔡继明吧、披露发布侵权信息的网络用户的个人信息以及赔偿损失。

（二）裁判结果

北京市海淀区法院一审认为，百度贴吧服务是以特定的电子交互形式为上网用户提供信息发布条件的网络服务，法律并未课以网络服务商对贴吧内的帖子逐一审查的法律义务，因此，不能因在网络服务商提供的电

子公告服务中出现了涉嫌侵犯个人民事权益的事实就当然推定其应当“知道”该侵权事实。根据《互联网电子公告服务管理规定》，网络服务商仅需对其电子公告平台上发布的涉嫌侵害私人权益的侵权信息承担“事前提示”及“事后监管”的义务，提供权利人方便投诉的渠道并保证该投诉渠道的有效性。百度公司已尽到了法定的事前提示和提供有效投诉渠道的事后监督义务，未违反法定注意义务。百度公司在2009年10月15日收到蔡继明律师函后，立即对侵权信息进行了删除处理，不承担侵权责任。由于百度公司已经删除了侵权信息并采取了屏蔽措施防止新的侵权信息发布，蔡继明继续要求百度公司关闭涉诉贴吧于法无据，且蔡继明因公众关注的“国家假日改革”事件而被动成为公众人物，成为公众关注的焦点，出于舆论监督及言论自由的考虑，应当允许公众通过各种渠道发表不同的声音，只要不对蔡继明本人进行恶意的人身攻击及侮辱即可。而“蔡继明吧”只是公众舆论对公众人物和公众事件发表言论的渠道，以“蔡继明”命名吧名只是指代舆论关注的焦点，其本身并无侵害其姓名权的故意，对关闭蔡继明吧的请求不予支持。

关于蔡继明诉前要求百度公司提供相关网络用户的个人信息，百度公司依照《互联网电子公告服务管理规定》第十五条未直接向蔡继明提供侵权网络用户信息，并无过错。蔡继明诉讼请求百度公司提供上述信息，百度公司亦当庭表示在技术上可以提供，故蔡继明要求百度公司通过法院向蔡继明提供涉嫌侵权的网络用户信息的诉讼请求理由正当，一审法院对此予以支持。

北京市第一中级法院二审认为，百度公司在收到梁文燕投诉后未及时采取相应措施，直至蔡继明委托发出正式的律师函，才采取删除信息等措施，在梁文燕投诉后和蔡继明发出正式律师函这一时间段怠于履行事后管理的义务，致使网络用户侵犯蔡继明的损害后果扩大，应当承担相应侵权责任。根据本案具体情况，百度公司应当赔偿蔡继明精神抚慰金十万元。

（三）典型意义

本案涉及网络服务提供者的责任边界问题，在三个方面具有参考意

义：一是通知人通知的方式及效果与网络服务提供者公示的方式存在关系，只要通知人满足了网络服务提供者公示的通知方式，网络服务提供者就应当采取必要措施。二审法院认定原告委托的代理人投诉至原告律师函送达之间这一段期间的责任由百度公司承担，即以此为前提。二是判断网络服务提供者是否知道网络用户网络服务侵害他人权益，不能仅以其提供的服务中出现了侵权事实就当然推定其应当“知道”。三是要注意把握对公众人物的监督、表达自由与侵权之间的界限，实现两者之间的平衡，一、二审法院对删除蔡继明吧的诉讼请求不予支持，利益衡量妥当。

案例3　北京金山安全软件有限公司与周鸿祎侵犯名誉权纠纷案

——公众人物发表网络言论时应承担更大的注意义务

（一）基本案情

2010年5月25日至27日期间，周鸿祎（奇智软件（北京）有限公司董事长）在其新浪微博、搜狐微博、网易微博等微博上发表多篇博文，内容涉及“揭开金山公司面皮”、“微点案”、“金山软件破坏360卫士”等。金山公司认为这些微博虚构事实、恶意诽谤，诋毁原告商业信誉及产品信誉，且经网络和平面媒体报道后，造成金山公司社会评价的降低。因此，请求周鸿祎停止侵害、在新浪、搜狐、网易微博首页发布致歉声明并赔偿经济损失1200万元。

（二）裁判结果

北京市海淀区法院一审认为，微博的特点在于寥言片语、即时表达对人对事所感所想，是分享自我的感性平台，与正式媒体相比，微博上的言论随意性更强、主观色彩更加浓厚，对其言论自由的把握尺度也更宽。考虑微博影响受众不特定性、广泛性的“自媒体”特性，对微博言论是否构成侵权，应当综合考量发言人的具体身份、言论的具体内容、相关语境、受众的具体情况、言论所引发或可能引发的具体后果等加以判断。周鸿祎作为金山公司的竞争对手奇虎360公司的董事长，且是新浪微博认证的加

"V"公众人物，拥有更多的受众及更大的话语权，应当承担比普通民众更大的注意义务，对竞争对手发表评论性言论时，应更加克制，避免损害对方商誉。一审法院认为，周鸿祎利用微博作为"微博营销"的平台，密集发表针对金山软件的不正当、不合理评价，目的在于通过诋毁金山软件的商业信誉和商品声誉，削弱对方的竞争能力，从而使自己任职的公司在竞争中取得优势地位，具有侵权的主观故意，其行为势必造成金山公司社会评价的降低，侵犯了金山公司的名誉权，应承担停止侵权、赔礼道歉、消除影响并赔偿损失的责任。但金山公司并无证据证明其股价下跌与周鸿祎微博言论的关联性，判决周鸿祎停止侵权、删除相关微博文章、在新浪、搜狐、网易微博首页发表致歉声明，并赔偿经济损失8万元。二审法院改判赔偿经济损失5万元。

（三）典型意义

本案是利用微博侵害企业名誉权的案件。首先，一、二审法院根据微博这一"自媒体"的特征，认为把握微博言论是否侵权的尺度要适度宽松，体现了与互联网技术发展相结合的审判思路，值得赞同。其次，一、二审法院都认为，微博言论是否侵权应当结合博主的身份、言论的内容及主观目的等因素综合认定。公众人物应当承担更多的注意义务，这一判断与侵权法的基本理念相契合。本案在利用网络侵害经营主体商业信誉、商品或服务的社会评价的现象逐步增加的背景下，更具启示意义。

案例4　赵雅芝与上海琪姿贸易有限公司、上海诺宝丝化妆品有限公司侵害姓名权纠纷、肖像权纠纷案

——被侵权人的影响力是判断经济损失的重要因素

（一）基本案情

2005年5月16日，赵雅芝与诺宝丝公司签订《形象代言协议书》，约定赵雅芝允许诺宝丝公司合法使用其肖像为VZI系列化妆品进行广告宣传，合约有效期为2005年7月31日至2006年7月31日，诺宝丝公司支付港币

80万元作为酬金等。2012年1月9日，被告琪姿公司与被告诺宝丝公司签订协议书，约定诺宝丝公司确认琪姿公司为“VZI氧疗系列产品”上海区域的独家总代理商；诺宝丝公司向琪姿公司提供品牌代言人赵雅芝等六大明星为“VZI”产品制作的影响广告宣传资料；协议有效期自2012年1月9日至2013年1月8日等内容。2012年，琪姿公司在其经营的网站上使用赵雅芝的姓名、肖像等。赵雅芝起诉请求两被告停止使用其姓名及肖像、公开赔礼道歉并赔偿经济损失95万元及精神抚慰金5万元。

（二）裁判结果

上海市浦东区法院认为，诺宝丝公司未经赵雅芝同意，无权在双方协议约定期间届满后继续使用其姓名和肖像，也无权授权他人使用，两被告的行为侵犯了原告的姓名权和肖像权。原告作为影视明星，其姓名和形象在中国大陆具有较高知名度，加之原告良好的外形和在公众中所产生的良好声誉，使用其姓名和形象对相关产品进行宣传可提升该产品的影响力和可信度，对该产品的生产商或销售商亦可带来实际的利益。因此，原告的姓名和肖像具有一定的商业价值，对其姓名权和肖像权造成侵害，侵权人应当赔偿一定的经济损失。对于该数额的确定，法院认为，结合琪姿公司在网站上使用原告姓名和肖像的时间长短、对原告造成的影响范围、其行为的过错程度等综合因素，酌情确定被告琪姿公司应赔偿原告损失25万元，诺宝丝公司承担连带责任。

（三）典型意义

使用名人的影响力提升产品或服务的知名度，是比较常用的营销手段。基于互联网技术，未经同意使用他人肖像或姓名要比过去更容易查证。本案的特点是，法院在认定受害人的经济损失时，综合考虑了被侵权人的知名度、对相关产品进行宣传可提升该产品的影响力和可信度、对该产品的生产商或销售商可带来的实际利益、使用被侵权人姓名和肖像的时间长短、对被侵权人造成的影响范围、其行为的过错程度等因素，并据此判决较高的经济损失，贯彻了通过损害赔偿制裁违法行为、提高违法行为的成本的制度功能。

案例5　范冰冰与毕成功、贵州易赛德文化传媒有限公司侵犯名誉权纠纷案

——“影射”者的责任：从信息接受者的视角判断

（一）基本案情

2012年5月19日，香港《苹果日报》刊登一篇未经证实的关于内地影星章子怡的负面报道。2012年5月30日毕成功转发并评论其于2012年3月31日发布的微博。主要内容是，前述负面报道是“Miss F”组织实施的。2012年5月30日19：10，易赛德公司主办的黔讯网新闻板块之“娱乐资讯”刊登了《编剧曝章子怡被黑内幕，主谋范冰冰已无戏可拍》一文，以前述微博内容为基础称：“……知名编剧毕成功在其新浪微博上揭秘章子怡被黑内幕，称范冰冰是幕后主谋。……”之后，易赛德公司刊载的文章以及毕成功发表的微博被广泛转发、转载，新浪、搜狐、腾讯、网易等各大门户网站以及国内各知名报刊均进行了相关转载及衍生性报道，致使网络上出现了大量对于范冰冰的侮辱、攻击性言论及评价。范冰冰起诉，请求易赛德公司和毕成功停止侵权、删除微博信息、公开赔礼道歉并赔偿精神抚慰金50万元。毕成功则辩称，“Miss F”指的是在美国电影《致命契约》中饰演“Clary Fray”的美国女演员莉莉·科林斯（Lily collins）。

（二）裁判结果

北京市朝阳区法院和第二中级法院认为，在一定情况下，毁损性陈述有可能隐含在表面陈述中（即影射）。这时并不要求毁损性陈述指名道姓，只要原告证明在特定情况下，具有特定知识背景的人有理由相信该陈述针对的对象是原告即可。从毕成功发布的微博的时间、背景来看，易让读者得出“Miss F”涉及章子怡报道一事。从毕成功该微博下的评论、《内幕》一文以及后续大量网友的评论和相关报道来看，多数人认为“Miss F”所指即是范冰冰。毕成功虽于2012年6月4日发表微博，称其未指名道姓说谁黑章子怡，但该微博下的大量评论仍显示多数网友认为仍是范冰冰实施的所谓诬陷计划，而毕成功并未就此作出进一步明确的反驳，

否认"Miss F"是范冰冰。毕成功提交的证据未能证明"诬陷计划"以及莉莉·科林斯与"诬陷计划"的关系，且毕成功在诉讼前面对大量网友认为"Miss F"就是指范冰冰时，也从未提及"Miss F"是指莉莉·科林斯，故毕成功有关"Miss F"的身份解释明显缺乏证据支持。易赛德公司作为网络服务提供者应对其主办的"黔讯网"发布的新闻负审查、核实义务，《内幕》一文系由易赛德公司主动编辑、发布，但事前未经审查、核实，故由此所产生的责任理应由易赛德公司自行承担。综上，毕成功和易赛德公司应分别承担赔礼道歉、赔偿精神抚慰金3万元和2万元。

（三）典型意义

在利用信息网络侵害他人名誉权等人身权益的案件中，侵权信息往往具有"含沙射影"、"指桑骂槐"的特征，并不明确指明被侵权人，尤其是在针对公众人物的情况下。如何判断网络信息针对的对象就是原告？如何判断原告因这些信息受到损害？本案的结论是，要从信息接受者的角度判断，即"并不要求毁损性陈述指名道姓，只要原告证明在特定情况下，具有特定知识背景的人有理由相信该陈述针对的对象是原告即可。"这种判断标准实质性地把握了损害后果、损害后果与侵权信息之间的因果关系，对于利用网络信息侵害名誉权案件的审理，具有启示意义。

案例6 王某与张某、北京凌云互动信息技术有限公司、海南天涯在线网络科技有限公司侵犯名誉权纠纷系列案

——媒体报道应当尊重个人隐私

（一）基本案情

王某与死者姜某系夫妻关系，双方于2006年2月22日登记结婚。2007年12月29日，姜某从自己居住楼房的24层跳楼自杀身亡。

姜某生前在网络上注册了名为"北飞的候鸟"的个人博客，并进行写作。在自杀前2个月，姜某关闭了自己的博客，但一直在博客中以日记形式记载了自杀前两个月的心路历程，将王某与案外女性东某的合影照片

贴在博客中，认为二人有不正当两性关系，自己的婚姻很失败。姜某的日记显示出了丈夫王某的姓名、工作单位地址等信息。姜某在2007年12月27日第一次试图自杀前将自己博客的密码告诉一名网友，并委托该网友在12小时后打开博客。在姜某于2007年12月29日跳楼自杀死亡后，姜某的网友将博客密码告诉了姜某的姐姐，姐姐将姜某的博客打开。张某系姜某的大学同学。得知姜某死亡后，张某于2008年1月11日注册了非经营性网站，名称与姜某博客名称相同，即“北飞的候鸟”（网址：http：//orionchris.cn/）。在该网站首页，张某介绍该网站是“祭奠姜某和为姜某讨回公道的地方”。张某、姜某的亲属及朋友先后在该网站上发表纪念姜某的文章。张某还将该网站与天涯网、新浪网进行了链接。

姜某的博客日记被转发在天涯社区论坛中，后又不断被其他网民转发至不同网站上，姜某的死亡原因、王某的“婚外情”等情节引发众多网民的长时间、持续性关注和评论。许多网民认为王某的“婚外情”行为是促使姜某自杀的原因之一；一些网民在进行评论的同时，在天涯虚拟社区等网站上发起对王某的“人肉搜索”，使王某的姓名、工作单位、家庭住址等详细个人信息逐渐被披露；更有部分网民在大旗网等网站上对王某进行谩骂、人身攻击，还有部分网民到王某家庭住址处进行骚扰，在门口刷写、张贴“逼死贤妻”“血债血偿”等标语。

大旗网系由凌云公司注册管理的经营性网站。在姜某死亡事件引起广泛关注后，大旗网于2008年1月14日制作了标题为“从24楼跳下自杀的MM最后的BLOG日记”的专题网页，主要包括如下内容：对姜某自杀事件发生经过的介绍；相关帖子的链接；网民自发到姜某自杀的小区悼念的现场情况；对网民进行现场采访的内容；对姜某的姐姐、姜某的同学张某、姜家的律师进行电话采访的内容和“网友留言”、“心理专家分析”等专栏。大旗网在专题网页中使用了王某、姜某、东某的真实姓名，并将姜某的照片、王某与东某的合影照片、网民自发在姜某自杀身亡地点悼念的照片、网民到王家门口进行骚扰及刷写标语的照片等粘贴在网页上。

王某分别起诉张某、凌云公司、天涯在线，请求停止侵害、删除信息、消除影响、赔礼道歉并赔偿精神抚慰金。

（二）裁判结果

北京市朝阳区法院认为，公民的个人感情生活包括婚外男女关系均属个人隐私。张某披露王某的个人信息行为侵害了王某的隐私权。凌云公司在其经营的大旗网上对关于该事件的专题网页报道未对当事人姓名等个人信息和照片进行技术处理，侵害了王某的隐私权并导致王某的名誉权遭受损害，应当承担删除专题网页、赔礼道歉和赔偿精神损害等侵权责任。天涯公司经营的天涯虚拟社区网根据有关法律法规制定了上网规则、对上网文字设定了相应的监控和审查过滤措施、在知道网上违法或侵权言论时采取了删除与本案有关的网络信息，已经履行了监管义务，不承担侵权责任。

（三）典型意义

哪些信息是个人信息？哪些个人信息是个人隐私？那些有违公序良俗的个人信息是否应当受到保护？这些问题的答案都随着互联网时代的到来发生着深刻的变化。本案是曾引起舆论广泛关注的所谓博客自杀第一案。本案中，虽然原告王某的婚外情在道德上值得批评，但这并非公众干预其个人生活的合法理由。公民的个人感情生活包括婚外男女关系均属个人隐私，无论是个人通过互联网披露还是媒体的公开报道，都应当注意个人隐私的保护。

案例7 闫某与北京新浪互联信息服务有限公司、北京百度网讯科技有限公司侵犯名誉权、隐私权纠纷案

——原告有权通过诉讼方式要求网络服务提供者提供侵权人的相关个人信息

（一）基本案情

某新浪博客博主发表涉及原告个人隐私的文章，原告先后向新浪公司和百度公司发出律师函要求采取必要措施，新浪公司在诉讼中未提交证

据证明其采取了删除等必要措施，百度公司则提供证据证明采取了断开链接、删除等措施。原告起诉要求两公司提供博主的个人信息。

（二）裁判结果

北京市海淀区法院认为，新浪公司不能证明其已尽到《互联网电子公告服务管理规定》所规定的事前提示和事后监督义务，应承担相应不利法律后果。百度公司在百度网站首页、“百度知道”首页、“百度百科”首页公示了权利人的投诉渠道和投诉步骤，设置了投诉链接及权利声明，并明确提示网络用户的注意义务，已尽到了法定的事前提示和提供有效投诉渠道的事后监督义务，不承担侵权责任。新浪公司未能举证证明接到原告通知后采取了必要措施，应承担侵权责任；百度公司则在接到原告通知后及时采取了断开链接、删除等措施，不承担侵权责任。原告要求新浪公司提供博主的IP地址和全部注册信息，包括但不限于姓名、地址、联系方式等资料，由于两个博客的内容涉及了原告的人格权益，原告有权知晓该网络用户的个人信息以便主张权利，新浪公司应当在网络技术力所能及的范围内，向原告披露上述两位博主的网络用户信息，以维护其保护自身合法权益的信息知情权，应予支持。

（三）典型意义

网络侵权案件的一大特点就是网络的匿名性，如何确定侵权人的个人身份，常常成为阻碍原告维护自身权利的障碍。但是，另外，互联网公司又负有法定的对网络用户的保密义务，如何处理两者之间的关系？通过诉讼的方式，由人民法院对原告请求网络服务提供者提供网络用户个人信息的要求进行审查后并作出判断，能够较好地实现两者的平衡。

案例8　徐杰敖与北京新浪互联信息服务有限公司侵犯名誉权纠纷案

——转载者的责任：专业媒体应承担更大的注意义务

（一）基本案情

2003年11月14日华商晨报发表《持伪证、民告官、骗局被揭穿》一

文；同日，北京新浪互联信息服务有限公司在其经营的网站中转载了上述文章，并长达八年之久。另案生效判决认定华商晨报社侵犯了徐杰敖的名誉权并赔偿精神抚慰金2万元。2006年6月9日华商晨报社在当日报刊尾版夹缝中刊登了对徐杰敖的致歉声明，但是字数、篇幅确实过小不是很显著。徐杰敖以新浪公司未及时更正为由请求其承担侵权责任。

（二）裁判结果

北京海淀区法院认为，新浪公司在其网站上转载华商晨报的侵权文章并无不妥，但在法院于2004年年底认定华商晨报的行为构成侵害原告名誉权且2006年6月9日华商晨报在报纸刊载致歉声明后，新浪公司仍未更正或删除该信息，但因华商晨报的致歉声明篇幅过小且位置不显著，因此新浪公司虽不具有主观恶意但却具有过失，应当承担承担相应的民事责任。原告主张数额明显过高，应当根据具体案情以及新浪公司的侵权过错程度、持续时间等情节酌情判定新浪公司赔偿原告经济损失人民币8万元及精神损害抚慰金人民币2万元。

（三）典型意义

自媒体的发展及成熟是互联网时代的一大特征，但是这并不意味着专业媒体与自媒体之间就应当同等对待。本案的判决说明，在认定互联网时代最普遍的转载行为的法律责任时，应当区分专业媒体和非专业媒体，专业媒体的注意义务应当高于一般自媒体。所以，转载他人信息未更正仍需承担侵权责任。

现场互动

中国新闻网记者马学玲：根据这一司法解释，人民法院有权对网络服务提供者采取处罚措施，这样会不会对网络服务提供者赋予了较重的义务？

姚辉：确实在司法解释当中作了这样的规定。在适用这个司法解释的时候，可能引起一种理解，会不会加大了网络服务提供者的注意义务。我想在准确理解和适用这一条的时候要注意以下几个方面：

第一，这个规则的目的。我们制定这一规则是为了使可能受到侵权的原告，能够在技术上明确谁是侵权信息的发布者。这是网络的特点，在网络上，以往审理案件当中往往遭遇这样的情形。发帖人，也就是实施侵权行为的人躲在暗处，发一个帖子神不知鬼不觉，受到侵害的被侵权人想起诉的时候往往难以确定被告。甚至有时候觉得应该是某个人，告了以后，对方说不是我，凭什么说是我，这是审理这类案件时比较常见的现象。由于网络隐蔽性的特点，使原告很难确定谁是加害人、谁是被告，也就使他很难通过诉讼维护自己的权益，民诉法规定起诉的条件需要明确的被告，否则诉讼就无法进行。所以这个规定的目的首先是便于原告能够在技术上明确找到谁是被告，能够实施这个诉讼，进而保护自己的权益。从这个意义上讲，这个规则的主要目的并不是给网络服务提供者设定一般的“注意义务”，出发点、落脚点都不是为网络服务提供者设定某种很高的义务，而是便于原告能够在技术上确定被告，进而展开他的诉讼、维护他的权益。

第二，司法解释的意思并不是说只要原告人提出，网络服务商就必须提供相关信息。不是说我要告谁，我不知道他是谁，我就找到网络服务提供者说你有技术手段你锁定他是谁，你告诉我他是谁。并不一概是这样的。这里要考虑，网络服务提供者本身负有法定的保密义务，这也是他的商业道德，要为用户保密。所以这里并不是说只要原告提出要求网络服务商就必须提供。这里有一前提条件，就是原告必须在诉讼当中提出，人民法院还要对原告的请求作出审查和判断，最终是由法院决定网络服务提供者是否需要提供发帖人的个人信息。

第三，即使是法院已经要求了网络服务提供者提供相关信息，网络服务提供者仍然有相应的抗辩理由。例如，网络服务提供者以信息已经过了法定保存期限，技术上无法提供为理由作出抗辩，或者在技术上无法实现为理由，所以我们强调的是技术上可能的情况下，要满足这样的前提。如果确实技术上做不到，无能为力，不能强人所难。

大家要注意这条规定当中有一个表述“无正当理由拒不提供”，如果

有正当理由他也可以抗辩，应该从这样几个方面来理解。如果这些都满足的情况下，仍然不提供就要采取民诉法上的处罚措施。

澎湃新闻网记者吴玉蓉：我想问起诉阶段的问题，以往的侵权案件中我们注意到涉嫌侵权的网络用户往往难以确定，这是否意味着原告难以起诉或者不能起诉，能不能单独起诉网络服务提供者，是否可以追加起诉网络用户？

姚辉：这个问题在司法解释中也专门作了规定。刚才说在诉讼过程中不能确定被告时可以通过要求网络服务提供者提供个人信息的手段确定被告。但是，如果诉讼之前根本不知道被告是谁，根本不知道谁在网络上发出了这种信息，那么如何起诉呢？按照侵权责任法第36条第2款和第3款，承担责任的包括网络用户和网络服务提供者。在这种情况下，原告可以单独起诉网络服务提供者。这个信息是在哪个网站上出现的是比较明确的。此时原告仅仅起诉网络服务提供者是可以的，当然网络服务提供者也可以请求追加发布信息的网络用户。网络服务提供者被起诉以后，他觉得我只是一个平台，这个事儿肯定是别人干的，我要求追加涉嫌侵权的网络用户作为共同被告或者第三人，这是可以的。这样有利于实现原告的诉讼权利和实体权利。

广州日报记者林广：在《规定》中我们看到原告里明确了“自然人”，这几年关于商业机构的法人、商业组织的信誉问题等侵权案非常多，不知道这个规定是否涉及这样的案件？

姚辉：这主要涉及这部司法解释的适用范围的问题。第1条明确规定“本规定所称的利用信息网络侵害人身权益民事纠纷案件是指利用信息网络侵害他人姓名权、名称权、名誉权、荣誉权、肖像权、隐私权等人身权益引起的纠纷案件”，从案件主要的表现来看主要是自然人。其实现在侵害法人、其他组织，商业团体、商业组织的情况也有发生，对于这些商业组织、法人或者其他组织，利用信息网络对他们的人身权益构成侵害，比如法人有名誉权、有名称权，此类案件也受这部司法解释规范。

上海广播电视台法治天地频道记者程文韬：现在自媒体的发展越来越快，自媒体的民事责任在《规定》上是否有反映？另外，类似于这种自媒体侵权的案件多吗？它的普遍性怎么样？

姚辉：自媒体确实是网络社会的一个新现象，打破了我们对于媒体固有的、传统的认识。现在可以说，你拥有一部手机，你就是一个媒体发布者。路上看到一个突发事件，用手机拍下来立刻上传到微博或者微信上，一条消息就发出去了。自媒体毫无疑问已经成为我们生活中的一部分。这次司法解释中有一条关于转载的规定，这条规定的主旨是关于转载者责任当中过错认定的问题。但是就像你所说，转载的发生，可能现实生活中大量是存在于自媒体上。现在微信微博很多，原创的东西也不太多，很多就是转来转去，所以"转载"发生比较多的领域就是在自媒体。关于转载的这一条规定，可能就是你所理解的，将来可能会比较多的对自媒体发生约束。

就人民法院每年总案件的受理量来看，在民事案件的各种类型当中，关于自媒体侵权的案件数量并不是太突出。但随着网络技术的发展，随着沟通和交流方式的变化，我感觉这类案件将来可能会陆陆续续出现的比较多一些。

中国消费者报记者任震宇：我看到关于转载的过错程度和判断有三个因素，这三个因素是比较弹性、比较模糊的概念，都需要主审法官自己判断，这是否造成因为主审法官的理解和判断不同，造成同一类型案件判决结果相差很大？

姚辉：在责任承担上，转载者的责任和一般的侵权责任没有什么区别，同样也要符合侵权责任的构成要件。就审判实践来说，最难的就是过错的认定。现在很多人大量转载，觉得没事儿，认为转载的东西又不是我自己写的东西，我就转一下，可能是这种心态导致了转载现象比较普遍，要说骂人那是其他人在骂，我不过转一下。早在20世纪90年代最高法院就发布过一个关于名誉权侵权认定的司法解释，当中实际上已经明确转载者要承担责任，而且这里面认定转载者承担责任的一个非常重要的要件就是

"过错"。

那什么是"过错"？简单来说就是明知不能转还转。问题恰恰在这儿。什么叫过错？怎么判断他的过错？这是法院裁判当中，也就是您刚才说到的可能不同法官在认定上有不同。因为过错的判断，任何时候或多或少都需要法官作出一定的裁量和判断。法官肯定结合证据、结合客观事实。但过错毕竟是主观心态的东西，怎么判断你内心到底知道还是不知道，所以，我们不否认判断的时候需要法官裁量，但是这种裁量应当依据一定的外在因素。这次司法解释恰恰是为了尽量避免导致不同法官、不同地方法院对情节和事实基本相同的案件，也就是类似案件作出不同的裁判，我们制定了一个标准供法院参考。当然，尽管如此也要看到，"过错"无论是从理论还是从实务上，其实很难再过细的，像操作规程一样一二三四列出，给法官对照马上就能够看出来。这个还是有相当难度的。基于这种情况，我们结合以往的审判实践，归纳总结出这么几个判断标准供法官在裁判时参考。相信有了这样一些参考的因素和参考的标准，会大大地提高各级法院的法官在认定转载者的过错，进而确定转载者责任时的认定尺度。我个人认为，这些参考因素还是比较明确的。比如第一个，"转载主体所承担的与其性质、影响相适应的注意义务"，这一点就很明确。判断过错的一个前提就是"注意义务"，你的"注意义务"越大，可能认定你过错的程度就越大。司法解释明确，要根据影响范围、主体的性质来判断他的"注意义务"，进而确定过错。比如你是大V，你的"注意义务"就比一般人高。如果一个普通老百姓，他在微信上看着好玩儿就转了，他的过错程度可能就比较低或者没有过错。如果你是一个大V，拥有那么多的粉丝，你就应当知道你这个发出去会影响多少人，你轻易地一发，影响力有多大。作为大V，你的言语、你的一举一动可能影响的受众有多大，你法律上有更高的注意义务，你就应该谨慎。

中国网记者胡永平：司法解释第4条规定，原告起诉网络服务提供者，如果它以信息是用户发布为由抗辩的，要求网络服务提供者向法院提供涉嫌侵权网络用户的联系方式、地址等。如果网络服务提供商不能提供网络用户的这些信息，它是否要承担责任？网络信息侵犯他人名誉权、隐私权，当事人要求网站删除信息可否先予执行。网站的数量非常庞大，再加上自媒体，如果当事人要申请这些网站删除这些信息的话，所需要的时间或者难度相当大。如果等官司赢了或者协调好，可能造成的损失已经无法避免。现在有一些网站也收到一些人的信息，可能这个信息是真实的，但是是他的一些不好的信息，他要求删除。所以，问题就是，网站删除某些信息需要当事人提供什么资料？是公安局的立案通知还是法院的判决，如果需要这些，往往会导致侵权信息在网上滞留时间的进一步延长，这个问题如何解决？

姚辉：这分为几个步骤，首先是原告找不到被告，他的决定是只告网络服务提供者，只告明处的。在诉讼当中，人民法院可以要求网络服务提供者提供涉嫌侵权的网络用户的个人信息。如果拒不提供，司法解释第4条就规定“无正当理由拒不提供的，人民法院可以依据民事诉讼法第114条的规定，对网络服务提供者采取处罚等措施”，这是第一个问题。

第二个问题，我觉得这是两方面的问题。司法解释进一步细化了侵权责任法的第36条第2款，也就是通常所称的所谓“避风港规则”。按照“避风港规则”，原告或者说被侵权人可以通知网络服务提供者，在你的某个论坛上这个帖子对我构成侵害了，构成了侮辱诽谤，要求你删除。按照这部司法解释的第5、6、7条，网络服务提供者接到通知后就可以删了，不删就有相应的后果。司法解释非常明确，被侵权人发出一个通知，网络服务提供者收到通知后就可以采取删除、断开链接等措施了。另外，如果原告担心诉讼耗时很长，损害扩大，也可以申请采取一些民诉法上的保全措施来避免损害的扩大。

孙军工：这部司法解释公布以后对于依法规范网络用户、广大网民的网络言行会发挥积极的作用和影响。昨天我们新闻发布会预告发出以后，有些网络媒体收集了网民的意见。不知道有没有网络媒体带着网民的问题来？

腾讯网记者王兰：我想问关于侵权人应该如何承担赔偿责任，被侵权人的损失如何填补等问题规定里有哪些新的思路？

姚辉： 司法解释当中关于责任的承担，主要是体现在后面的这几个条文，第16条、17条、18条，这三条是关于责任承担的方式。第16条明确规定可以判决承担赔礼道歉、消除影响或者恢复名誉等责任形式。采用这些方式判决当事人承担责任的时候，司法解释明确要求要与侵权的具体方式和造成的影响范围相当。如果是全国范围，就要求他在全国范围的媒体上发布道歉声明，当然也会考虑时间的长短。如果侵权持续时间长、影响范围广，就要根据侵权行为造成的影响判决当事人承担责任方式和形态，判决也会在这些方面提出相应的要求。如果侵权人拒不履行，往往有时候会这样，你要我道歉我偏不道歉，这种情况下人民法院可以采取在网络上发布公告或者公布裁判文书等一些合理的方式来执行。当然，这个费用由侵权人承担。这是一种方式。

另外一种方式，关于精神损害赔偿和财产损失。第17条规定当事人都可以主张。关于精神损害赔偿，不限于这部司法解释，最高人民法院之前也做过不少相关的司法解释，对于侵害人格权、侵害人身权益的案件当中如何认定精神损害，在网络侵权案件中当然也应适用。关于财产损失，侵权责任法已经明确规定，侵害人身权益造成财产损失的应予以赔偿，但财产损失如何计算？这部司法解释中一个比较有特点的地方是明确规定取证的费用、委托代理人对侵权行为进行调查取证的费用，比如说律师费等费用都可以作为财产损失予以赔偿。另外，侵害人身权益最后往往造成财产损失，这怎么算？你诋毁我的商誉，我是一个网店，你说我的产品都是假货，这是侵害名誉的行为，肯定会造成财产损失，但是财产损失在判断上确实有一定的难度。当然，一种方法是可以根据侵权人获得的利益计算。你诋毁了我，你得利多少，这可以作为参考承担赔偿责任的要素。如果仍然不能认定，司法解释提出可以根据具体案情在50万元以下确定一个赔偿数额。这种规定为法院裁判案件提供了大致的框架，有利于不同地方的各级法院在裁判时掌握一个相对统一的尺度。

南方周末记者任重远： 2013年最高法院在腾讯360反垄断案时，互联网的业界有一个关于平台化的评述。现在很多时候它的模式是通过免费的平台吸引用户，增加交易机会，然后从其他渠道获益。这时候会导致一个问题，比如我发了一个东西，怎么确定他收益多少？它是免费发的，但是通过发布不实报道或者爆炸性的信息，主要为了吸引用户，通过链条比较长的商业渠道获得很大的利益。这时候我主张我的损失，也可以主张你的获利，如果你的获利确实比我多的话，但是这个链条特别长，又比较难举证，这时候怎么确认这方面的问题？

姚辉：你说的这个问题更多是法官在具体裁判中针对个案具体认定的问题，更多是事实认定的问题。这部司法解释也帮助法官在认定事实的时候掌握统一尺度，提供一个参考的指引，但是这部司法解释主要是解决法律适用的问题。关于事实问题，需要法官在法庭调查阶段通过当事人的举证和质证加以判断，如原告主张他受到了多大损失，原告就必须要提供证据加以证明。这是诉讼过程中首先要通过证据来加以认定的，这是裁判当中事实认定的问题。其次，您说到它可能链条很长，这也是一个事实认定。最后，认定损失的前提是侵权责任是否构成。侵权责任构成中就有损害这个要件。至于链条过长的问题，涉及因果关系的认定。法官裁判案件时，只能截取能够产生损害的原因力，而不是链条有多长都要牵扯进来。总体来讲，确定侵权责任时，要讲违法性、讲损害、讲过错、讲因果关系。所以，损害的确定、原因力的有无及大小都是需要法官在具体案件裁判当中，结合证据具体判断的。

孙军工：刚才很多记者提到的问题涉及这部司法解释实施过程中具体如何操作、如何准确认定侵权及过错程度等。今天公布的8起典型案例是过往既判的案例，是制定这部司法解释的重要依据之一，对于大家更好地理解这部司法解释会有帮助。以后，我们也会选取相关典型案例，通过案例释法的方式就大家感兴趣的问题加以说明阐释，方便网民和社会公众更好地了解这部司法解释的规定，更好地规范自己的网络言行。

媒体反响

环球网　2014年10月11日

网络侵害人身权益民事纠纷司法解释发布　四大焦点引关注

最高人民法院10月9日公布《最高人民法院关于审理利用信息网络侵害人身权益民事纠纷案件适用法律若干问题的规定》，该《司法解释》于10月10日起施行。其中四大焦点引关注。

焦点一：侵权者、侵权网站“连坐”

《司法解释》第三条规定，原告仅起诉网络用户，网络用户请求追加涉嫌侵权的网络服务提供者为共同被告或者第三人的，人民法院应予准许。原告仅起诉网络服务提供者，网络服务提供者请求追加可以确定的网络用户为共同被告或者第三人的，人民法院应予准许。

《司法解释》第四条还规定，原告起诉网络服务提供者，网络服务提供者以涉嫌侵权的信息系网络用户发布为由抗辩的，法院可根据原告请求及案件具体情况，责令网络服务提供者提供能够确定涉嫌侵权的网络用户的姓名(名称)、联系方式、网络地址等。而网络服务提供者无正当理由拒不提供的，法院可依据民事诉讼法规定对网络服务提供者采取处罚等措施。原告根据网络服务提供者提供的信息请求追加网络用户为被告的，法院应予准许。

另外，第五条规定，被侵权人以书面形式或者网络服务提供者公示的方式向网络服务提供者发出的通知，包含通知人的姓名(名称)和联系方式、要求采取必要措施的网络地址或者足以准确定位侵权内容的相关信息、通知人要求删除相关信息的理由，法院应当认定有效。但被侵权人发送的通知未满足上述条件，网络服务提供者主张免除责任的，法院应予支持。

焦点二：明确转发侵权信息的过错及程度认定

在“全民麦克风”时代，以微博等社交媒体为媒介的转载等二次传播，尤其是微博大V的转载传播，影响很大。而此次《司法解释》首次明确了利用自媒体等转载网络信息行为的过错及程度认定问题。

该《司法解释》第十条规定，法院认定网络用户或者网络服务提供者转载网络信息行为的过错及其程度，应当综合转载主体所承担的与其性质、影响范围相适应的注意义务；所转载信息侵害他人人身权益的明显程度；对所转载信息是否作出实质性修改，是否添加或者修改文章标题，导致其与内容严重不符以及误导公众的可能性等因素。

最高法民一庭副庭长姚辉接受一记者采访表示，此规定判断过错的一个前提就是“注意义务”，“注意义务”越大，可能认定的过错程度就越大。如果一个普通老百姓，他在微信上看着好玩儿就转了，他的过错程度可能就比较低或者没有过错。如果他是一个大V，拥有众多粉丝，他就应当知道发出去会影响多少人，影响力有多大，在法律义务上要有更高的注意力，转发要谨慎。

焦点三：明确约束人肉搜索曝光个人隐私

互联网时代，个人信息尤其是个人电子信息的保护越来越受到挑战。个人信息的收集和泄露几乎无处不在，网络上甚至因此衍生出“人肉搜索”一词，给被侵害人造成许多的困扰，互联网时代个人隐私亟须法律的保护。

而此次出台的《司法解释》第十二条对此有所规定，网络用户或者网络服务提供者利用网络公开自然人基因信息、病历资料、健康检查资料、犯罪记录、家庭住址、私人活动等个人隐私和其他个人信息，造成他人损害，被侵权人请求其承担侵权责任的，法院应予支持。

该项条款还专门列出了例外情形，包括经自然人书面同意且在约定范围内公开的、为促进社会公共利益且在必要范围内的、自然人自行在网络上公开的信息或者其他已合法公开的个人信息、以合法渠道获取的个人信息、法律或者行政法规另有规定的等情形。

《司法解释》的这条规定从法律层面上对人肉搜索等侵权行为进行了

约束，同时也对这种行为进行了规范。

焦点四：非法删帖、水军发帖侵权要连带担责

《司法解释》还规定了非法删帖、网络水军等互联网灰色产业的责任承担问题。但对于这类行为的侵权责任究竟如何认定还需要最高法更为细化。

对于网络非法删帖行为，《司法解释》第十四条规定，被侵权人与构成侵权的网络用户或者网络服务提供者达成一方支付报酬，另一方提供删除、屏蔽、断开链接等服务的协议，人民法院应认定为无效。擅自篡改、删除、屏蔽特定网络信息或者以断开链接的方式阻止他人获取网络信息，发布该信息的网络用户或者网络服务提供者请求侵权人承担侵权责任的，人民法院应予支持。接受他人委托实施该行为的，委托人与受托人承担连带责任。

而对于网络水军发帖等行为，第十五条规定，雇佣、组织、教唆或者帮助他人发布、转发网络信息侵害他人人身权益，被侵权人请求行为人承担连带责任的，人民法院应予支持。

更多媒体报道题目选登：

1.新华社记者罗沙、徐硙2014年10月9日报道《规范网络侵权案件审理　最高法再出司法解释》。

2.中国新闻网记者马学玲2014年10月9日报道《最高法：帮转发网络信息侵害他人权益将担连带责任》。

▶ 图为发布会现场。

◀ 图为最高人民法院新闻发言人孙军工主持发布会。

▶ 图为最高人民法院民事审判第一庭副庭长姚辉公布利用信息网络侵害人身权益典型案例。

◀图为孙军工邀请记者提问。

▶图为现场记者。

◀图为上海广播电视台法治天地频道记者程文韬提问。

第十六场新闻发布会

总结五年发布活动　推动全国法院新闻发布工作

发布主题：人民法院新闻发布例会制度五周年活动
发布时间：2014年10月11日
关 键 词：新闻发布制度　新闻发言人　五周年纪念
主 持 人：最高人民法院新闻发言人　孙军工
出席领导：最高人民法院院长　周　强
最高人民法院常务副院长　沈德咏
最高人民法院副院长　景汉朝
出席嘉宾：国务院新闻办一局局长　郭卫民
外交部新闻发言人　洪　磊
人民日报政治文化部主任　温红彦
中央电视台评论员　白岩松
凤凰卫视评论员　杜　平
北京大学新闻传播学教授　胡　泳
澎湃新闻总编辑　李　鑫
香港南华早报记者　翟　琦

发布主题

孙军工：各位专家学者、新闻媒体的朋友们、同志们：大家上午好！

欢迎大家来到最高人民法院参加人民法院新闻发布例会制度五周年活动。参加这次活动的领导同志有：最高人民法院周强院长、最高人民法院沈德咏常务副院长、最高人民法院景汉朝副院长。这次活动得到了有关方面的大力支持，中央新闻宣传相关部门的负责同志、中央机关有关单位新

闻发言人代表、各级人民法院的新闻发言人代表、新闻传媒专家学者、知名媒体人、影响力媒体代表、新闻媒体记者140余人参加这次活动。

今天活动的主题是“五年，在路上”。最高人民法院从2006年9月开始设立新闻发言人，自2009年5月开始实施新闻发布月度例会制度，从2014年的4月开始，我们又在月度例会制度的基础上实行了月度新闻通气会制度，每个月至少两次向媒体通报法院工作的情况、通报典型案例的情况。这次活动的重点主要是对2009年5月以来实行新闻发布例会制度五年工作情况作工作总结和梳理。同时这五年也是全国法院新闻发言人制度推进的过程，我们也想借这个活动对全国法院新闻发布工作进一步向纵深发展作一个梳理和评价。

这次活动的议程有五项：一是观看视频短片《五年，在路上》；二是人民法院新闻发言人代表与大家见面；三是请参加活动的代表发言；四是举行最高人民法院司法信息传播策划专家聘任仪式；五是请周强院长作重要讲话。

下面开始第一项议程，首先请看新闻局制作的一部视频短片《五年，在路上》。(播放视频)

相信通过刚才这段10分钟左右的视频短片，使大家对最高人民法院新闻发布五年来的工作有了一个简要的了解和回顾。这五年，在最高法院党组的坚强领导下，在社会各界的关心支持下，特别是在各级各类媒体朋友们的帮助关心下，我们的新闻发布工作取得了一些进展，但是离社会受众的需求，离领导和同志们的要求，特别是新闻媒体的期待还有很大的差距，我们会继续努力，所以今天我们借这个机会系统地公布全国法院系统新闻发言人的数据信息，下面请大家看大屏幕。（名录略）

截至2014年9月30日，全国法院中，最高人民法院、31家高级人民法院、383家中级人民法院、2580家基层人民法院，共2995家法院设立了新闻发言人3281人，其中最高人民法院1人，各高级人民法院51人，各中级人民法院445人，各基层人民法院2784人。这些新闻发言人的信息资料还将在中国法院网上公布，请大家与我们的新闻发言人保持联系，获得人民法院工作信息。

为了使大家对地方法院新闻发布工作有直观的了解，今天，我们请来6位各级人民法院的新闻发言人代表与大家见面，他们分别是：湖南省高级人民法院新闻发言人李宇先同志、云南省高级人民法院新闻发言人童晓宁同志、江苏省南京市中级人民法院新闻发言人赵兴武同志、山东省济南市中级人民法院新闻发言人刘延杰同志、北京市海淀区人民法院新闻发言人范君同志和上海市浦东新区人民法院新闻发言人曹洁同志。

我们邀请其中三位发言人做简短致辞，首先请湖南省高级人民法院新闻发言人李宇先同志发言。

李宇先：各位领导、各位来宾，媒体朋友们，我是湖南省高级人民法院新闻发言人李宇先。近年来湖南省一些有重大社会影响的案件备受社会各界关注，作为新闻发言人我深感责任重大，做好新闻发布工作，提高司法传播、新闻宣传、舆论引导的传播力、公信力、影响力一直是我努力的方向。今天有幸作为高级人民法院的新闻发言人的代表，在这里我郑重承诺，对有重大社会影响的案件我们将充分发挥新闻发布制度的作用，确保社会公众对人民法院审判案件的知情权。谢谢大家。

孙军工：下面请山东济南中院的新闻发言人刘延杰同志发言。

刘延杰：尊敬的各位领导、同志们、媒体朋友们，我是济南中级人民法院新闻发言人。去年薄熙来一案即由我担任该案新闻发言人，该案的庭审受到了全球媒体的关注，共有100多家媒体来到济南。庭审期间，济南中院召开了9次新闻发布会，从数量和频次上都创造了人民法院新闻发布的历史。每次站在新闻发布会台上，望着台下众多的媒体，我都深深地感觉到自己虽然只是一个中级法院的新闻发言人，但是却代表着中国司法的形象，责任重大、使命重大，必须要尽职尽责、不辱使命。近年来，全国中级法院受理的各类案件数量不断增多，特别是大要案的增多，使中级法院新闻发布工作任务更加繁重，我作为中级法院的新闻发言人必须牢记自身所要承担的职责和历史使命，充分发挥新闻发布这个平台的作用，更好地展示人民法院的风采。谢谢。

孙军工：下面请北京市海淀区人民法院新闻发言人范君同志发言。

范君：尊敬的各位领导、来宾，媒体朋友们，我是北京市海淀区人民

法院新闻发言人范君。去年被告人李某某等人强奸一案的审理过程中，我作为新闻发言人可能给大家留下了一点印象，今天在这里代表广大基层法院的新闻发言人发言感到非常荣幸。基层法院承担了全国80%以上案件的审理工作，最贴近民众、最反映民情，及时有效地回应百姓关切，积极主动地传播司法理念，基层法院承担了重要的职责。作为新闻发言人，我将通过我的工作及时总结区域纠纷的热点，梳理归纳事关民生的矛盾难点，发现和挖掘有利于和谐建设的审判亮点，宣传纠纷解决机制的新特点，主动适应新媒体新环境的要求，做好基层法院与媒体的桥梁和群众的纽带，尽心竭力，不辱使命，更好地展现基层法官追求正义直系百姓得失、公正司法服务诉讼群众的良好形象。谢谢。

孙军工：谢谢三位同志的发言，随着全国法院新闻发言人数据信息的公布和6位地方法院发言人代表的亮相和致辞，应当说一定意义上标志着全国法院新闻发言人队伍建设初具规模，但事实上，我和我在法院系统的发言人同事一样大多是半路出家，从法官的岗位上转行做新闻发言人，我们在此前的学习经历当中没有专业的新闻发言人技巧的培训和训练。但是五年新闻发布例会的实践让我深深体会到，只要我们坚持用心去沟通，带着感情去发布我们的信息，就一定能够赢得新闻媒体和人民群众的理解、信任和支持。对这一点，五年的实践让我们更加深信不疑，所以我愿意和我在法院系统的新闻发言人同事们一道继续勉励前行，无怨无悔。谢谢大家。

参加这次活动的各个方面的嘉宾很多，我们考虑到时间关系，专门安排了8位嘉宾作为与会嘉宾的代表发表致辞，首先请国务院新闻办一局的郭卫民局长致辞。

郭卫民：尊敬的周强院长，各位领导、同事们，新闻界的朋友们，大家上午好！很高兴出席最高人民法院新闻发布例会制度实施五周年的活动。刚才我和大家一起观看了介绍法院系统新闻发布工作成就的视频短片，聆听了高法新闻发言人和基层新闻发言人代表的介绍，很感振奋、很受鼓舞，尤其是看到了法院系统新闻发布工作走过的光辉历程，可喜可贺。今天最高人民法院专门安排时间举行法院新闻发布例会实施五周年活

动，周强院长和两位副院长和法院系统的很多同志都亲临现场参加，这充分体现了法院系统对新闻发布工作的重视，这种重视和投入也是法院新闻发布工作取得进展的重要原因。

近年来，高法紧紧围绕中心工作开展新闻发布活动，而且主动作为，不断地创新发布形式，包括开通最高人民法院官方微博、官方微信，利用全媒体新闻发布进行直播等，应该说取得了良好的舆论效果。与此同时，大力推进制度建设，出台了一系列关于新闻发布制度建设的文件，并且建立完善新闻发布的例会制度，受到了社会舆论的广泛好评。今天我们高兴地看到，又公布了3000多名法院新闻发言人的名单和联系方式，这是法院系统新闻发布制度建设的又一重要进展。可以说高法新闻发布工作走在前列，也将为其他部委和地方推进新闻发布制度提供好的经验和做法。

高法新闻发布工作的进展也是我国政府新闻发布工作进展的一个代表和缩影。近年来我国新闻发布工作取得了长足进展，目前三个层次的党委、政府新闻发布制度已经在全国范围内建立起来，并不断向基层和企事业单位延伸，各地方各部门大都配备了新闻发言人，设立了专门的工作机构，并积极开展各种形式的新闻发布活动，尤其是突发事件发生后及时主动地开展新闻发布，已经成为各地各部门的普遍做法。但是也要看到新闻发布工作发展存在不平衡，还存在不少问题和挑战，距离党和国家事业的快速发展，距离广大人民群众的热切期待还有较大的距离，需要我们加把劲来努力推进，我们有很多工作要做。

2013年以来，党中央、国务院对于进一步做好新闻发布工作作出了一系列重要部署，应该说中央的要求部署，为我们进一步推进新闻发布工作指明了方向，明确了责任，我们深感责任重大。作为负责指导协调我国新闻发布工作的部门，国务院新闻办将和各部门、各地方一道采取切实措施推进新闻发布制度建设，着力提升新闻发布的质量和水平，打造好新闻发布平台，努力使新闻发布在传递党和政府声音、回应社会关切、增强我们国家国际话语权方面发挥更大的作用。国务院新闻办也将为大家继续做好服务工作，提供好支持和帮助。

新闻发布在路上，新闻发布一直在前行。让我们共同努力，推动我国新闻发布工作取得新的更大的进展。谢谢大家！

孙军工：下面有请外交部新闻发言人洪磊同志发言，大家欢迎。

洪磊：各位院长，新闻界的朋友们，各位同行，今天非常荣幸有机会来参加高法的这项活动，首先向高法在过去五年发布工作中取得的巨大成绩表示热烈的祝贺。刚才我向周强院长汇报，我从一个旁观者来看高法的新闻发布工作，我觉得有三个鲜明特点：

第一，高法的新闻发布工作紧紧围绕着我们国家推进依法治国、推进司法公正这样一些重大的政治理念进程。我们可以看到，现在无论是国际社会还是国内民众，对于中国司法制度的建设都给予了很高的关注。从国际上讲，中国司法制度的建设是中国政治文明推进的一个重要标志。作为有中国特色的司法体制，我们现在在这个领域已经取得了重大的成绩。怎么样向国际社会来介绍我们在这个领域重要的进展、我们的理念、我们的探索，在高法的新闻发布工作中取得了很好的效果。另外，现在社会也面临着多重的交替、转换、过渡，面临的社会难题也非常大，社会公众对于司法公正的期待与日俱增。高法的新闻发布工作围绕着社会的重大关切及时地进行回应，在这些方面也取得了重要的进展。

第二，高法的新闻发布工作体现了很强的社会责任、国家担当。现在处在转型的阶段，处在国际社会重要的关注期，我们的工作从很大程度上讲具有比较大的难度。高法的新闻发布工作怎么样把我国的司法进程介绍好，把我国的社会民心凝聚好，在这些方面确实面临着很大的挑战。从刚才我们看到的介绍可以看出高法的新闻发布工作直面国际社会的重大关切、直面中国社会的重大关注，把我们希望对外介绍的、公众关心、国际社会关注的一些问题及时进行破解，让国际社会知道中国社会将进一步推进司法公正，让国际社会进一步了解中国将进一步透明化，中国社会将变得更加公正。

第三，高法发布工作紧跟时代潮流。其中一个鲜明的特点就是，尽管它起步只有五年，但是现在采用的一些手段，很好地破解了中国政府部门和社会公众之间打通关系的要害，它的一个很鲜明的特点就是

与公众的互动、与国际社会的互动。无论是把我们的公众请到高法来，我们的发言人出来和他们见面，还是把外国驻华大使、外国驻京记者请到高法来，这些办法都非常好地体现了现代新闻发布制度的要领是要加强沟通。此外我们的发布制度大量运用了现代新闻传播的手段，对于中国社会的通达性、国际社会的通达性都提高到一个新的水平。

我们作为旁观的同行，确实要对高法新闻发布工作取得的重要进展表示衷心的祝贺。政府发言人制度正像郭卫民局长介绍的，已经经历了十年或者说三十年时间。外交部发言人制度建设是从30年前起步，从国家总体推进发言人机制建设是由国务院新闻办在十年前启动推进的。“开弓没有回头箭”，我们都在这样一个重要的进程当中，要通过我们的工作体现中国社会的进一步改革开放，要向国际社会展示中国的改革开放已经进入2.0或者3.0的阶段。国际社会更多地要从我们的新闻发布工作中探究中国重要的政治、经济、社会文明发展的进程。我们要有信心，也要有决心向国际社会和国内公众交出一份满意答案，这项工作在新的历史进程当中将面临更多的挑战和艰辛，我们愿意和高法的同志们一起来做好我们的工作，为这项工作的发展作出我们的贡献。谢谢大家。

孙军工：下面有请人民日报政治文化部主任温红彦同志发言。

温红彦：尊敬的周强院长，尊敬的各位领导、各位同仁，尊敬的各位专家学者，非常荣幸能代表中央新闻单位在这里发言。在此，我向最高人民法院新闻发布例会制度实施五周年表示热烈的祝贺。最高法建立新闻发言人制度并于五年前将新闻发布经常化、例会化、制度化，不仅有力推动了法制公开、司法公正，回应了社会关切，实现了司法与舆论的良好互动，而且向国内外展现了中国司法越发透明、越发自信、越发开放的精神风貌。我们记得，五年来几乎所有的关系国计民生的重要司法解释出台以后都是由最高法新闻发言人第一时间通过新闻发布会向社会公众介绍。中国司法机关在审判、执行方面很多有益的新举措、新探索，媒体都是从最高法新闻发布会上获得的。社会关注的疑难复杂的案件，法律适用、司法制度改革进展等也都是通过新闻发言人和新闻发布会得到回应的。社会越

关注，发布越及时，解读越全面。2013年以来最高法新闻发布例会呈现了许多新亮点，发布的内容含金量更大，发布的形式更加丰富。比如周强院长在全国高级法院院长座谈会期间，在媒体采访区接受媒体集体采访，这开启了重大会议同时举行发布会的先河，不仅更便捷，而且使发布主题更丰富，关注度更高，传播力更强。我们记得周院长在那次接受我们采访的时候说，1%的错案对当事人来说就是100%的不公平，这句话通过媒体传遍了全国、全世界，也非常令人振奋。

最高人民法院新闻发布例会制度的发展促进了全国各级人民法院新闻发布工作的制度化。比如从刚才发布的全国法院新闻发言人的数据来看，3000多名新闻发言人对司法公开是一个极大的推动，正是因为他们的努力才使司法更加透明，使我们解读和刊发了大量有价值的新闻。比如人民日报由此刊发了《从热点案件审判看中国司法走向》一文引起国内外舆论的高度关注，也受到了周强院长的充分肯定。

五年来人民日报社把报道好最高法每个月召开的新闻发布会，及时、准确、生动解读发布会的内容作为政法新闻宣传报道日常工作抓实抓好。报道最高法新闻发布会已经成为我们跟踪司法动态、传播法律知识、培育法制信仰的有效途径。从最高法新闻发布会介绍的失信被执行人名单制度中获得的选题线索，深入基层采访了“关注法院执行难”系列报道、“硬措施‘亮剑’治老赖”这一系列报道反响都非常好，也得到了最高法领导的肯定批示。最高法新闻发布会介绍“食品安全刑事案件司法解释”、“网络诽谤案件司法解释”后，我们立即组织报道，深入浅出进行了解读，如今“地沟油最高可判死刑”，“谣言转发500次”可定罪已经成为一种通俗易懂、朗朗上口的法律知识在广泛传播。

今天的总结是为了明天更好的发展，我们将继续关注、支持、参与最高法新闻发布会和全国法院的各项司法公开新闻报道工作，向国内外传播更强的公正司法之音。

今天的会议主题是“五年，在路上”，的确，梦有多远路就有多长，维护司法公正，我们有共同的使命和担当；推动司法公开，我们应该永远在路上。谢谢大家！

孙军工：下面我们有请央视著名评论员白岩松先生发言。

白岩松：各位院长，各位朋友，其实今天站在这里既有应邀出席的背景，也有硬要出席的心情。没有公开就没有公平，今天站在这里说，我的内心格外的不平静，其实没有公开就没有公平不仅仅对于中国司法来说是这样，对于目前中国来说都是这样的。目前中国正在经历一个巨大的转型，经济上要由中国制造向中国创造转型，我们每个人正在由老百姓向公民转型，最重要的这个国家要由传统国家向现代国家转型。这个转型集中的标志是十八届三中全会确立的新目标，就是要追求国家治理能力和治理体系的现代化。那一刻开始我就在想现代化的标志是什么？在这样的历史进程当中，法律既是手段更是目标。同样的，公开对于法律建设来说，既是手段也同样是目标。我想再隔30年到50年的时候，可能大家更会意识到今天中国的法律人在面临着怎样的一种更重大的历史担当，因为成为未来现代国家的一个重要标志，现在我们正是建设者，而公开恰恰是建设中不可或缺的一种力量。

去年作为全国政协委员，我的一个提案是希望国务院各部委和全国省市自治区的政府定期每个月召开新闻发布会，很高兴2013年10月看到国务院下文了，当然可能跟我的提案没有关系。把它制度化了，新闻发布会必须进行，我是既高兴又不满足，高兴的是制度终于建立了，不满足的是最低限是三个月召开一次新闻发布会。以这个为背景来看，最高人民法院过去五年时间一共召开97次新闻发布会，意味着一个月开1.5次新闻发布会，而且还要多一点。从2014年4月开始已经变成了一个月固定要召开两次。我想这样清晰的数字不仅仅记载着最高人民法院新闻发布制度自身的前进，更为中国的新闻发布做了一个样板，如果从历史进程来说又开了一个好头。

某种角度大家觉得新闻就是批评完成一种建设，其实当做得好的时候，迅速肯定也是新闻的职责和建设。在这儿我特别想要给周强院长，所有院长以及孙军工鞠躬来表达我内心的尊敬。相信全国很多新闻发言人非常羡慕孙军工和他的同行，新闻发布制度建设一方面需要制度本身的保障，另外在中国亟须领导的重视，两手都要握两手都要爱，这一点要对高

院在新闻发布上的实践和数字上体现出的开明衷心地表示感谢，希望更多的单位和领导的制度都能像这儿一样。

最后再提一点小小的建议。其实这个建议媒体一定不要理解成针对最高法院新闻发布来说，最高法院新闻发布工作做得非常好，他们抢头条的能力极强，他们抢头条的能力就是用公开完成的，但是对于全国很多基层的新闻发布制度以及现在很多政府新闻发布的时候，我可以说很多，但是把它们浓缩成三条半：智商很高情商太低、概念太多故事太少、宏观太多细节太少。这三点浓缩下来的标志是什么？当情商不高的时候，意味着对社会整个情绪和整个社会大家的心理了解不足，因此有时候会产生冒犯。情商会成为未来中国执政者应该越来越看中的东西，执政如果仅靠智商而缺乏情商，将产生巨大的社会撕裂和冲突，情商应该成为现代国家的治理能力的标志。而故事是全世界通用的一种沟通方式，细节意味着公信力，没有细节就没有公信力，概念是不会制造公信力的，只有细节会制造。如果再加上半个，现在的新闻发布语言和文字能力越发强了，以前探讨有没有的问题，今后探讨的是好不好，是针对效果。我们过分依赖于语言和文字，但是高院这个新闻发布会都可以用大屏幕播很多东西，我们要更立体化，开新闻发布会的时候把图片、照片、PPT、声音等多种手段变成更有公信力的细节，中国的新闻制度将迈上新的台阶。

要再次感谢高院的开明和自己努力的实践，因为他们既是给予社会的人，同时也是得到的人，他们得到了社会更多的尊重。其实开明开放公开、信息透明，将会得到社会越来越多的尊重和支持，所以要谢谢你们。

孙军工：谢谢，下面我们有请凤凰卫视杜平先生发言。

杜平：各位早上好。周院长，谢谢你的邀请，还有新闻局的同志。我一直关心最高法院的新闻发布会，刚才看到过去五年的总结，有了更加全面的认识。为什么现在更加关心法制方面的东西？过去30年，中国人、全世界人关心的事情都是中国经济，未来30年全世界都会关心中国的法制，或者四中全会以后，我想最高法院或者周院长肯定会成为国际媒体的焦点。作为首席大法官，他的公正、他的素质、他的水平会体现中国现代的现实和未来发展方向。今天为什么说在新闻发布这方面，如果做得更好的话，那会使媒体、国际对中国形象的看法，以及整个中国法治的环境和未来的发展目标相互之间都相辅相成。所以在这个场合，我们觉得实质上跟整个中国发展的方向是完全一致的。中国现在已经到了这样一个阶段，在过去几十年经济发展的基础上，在社会治理方面，从法治着手，从公平正义着手，这才是最大的发展方向。未来关注中国的事情也会涉及很多的分歧、争端，社会的动荡，社会的混乱。最高法院在这方面所作所为，以及对外新闻公布的形象，就会影响到中国人民自己的感受，也会影响到国际舆论的感受。而国际舆论的反应，反过来也会影响中国媒体和中国公众对中国法治的感觉。所以未来，周院长的责任实在太大。

刚才周院长会见我们的时候我们也提到几个例子，让我感觉到现在中国的新闻发言人制度和过去完全不一样。那么大的案件，全世界的媒体都用怀疑的目光和质疑的目光看待的时候，其实我当时有点提心吊胆，本来大家关注案件本身，然后新闻发布的事情可能会引起更多问题，但是没有，一切处理得非常好。这让我们在海外或者在境外的人感到非常欣慰。最高法院本身是社会的仲裁者，公平的体现者，新闻媒体发布的方式和内容也应该体现舆论的仲裁者，各种各样的舆论都有，国内国外的，传统媒体的，新兴媒体的，很多方面对一个案件的评论和观感完全不一样。所以最高法院也好，还是各级法院的发言人也好，他们发言所应该起到的作用就是一言九鼎，对的就是对，错的就是错，正确就是正确，好就是好，这就是体现我们法制的权威，新闻发言人的素质和他的内容、方式就能够体现我们国家法制的权威。

最后简单讲，再次感谢，十几年前我在一篇文章里提到中国的各级政府对待媒体的关注程度不应该像过去那样管媒体，应该更多的善待媒体善用媒体。今天我们被善待，但是要善用就必须给我们更多的资源和信息，让我们知道法院工作的整个过程，特别是在一些重大事件问题上不要让我们感觉到这个不知道、那个不知道，在评来评去的时候可能会产生一些差错。将来我们也会善待最高法院，也会善用最高法院给我们提供的信息。

谢谢周院长，谢谢各位。

孙军工： 下面有请北京大学新闻传播学的胡泳教授发言。

胡泳： 尊敬的周强院长，各位嘉宾，非常荣幸在这里作为学界的代表致辞。刚才在会前看到关于五年新闻发布制度的回顾，其中我印象最深的一句话是“推进司法公开，以公开促公正”。我们其实要问一个问题，为什么要实行法院公开的原则，有什么道理？因为公众对法院系统的信心和司法行政理解的完整性，它是由法院的开放性以及它全面吸引社会关注所培育的，这个东西需要法院自己培育。法院公开的目标有四个：第一，维持有效证据的过程。因为我们查明纷争的事实而进行调查收集证据的过程是诉讼得以进行的必要程序，是决定法院裁判是非曲直的关键之一，也直接关系到当事人的权利能否得到有效保护。证据无论怎么强调都不过分。我们看到18世纪英国著名的社会改革家、法学家、哲学家边沁讲证据是正义的基础。审判应该公开、犯罪证据应该公开，以便获取社会唯一制约手段的舆论能够约束权力和欲望，这句话是《论犯罪与刑罚》一书中的一句话。

第二，确保一支执法公正，并且对社会所信奉的价值观保持敏感的法官队伍。我们是大陆法系国家，法官在审理案件过程中处于很强的主要地位。刚才白岩松讲到情商问题，法官是不是对社会价值观保持敏感非常重要。我研究新媒体，新媒体中有一个著名例子，2006年的彭宇案，从前后法院的进退失据就可以看出法官对于社会情绪、对于社会价值观是不敏感的，就导致这个事情有点像一个病灶，它不断在中国舆论场上发酵，它郁结在我们的心中，甚至有人说彭宇案造成中华文明的倒退，老人在大街上摔倒没有人敢扶。其实这里有很多情况不为外界所了解。南京政法委后来披露彭宇的确撞了老人，问题关键是鼓楼区法院的判决书上是根据人性善恶的推断，认为如果被告是做好事，根据社会的情理，在原告的家人到达之后，完全可以在言明事实经过，并让原告家人将原告送往医院后自行离开，但被告并没有做这样的选择，因此推断他的行为和情理相悖。

我们知道这在舆论场上，经常会以一个特别突出的情况被所有的网民所认知，因为法官有一句著名的话叫“不是你撞的，你为什么送他去医院？”这还是第一步，就是我们对社会价值观不敏感。第二步更糟糕的是这个案件最后被私下调解。一审判决已经引起轩然大波，面临巨大的舆论压力，二审法院谨小慎微，做了大量调解工作，致使最终双方当事人以调解结案。这导致了彭宇案的真相，中国民众不清楚。因此一直有人就这个问题对法院进行质疑。所以非常遗憾，我们可以把它作为对于社会价值观不够敏感、不够关切的反例。

第三，要促进民众形成共同的认识。法院在伸张正义方面，就是在决定一个人是否有罪，如果有罪进行合理刑罚方面要保持一致性。法律规定说得很清楚，中华人民共和国公民在法律面前一律平等，当事人在民事活动中地位平等，合同当事人的法律地位平等。所以如果从老百姓的角度讲，人民群众会将同一类型的刑事、民事案件放在一起比较，这是非常正常的行为。他一定会比较为什么这样的案子在这个地方这样判，另外一个地方那样判。在法律上有同案不同判的现象。实际上如果这个一致性不能够保持，不能解决当前法律适用统一性的问题，法律不能得到有效的实施，并且司法人员的执法是否公平公正，会在比较思维中出现问题。

第四，可以提供持续的机会让社会各界了解法院系统是如何运行的，实际法律在法庭上的日常运用会直接影响到每个个体身上。当然整个原则的背后有一种核心的理念，法院应当接受公众的审视和批评。刚才举的边沁的例子是普通法的基石，边沁说得非常清楚，“公开性是正义的灵魂，没有公开性就没有正义，在秘密性的黑暗中，阴险的利益会和各式各样的邪恶会自由的大行其道，只有当公开性有其合适的位置，才能对司法的不公形成制约，因此公开性是对努力工作的最有力鞭策，是对不当行为的最有效的抵制，它使法官在审判时保持法官的形象”。我们是大陆法，我们应当回到中国现实当中，现在中国有关司法最大的问题是老百姓对司法腐败不满。要遏制腐败，就需要把司法活动向当事人公开，向社会公开。我理解就是“以公开促公正”。这样最后的结果就导致，如果现在各级法院能够坚持司法公开的原则，能够持之以恒地把新闻发布制度，把让人民群众走进法院的制度，让法院的各项活动定期、定时地向中国人也向外国人公布。如果能坚持，最后法院会完成两个角色，第一个角色是教育者，告诉社会公众法院、司法系统是怎么运行的。美国著名的大法官布伦戴斯说过“任何时候，任何地方，政府都是最有说服力的教员”。第二个角色，刚才新闻发言人孙军工说得非常清楚，就是一定要成为沟通者。第一要成为教员，第二要成为沟通者。如果不沟通，不简单是形象或者公信力的问题，更加重要的在于这些东西如果不沟通，那么公众的注视就不存在，正义就可能成为看不见的。因此你自己本身的工作就会受到巨大的阻碍。

最后期望最高法院领导下的全国基层法院、中级法院、高级法院能够很好地完成第一做一个教员，第二做一个沟通者的任务，谢谢大家。

孙军工：下面请澎湃新闻总编辑李鑫同志发言。

李鑫：尊敬的周院长，各位领导、各位媒体同行，很荣幸代表澎湃新闻团队参加这次活动，我这次来是带着任务来的，来之前找了我们十几位法制报的记者专门聊了一次，因为他们一直在一线采访，他们的感受最深，对最近五年特别是2013年开始自上而下推进的司法公开特别有感触，我们聊完以后总结了两个变化和四点建议，受他们的委托向周院长汇报和各位同行交流。

最高法大力推进的司法公开很大程度上重构了舆论和司法的关系。在许多年前我们做法制报道最大的感受是司法报道特别难采访，特别难突破，采访起来受委屈比较多。但最近几年，特别是从现在最高法推动司法公开以后大家觉得变化很大，这是第一个变化。第二个变化，我们媒体和法院系统共同面对的一个问题，传统媒体和新媒体要互相融合。不仅是媒体感受到，法院系统、宣传系统也感受到这个变化。可能以后包括话语系统，创新表达方面都有一些变化的要求。

我们还有四点建议。一是建议丰富新闻发布会的内容设置，更加注重对重要司法问题的回应，更加关注大案要案，包括社会热点案件，这样使发布会能够接地气，能够使媒体和公众获得更多的司法信息。二是希望最高法推动各省高院和各中级人民法院进一步落实新闻发布例会制度。我们

感觉最高法院可以对地方法院的相关工作做出评价，并且将新闻发布情况纳入相关考核，敦促地方法院及时向社会发布重要司法信息，回应媒体和社会舆论的正当关切。三是希望变单向的信息发布为双向的互动性的司法公开。希望最高法和高级法院的领导可以更多的“触网”，可以通过直接方式与媒体和网民进行沟通。四是进一步加强和新闻媒体的合作，开放类似互联网媒体或新兴媒体参与法院的新闻发布和司法信息公开的机制。

澎湃新闻有一支比较专业的法律报道团队，希望能够有机会跟最高法展开合作，共同为建设法治中国作出贡献。

孙军工：有请香港南华早报记者翟琦发言。

翟琦：各位领导，老师，各位同仁大家好。非常荣幸有这样的机会谈谈自己作为一名一线工作者所感受的新闻和司法宣传工作。值此新闻发布例会制度实施五周年之际，请允许我代表各位一线跑口记者对最高人民法院以及所有为新闻发布会、司法公开作出大力推动的诸位表示衷心的感谢和敬意。虽然也做了很多年新闻，我本人是2013年开始参加最高人民法院的新闻发布会。第一次走进这栋大楼参加新闻发布会的时候，我脑海旦一直在想这是真的吗？我作为境外媒体的一名记者真的可以参加这样一个新闻发布会？可是现在一年多之后，回头看作为外媒从业者，我可以参加新闻发布会，这本身体现了最高人民法院新一届领导以及新闻局负责人在发布会例会制度上所做的这样一种尝试以及充分的自信，这也让我在过去一年多来以记者的身份，通过新闻发布会的渠道目睹了最高人民法院在司法公开上的大踏步前进。高密度的新闻发布会做到了及时有效地反馈社会需要了解的信息，结合最高人民法院大力推动的审判流程公开、审判文书和执行信息的公开，都积极有效地加强了大众对司法裁判的社会监督，促进了公正司法。在一系列的“组合拳”之下，大家对最高法院的工作成果有目共睹，这一切也在今年年初全国人大表决票数上得到了一次最好的体现。

群众的信任和支持无疑也是给予最高人民法院新闻局各位的勋章，在座各位记者同仁都曾经在凌晨一两点钟的时候才收到新闻局工作人员发来的短信，熬夜甚至带病为我们提供工作上的便利。过去一年来，一些发布会选择在外省法院举办，我们因此也常常会看到工作人员在现场辛苦协调，很多时候他们一次次的奔波就是为了让记者不用奔波，能在匆忙之间吃上一顿热乎饭。正是因为有了你们辛勤的付出，最高人民法院的新闻发布工作才能在各部委中不仅以量更能以质占领领先的地位，也有效帮助国内乃至国外渴望了解中国的外国人，更好地理解这个国家的法治建设。一系列的新闻发布会以及司法公开的举措，让我更好地了解最高人民法院的工作，因此对各位工作人员怀有深深的敬意。

信息的透明以及大型敏感案件的公开审理都表明最高人民法院的领导们有信心和勇气化解公众的疑惑，树立司法公信力。这些大量的实践表明司法公开随着公开的程度越高，社会的信服程度也会更高，留给外界炒作的空间也会越小。我记得，薄熙来案公开审理的时候，很多国际媒体同行以为这也就是一个形式就结束了，结果整个庭审的透明度、每天两场新闻发布会的规范性都颠覆了整个外界对中国司法的理解。庭审的最后几天，一名外国记者同行跟我讲，这场庭审的细致性已经远远超出了他的想象，如果早知道是这样一个规范的庭审，我就会多带几套衣服了，最后到换洗的衣服都已经没有了。这些事情也说明最高人民法院可以更好地善用新闻发布会制度，加大庭审公开的力度和范围，不仅可以让国内人民在每个司法案件中都感受到公平和正义，甚至可以让国际社会在每个司法案件中都感受到中国司法人的努力、开放和进步。

本次活动的主题是“在路上”，而作为在路上携手同行的一份子，我深深理解在路上每一步前行背后的不易。最后作为一名中华人民共和国的公民，再次感谢最高人民法院对新闻发布会制度的辛苦付出，感谢你们对司法公开作出的艰难努力。作为一名旁观者真诚地祝愿最高人民法院能够在依法治国的大形势下把握时机，走向司法公开更辉煌的明天。

孙军工：感谢以上8位嘉宾的精彩发言。你们对最高法院和全国法院新闻发布工作取得的点滴进步给予的充分肯定，我们会认真总结，提炼出精练的经验，继续发扬光大。你们对我们的工作从大的环节到小的细节提出的各种建设性意见，我们也会认真研究，尽快地把它转化成提升新闻发

布工作能力和水平具体的举措，力争在尽可能短的时间内，以更高水平的新闻发布工作的面貌，再次接受新闻媒体和社会各界人士的检验。

下面要进行最高人民法院司法信息传播策划专家的颁证聘任仪式，以下的环节由最高人民法院的沈德咏常务副院长来主持。大家欢迎。

沈德咏：各位专家学者、新闻媒体的朋友们、同志们：

在推进依法治国的进程中，人民法院的司法公开工作发挥着越来越重要的作用。在传统媒体和新兴媒体融合发展的背景下，不断提升司法公开特别是新闻发布水平尤为关键。为进一步做好人民法院新闻发布工作，最高人民法院决定从新闻传播专家学者、知名媒体人、影响力媒体中聘请30位人士作为最高人民法院司法信息传播策划专家。下面举行专家聘任仪式，让我们以热烈的掌声欢迎最高人民法院院长、首席大法官周强同志为各位专家颁发聘书。（略）

刚才，最高人民法院院长、首席大法官周强同志向各位专家颁发了聘书，希望各位专家在今后的工作中为提高人民法院司法信息传播能力和水平出谋划策、献计出力。

下面，让我们以热烈的掌声欢迎周强院长发表重要讲话。

周强：各位专家，各位学者，新闻界的朋友们，大家上午好。

今天我们举行这个活动回顾人民法院新闻发布例会制度五周年，主要是同新老朋友见面，听听各位专家学者、新闻界的朋友们对司法公开、对人民法院新闻发布制度的意见和建议。刚才听了郭卫民、洪磊、温红彦、白岩松、李鑫、杜平、胡泳、翟琦8位代表的发言，很受启发，他们的观点不仅是对司法公开和新闻发布，而且对于推进公正司法都很有启示。借这个机会，我也代表最高人民法院，向今天受聘为最高人民法院司法信息传播策划专家的30位同志表示感谢，希望今后我们密切合作，共同做好人民法院新闻发布工作，进一步推进公正司法。

借这个机会，我讲三点意见：第一，要充分认识人民法院建立新闻发布制度的重要性。五年前，最高人民法院建立了新闻发布制度。从去年以来，我们进一步健全完善了新闻发布例会制度，在全国法院范围内进一步加大了司法公开的力度，刚才8位代表在发言的时候也专门提到这一点。

人民法院通过新闻发布制度，通过司法公开，要解决以下几个方面的问题。一是回应人民群众的关切。大家都有共同感受，随着中国经济的快速发展，现代化进程加快，人民群众对公平正义的期待越来越高，社会各界对司法工作的关注越来越高。从人民法院来讲，我们要主动地回应人民群众对司法的关切，对公平正义的期待。二是通过司法公开及时准确地传递审判执行工作的信息。新闻发布是司法公开的重要渠道，通过新闻发布要及时准确传递司法信息以及审判执行工作的信息，通过司法公开进一步促进公正司法，让人民群众在每一个司法案件中都感受到公平正义。三是回应国际社会对中国司法的关切。随着中国改革开放进程的加快，随着中国国际地位不断提升，国际社会对中国司法的关注越来越高。通过新闻发布制度主动地回应国际社会关切。四是通过新闻发布来进一步接受社会监督，接受人民群众监督，接受舆论监督。我们及时向社会准确地发布司法信息，在这个过程中回应人民群众的关切，接受人民群众和社会各界的监督，在这个过程中与媒体和公众形成良性互动。2013年，我在全国法院新闻宣传工作会议上讲到，司法和新闻有个共同目标，就是追求事实真相，当然在追求事实真相过程中方式不一样、途径不一样，但目标是一致的，我们要共同实现这个目标，要形成良好的互动关系。人民法院对舆论既不能无动于衷，同时也不能为舆论所左右，要依法独立公正行使审判权。五是通过司法公开和新闻发布来破解人民法院工作面临的难题。人民法院工作压力是非常巨大的，案件压力大，矛盾焦点多。破解法院工作难题，必须回应社会的关切，消除社会对司法的合理怀疑。司法越不公开，越“暗箱操作”，社会和人民群众越怀疑。在这种情况下没有别的路可走，唯一的途径就是公开，让司法权在阳光下运行。近年来，尤其是去年以来，最高人民法院加大了司法公开力度，建立了司法公开三大平台，要求全过程全流程公开，成效明显。

刚才，通过《五年，在路上》视频专题片，回顾了最高法院新闻发布例会制度走过的五年历程。五年时间不长，可以说是刚刚起步。这个专题片的名字比较贴切——“在路上”，我们刚刚起步五年，取得了一些成绩，还有很大差距，还有很多需要改进的地方。新闻发布是司法公开的一个渠道，最高法院、全国各级法院新闻发布制度是国家新闻发布制度的一

个缩影。如果说人民法院新闻发布制度取得了进步，也是整个国家新闻发布制度进步的一个缩影。同时，法院的新闻发布制度也是司法公开、公正司法、法制进步和社会文明的“晴雨表”、标尺、标杆。通过这个“晴雨表”、通过这个标尺、通过这个标杆来看司法公正、司法文明、法治进步，我们也是在路上，虽然取得了一些成绩，但是还有很多工作要做。我们司法工作同人民群众的期待相比仍然存在不少差距，所以我们的工作也还在路上，还有很长的路要走。

第二，要通过做好新闻发布制度进一步推进公正司法。首先是加强同媒体的沟通，我们同新闻界和媒体有很好的合作关系，这种关系既有合作，也有监督。在今后的工作中，从人民法院来讲要为媒体的新闻报道提供便利，要自觉地接受新闻媒体的监督，通过新闻媒体的舆论监督不断地改进我们的工作。同时还要通过同媒体的合作，传播中国法治好故事、中国法治好声音。刚才8位代表发言中都讲到这个问题。法院是新闻富矿，很值得挖掘。我们要讲好中国法治的故事，来反映中国法治的进程，反映中国法治的进步，反映中国的文明。法治是文明的重要标志。在这方面，今后不仅最高法院要做，全国各级法院也要共同努力。今天公布了全国各级法院新闻发言人的联系方式，各级法院不仅要把新闻发言人制度建立起来，更要把这个制度用好，同新闻界密切合作，共同讲好中国法治故事。外国法院、国际社会，包括国际舆论越来越关注中国司法改革，关注中国司法进程，关注中国一些案件的审理。近年来，人民法院通过一些案件的公开审理，传播了中国的法治精神，传播了中国社会主义核心价值观，充分体现了中国法治文明的进步。

其次是坚持法律面前人人平等。通过所有的判决强调任何人在法律面前都是平等的。绝不能因为富贵而超越法律，也不能因为贫穷而违法，法律面前没有权贵和贫穷之分，一律平等。同时，我们还要通过一些司法解释和司法判决体现司法的温度，既要体现法治精神，坚持依法办事，法律面前人人平等，也要体现司法为民。通过司法还要传递法治观念，反映中国法治文明的进步。例如，要坚持疑罪从无原则，一个人有没有罪必须经过法庭审理，必须经过法庭控辩，最后在法庭上通过证据来认定；没有证据就不能认定为犯罪，那就要放人，这是重要的法制原则之一，也是司法文明和法治进步的一个重要标志。2013年以来，全国各级法院对一些重大疑难案件作出无罪判决，有的当庭放人，国内外高度关注，给予高度评价。要做到这一点并不容易，要坚持法治精神，要敢于担当，要敢于坚持原则。各级法院要主动地为媒体报道司法工作创造条件，将中国司法的故事通过媒体向全国人民传播，向全世界传播。同时还要抓住传统媒体和新兴媒体融合的重要机遇，通过多种途径、多种形式，不仅要讲中国法治的好故事，而且要讲得好听，要感人、吸引人。

第三，要不断提高人民法院新闻发布工作的水平。回顾我们走过的路，我们感到欣慰，同时，我们也看到了差距，明确了前进的方向。今后，我们要把新闻发言人制度建立好、完善好，不断提高法院新闻发言人的业务素质，尤其是新闻业务的素质。要善于同媒体打交道，善待媒体、善用媒体，善于讲中国法治故事。要坚持法治信仰。我们的新闻发言人，以及所有的法官，都要按照习近平总书记提出的要求，任何时候都要坚持法治信仰。只有坚持法治信仰，我们才能敢于坚持依法办事，才能够真正地实现法律面前人人平等。法院是社会纷争的公正裁判者，法官是社会公平正义的守护者。对于人民法院新闻发言人来说，就是要坚持法治信仰、恪守法治精神。要进一步改进我们的新闻发布方式，正如刚才8位代表所提的建议，要使我们的新闻发布内容更加丰富，形式更加多样，更接地气，针对性更强，把社会关注的案件和司法解释发布出去，使我们的新闻发布例会更有针对性，更解渴。

总之，我们希望同新闻界的朋友们，同专家学者携手合作，共同加强和完善人民法院的新闻发布制度。回顾五年走过的历程，我们感到欣慰，明确了未来前进的方向，我们充满信心。相信在社会各界，在新闻界的朋友和专家学者的大力支持下，全国各级法院的新闻发布制度在今后的道路上，步伐会越来越坚实，通过一点一滴的积累，不断朝着既定的目标前进，取得更加坚实的成就。

谢谢大家!

沈德咏：刚才，周强院长发表的重要讲话，对人民法院新闻发布工作提出了新的更高的要求，全国法院要在今后的工作中认真学习贯彻。今

天，3000余位全国法院新闻发言人名录的公布，标志着人民法院新闻发言人队伍建设和新闻发布工作进入新的阶段。各级法院要以此为契机，把新闻发布和司法公开工作推向深入，要进一步推进和发展新闻发布例会制度，通过及时全面的新闻发布回应公众关切；要进一步提高议题设置能力，增强人民法院新闻发布的传播力、影响力和吸引力；要进一步提高为媒体记者服务的能力，加强沟通协作，凝聚共识，共同促进法治建设。

再次感谢各位专家学者为人民法院工作建言献策，感谢有关部门和新闻媒体关心支持人民法院工作。我们将与大家共同努力，以更高水平的新闻发布，更加充分的司法公开，为迎接党的十八届四中全会胜利召开营造良好的舆论氛围。

今天的活动到此结束，谢谢大家。

媒体反响

东方早报 鲍志恒、吴玉蓉 2014年10月12日

全国法院新闻发言人集中公布

司法公开再跨越。最高人民法院昨日宣布，在中国法院网上公布全国2995家法院3281名新闻发言人的信息资料。

昨天上午，最高人民法院举办了以“五年，在路上”为主题的人民法院新闻发布例会制度5周年活动，会上公布了全国2995家法院3281位新闻发言人的信息资料。此外，最高法还决定从新闻传播专家学者、知名媒体人、影响力媒体中聘请30位人士，作为最高人民法院司法信息传播策划专家。最高人民法院院长、首席大法官周强向各位专家颁发了聘书。本报社长、澎湃新闻CEO邱兵也为受聘专家之一，澎湃新闻总编李鑫昨天代为领取聘书。

“媒体可替我们查查岗”

自2009年最高人民法院实施新闻发布例会制度以来，全国法院新闻发布工作稳步推进。据介绍，最高人民法院自2009年5月开始实施新闻发布月度例会制度，至今已经召开新闻发布会97场次。截至今年9月30日，全国法院中，最高人民法院、31家高级人民法院、383家中级人民法院、2580家基层人民法院，共2995家法院设立了新闻发言人3281人，其中最高人民法院1人，各高级人民法院51人，各中级人民法院445人，各基层人民法院2784人。这些新闻发言人的信息昨天起在中国法院网上即可看到。

最高人民法院新闻发言人孙军工表示，系统性公布全国法院系统新闻发言人的姓名、电话等信息数据，在我国司法公开史上尚属首次。孙军工笑着对记者说，最高法欢迎媒体、公众拨打各级法院新闻发言人的电话，“你们媒体可以打打电话替我们查查岗。”

“共同讲好中国法治故事”

最高人民法院院长周强昨天表示，要积极回应人民群众对人民法院工作的关切和对公平正义的期待，以媒体融合发展为契机，不断提高人民法院新闻发布工作水平，进一步推进司法公开，自觉接受媒体和社会各界的监督，共同讲好中国法治故事，向全世界传播中国法治声音。

国务院新闻办一局局长郭卫民认为，最高法公布3000多名法院新闻发言人的名单和联系方式，这是法院系统新闻发布制度建设的又一重要进展。

最高法的新闻发布制度虽由来已久，但之前较为零散，未成体系。时至2006年9月，全国法院新闻发言人制度正式建立。彼时，来自全国的60多名新闻发言人在北京集训。

3年之后，最高法的新闻发布会迎来重大转折。2009年5月，最高法明确新闻发布会将实行月度例会制度：即定期召开和临时召开相结合，原则上每月至少召开一次新闻发布会。

2012年年底，最高法进一步要求，中级以上法院要建立新闻发布例会制度，及时向社会发布重要司法信息。对人民群众高度关注、社会影响较大的案件要及时公布、回应相关情况；今年4月，最高法正式建立典型案例月度发布制度；目前全国各高级人民法院均设立了新闻发言人，定期或

不定期地举行新闻发布会……

发布会内容除涵盖重大司法政策文件、重要工作部署、重大活动和大要案审理等情况外，还包括最高法即将出台的重大举措、与法院有关的重大突发事件等。

更多媒体报道题目选登：

1.你好台湾网记者张瑜瑜2014年10月11日报道《大陆人民法院实施新闻发布例会制度五周年累计召开97场次》。

2.中新社记者朱方芳2014年10月11日报道《人民法院新闻发布制度五周年：让司法权在阳光下运行》。

◀图为最高人民法院新闻发言人孙军工主持主题活动。

▶图为6位地方三级法院新闻发言人代表与大家见面。

◀ 图为国务院新闻办一局局长郭卫民发言。

▶ 图为外交部新闻发言人洪磊发言。

◀ 图为人民日报政治文化部主任温红彦发言。

▶ 图为中央电视台评论员白岩松发言。

◀ 图为凤凰卫视评论员杜平发言。

▶ 图为北京大学新闻传播学教授胡泳发言。

▲图为澎湃新闻总编辑李鑫发言。

▲图为香港南华早报记者翟琦发言。

第十七场新闻发布会

三地设立知识产权法院　加强知识产权保护

发布主题：《最高人民法院关于北京、上海、广州知识产权法院案件管辖的规定》

发布时间：2014年11月3日

关 键 词：知识产权法院　案件管辖　知识产权保护

主 持 人：最高人民法院新闻发言人　孙军工

出席嘉宾：最高人民法院知识产权审判庭副庭长　王闯

发布主题

关于《最高人民法院关于北京、上海、广州知识产权法院案件管辖的规定》的新闻发布稿

最高人民法院知识产权审判庭副庭长　王闯

各位记者：

大家上午好！今天新闻发布会的主题是向大家通报最高人民法院审判委员会第1628次会议通过的《关于北京、上海、广州知识产权法院案件管辖的规定》（以下简称《知识产权法院案件管辖规定》）的有关情况。

下面，我简要介绍一下《知识产权法院案件管辖规定》出台的背景、主要内容及最高人民法院关于加强知识产权保护的下一步工作安排。

一、《知识产权法院案件管辖规定》制定的背景与意义

党的十八届三中全会作出了“加强知识产权运用和保护，健全技术创新激励机制，探索建立知识产权法院”的重大部署。今年8月31日，第

十二届全国人民代表大会常务委员会第十次会议通过《关于在北京、上海、广州设立知识产权法院的决定》（以下简称《决定》），以立法形式宣布在北京、上海、广州设立知识产权法院，并对知识产权法院的机构设置、案件管辖、法官任命等做了规定。根据《决定》的规定，知识产权法院将以审理专利等技术类案件为主，并在省级行政区域内实行跨区域管辖。这是知识产权案件管辖制度的重大革新。同时，北京、上海、广州知识产权法院成立后，知识产权法院辖区内将出现两个以上管辖地域重叠的中级法院，由此带来基层法院与知识产权法院之间、知识产权法院与同级行政区划内中级法院之间的管辖关系变化和协调问题。虽然《决定》对知识产权法院的管辖案件类型、与上下级法院的关系等作了规定，但是相关规定仍需要进一步明确，不少问题仍亟待解决。

为明确知识产权法院的案件管辖，保证即将正式成立的知识产权法院正常运转，最高人民法院在《决定》颁布后立即启动《知识产权法院案件管辖规定》起草工作。在起草过程中，我们先后征求了全国人大法工委、国家知识产权局等部门以及部分地方法院的意见，并与全国人大法工委、北京、上海、广东三地法院反复协商。在综合反馈意见的基础上，又经多次讨论修改和研究论证，形成送审稿，提请最高人民法院审判委员会审议后通过。

《知识产权法院案件管辖规定》的出台具有重要意义。首先，该司法解释是全面落实全国人大常委会关于设立知识产权法院部署的重要举措。该司法解释根据《决定》关于知识产权法院案件管辖的规定，进一步明确了知识产权法院的一审案件管辖范围、跨区域管辖的案件类型、知识产权授权确权案件范围等重要问题。既严格遵循了《决定》的规定，又进一步细化了《决定》的具体要求，增强了《决定》的可操作性。其次，该司法解释是保障知识产权法院充分发挥职能作用的重要举措之一。该司法解释依据《决定》关于审级关系的规定，进一步明确了知识产权法院与辖区内基层人民法院、同级人民法院以及所在地高级人民法院的关系，为即将正式成立的知识产权法院受理案件、处理审级关系提供了指引，为知识产权法院充分发挥其审判职能作用提供了保障。最后，该司法解释是最高人民法院深入贯彻党的十八届三中、四中全会精神的重要举措。知识产权法院

作为我国司法体制改革的基础性和制度性措施，担负着全面实行中央司法改革的各项措施的使命。正如最高人民法院周强院长向全国人大常委会作说明所说："知识产权法院是全面深化司法改革的重要组成部分，将全面实行各项司法改革措施。"该司法解释根据党的十八届三中全会关于健全技术创新激励机制、优化科技创新法治环境的精神，将计算机软件案件纳入知识产权法院第一审管辖的技术类案件范围，力图通过更专业的审判为科技创新和新兴产业发展提供更优质的司法服务。该司法解释还根据党的十八届四中全会关于探索设立跨行政区划的人民法院的精神，扩大了知识产权法院跨区域管辖的一审知识产权案件范围，为进一步提升知识产权司法公正和公信确立了制度保障。

二、《知识产权法院案件管辖规定》的主要内容

《知识产权法院案件管辖规定》共8条，主要涉及知识产权法院的案件管辖及审级关系，包括一审管辖、跨区域管辖、专属管辖、二审管辖、上诉管辖及未结案件处理等。其主要内容如下：

（一）**关于知识产权法院管辖的第一审案件的范围。**根据《知识产权法院案件管辖规定》第一条，知识产权法院管辖的第一审案件主要包括三类：一是专利、植物新品种、集成电路布图设计、技术秘密、计算机软件等技术类民事和行政案件；二是对国务院部门或者县级以上地方人民政府所作的涉及著作权、商标、不正当竞争等行政行为提起诉讼的行政案件；三是涉及驰名商标认定的民事案件。对于第一项的技术类案件，司法解释在《决定》规定的专利、植物新品种、集成电路布图设计、技术秘密民事和行政案件的基础上，根据科技发展趋势、审判实践和国际经验，增加了计算机软件民事和行政案件。实践中，计算机软件案件涉及专业技术事实认定，技术性较强，基层法院审理存在较大难度，有必要由知识产权法院管辖。第二项的行政案件主要是指行政机关涉及知识产权的行政处罚、行政处理决定等行政行为引发的行政案件。由于知识产权法院在辖区范围上与相关中级人民法院存在重叠，因而需要进一步明确该类案件应由知识产权法院管辖。第三项是涉及驰名商标认定的民事案件，为进一步规范和加强驰名商标保护，亦将其纳入知识产权法院管辖范围。

（二）**关于知识产权法院跨区域管辖的案件范围。**跨区域管辖是《决定》规定的重要内容。根据《决定》要求，在知识产权法院设立的三年内，可以先在所在省（直辖市）实行跨区域管辖。由于北京、上海知识产权法院的辖区分别是整个北京市和上海市，不存在跨区域管辖问题。因此，《知识产权法院案件管辖规定》第二条直接规定了广州知识产权法院跨区域管辖的案件类型，包括第一审专利、植物新品种、集成电路布图设计、技术秘密、计算机软件等技术类民事和行政案件，以及第一审涉及驰名商标认定的民事案件。

（三）**关于北京知识产权法院的专属管辖范围。**知识产权授权确权类案件由北京知识产权法院专属管辖，该类案件是整个知识产权案件的中枢，在知识产权司法保护中具有极为重要的意义。《知识产权法院案件管辖规定》第五条进一步细化了由北京知识产权法院专属管辖的第一审授权确权案件范围。这类案件主要包括：不服国务院部门授权确权类裁定或者决定的知识产权授权确权类行政案件；与知识产权强制许可有关的行政案件；与知识产权授权确权有关的其他行政行为引发的行政案件。其中，“与知识产权授权确权有关的其他行政行为引发的行政案件”主要是指那些虽不属于授权确权但与之有密切关联的行政行为引发的案件。例如对国家工商行政管理总局商标局商标申请不予受理或者不予续展行为提起诉讼的案件、对国家知识产权局中止专利审查行为提起的诉讼的案件。

《知识产权法院案件管辖规定》的最大亮点是，根据全国人大常委会《决定》的精神，彻底实现了知识产权法院及其所在地高级人民法院民事和行政审判“二合一”，即由知识产权法院及其所在地高级人民法院知识产权审判庭统一管辖和审理涉及知识产权的全部民事和行政案件。这体现在：第一，知识产权法院管辖的第一审案件，不仅包括知识产权授权确权类行政案件，还包括涉及知识产权的行政处罚、行政强制措施等引发的普通行政案件。第二，在知识产权法院辖区内，对基层人民法院第一审知识产权民事和行政判决、裁定提起的上诉案件，均由知识产权法院管辖，无论该第一审案件由基层法院知识产权审判庭审理还是由行政审判庭审理。第三，对知识产权法院作出的第一审民事和行政判决、裁定提起的上诉案

件，均由知识产权法院所在地的高级人民法院知识产权审判庭审理，不再分由该高级人民法院的知识产权审判庭和行政审判庭各自审理。这是我国知识产权案件审判体制的重大革新，对于统一知识产权案件裁判标准、提升知识产权司法保护品质具有重要意义。

三、下一步的工作举措

当前，知识产权法院正在紧张筹备之中，我国知识产权司法保护进入全新的发展阶段。党的十八届四中全会对全面推进依法治国做出了全面部署，知识产权司法保护面临重大的历史发展机遇。下一步，最高人民法院将根据中央精神，以开拓创新的精神，积极采取有效措施，进一步改革和完善知识产权审判体制机制，不断提升知识产权审判质量和水平。

第一，进一步加快知识产权法院的设立进程。最高人民法院将会同有关地方和部门，进一步加快知识产权法院的法官任命、机构设置、硬件配套等工作，推动知识产权法院尽快设立并正式运行。北京知识产权法院将于本月上旬挂牌成立，上海和广州知识产权法院也将在年内正式成立。

第二，进一步落实知识产权法院的各项改革措施。知识产权法院不仅是中国知识产权司法保护制度的重大改革，事实上也是中国司法改革的探索者和先行者。知识产权法院将按照党的十八届三中、四中全会的部署，全面实行各项司法改革措施。例如，知识产权法院将实行主审法官制度，探索建立法官员额制度，完善合议庭办案责任制。知识产权法院还将探索完善以审判为中心的知识产权诉讼制度，建立符合知识产权案件审判规律的专门化程序和审理规则。

第三，进一步加强知识产权法院配套制度的建设。知识产权法院将围绕技术类案件的审理，探索完善符合中国国情、具有中国特色的技术调查官制度，提高技术事实查明的科学性、专业性和中立性，保证技术类案件审理的公正与高效。目前，最高人民法院正在研究制定相关司法解释和工作规范，明确技术调查官的职能定位、配置数量、选任条件、管理模式、职权行使等问题。最高人民法院还将改组成立“中国知识产权司法保护研究中心”，吸收审判经验丰富的一线法官参与研究，加强理论和实践的结合与互动，进一步提升我国知识产权审判的水平和国际影响力。

第四，进一步加大知识产权保护力度。最高人民法院陶凯元副院长在全国知识产权审判工作座谈会和“加大知识产权司法保护力度”调研座谈会上指出，要积极探索知识产权各领域加大保护力度的具体实现方式，充分发挥司法保护知识产权的主导作用。加强计算机软件、数据库、动漫游戏等新兴产业知识产权保护，促进我国新兴产业实现创新发展。加强传统知识、遗传资源等非物质文化遗产保护，积极保护非物质文化遗产的传承和商业开发利用，促进我国丰富的文化资源转化为强大的文化竞争力。

谢谢大家。

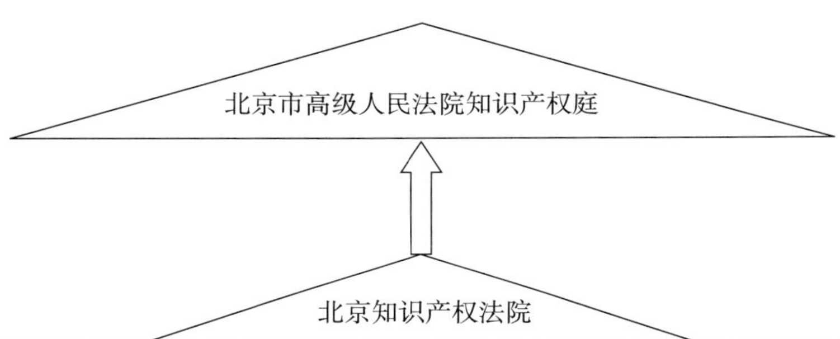

专利、植物新品种、集成电路布图设计、技术秘密、计算机软件民事案件、行政案件

（含专利、植物新品种、集成电路布图设计的授权确权行政案件） 对国务院部门或县级以上地方政府所作的涉及著作权、商标、不正当竞争行政行为提起的行政案件（含商标授权确权行政案件）

涉及驰名商标认定的民事案件

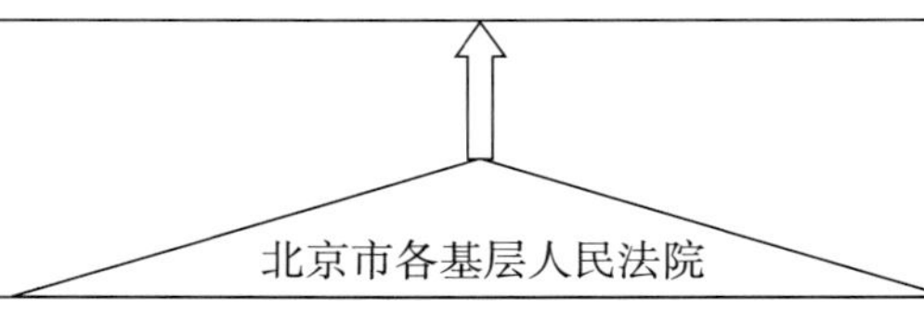

著作权（计算机软件除外）、商标（驰名商标除外）、不正当竞争（技术秘密除外）、技术合同、特许经营、网络域名民事案件

对县级政府部门所作的涉及著作权（计算机软件除外）、商标、不正当竞争（技术秘密除外）行政行为提起的行政案件

北京知识产权民事、行政案件管辖示意图

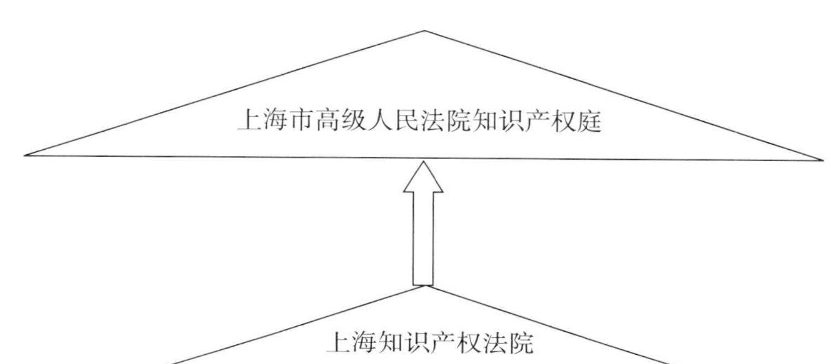

上海知识产权法院

专利、植物新品种、集成电路布图设计、技术秘密、计算机软件民事案件、行政案件（不包括专利、植物新品种、集成电路布图设计授权确权案件）

对县级以上地方政府所作的涉及著作权、商标、不正当竞争行政行为提起的行政案件（不包括商标授权确权案件）

涉及驰名商标认定的民事案件

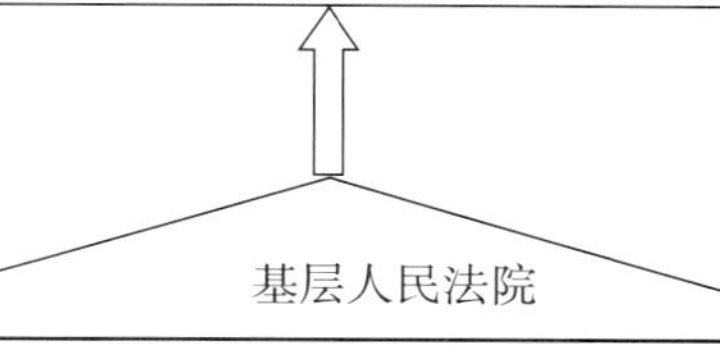

著作权（计算机软件除外）、商标（驰名商标除外）、不正当竞争（技术秘密除外）、技术合同、特许经营、网络域名民事案件

对县级政府部门所作的涉及著作权（计算机软件除外）、商标、不正当竞争（技术秘密除外）行政行为提起的行政案件

上海知识产权民事、行政案件管辖示意图

广东省高级人民法院知识产权庭

广州知识产权法院

广东省专利、植物新品种、集成电路布图设计、技术秘密、计算机软件民事案件、行政案件（不包括授权确权行政案件）

对本市县级以上地方政府所作的涉及著作权、商标、不正当竞争行政行为提起的行政案件（不包括授权确权行政案件）

广东省涉及驰名商标认定的民事案件

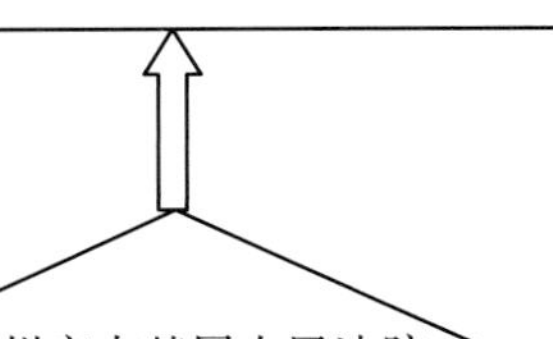

其他市中级人民法院

本市著作权（计算机软件除外）、商标（驰名商标除外）、不正当竞争（技术秘密除外）、技术合同、特许经营、网络域名等民事案件

对本市县级以上地方政府所作的涉及著作权、商标、不正当竞争行政行为提起的行政案件

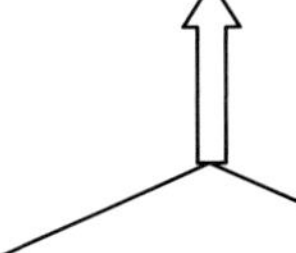

广州市内基层人民法院

著作权（计算机软件除外）、商标（驰名商标除外）、不正当竞争（技术秘密除外）、技术合同、特许经营、网络域名民事案件

对县级政府部门所作的涉及著作权（计算机软件除外）、商标、不正当竞争（技术秘密除外）行政行为提起的行政案件

其他市内基层人民法院

著作权（计算机软件除外）、商标（驰名商标除外）、不正当竞争（技术秘密除外）、技术合同、特许经营、网络域名民事案件

对县级政府部门所作的涉及著作权（计算机软件除外）、商标、不正当竞争（技术秘密除外）行政行为提起的行政案件

广东知识产权民事、行政案件管辖示意图

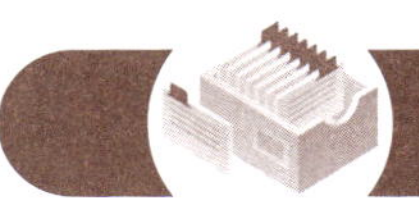

背景链接

最高人民法院关于北京、上海、广州知识产权法院案件管辖的规定

（2014年10月27日最高人民法院审判委员会第1628次会议通过 法释〔2014〕12号）

为进一步明确北京、上海、广州知识产权法院的案件管辖，根据《中华人民共和国民事诉讼法》《中华人民共和国行政诉讼法》《全国人民代表大会常务委员会关于在北京、上海、广州设立知识产权法院的决定》等规定，制定本规定。

第一条 知识产权法院管辖所在市辖区内的下列第一审案件：

（一）专利、植物新品种、集成电路布图设计、技术秘密、计算机软件民事和行政案件；

（二）对国务院部门或者县级以上地方人民政府所作的涉及著作权、商标、不正当竞争等行政行为提起诉讼的行政案件；

（三）涉及驰名商标认定的民事案件。

第二条 广州知识产权法院对广东省内本规定第一条第（一）项和第（三）项规定的案件实行跨区域管辖。

第三条 北京市、上海市各中级人民法院和广州市中级人民法院不再受理知识产权民事和行政案件。

广东省其他中级人民法院不再受理本规定第一条第（一）项和第（三）项规定的案件。

北京市、上海市、广东省各基层人民法院不再受理本规定第一条第（一）项和第（三）项规定的案件。

第四条 案件标的既包含本规定第一条第（一）项和第（三）项规定

的内容，又包含其他内容的，按本规定第一条和第二条的规定确定管辖。

第五条 下列第一审行政案件由北京知识产权法院管辖：

（一）不服国务院部门作出的有关专利、商标、植物新品种、集成电路布图设计等知识产权的授权确权裁定或者决定的；

（二）不服国务院部门作出的有关专利、植物新品种、集成电路布图设计的强制许可决定以及强制许可使用费或者报酬的裁决的；

（三）不服国务院部门作出的涉及知识产权授权确权的其他行政行为的。

第六条 当事人对知识产权法院所在市的基层人民法院作出的第一审著作权、商标、技术合同、不正当竞争等知识产权民事和行政判决、裁定提起的上诉案件，由知识产权法院审理。

第七条 当事人对知识产权法院作出的第一审判决、裁定提起的上诉案件和依法申请上一级法院复议的案件，由知识产权法院所在地的高级人民法院知识产权审判庭审理。

第八条 知识产权法院所在省（直辖市）的基层人民法院在知识产权法院成立前已经受理但尚未审结的本规定第一条第（一）项和第（三）项规定的案件，由该基层人民法院继续审理。

除广州市中级人民法院以外，广东省其他中级人民法院在广州知识产权法院成立前已经受理但尚未审结的本规定第一条第（一）项和第（三）项规定的案件，由该中级人民法院继续审理。

现场互动

广州日报记者林广：我国为何选择在北京、上海、广州三地设立知识产权法院？在管辖的时候，怎样避免管辖中间有个重叠的问题？

王闯：关于在北京、上海、广州设立知识产权法院的问题，根据中央统一部署，最高法院一直在参与前期的研究论证，会同相关部门也进行了反复研究。全国人大常委会最后选择在北京、上海、广州这三个地方来设立，主要考虑以下几点：

第一，北京、上海、广州是我们中国大陆地区三大传统经济圈的中心城市，这三个地方的经济和科技的发展水平较高，而且高科技的企业数量也非常多。所以，三个地区技术创新非常活跃。由于创新活跃，因此对创新保护的需求也非常强烈。

第二，三个地区的知识产权案件量非常大。以广东为例，根据司法统计数据，全国知识产权法院民事案件中，广东省法院受理案件数量占据约三分之一。就专利案件而言，广东省法院年均受理约3400件。这是什么概念呢？很多国家，全国一年的专利案件也没有达到三千件，我们一个省达到国外一个国家全年的数量，这么大数量的专门技术案件，特别需要更加专业的法院和法官进行审理，这样才能满足它的需求。

第三，北京、上海、广州相对来说各方面条件比较成熟。要想设立一家法院，要正常运行，首先你的审判法官必须水平要高，可以说知识产权法院属于高大上的一个法院，它的专门化水平非常高、专业技术非常高，你是知识产权法官，你的专业水平一定要非常高。其次是审判经验，你的案子多，审判经验才能丰富。这些地方的案件量大，法官审判经验多，相对水平高，所以在这三个地方设立知识产权法院，可以说各方面都能接受，而且广为认同。所以人大常委会决定先在这三个地方设立知识产权法院。

再一个是跨区域管辖问题。跨区域管辖是个非常重要的特点，在现行法院体制下，地方人民法院的司法辖区和行政辖区是重叠的。广州中级人民法院辖区仅限于广州市。广东有二十多个中级法院，这些中级法院如果都审理专利技术案件，不利于裁判标准统一。所以我们要在广东省内，由广州知识产权法院实行跨区域管辖，统一司法标准，这是跨区域管辖非常重要的作用和功能。刚才谈到了，北京、上海是直辖市，跨区域的特点不显著，但是广州知识产权法院非常显著，而且案件占全国的1/3，那么多的专利案件，由它跨区域管辖可以说意义非常重大。如何来避免辖区重叠呢？这个司法解释第三条规定说，这三家知识产权法院设立之后，广东的

其他法院都不能再审理这类案件了，都由广州知识产权法院来审理，辖区虽然重叠，但是案件管辖是明确的，不会重叠。

彭博新闻社记者翟琦：刚才王庭长讲到知识产权法院属于高大上，专业性方面要求比较高，我们大多数的法官一直以来都是法律专业背景的出身，可能专业性尤其是在具体的技术上之前没有系统地学习过。请教您一下，这些法官怎么样更好地或者怎么样能满足这些法院的需求呢？

王闯：我们知识产权法院的法官绝大多数都是法律专业毕业的，法官的一个工作重心、主要职能是听诉，居中裁判。当我们审理技术类案件时，比如专利、植物新品种，肯定要了解它的技术要点，查明技术事实，最后得出一个正确的法律判断。但是问题的关键是这个技术要点我们要了解，但是技术事实怎么查明？这些技术的问题非常专业。虽然有一些知识产权法官的确比较全面，都是有技术背景的，有学工科的，有学机械的，但毕竟非常少。而且，技术领域非常复杂，分工非常细致，比如说电子、通信、医药、生物、化学，即便是具有技术背景的专业人士，也不可能全面掌握。即便全面掌握了，由于技术变化非常快，更新迅速，很可能跟不上。

那怎么办呢？我们目前审判实践中主要通过三个方法来解决，第一个方法是民事诉讼法规定的专家辅助人制度，通过专家辅助人就技术事实和技术要点进行说明。但是专家证人为各方说话，所以无法彻底解决问题。第二个方法是司法鉴定，但是问题是成本比较高，不可能每个案件都进行鉴定，且时间较长。还有一些法院设立技术专家库，向专家来咨询。这个方法很好，但是有一个局限，专家的参与度受到时间等因素的限制。这些方法不能彻底解决问题。在日本、韩国和我国台湾地区也面临这些问题，他们在知识产权法院建立技术调查官制度。技术调查官作为法官的一个技术顾问、技术助手，他没有审判权，但是法官指派他把这个案件的技术问题搞清楚，向法官提供一些咨询和建议，弥补法官技术知识的不足。我们最高法院目前也正在研究在中国的知识产权法院里探索建立符合中国国情的、具有中国特色的技术调查官制度。当然这里有个问题，即便设置了技

术调查官，也可能面临技术调查官本身的技术局限和技术偏见。法官如果过度依赖他，也会成为问题。所以我们考虑，如何能够设立一些规则，对技术调查官调查技术事实的方式、出庭规则和行使职权方面进行一些限制，充分发挥他技术调查顾问的作用，同时又不会形成对他的过度依赖，这是我们目前正在研究的问题。

环球时报记者胡卿云：刚才王庭长提到其实国外也有类似的知识产权法院，想问一下，咱们国家的知识产权法院有什么特点？

王闯：知识产权法院在国外是比较通行的，比如美国、德国、欧盟、日本、韩国、泰国、新加坡、印度都设有知识产权法院，我们顺应这些潮流。跟这些国家相比，中国北京、上海、广州三家知识产权法院有自己的独特特点。

第一，审理案件侧重点不一样。北京的侧重点，以审理行政案件为主，兼顾审理民事案件。刚才谈到了，专利复审委和商标评审委在北京，所以主要审理授权确权类，这类案件占一半以上。民事案件相对数量少一点。相应的，上海和广州知识产权法院主要审理民事侵权案件，行政案件非常少，因为它不审理所谓的授权确权，最多审理一些行政处罚。所以北京以行政为主，民事为辅，上海、广州以民事为主，行政为辅。这样就出现一个现象，他们都在审理民事，其存在一定的竞争关系，所以说，通过这样一个合理竞争，这三家法院应该说会进一步加强各自的审判建设，从而总体带动中国知识产权审判水平。

第二，审级也不一样。刚才谈到人大常委会立法规定，专门法院知识产权法院既是一审法院，又是二审法院，第一审审理技术类案件，第二审是审理一些非技术类案件，比如说商标、著作权、不正当竞争，这类基层法院审理的案件不服起诉到知识产权法院来了。既是初审法院又是上诉法院，当它作为第一审法院受理专业、技术类案件的时候，它的职能体现在哪里呢？就是查明事实，解决纠纷。当它变成第二审法院的时候，职责就不一样了，比如北京法院，要负责辖区内基层法院对非技术案件的司法标准，它要负责统一司法标准，这个职能还是不太一样的。

第三，案件的类型，民事和行政二合一，既审民事案件，又审行政案件。人大常委会的立法决定可以说是考虑非常深远，它和我们国家知识产权保护的双轨制是相契合的。我们知道中国的知识产权保护非常有特色，其他国家都是单轨制，都由法院来管，而中国实行双轨制，有两个救济渠道，第一可以到行政机关寻求行政保护；第二可以到法院起诉。如果你到行政机关去要求处罚侵权人，行政机关处罚不当，可以进行行政诉讼。所以中国的知识产权保护是司法保护和行政保护二合一。知识产权法院把民事案件和行政案件二合一审理的话，正好与行政和司法保护的二合一相契合，这样有利于对民事保护、行政保护的标准统一，这是一个比较重要的特点。

第四，跨区域管辖。普通的一些法院跨区域就是在自己的行政区划，但是广州跨了区划，这时候对于整合资源、统一标准，可以说是意义比较重大的，所以这个比较有特色。中国的知识产权法院，因为它是后建立的，在其他国家先进经验基础上设立的，有个后发优势，而且能够符合中国实际情况，所以中国知识产权法院的特色，将来的作用非常大。甚至还有一个特色，它将会成为世界上审理知识产权案件最多的一个法院，中国目前知识产权案件全国已经达到11万，在北京来说，2015年很可能受理的案件就达到一万，这是什么概念？很多国家一年专利类的才不到三千件，我们这边达到一万多件了，所以中国知识产权法院是世界上审理案件最多的专门法院。

新华视频记者张扬：请问王庭长，刚才您在介绍中多次提到创新，请问在设立专门的知识产权法院之后，在鼓励科技和新兴产业创新方面有哪些最直接的推动作用？

王闯：知识产权与科技创新联系非常密切，人大常委会决定第二条直接规定，知识产权法院主要审理技术类的案件，比如说专利、植物新品种、集成电路布图设计、技术秘密、计算机软件，这类知识产权是什么特点呢？它归类为科技成果。

知识产权分为两大类：一类是科技成果类；另一类是标识类，如商

标、地理标识。但是其中与科技密切相关的，与创新密切相关的，就是科技成果类。为什么我们专门法院一审不审商标而审技术类呢？就是因为它和科技联系非常密切。科技是第一生产力，这是我们非常熟悉的论断，而且科技在我们国家经济和社会发展方面发挥主导性作用，所以对技术类的保护，就是在保护创新的火种，保护我们创新的热情。我们知识产权法院设立的主要目的就是加强对专利的科学技术类的知识产权保护，从而提升我们创新水平，提升我们国家核心竞争力，加大对自主知识产权保护，从而营造一个比较好的优化科技创新的法制环境，要健全技术创新的激励机制，我们知识产权法院审理的案件就起到这样的作用。

深圳卫视记者周庆元：想问一下在整个中国司法改革进程中，这次建立的法院在司法改革中将占据什么样的地位，将发挥什么样的作用？同时，目前在“北上广”建立了知识产权法院，接下来对于其他地区，包括像四川、云南等其他地方，他们在审理知识产权案件中将会有哪些启示性意义？

王闯：知识产权法院是我们三中全会提出来要设立的，而且中央全面深化改革领导小组也专门审议通过了，所以这个知识产权法院不仅是中国知识产权司法保护的重要制度，也是我们中国司法体制改革的探索者和先行者。中央关于司法改革，决定在六个省市试验，知识产权法院一步到位了。中央司改的很多司法改革措施都在这里面要实行的，主审法官员额制、办案责任制，包括人员的分类管理，法官的制度保障，还有以审判为中心的诉讼制度，都要在这里进行的。所以，它运转得如何，对整个中国司法体制未来的走向可以说是有重大影响的。

周强院长说，知识产权法院本身就是我们司改一个重要的组成部分，所有的司改内容都要在我们知识产权法院里实行，所以它对中国司改的影响和意义是非常重要的。当然，司改的问题面非常广，所以它将来的路也非常长。刚才你也谈到，人大常委会的决定只规定说先在北京、上海、广州设立知识产权法院，将来是不是要设立其他法院呢？人大常委会决定中有一条规定，说知识产权法院设立三年之后，由最高法院向全国人大常委会报告本规定的实施情况。

中国知识产权报社记者祝文明：请问王闯副庭长，此次出台这个司法解释里没有涉及知识产权刑事案件的调整，但是在“北上广”都有一些法院在实行民事、行政和刑事的三审合一。我想问的问题是，这个司法解释出台以后，是不是意味着涉及知识产权刑事案件不受知识产权法院的管辖，也不再受其他知识产权法院知识产权庭的管辖？

王闯：知识产权审判三合一，民事、行政和刑事案件统一由知识产权审判庭来管辖，这是我们法院已经推进了很多年的制度了。目前，根据我们的数字，全国法院知识产权审判庭实行三合一的，高级法院有7家，其中有2家实行二合一。在中级法院，基层法院各90多家。所以，整个三合一是我们目前知识产权审判机制的一个探索和改革。但是，在北京、上海、广州知识产权法院里，我们人大常委会的决定明确规定是二合一，没有规定审理刑事案件。这一点我们可以看一下人大常委会官方网站，对这次在北京、上海、广州设立知识产权法院有一些审议的材料是公布的，那个材料里也有一些常委会的委员们提出了建议说，知识产权法院应该有两个职能，第一是定分止争，要解决民事纠纷案件和行政纠纷案件，同时要打击犯罪，就是要审理刑事案件，要三合一。但是人大常委会的决定里，综合了各方面的意见，规定的是二合一。我们认为，在知识产权法院设立之后，其他的法院已经搞了三合一的，仍然要进行三合一。2014年6月，我们召开的全国法院知识产权审判工作会议上，陶凯元副院长在讲话里专门提到了，知识产权法院的运行和其他法院知识产权审判三合一是并行不悖的。

上海广播电视台法治天地频道记者程文韬：知识产权法院将建立法官员额制，这是不是意味着知识产权法院法官的比例会更高，法官会更多一些？

王闯：这个问题涉及司法改革。刚才也谈到了，这类问题涉及面比较广，将来有一个专门性的新闻发布会来讨论这个问题更好。目前来看，知识产权法院法官员额是非常少的，比其他法院少，因为强调的是主审法官，要突出法官的核心地位，所以搞分类管理，法官助理、其他行政人员和法官是分类的，这样在一个法院编制固定的情况下，法官的数量肯定相对比较少，这样才突出法官的主体作用。这个在探索过程中，具体还没有最后确定，还有待于看将来结果如何。

媒体反响

法制晚报　温如军　2014年11月3日

北京知识产权法院本月挂牌　受理电脑软件等案件

今天上午，最高人民法院公布《最高人民法院关于北京、上海、广州知识产权法院案件管辖的规定》（下称“规定”），北京市、上海市各中级人民法院和广州市中级人民法院不再受理知识产权民事和行政案件。北京市知识产权法院将于本月上旬挂牌成立，上海和广州知识产权法院也将于今年年内成立。

受理计算机软件案等专业案件

规定进一步明确了知识产权法院的一审案件的管辖范围、跨区域管辖案件的类型、知识产权授权确权案件范围等重要问题。最高法知识产权审判庭副庭长王闯表示，实践中，计算机软件案件涉及专业技术事实认定，技术性较强，基础法院审理存在较大的难度，有必要由知识产权法院管辖。

规定要求，下列第一审行政案件由北京市知识产权法院管辖：不服国务院部门作出的有关专利、商标、植物新品种、集成电路布图设计等知识产权的授权确权裁定或决定的；不服国务院部门作出的有关专利、植物新品种、集成电路布图设计的强制许可决定以及强制许可使用费或报酬的裁决的；不服国务院部门作出的涉及知识授权确权的其他行政行

为的。

当事人对知识产权法院所在市的基础人民法院作出的第一审著作权、商标、技术合同、不正当竞争等知识产权民事和行政判决、裁定提出的上诉案件，由知识产权法院审理。

北京知识产权法院本月上旬挂牌

王闯透露，最高人民法院将会同有关地方和部门，进一步加快知识产权法院的法官任命、机构设置、硬件配套等工作，推动知识产权法院尽快设立并正式运行。

“北京市知识产权法院将于本月上旬挂牌成立，上海和广州知识产权法院也将于今年年内成立。知识产权法院将探索完善以审判为中心的知识产权诉讼制度，建立符合知识产权案件审判规律的专门化程序和审理规则。”王闯说。

目前，最高法正在研究制定相关司法解释和工作规范明确技术调查官的职能定位、配置数量、选任条件、管理模式、职权行使等问题。最高法还将成立“中国知识产权司法保护研究中心”，吸取审判经验丰富的一线法官参与研究，加强理论和实践的结合和互动，进一步提高我国知识产权审判的水平和国际影响力。

更多媒体报道题目选登：

人民网记者赵环环2014年11月3日报道《最高法发布“北上广”知识产权法院案件管辖规定》。

▶ 图为发布会现场。

◀ 图为最高人民法院新闻发言人孙军工主持发布会。

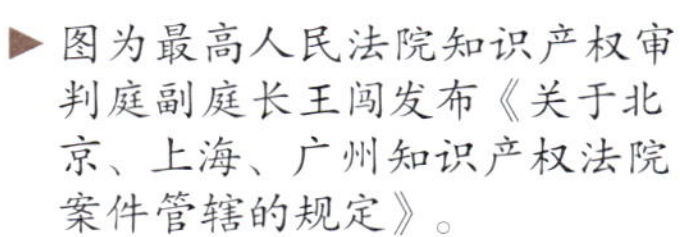
▶ 图为最高人民法院知识产权审判庭副庭长王闯发布《关于北京、上海、广州知识产权法院案件管辖的规定》。

◀图为现场记者。

▶图为环球时报记者胡卿云提问。

◀图为广州日报记者林广提问。

第十八场新闻发布会

第一个国家宪法日　让法治成为信仰

发布主题：第一个国家宪法日举办“让法治成为信仰”主题宣传暨“12·4”公众开放日活动

发布时间：2014年12月4日

关 键 词：“12·4”国家宪法日　宣誓　让法治成为信仰　司法便民利民　公众开放日

主 持 人：最高人民法院新闻发言人　孙军工

出席领导：最高人民法院院长　周　强
最高人民法院常务副院长　沈德咏
最高人民法院副院长　景汉朝

出席嘉宾：中央电视台主持人　撒贝宁
湖南省邵阳市隆回县岩口乡茶仁村农民　马国生
福建省南平市延平区人民法院副院长　詹红荔
河北省张家口市第七中学学生　张亦驰
北京致诚律师事务所主任　佟丽华
内蒙古乌兰察布市集宁一中校长　李一飞
澎湃新闻记者　鲍志恒
安徽省歙县徽城镇七川村村民　张高平、张辉

发布主题

孙军工：各位公众代表、各位媒体朋友们：大家下午好！

今天是第一个国家宪法日，欢迎大家参加最高人民法院组织的“让法治成为信仰”主题宣传暨“12·4”公众开放日活动。据不完全统计，

今天下午全国共有3047个法院与最高法院同步开展主题开放日活动，并将对即将发布的司法便民利民工作举措进行同步微博直播发布。参加这次活动的公众代表有：部分省市中学师生代表、社区居民代表、解放军官兵代表、案件当事人代表、部分全国人大代表、政协委员和部分最高人民法院特约监督员代表，共计180余人。

最高人民法院对今天的活动高度重视，首席大法官、最高人民法院周强院长将参加活动的部分议程，最高人民法院沈德咏常务副院长，最高人民法院景汉朝副院长以及各部门负责同志全程参加今天的活动。

今天的活动议程共有7项：第一项议程观看《让法治成为信仰》的主题宣传片；第二项议程法官向宪法宣誓；第三项议程发布《最高人民法院关于进一步做好司法便民利民工作的意见》，同时通报全国法院新浪微博运营情况；第四项议程宣布“百度 · 中国法院地图”上线；第五项议程9位公众代表讲述“法治中国 · 我的故事”；第六项议程请最高人民法院院领导向公众代表赠送普法漫画书，同时启动全国法院“送法到身边”普法活动；第七项议程请首席大法官、最高人民法院周强院长发表重要讲话。下面进行第一项议程。请大家观看最高人民法院新闻局专为此次活动制作的主题宣传片《让法治成为信仰》。

看了刚才的视频短片，相信大家对“法治”一定有了更深的感情和信任，也更能够理解人民法院在探寻法治这条道路上所付出的艰辛努力。全国人大常委会以立法形式将每年的12月4日设立为国家宪法日，并要求凡经人大及其常委会选举或者决定任命的国家工作人员正式就职时公开向宪法宣誓。今天，全国四级法院的法官将面对宪法宣誓承诺。依据宣誓程序，在宣誓前，请全体起立，奏唱国歌。

请公众代表就坐。请在场的法官向宪法宣誓，领誓人：最高人民法院沈德咏常务副院长。

法官的铿锵誓言，表达出对法治的尊重，更是守护公平正义的郑重承诺。让人民群众在每一个司法案件中都感受到公平正义，必须践行司法为民的工作宗旨，构建开放、动态、透明、便民的阳光司法机制。最高人民法院顺应新时期人民群众司法需求，制定出台了一系列司法便民利民的

工作举措。我们今天活动的第三项议程，就是发布《最高人民法院关于进一步做好司法便民利民工作的意见》，同时通报全国法院新浪微博运营情况。请大家看大屏幕。这是最高人民法院首次利用漫画作品对外发布司法文件。我们试图通过这种新颖的形式，让人民群众对人民法院制定出台的举措真正看得见、听得懂、学得会、用得上，使这些便民利民的司法举措真正接地气、惠民生、保民安。该《意见》共分三个部分总计30条，我们将其中的17项主要便民利民措施绘制成了漫画，下面，我重点介绍其中的3幅漫画，以便大家了解这些举措。

第一幅“为当事人提供‘一站式’和‘全方位’诉讼服务”，这幅漫画表现的是人民法院全面整合诉讼服务功能，打造统一的便民服务平台的具体举措。目前，全国95%的人民法院已经建立了专门的诉讼服务中心，全国法院诉讼服务场所面积超过85万平方米。最高人民法院积极推进诉讼服务中心的标准化、规范化建设，努力为当事人提供“一站式”和“全方位”的诉讼服务。

第二幅“巡回审判方便群众”，这幅漫画表现的是人民法院切实减轻当事人诉累的具体举措。最高人民法院明确要求各级人民法院要加强巡回审判工作，以便于解决社会矛盾纠纷为出发点，深入企业、社区等群众集中、纠纷集中的地区进行巡回审判，最大限度地满足人民群众诉讼的需求。

第三幅“科技助力司法公开”，这幅漫画表现的是人民法院加快信息化建设，构建便民利民保障新机制的具体举措。最高人民法院明确要求各级人民法院要因地制宜推行远程立案、网上立案、网上办案、网上公告、预约办案、电子送达、视频提讯等便民措施，而且要通过“12368”诉讼服务热线、微博、微信等载体为当事人提供方便快捷的司法服务。这些工作举措，就是要依法维护人民群众诉讼权益，努力消除群众诉讼障碍，为人民幸福安康、国家长治久安提供更加公正、高效、廉洁、权威的司法保障。

2013年11月21日，最高人民法院开通新浪官方微博，官方微博开通一年来，共发布微博近3000条，粉丝数量已达到940万，得到人民群众的广泛认可。刚刚发布的《最高人民法院关于进一步做好司法便民利民工作的

意见》就是通过全国四级法院的官方微博进行了同步直播，下面请新浪微博常务副总经理曹增辉先生简要通报全国法院新浪微博运营情况，并现场公布法院微博发布厅同步直播《最高人民法院关于进一步做好司法便民利民工作的意见》动漫时网民在线量和点击率等指标。

曹增辉：尊敬的最高人民法院领导、各位来宾，大家下午好。很高兴参加最高法举办的首个全国宪法日活动。今天，我也将借此机会和在座各位领导、法律工作者、公众代表和媒体朋友共同分享新浪平台上全国法院微博的发展成绩。政务微博自诞生至今已经超过5年时间，新浪认证的政务官方微博数量已经超过12万个，覆盖了全国各地、各级、各行业的政府机构。近两三年来，法院系统和微博的结合更为密切，法院微博数量直线增长，影响力持续提升。2013年11月最高人民法院官方微博正式开通并推动全国31个省级法院微博全面开博，组建全国法院微博发布厅，由此带来全国法院系统微博的高速发展。为此，我们撰写了首份《全国法院新浪微博运营报告》，通过数据和案例分析专门对新浪平台上的法院微博运营情况做了全面的梳理，并对全国法院微博影响力进行排名，公布了全国法院微博总榜，以及高院、中院、基层法院TOP10榜单。在此，让我们对最高人民法院“豫法阳光”、“京法网事”等为代表的获奖者表示祝贺。据报告数据显示，截止到2014年11月10日，新浪认证法院微博数量达到3636个，其中法院官方微博3322个，全国约90%的法院都已经开通了微博，总粉丝数超过5000万。法院微博的发展适应了当前建设法治社会、国家治理现代化的迫切需求。周强院长曾多次公开表态，支持新媒体环境下的司法公开，要求各级法院把微博建设成回应群众呼声、落实司法公开、推进公正司法、提升司法公信力的重要阵地，这无疑也成为法院微博从上到下得以层层渗透的重要推力。纵观法院微博的发展，我们欣喜地看到法院“微时代”已经开启，微博成为法院信息公开和执行的重要平台。法院微博形成了独特的模式，鲜明的特点，包含高法、高院、中院、基层法院的全国四级法院微博体系已经形成，河南、四川等多地高院已经建立了法院微博发布厅。我们看到集群化的发展有效放大了“阳光法治”的辐射范围，中高级法院大案要案微博庭审直播实现常态化，以公开促公正，加速司法公

开，法院微博直面舆论监督，及时回应社会关切，不断提升政法舆论引导水平，从实践中我们更加直观地感受到法院微博促进司法公开，营造普法氛围，展示司法自信，提升司法公信的作用。最高人民法院从今年3月起联合多地法院发起了“法官时间去哪儿了”、“带着微博去执行”、“法庭印象”等系列的微直播，全方位地展示了法官生活和法庭办案的全貌，我们看到每个话题阅读量均达到了2亿次。“豫法阳光”微博数次走基层、进法庭，带领183家省级法院微博打造“法院微博问政模式”。济南中院对薄熙来案庭审直播，吸引了世界关注，注定将被写进历史。“京法网事”一个月内对丁书苗案、李某某等人强奸案的四个社会热点案件进行庭审直播，再次印证了微直播对司法公开的积极意义。十八届四中全会把依法治国提到了前所未有的高度，让法治成为国民信仰，更是我们的共同期待。新浪微博能够在全面推进法制建设的进程中为全国法院系统提供平台和服务，进行深度的长远合作，我们既感荣幸也深知责任重大。今后，我们仍将不忘初心，继续和全国法院系统一起深化、创新法院微博的应用，我相信在最高法的亲身示范和带领下，法院微博必定能够创造更多的辉煌硕果。

现在我为大家宣布一下本次宪法日活动和刚发布的司法便民立民意见相关话题在新浪微博平台的数据。据刚才从后方刚刚传过来对新浪微博、新浪新闻以及新闻跟帖的综合的实时统计数据，活动启动到现在，相关的阅读点击量已经超过1000万次，预计本次活动微博话题以及新浪新闻专题最终的阅读点击数将在短时间内突破1亿次。我们刚刚宣布的微博数据仅仅是一个缩影，通过这些数据我们看到微博上各界网友对于全国首个宪法日的关注，对依法治国的期待。最后，我预祝本次活动圆满成功。谢谢大家。

孙军工：我相信，公众代表的感受和我的感受是一样的，通过新媒体方式发布与民生密切相关的司法举措，可以使司法便民举措更加及时有效地、用更接地气的方式让社会受众直观了解，更好地接受群众对法院工作的监督，今后我们将继续探索用普通受众易于理解的方式进行司法信息的发布。

下面我提议，让我们用热烈掌声欢迎首席大法官、最高人民法院周强院长来到活动现场和大家一起共同完成下面的议程。

现在我宣布最高人民法院新闻局与百度公司联合开发设计的“百度·中国法院地图”正式上线！“百度·中国法院地图”共收录除军事法院外共3496个法院信息。大家只要点击地图中的相应法院或者在搜索框中输入相应法院名称，就可阅览该法院词条中包括地址、邮编、电话、法院简介、机构设置、官方网站、百度地图在内的多类司法便民信息。除了每家法院的基本信息在百科词条上权威发布，社会公众还可以在“百度·中国法院地图”的专题页上，通过地图看到全国各地的法院收录情况，每个省收录了多少个法院，分布在哪些地方，都是什么级别，一目了然。页面支持一键查询和检索，将遍布在全国各地的一家家法院信息体系化呈现，成为一张庞大的信息网。下面给大家演示三张效果图。

首先我们来看一下最高人民法院的电子地图。

其次看一下北京知识产权法院的电子地图。

最后我们看看海南三沙市中院的电子地图。

“百度·中国法院地图” 作为集中传播司法便民信息的权威网上平台，是最高人民法院深入推进司法公开的一项最新举措，标志着人民法院在以信息化建设为抓手深入践行司法为民理念方面迈出了新的步伐！请大家继续关注我们的努力！

法治不仅关乎国家治理，更关乎每个人的幸福安康。我们今天的活动邀请了9位公众代表，他们将以“法治中国·我的故事”为主题，来和我们分享他们的故事。

在2014年全国“两会”期间，最高人民法院周强院长收到了一份由央视主持人撒贝宁转交的特殊礼物，一串来自深山里的红辣椒，这串红辣椒是湖南省邵阳市隆回县岩口乡茶仁村农民马国生赠送的。今天撒贝宁和马国生都来到了开放日活动现场，有请二位讲述他们的法治故事。

撒贝宁：大家好。

马国生：大家好。

撒贝宁：来了之后我才知道我不是公众代表，公众代表一共九个人，我是第十个，我是属于记录公众故事的那个记录人，就像“今日说法”这个节目，十几年来，我们一直在点滴记录中国的法治进程。在2013年“两会”之前，我们专门做了这样一期故事，就是关于老马的。老马在广东打工攒了一点钱，放在银行卡里，结果这个银行卡里的钱不知道怎么回事被谁给取走了。老马收到短信之后，赶紧到银行，银行说没有办法，说银行里的钱已经被人取走了，你赶紧报警。结果老马和家人一直在等待着警方的侦破结果，却迟迟未能破案，这时候老马着急，存这几万块钱对他们家来讲是非常重要的生计。在这种情况下，有人说是银行弄丢了你的钱，它们没有保管好，你可以找银行去打官司。第一次打官司吧，以前没有打过官司？

马国生：第一次。

撒贝宁：我听说，第一次找了一个律师给你写了一个诉状，结果那个律师还是一个假的，骗5000元钱跑了。在这种情况下，老马找到了法院想自己起诉，不想请律师。到了法院之后，果然很快立案，很快开庭审理，最后法庭根据证据，根据现场双方相互质询的情况，最后判决老马胜诉，老马从银行拿回2万多元丢失的存款。拿到钱以后，老马很高兴，托我们记者带了一大串辣椒过来，因为他知道我“两会”的时候要采访周强院长，然后把那一大串辣椒托我带到最高法院，当时怎么想到托我带一大串辣椒给周强院长，当时怎么想的？

马国生：我是一个农民，感谢政府的只有辣椒，没有什么东西。

撒贝宁：红辣椒代表着日子红红火火。拿法院判决下来的这笔钱以后，现在生活怎么样？

马国生：九个月了，快一年了，我觉得特别深得感受到人民法院对老百姓是很关心的，老百姓最信任的是人民法院、法律，最公正、最讲理、最透明，老百姓最信任的就是人民法院的法律。

撒贝宁：老马跟我说2万多块钱拿回家，其实这2万多块钱对家里来讲是很重要的一笔生活费用，但是最重要的不是说这2万块钱让一个家庭瞬间能够改变命运或者支撑未来十几年，关键是这2万多块钱让他在社会上找到了一种信念和力量的支撑，而且有了这个信念，他们知道自己的权利

有了法院的保护不会再随随便便受欺负。

马国生：今天我带来一幅年画来，送给最高人民法院周强院长。

撒贝宁：老家除了种辣椒红红火火之外，这快要过年了，又给周强院长和法官们一幅家乡的年画。相当的简洁明了，寓意非常的丰富。过去贴着门神在门上，希望把影响我们生活，给生活带来麻烦和不快的东西挡在门外。但是，现在门神变成一种寓意，更是一种对平安、对公平、对正义、对安全和自由的渴求。所以，我们把这一幅年画送给我们的法院，也希望周强院长代表我们全国的法院把这份礼物接受下来，礼轻情义重，这其实是当事人对法院、对法律的一份信任和信仰。这一次就不用托我转交，你自己亲自把这个交给周强院长吧。

周强：刚才讲得很好，人民法院就是要做老百姓利益的守护神，祝你一切顺利！生活就像红辣椒一样越来越红火！

马国生：谢谢。

周强：代我向乡亲们问好。

撒贝宁：希望未来你的日子像红辣椒一样越过越好，希望未来像你这样因为法律的保护，而重新过得生活安宁、平静的人越来越多，谢谢老马。

孙军工：近年来全国法院每年审理的案件都在1400万件左右，法官的使命艰巨而光荣，福建省南平市延平区人民法院副院长詹红荔就是法官群体中的一位。詹红荔法官多年来一直从事少年审判工作，为了让失足少年尽快回归社会，她与社会各界联动，创立爱心接力帮教新机制，先后帮助300多位失足与问题少年重返课堂，为其中的近百人找到了工作。下面，我们请詹红荔法官来讲述她心中的法治故事。

詹红荔：尊敬的各位领导、同志们，亲爱的老师、同学们，大家好。很荣幸有机会和大家一起分享我的故事。我是少年审判法官，少年审判的宗旨是教育、感化、挽救失足少年，帮助他们重获新生，回归社会。在我帮教的众多对象中，小林的故事尤其令人印象深刻。他从违法到学法、知法、守法、用法、遵法，直到现在的诚实守信、回报社会，生动地诠释了法律的权威，源自人民内心的真正拥护和真诚信仰的深刻内涵。

小林很聪明，但从小却有小偷小摸的习惯，后来因为盗窃犯罪被判刑，在我们持之以恒的判后帮教下，不良习性渐渐地改变着。他头脑灵活，就是有股冲劲，是我们新生少年队的骨干，他积极参加义工，还将打工挣来的钱拿出大部分捐赠给地震灾区的灾民。就是这样一个善良、积极、大家都看好的孩子，在一年多后与我们失联了，无论怎么找寻，他犹如人间蒸发般地消失了。一天晚上，林妈妈跑来，连哭带喊，“张法官，他完了，彻底完了”。递过来一张纸条，小林的遗书，上面写着欠了20多万元的高利贷，还不了，不想连累家人，也不想继续违法犯罪，只有死。我请林妈妈冷静地想想，他平时被打骂后最有可能待的地方，林妈妈沉思片刻，“哦”地一声冲入夜幕中，我们心急如焚地紧随其后，一个多小时，我们找到了喝下农药已昏死过去的小林。从鬼门关转悠回来的他，不敢直视一直守在他身边的我，慢慢地他说出了事情的原委。几个月前他认识了一个大哥，大哥出手阔绰，呼风唤雨，令他佩服得直接投入他麾下当了小弟。那段日子里，吃香的，喝辣的，好不风光。但是他也知道帮助放高利贷的大哥做事是不正当的，所以换了手机与我们玩失踪。可是好景不长，为了更多、更快地来钱，他向大哥借了几万块钱，直接放贷给赌徒，没想到赌徒输光了，跑了，他因此背上了沉重的高利贷。几个月来无论他怎么样努力做事，到处千方百计地去找钱，利滚利，钱还是越欠越多，到后来大哥竟然还派其他的手下到他家里打砸闹，逼债，可怜的父母吓得瑟瑟发抖，大哥又指使他到车行去骗出车来抵债，小林想起平时我们的教诲，不想继续再错下去，又扛不住这个巨额的高利贷的压力，只好选择了轻生。听完了他的叙述，我内心沉甸甸的，是啊，谁不想有钱，谁不想过好日子。但发财致富必须遵纪守法，这个孩子在关键的时刻宁可选择放弃生命也不肯继续违法犯罪，我们得帮助他，在我们的协调下，公安机关很快的介入，大哥受到了应有的惩罚。劫难后的小林真正明白了，发财致富要守法，遇到问题要找法，解决问题要靠法。同时，也明白了最疼爱他的是父母和少年庭的法官。康复后，我们根据小林的特长以及我们手上掌握的资源和机会，给他介绍了一个运输配送饲料的工作。他聪明好学、勤劳肯干，一年多，经济条件就得到了很大的改善。尝到甜头后他又想搞生猪养殖，自己

创业，我们很高兴。在我们的鼓励帮助下，他北上天津南下广州去学先进的理念和技术，创业中他勤俭节约，吃苦耐劳，事必躬亲，还把我们的一些思想和理念运用到他的管理当中去，注重他的企业文化，爱护员工，在他的影响下，他和员工们是同吃同住同乐同挣钱，在他的影响下，大家在生活上互帮互助，在工作上满腔热情，企业的效益越来越好。生意的红火又引来了一群小混混，他们结伙持刀明目张胆地敲诈勒索，不给钱就打砸抢，甚至扬言要铲平猪场。员工们群体持械，保家护场，械斗、冲突一触即发。紧急关头，小林拨打了我的电话，虽然我内心异常的着急，但还是冷静地给他分析了当下的情形，耐心地劝告、引导他运用法律手段解决问题。同样，冷静下来的小林，听了我的劝告，走正常的程序依法去维权。人身没有受到伤害，企业的损失也降到了最低。事后，当地的乡镇领导对小林的冷静和维法维权行为给予了充分的肯定，还给了他特殊的优惠政策。小林很高兴，从而更加努力地工作，对未来信心满满。在跟他谈到创业的历程时，他有几句话说得可真好，“守法、遵法，生活才会美好”，“要养就养放心猪，要赚就赚良心钱”。“自己不吃的猪肉绝不能够给百姓吃”，“人是要有本事的，本事就是知识和能力”。小林诚信守法经营，赢得了良好的社会赞誉，也给自己积攒了可持续发展的正能量。大家都喜欢和他做生意、交朋友，短短的几年猪场规模扩大了好几倍，看到他意气风发、踌躇满志，我打心眼里高兴。我坚信随着法治的日趋完善，人民群众对法律的无上尊崇，越来越多像小林一样的人会生活美好，工作更好。谢谢。

孙军工：谢谢詹红荔。少年强则中国强，建设法治中国就要使青少年从小养成遵法守法的习惯，参加今天活动的有很多中学生代表，下面请河北省张家口市第七中学九年级学生张亦驰同学分享她的感受。

张亦驰：尊敬的最高人民法院领导、各位叔叔阿姨们、敬爱的老师、同学们，大家好。我是来自张家口市第七中学的张亦驰，今天我与大家分享的故事是“法在身边，让法常住心间”。当微风轻柔地托起一丝丝柳絮，当阳光和暖地照耀一棵棵白杨，当我们幸福地享受着浪漫的校园生活的时候，法律也悄悄地走进了校园的每一个角落。永远铭记着那个庄严的日子，2014年7月4日，那天阳光明媚，和风送暖，我们怀着激动的心情等待着最高人民法院在我校举办的那个永生难忘的活动“法在身边，送法进校园”。忘不了最高人民法院领导饱含深情地说出：你们是祖国的未来，民族的希望，保护未成年人权益是我们责无旁贷的责任和义务。我们每一位同学的心情就像是波涛汹涌的大海，跳动奔腾着……忘不了法官叔叔亲手赠送给我们生动易懂、趣味十足的法律宣传画册，还有庄严而肃穆的青少年模拟法庭，使我们深深感受到了法律的庄重和威严。更忘不了全国优秀法官詹红荔妈妈讲述自身审判实践的经历，一个个鲜活的案例使在场的同学们深感震撼。大家积极地和詹妈妈互动，一问一答间既传播了知识，又加深了感情。我们没有忘记我们肩负的使命，我们已经行动起来了。学校多次组织我们学习最高人民法院送来的法律宣传画册，图文并茂、新颖直观的书籍，真正使法看得见、摸得着。手捧普法书籍，如获至宝的同学们纷纷表示，书中丰富的内容、新颖的漫画形式，使我们明白了什么事可以做，什么事不能做，也使法律知识深深地走进了我们的心里。紧接着在“珍爱生命、远离毒品”的宣传活动当中，学校通过画报展板，向我们展示毒品的有关知识以及吸毒的危害，我们把所学到的知识向家长宣传，普法由学生向家长延伸，由学校向社会延伸。特别是2014年7月16日上午，学校组织我们参加张家口市中级人民法院举办的法院司法公开师生体验日活动，我们参观了法院的办公设施，聆听了法官的讲解授课，在信访接待中心，我们模拟当事人实际体验了视频接访，在审判庭同学们分别坐上审判席、公诉席，试穿法袍，拿起法槌，模拟法官，体验了法庭的威严。兴奋之余，我们相互之间表达着自己的感受，还把拍出来的照片通过微博微信发送给自己的同学和家人。在短短两个多小时的时间里，师生的守法意识和法治观念得到了提升。古人云“勿以恶小而为之，勿以善小而不为。”我们是新世纪青少年，是祖国的未来、民族的希望。我们一定要积极学习法律知识，增强法律意识，在生活中以法律为准绳，从我做起，从小事做起，做一个知法、守法、用法的好公民。法就在我们身边，让法律在我们心间常驻，让我们与法同行。谢谢大家。

孙军工：谢谢张亦驰同学。在司法工作的第一线，有这样一位律师，他常年关注未成年人权益保护和农民工法律援助，并在这两个领域做出了突出的贡献，他就是北京致诚律师事务所主任佟丽华，有请佟丽华律师与我们分享他的故事。

佟丽华：大家好。1999年我开始做未成年人权益保护工作，在2003年我又开始做农民工的法律援助工作。过去15年里，我们为超过50万名未成年人和农民工提供免费的法律咨询以及法律援助服务，其中直接办理的法律援助案件就超过3万件，我们给农民工直接带回来的这种讨薪和工程的赔偿款就达到近6个亿。大家知道，有的案件就是几千块钱，这近6个亿对很多家庭来说直接关系到一个家庭的生存和发展。15年的工作，我们深刻地感受到只有劳动者，尤其是那些弱势人群他们的合法权利得到了保障，法律面前人人平等的目标才能实现。只有这些弱势人群的合法权利得到保障，我们才能及时有效地化解社会矛盾。这就是我过去15年做的工作，这是第一个故事。第二个故事，这15年来我深刻地感受到，只有践行法治，全面推进依法治国，我们才能从根本上保障每个公民的权利和自由。所以说在两年以前的十八大会议期间，不论是大会发言还是接受国内外的媒体采访，还是会议后的宣讲，我都在大声疾呼，国家要走依法治国的道路，会议期间我还专门提交了一份超过一万字的关于深化依法治国的改革的建议。这份建议后来被媒体称为“深化依法治国改革的万人书”，被提交给国家领导人，同时非常荣幸的是，前一段时间又亲自参与了四中全会，我的一些意见还被大会采纳。在这个过程当中，亲自聆听了国家最高领导人关于全面深化依法治国改革的决心和勇气，也亲自体会到了国家正在走向依法治国进程这样一个伟大的时代。我为能够有机会参与这些历史性的会议，并能够发表自己的意见感觉到振奋。最后我想说，过去两年多以来，在国家推进依法治国的进程当中，我们尤其感受到最高法院在推进司法改革，推进司法公正方面所作出的努力，并且取得了明显效果。我们相信在国家全面推进依法治国的进程当中，有司法机关的努力，有我们律师，有社会各界共同的参与，我们就一定能够把这个国家建设成为一个更加繁荣昌盛，更加民主法制的伟大的国家。谢谢

大家。

孙军工：谢谢佟律师。人民法院的工作离不开社会各界的关心、帮助、支持和监督，人民法官在维护公平正义的道路上付出的艰苦努力得到了社会各界的理解和认同，让广大法官备受鼓舞、倍感激励，下面有请全国人大代表、内蒙古乌兰察布市集宁一中校长李一飞讲述他的故事。

李一飞：尊敬的各位领导、同志们、同学们，大家下午好。我是来自内蒙古的一位中学校长，非常的幸运2014年夏季送法进校园的那一天，我们最高法院的法官来到我们的学校，从此这个校园多了一份庄严和神圣，从此我们学校更加重视依法治校，从此我们的师生更加亲近法律。更加幸运的是在今天国家第一个宪法日这样一个隆重的活动中，我和我的两位同事、三位学生都被请到了现场，非常的幸运。作为一个教育工作者，今天讲一些什么呢？我觉得还是想讲一讲教育与法律。孔子曾经说过“不教而诛”，可见教育在法治中国当中应该是基础，是前提。我曾经在澳大利亚听到过这样一个故事，有两个年轻人，我们中国的年轻人定居到澳大利亚，一对新人结婚多年，想要个小宝宝，可是就是怀不上，后来到医院检查，医生说你们都很健康，没有毛病。最后医生不得已问他们的生活习惯，最后这两个年轻人不好意思地讲起了，说我们就爱吃鸽子肉，大家听了可能莫名其妙，吃鸽子肉怎么可能生不出小孩呢？但是，澳大利亚人可能都清楚，在澳大利亚一些美丽的草坪、宽阔的广场上到处是飞得漂亮的鸽子，因为人与自然和谐相处，所以鸽子也不怕人，经常落在人的肩膀上，和人和谐相处。我们的这两个中国老乡，每当没人的时候，咔嚓一下把鸽子的脖子拧断，回去吃鸽子肉。大家还不明白，为什么吃鸽子肉会生不出小孩呢？因为，澳大利亚人与鸽子和谐相处，鸽子繁殖得特别多，国家政府想出了一个控制鸽子和中国控制人口的方式差不多的一个办法，就是在喂鸽子的饲料里适当地放一些避孕药。不知道这两个年轻人吃的鸽子肉多不多，最后鸽子身上的避孕药在他们的身上起了作用。这个令人啼笑皆非的故事引起了我深深的思索。我们的教育究竟缺什么？大家想一想，飞机上打架，地铁里斗殴，许多食品卫生问题，还

有许许多多令人匪夷所思的杀人案，有一些杀人我们可以理解，杀父之仇、夺妻之恨，可是有些我们真的不理解，原因在什么地方？我作为一个教育工作者，我想到我们的教育究竟出了什么问题？我想到我们在这个应试教育愈演愈烈的年代里，人们重视知识，却恰恰忽略了最基本的常识。所以我们教育多多少少成为了一种道德缺失的教育，法律缺失的教育，这正是我们教育的问题。所以我觉得法治中国应当从教育做起，我认为一个美丽的中国，习主席提出的“中国梦”，我觉得最美的“中国梦”应当是蓝天白云，晴天丽日之下生活着一群守法的人民，这才是最美的“中国梦”。谢谢大家。

孙军工：谢谢。让人民群众在每一个司法案件中感受到公平正义是人民法院始终不渝的价值追求，依法保障人权，依法纠正冤错案件，让蒙受冤屈的人得以平反昭雪是人民法院捍卫公平正义的坚定信念。下面，我们有请安徽省歙县徽城镇七川村村民张高平和张辉叔侄，以及全程跟踪报道“浙江叔侄冤案”有关情况的澎湃新闻记者鲍志恒登台讲述他们的故事。

鲍志恒：各位领导、各位来宾，今天站在最高法的讲台上，我忽然想起三年前采访他们的事情，三年前他们还不为人知，还在新疆的监狱里艰难的服刑。我记得问过他们，如果有一天你们刑满到期了，出狱之后还没有申诉成功，你们准备回去怎么办？他们俩告诉我，说我们根本不会回去，我们会去北京，会去最高法。今天他们果然就真的来到了最高法，但是已经不是来申诉，我也想特别在现场采访一下您，来到最高法，接到要来最高法的通知，你们做何感想？

张辉：当我那天接到来最高人民法院通知的时候，我当晚激动得没有睡觉。我以前在监狱里做梦都想一定要来北京申诉、喊冤，当我出来以后，我就不想再来了。

张高平：我做梦也没想到法院的领导会邀请我们到北京参观法院，法官帮我们平反了，我真的很感激。其实，我怕来法院，也怕来参观，但是我今天来法院参观了，我不怕，因为法院是一个讲法律的地方，没干坏事，为什么怕来法院？

鲍志恒：没干坏事，就不怕来法院，这是一个最朴素中国老百姓的法律信仰。这个信仰不是他们无罪释放之后才有的，而是支撑着他们走过十年的申诉之日、走过了十年的牢狱生活。我记得非常清楚，最后一次在牢里见的时候，你跟我说了一句什么话？我估计你不记得了，因为你已经说了很多遍，刚才的片子也放了，但我记得非常清楚，他说，鲍记者，你信不信我没有关系，但是我始终相信总有一天法律会还我一个清白。我没有办法想象，一个在牢里待了八年，还不肯减刑的人，痛哭一场之后，居然说，你信不信我无所谓，但是我相信，总有一天法律会还我一个公正。这句话深深地刺痛了我，我相信包括我在内，包括所有最初接触过他们的法官、检察官，包括浙江省高院后来去新疆探访他们的法官们都有切身的感受，也就是给我们两个感叹，第一，他们蒙受了十年冤屈都能够始终相信法律有一天会还给他们清白，像我们还有什么理由因为一时的不幸而丧失对法律的信心？第二，像我们这些政法干警、司法工作者，包括媒体工作者又能做什么去维护，去守住他们这一份朴素却又非常坚贞的法律信仰？从十八大召开以来，我们有错必究，澎湃新闻今天的一个统计表明，2013年和2014年光是有重大社会影响的冤假错案已经纠正了20余起。这些案件的当事人和他们一样，即便是遭受过严打的暴风雨，希望的灯火从未熄灭。那么，我们现在又提出一个完整的系统的司法改革方案，今天是中国的第一个宪法日，最高法院邀请两位冤案的当事人来到现场，我的理解这是一种强烈的信号，一种落实宪法尊重和保障人权的强烈信号，这个信号我们收到了，它也表示我们最高法院的领导们和我们一样，非常关心他们现在的生活，关心他们的未来。所以我还想问一句，对于将来你们作何打算？

张高平：将来没有什么想法，我只是想过普通百姓的正常生活。我在家里经常跟人们说，不管你做生意也好，打工也好，千万不要违法。我跟他们这样来说的，你违法了，那必须受到法律的惩罚，你确实干了坏事，谁也救不了你，法律是严肃公正的，不管你是打工也好，做生意也好，都不要干违法的事。

鲍志恒：就像刚才片子里讲的一样，在社会主义法治国家，法治应当

成为全民的信仰。作为一个媒体工作者，我们也愿意和法院的同志们一道构建一个独立、互信、建设性的司法舆论关系，能够让守法、信法、护法的种子撒向每一个人的心间。谢谢大家。

孙军工：谢谢张高平、张辉、鲍志恒，谢谢你们。再次感谢9位公众代表与我们分享的生动精彩的故事，希望他们的故事给在座的每一位更深刻的启迪，愿法治成为我们每一个人的信仰。

让法治成为信仰，首先要从学习、掌握、了解法律知识做起。最高人民法院新闻局结合群众关心的法律问题，以实际发生的案例为蓝本，编写了一套“法在身边”普法漫画丛书，包括《未成年人保护法》、《婚姻大事无小事》、《医病疗伤解心忧》以及《房被强拆法帮你》四本。其中《婚姻大事无小事》、《医病疗伤解心忧》以及《房被强拆法帮你》三本书今天正式首发，并同步启动“送法到身边”普法宣传活动。下面请周强院长、沈德咏常务副院长、景汉朝副院长为参与现场活动的公众代表颁赠宪法单行本以及普法漫画宣传品。

有请院领导和公众代表落座。希望我们的宣传品能够让公众代表对法院工作有更多了解。我们为每一位公众代表准备了这样一份宣传品，活动结束后请大家与我们的工作人员联系领取。

下面的活动环节请最高人民法院沈德咏常务副院长主持，大家欢迎。

沈德咏：尊敬的各位来宾、朋友们、同志们，今天是我们国家第一个宪法日，最高人民法院组织全国各级法院同步开展“让法治成为信仰”的国家第一个宪法日主题宣传暨“12·4”公众开放日活动，对于在全社会增强法治意识、传播宪法理念、树立宪法的权威具有十分重要的意义。通过参加今天下午内容丰富的开放日活动，相信今天到场的各位嘉宾对宪法法律的精神有了一个更加直观的认识，对人民法院在践行宪法精神，推进法治建设方面作出的不懈努力有了更为深入的了解。

下面，我们有请中华人民共和国首席大法官、最高人民法院院长周强同志发表重要讲话。大家欢迎。

周强：同志们、朋友们、老师们、同学们：大家好！在我国第一个国家宪法日之际，最高人民法院邀请社会各界一起举办以“让法治成为信仰”为主题的开放日活动，这对于在全社会进一步弘扬宪法精神，确立法治信仰，推动宪法的全面实施具有积极的意义。昨天，习近平总书记就第一个宪法日作出了重要指示，中央宣传部、全国人大常委会办公厅、司法部联合举办了“深入开展宪法宣传教育大力弘扬宪法精神”座谈会，张德江委员长出席座谈会并发表了重要讲话。每年12月4日最高法院都举办公众开放日活动，邀请公众走进最高人民法院。在这样一个大的背景下，今天最高人民法院举办的这个专题开放日活动，尤为有意义。

刚才听了9位代表的发言，很受启示，很受感染。

第一个启示是，宪法、法律和法院是人民利益和人民美好生活的守护神。这是刚才撒贝宁曾采访的案件当事人马国生讲的。老马讲的话很朴实，具有典型的农民语言特点和风格。从9位代表所讲的故事当中，我们深切感受到，宪法、法律和法院与每一个人的生活息息相关，是人民利益和人民美好生活的守护神。

第二个启示是，进一步坚定了法治的信仰。听了9位代表的发言，我们对未来充满信心，更进一步坚定了法治的信仰，尤其是从张亦驰同学的发言当中，我们看到了年轻一代对法治的信仰。少年强则国强，法治要植根人心，就必须从青少年抓起。只有青少年信仰法治，我们的民族、我们的国家未来才有希望。

第三个启示是，司法是社会公平正义最后的防线。从内蒙古集宁一中李一飞校长，澎湃新闻的鲍志恒记者，以及错案当事人代表张高平、张辉叔侄的发言当中，我们有一个强烈的感受，人民群众对公平正义的期待越来越高，人民群众对法治的信仰越来越强。这对于全国广大法官来讲，更加坚定了信心。我们将坚守公平正义的防线，坚守预防和纠正冤假错案的底线，努力实现习近平总书记提出的让人民群众在每一个司法案件都感受到公平正义的目标。

9位代表所讲述的故事非常生动，非常精彩，大家的法治故事汇集起来就成为推动法治中国建设的强大能量。

人民司法为人民，人民司法靠人民。人民法院在推动宪法实施的过程当中，要努力做好以下几方面的工作：

第一，全国各级人民法院以及各级人民法院的法官和干警要做遵守宪法的模范，要捍卫宪法，维护宪法，全面推动宪法的实施。

第二，要履行好宪法赋予人民法院的职责，坚持依法独立公正行使审判权，推进严格公正司法，让人民群众在每一个案件中都感受到公平正义。在履行职责方面，要按照宪法的要求，尊重和保障人权，依法惩处犯罪，维护国家安全，维护人民利益，保护人民的平安和幸福。

第三，要积极推进人民法院的改革，破除一切影响公正司法、影响公平正义实现的障碍。要加快建设开放、动态、透明、便民的阳光司法机制，进一步推进司法公开，更好地接受人民群众对司法的监督，努力维护社会的公平正义。

第四，要切实加强队伍建设。建设一支政治坚定、业务精通、忠于宪法、维护宪法、捍卫宪法、实施宪法的值得党和人民信赖和放心的、可靠的人民法院法官队伍。

参加今天的活动，我从9位代表的发言中获得了很多启示，受到了激励。在我们国家第一个宪法日，我同全国33万名法院干警都有一个共同的感受：在推进法治中国建设的进程当中，人民法院的广大法官肩负着神圣的使命，肩负着党的重托和人民的期望。我们要肩负起历史的责任，忠实履行宪法赋予的职责，为全面建设小康社会，全面深化改革，全面推进依法治国，为实现中华民族伟大复兴的中国梦提供有力的司法保障。

谢谢大家。

沈德咏：同志们、朋友们，刚才周强院长即席发表了重要讲话，讲话当中对宪法的理念、法治的信仰进行了高度的概括，因为今天我们活动的主题是“让法治成为信仰”，周强院长在讲话当中明确地指出，法治的力量来自于人民对法治的信仰，同时从四个方面对人民法院弘扬宪法精神，践行司法为民公正司法的理念和工作提出了明确的要求。各级人民法院和广大法官都要认真学习、深刻领会，切实抓好贯彻落实。

再次感谢出席今天活动的各位来宾、各位朋友，感谢大家长期以来对人民法院工作的关心和支持。在未来的道路上，我们将继续同大家一路前行，共同努力，以更加公正、高效的审判执行工作，更加充分的司法公

开，更加有力的司法改革，为实现依宪治国，建设平安中国、法治中国作出应有的贡献。

今天的活动到此结束。谢谢各位。

媒体反响

中央人民广播电台 孙莹 2014年12月4日

浙江叔侄冤案当事人受邀参加最高法开放日活动

2014年12月4日是我国首个国家宪法日。按照党的十八届四中全会《决定》的要求“建立宪法宣誓制度，凡经人大及其常委会选举或者决定任命的国家工作人员正式就职时公开向宪法宣誓”。最高人民法院今天下午举办开放日活动。

向宪法宣誓是为了“让法治成为信仰”，今天(4日)，全国近3000家法院同时开展以此为主题的开放日活动，法官向宪法宣誓是活动中必不可少的内容。最高法新闻发言人孙军工认为，这种仪式感很强的活动对于提升法官的职业尊容感，强化法官的职业使命感，有着非常直接的督促作用。他表示，对于社会公众来讲，能从这样一个仪式上感受到法官对宪法、法律的忠诚、法院和法官对维护公平正义的信心和决心，也能更多地感受到尊崇法治应该有的意识、言行。

除了人大代表、政协委员、教师、学生、军人，最高法院还邀请了部分案件的当事人参加开放日活动。

孙军工称，让法治成为信仰，一定首先要让社会各界了解法院的工作进展情况，了解真实的中国法治进程，才可能在推进依法治国上凝心聚力，在全社会营造尊重宪法、遵守宪法和法律的社会氛围。

活动现场，包括案件当事人在内的代表们讲述了自己的故事，其中最

引人瞩目的是张辉、张高平叔侄。张辉、张高平叔侄奸杀冤案发生于2003年5月，于2013年3月26日经浙江省高级人民法院依法再审公开宣判，认定原判定罪、适用法律错误，宣告张辉、张高平无罪。在法院宣传短片中，他们说，被羁押期间他们一直申诉，他们一直坚信一点，自己没有干过的事情，总有一天，法律会给予清白。张高平说："我就是相信法律，相信正义"，"你自己不相信法律，你怎么会公平，人家就更没信心。"张辉也说："我们叔侄两人一直坚信这一点，自己没有干过的事情，总有一天，法律会给我们一个清白、公平正义。"

今天下午，"百度·中国法院地图"正式上线。孙军工介绍说，法院的名称、内部设置、地理位置、联系电话、包括法院现任院长等基本信息都在应用中有所体现，方便大家随时联系法院。

为了满足不同知识水平公众了解法律知识的需要，最高法院将首次以漫画的方式发布便民利民措施和征地拆迁补偿以及医患纠纷等热点案例丛书，公众除了可以网上查阅，还可以通过手卡、社区和公共场所海报等形式了解这些与自己利益相关的规定。孙军工评价说，这让任何一名公众都能对法院的便民举措看得见、听得懂、记得住、用得上，使得我们的司法便民利民举措真正接地气、惠民生。

最高人民法院开放日邀请包括张氏叔侄在内的案件当事人讲述自己的法律故事，释放了什么信号？有什么意义？中国人民大学刑法教授陈卫东就此评价表示，法治故事中特别引人瞩目的是张氏叔侄的故事，这种形式具有非常重要的创新性，让我们的法官聆听案件当事人，特别是被冤枉、被错判的当事人讲述的故事，可以在法官中引起强烈共鸣，告诫法律：如果不公正，会给当事人、家庭、社会带来的巨大创伤。最高法院这种做法也昭示着最高法院给司法公正，坚守正义的信心，这实际上都是一种创新，体现了法院的开明开放，对当事人本人、家属和社会都是一种信心的提振。

更多媒体报道题目选登：

北京青年报记者桂田田2014年12月5日报道《最高法首邀冤案当事人参加开放日》。

◀图为活动现场。

▶图为最高人民法院新闻发言人孙军工主持开放日活动。

◀图为新浪微博常务副总经理曹增辉介绍全国法院新浪微博运营情况。

▶ 图为撒贝宁和马国生回顾红辣椒的故事。

◀ 图为福建省南平市延平区人民法院副院长詹红荔讲述她心中的法治故事。

图为张家口市第七中学张亦驰分享法治故事。

图为律师佟丽华分享法治故事。

▲图为全国人大代表、内蒙古乌兰察布市集宁一中校长李一飞讲述故事。

▲图为张高平、张辉叔侄和澎湃新闻记者鲍志恒一起讲述他们的故事。

第十九场新闻发布会

依法平等保护非公有制经济
推动非公有制经济健康发展

发布主题：《最高人民法院关于依法平等保护非公有制经济　促进非公有制经济健康发展的意见》

发布时间：2014年12月29日

关 键 词：非公有制经济平等保护　司法指导意见

主 持 人：最高人民法院新闻发言人　孙军工

出席嘉宾：最高人民法院民事审判第二庭庭长　张勇健

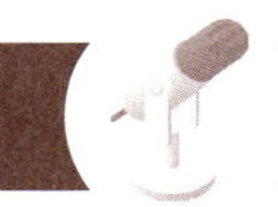

发布主题

关于《最高人民法院关于依法平等保护非公有制经济　促进非公有制经济健康发展的意见》的新闻发布稿

最高人民法院新闻发言人　孙军工

各位记者：

大家上午好！今天新闻发布会的主题是向大家通报《最高人民法院关于依法平等保护非公有制经济　促进非公有制经济健康发展的意见》（以下简称《意见》）的有关情况。为了使大家能够更加充分地了解这方面的工作，我们专门邀请了最高人民法院民二庭庭长张勇健出席今天的发布会，并就大家感兴趣的问题进行互动交流。

改革开放以来，我国非公有制经济不断发展壮大，成为促进经济社会发展的重要力量。党的十八届三中全会明确提出，公有制经济和非公有制经济都是社会主义市场经济的重要组成部分。国家保证各种所有制经济依法平等使用生产要素、公开公平公正参与市场竞争、同等受到法律保护。支持非公有制经济健康发展是人民法院为经济社会发展提供司法保障的重要方面。该《意见》是最高人民法院首次以司法指导意见的形式对依法保障非公有制经济健康发展的相关问题进行规定，包括六部分，共20条。起草过程中，我们对涉及非公有制经济平等保护的法律法规进行全面梳理，对非公有制经济在司法审判中遇到的问题进行大量调研，并通过全国工商联邀请国内有影响的民营企业代表就在司法审判工作中加强对非公有制经济平等保护法律问题进行座谈。在综合各方面意见的基础上，经多次讨论修改和研究论证，形成送审稿，提请最高人民法院审判委员会审议后通过。

《意见》突出强调，当前非公有制经济发展迅速，投资经营过程中不可避免会产生一些纠纷，这些纠纷将有相当部分通过诉讼程序进入人民法院。各级人民法院要充分考虑非公有制经济的特点，依法公正高效审理执行相关案件，及时化解非公有制经济投资经营中的各类纠纷。《意见》主要包括以下五个方面内容：

一、依法维护公开平等的市场交易秩序

非公有制经济与公有制经济一样，都是社会主义市场经济的主体，都应当受到平等保护。为保障非公有制经济的合法交易，《意见》要求在审理涉及非公有制经济民商事纠纷时，要正确认定民商事合同效力，处理好意思自治与行政审批的关系，对法律、行政法规规定应当办理批准、登记等手续生效的合同，应当允许当事人在判决前补办批准、登记手续，尽量促使合同合法有效。为帮助化解非公有制经济面临的融资难问题，《意见》要求要依法审理涉及非公有制经济主体的金融借款、融资租赁、民间借贷等案件，依法支持非公有制经济主体多渠道融资。为保护非公有制经济的合法权利，在审理涉及非公有制经济权属纠纷时，对产权有争议的挂靠企业，要在认真查明投资事实的基础上明确所有权，防止非法侵占非公

有制经济主体财产；在审理劳动争议纠纷案件时，要妥善审理涉及非公有制企业的劳动争议案件，依法维护劳动者的合法权益，支持非公有制企业依法管理。为推动非公有制经济的自主创新，《意见》还要求妥善审理各类知识产权案件，保障和推动非公有制经济的自主创新；鼓励非公有制经济主体通过技术进步和科技创新实现产业升级，提升核心竞争力；加强反垄断案件的审理，依法制止占有市场支配地位的垄断者滥用垄断地位，严格追究违法垄断行为的法律责任，为各种所有制经济主体提供竞争高效公平的市场环境。

二、确保非公有制经济主体受到平等刑事保护

经济发展进入新常态，应当更加注重非公有制经济在促进经济发展中的重要作用，更加重视发挥企业家才能。《意见》提出，要准确把握立法精神，正确适用法律和司法解释，严格区分罪与非罪、犯罪与行政违法、犯罪与民商事纠纷。对非公有制经济主体在生产、经营、融资活动中的创新性行为，要依法审慎对待，只要不违反法律和司法解释的规定，不得以违法论处；违反有关规定，但尚不符合犯罪构成条件的，不得以犯罪论处。在合同签订、履行过程中产生的争议，如无确实、充分的证据证明行为人有非法占有的目的，不得以合同诈骗罪论处。为切实保障非公有制主体的诉讼权利，《意见》要求，对于确已涉嫌犯罪的，依法慎重决定是否适用强制措施以及适用强制措施的种类，是否采取查封、扣押、冻结、处理涉案财物措施以及涉案财物的范围，最大限度减少对涉案非公有制经济主体正常生产经营活动的影响。要坚持证据裁判原则，对非公有制经济主体或者其工作人员涉嫌犯罪的案件，经审理认为事实、证据存在疑问，不能排除合理怀疑的，应当依法宣告无罪。

三、依法维护非公有制经济主体行政相对人合法权益

转变政府职能，发挥市场在资源配置中的决定性作用，是实现非公有制经济健康发展的重要条件。《意见》要求人民法院要正确审理涉及税收、工商管理、质量监督、物价、海关监管、经营自主权等行政案件，依法纠正对非公有制经济主体乱收费、乱罚款、乱摊派等违法干预非公有制企业自主经营的行为。为平等保护非公有制经济，《意见》还规定行政机

关为公共利益的需要，依法变更或者撤回已经生效的行政许可、行政审批，或者提前解除国有土地出让等自然资源有偿使用合同的，人民法院应依法支持非公有制经济主体关于补偿财产损失的合理诉求。为推动建立公平公正的市场竞争秩序，《意见》提出，人民法院在审理行政案件时，要正确处理好权利与权力的关系，对非公有制经济主体要坚持“法无禁止即可为”的原则，对行政权力要坚持“法无授权不可为”的原则。为推动建立公开透明的市场环境，人民法院要依法受理和审理非公有制经济主体提起的政府信息公开行政案件，推动政府信息的主动公开和依申请公开。非公有制经济主体请求撤销行政机关以未经事先公布的规范性文件为依据作出的行政行为，事实依据充分的，人民法院应予支持。

四、依法保障非公有制经济主体合法权益

对于困扰包括非公有制经济主体在内的执行难问题，《意见》要求采取有效措施积极破解，要以执行工作信息化建设为依托，将失信被执行人名单信息向社会公布，同时向相关单位定向通报，及时予以相应的信用惩戒，挤压被执行人的生存空间，迫使其自动履行；因地方保护主义和部门保护主义的干扰无法及时执行的，要采取协调、督促、提级执行等方式，努力使非公有制经济主体申请执行人的债权及时得到实现。为维护非公有制经济的正常生产经营，《意见》要求采取诉讼保全和查封、冻结、扣押、拘留等强制执行措施时，要注意考量非公有制经济主体规模相对较小、抗风险能力相对较低的客观实际，对因宏观经济形势变化、产业政策调整所引起的涉诉纠纷或者因生产经营出现暂时性困难无法及时履行债务的被执行人，严格把握财产保全、证据保全的适用条件，依法慎用拘留、查封、冻结等强制措施，尽量减少对企业正常生产经营活动可能造成的不当影响，维持非公有制经济主体的经营稳定。

五、完善审判工作机制提高司法保障水平

为切实保障非公有制经济主体的诉讼权利，人民法院还要不断的改进司法工作作风，进一步落实便利诉讼原则，不断扩展适用简易程序的范围，减轻当事人诉累。规范庭审程序，平等地听取包括非公有制经济主体在内的各方当事人的意见，依法全面审查各方当事人提供的证据。

依法纠正确有错误的裁判，维护当事人的合法权益。支持和推动非公有企业人士担任人民陪审员，妥善审理涉非公有企业的各类案件。充分发挥商会、行业协会等组织的作用，建立适合于非公有制经济特点的多元纠纷解决机制，构建诉调对接工作平台，促进非公有制经济主体纠纷的及时有效化解。《意见》要求，人民法院要不断加强司法建议工作，及时总结经验，结合审判工作实际，对非公有制经济主体在经济发展新常态中加快转型升级和“走出去”过程中遇到的法律风险和法律问题进行深入研究，及时向工商联、相关行业商协会、有关政府部门提出司法建议。各级人民法院将通过公开审判、以案说法、发布重要新闻和典型案例等形式，宣传涉及非公有制经济的法律法规，提高非公有制企业的法律意识。

我向大家通报的情况就是这些。谢谢大家。

背景链接

最高人民法院关于依法平等保护非公有制经济促进非公有制经济健康发展的意见

（2014年12月9日　法发〔2014〕27号）

非公有制经济作为社会主义市场经济的重要组成部分，与公有制经济共同构成我国经济社会发展的重要基础。改革开放以来，非公有制经济不断发展壮大，在支撑增长、促进创新、扩大就业、增加税收等方面都发挥了重要作用，成为促进经济社会发展的重要力量。支持非公有制经济健康发展是坚持和完善我国基本经济制度的必然要求，也是人民法院为经济社会发展提供司法保障的重要方面。各级人民法院要充分发挥司法审判的职

能作用，为非公有制经济健康发展提供有力的司法保障。

一、提高认识，切实增强依法保障非公有制经济健康发展的主动性和责任感

1.贯彻党的十八届三中全会精神，正确认识非公有制经济的重要地位。公有制为主体、多种所有制经济共同发展的基本经济制度，是中国特色社会主义制度的重要支柱，也是社会主义市场经济体制的根基。党的十八届三中全会进一步明确了非公有制经济在社会主义市场经济中的重要地位，提出必须毫不动摇鼓励、支持、引导非公有制经济发展，激发非公有制经济活力和创造力。各级人民法院要深入学习贯彻十八届三中全会精神，依法支持、保障、促进非公有制经济的健康发展。

2.贯彻党的十八届四中全会精神，依法平等保护各种所有制经济共同发展。法律面前人人平等是我国宪法确立的基本原则。非公有制经济与公有制经济一样，是社会主义市场经济的重要组成部分，都是我国经济社会发展的重要基础。党的十八届四中全会决定指出，平等是社会主义法律的基本属性。人民法院在依法保障公有制经济发展，不断增强国有经济活力、控制力和影响力的同时，要依法平等保护非公有制经济的合法权益，坚持各类市场主体的诉讼地位平等、法律适用平等、法律责任平等，为各种所有制经济提供平等司法保障。

3.及时审理执行相关案件，有效化解非公有制经济发展中的各类纠纷。当前，非公有制经济发展迅速，投资经营过程不可避免会产生一些纠纷，这些纠纷将有相当部分通过诉讼程序进入人民法院。各级人民法院要充分考虑非公有制经济的特点，依法公正高效审理执行相关案件，及时化解非公有制经济投资经营中的各类纠纷。

二、加强民商事审判工作，依法维护公开平等的市场交易秩序

4.正确认定民商事合同效力，保障非公有制经济的合法交易。要处理好意思自治与行政审批的关系，对法律、行政法规规定应当办理批准、登记等手续生效的合同，应当允许当事人在判决前补办批准、登记手续，尽量促使合同合法有效。要正确理解和适用合同法第五十二条关于无效合同的规定，严格限制认定合同无效的范围。对故意不履行报批手续、恶意违

约的当事人，依法严格追究其法律责任，保护守信方的合法权益。要依法审理涉及非公有制经济主体的金融借款、融资租赁、民间借贷等案件，依法支持非公有制经济主体多渠道融资。要根据物权法定原则的最新发展，正确认定新型担保合同的法律效力，助力提升非公有制经济主体的融资担保能力。

5.妥善审理权属及劳动争议纠纷案件，保护非公有制经济的合法权利。充分发挥民商事审判职能，理顺产权关系，既要依法保护公有制经济，有效防止国有资产流失，也要防止超越法律规定和合同约定，不当损害非公有制经济主体的正当权利。对产权有争议的挂靠企业，要在认真查明投资事实的基础上明确所有权，防止非法侵占非公有制经济主体财产。要严格按照有关法律、法规和政策，审理企业改制纠纷案件，准确界定产权关系，保护非公有制经济主体的合法权益。妥善审理涉及境外投资案件，保障非公有制企业实施“走出去”战略，扩大对外投资。妥善审理涉及非公有制企业的劳动争议案件，依法维护劳动者的合法权益，支持非公有制企业依法管理。

6.妥善审理破产、清算案件，促进生产要素的优化组合和非公有制经济的转型升级。依法受理企业破产案件和强制清算案件，积极引导非公有制经济主体依法有序退出市场，实现优胜劣汰。充分发挥破产重整程序的特殊功能，帮助非公有制企业压缩和合并过剩产能，推动企业业务流程再造和技术升级改造，优化资金、技术、人才等生产要素配置，帮助和支持符合国家产业政策要求的企业恢复生机，重返市场。要依法保障非公有制经济参与各类企业的破产重组，通过生产要素的优化组合，实现经济效率的整体提升。

7.妥善审理各类知识产权案件，保障和推动非公有制经济的自主创新。充分运用知识产权司法保护手段，加大对各种侵犯知识产权行为的惩治力度。妥善审理技术改造升级过程中引发的技术开发、技术转让、技术咨询和技术服务合同纠纷案件，鼓励非公有制经济主体通过技术进步和科技创新实现产业升级，提升核心竞争力。及时受理反不正当竞争纠纷案件，依法制裁各种形式的不正当竞争行为，保障非公有制经济主体平等地

参与市场竞争。加强反垄断案件的审理，依法制止占有市场支配地位的垄断者滥用垄断地位，严格追究违法垄断行为的法律责任，为各种所有制经济主体提供竞争高效公平的市场环境。

三、严格执行刑事法律和相关司法解释，确保非公有制经济主体受到平等刑事保护

8.平等适用刑法，依法维护非公有制经济主体合法权益。对非法侵害非公有制经济主体合法权益，构成犯罪的，要依法追究刑事责任；对犯罪分子非法占有、处置非公有制经济主体的财产，要依法予以追缴或者责令退赔；犯罪分子非法毁坏非公有制经济主体财产，非公有制经济主体提起附带民事诉讼的，依法予以支持。非公有制经济主体或者其工作人员实施诈骗、非法集资、行贿等行为，构成犯罪的，要依法追究刑事责任。

9.坚持罪刑法定，确保无罪的非公有制经济主体不受刑事追究。准确把握立法精神，正确适用法律和司法解释，严格区分罪与非罪、犯罪与行政违法、犯罪与民商事纠纷。对非公有制经济主体在生产、经营、融资活动中的创新性行为，要依法审慎对待，只要不违反法律和司法解释的规定，不得以违法论处。违反有关规定，但尚不符合犯罪构成条件的，不得以犯罪论处。在合同签订、履行过程中产生的争议，如无确实、充分的证据证明行为人有非法占有的目的，不得以合同诈骗罪论处。

10.严格办案程序，切实保障非公有制经济主体的诉讼权利。对于确已涉嫌犯罪的，要根据所涉犯罪的性质、危害程度等具体案件情况，依法慎重决定是否适用强制措施以及适用强制措施的种类，是否采取查封、扣押、冻结、处理涉案财物措施以及查封、扣押、冻结、处理涉案财物的范围，最大限度减少对涉案非公有制经济主体正常生产经营活动的影响。要坚持证据裁判原则，对非公有制经济主体或者其工作人员涉嫌犯罪的案件，经审理认为事实、证据存在疑问，不能排除合理怀疑的，应当依法宣告无罪。

四、切实发挥行政审判职能，依法维护非公有制经济主体行政相对人合法权益

11.监督和促进行政机关依法行使职权，依法纠正违法行政行为。非公有制经济主体起诉认为行政机关作出的行政行为逾越法定权限、违背法定程序，侵犯其合法权益，其主张事实依据充分的，人民法院应依法纠正相关行政行为。要正确审理涉及税收、工商管理、质量监督、物价、海关监管、经营自主权等行政案件，依法纠正对非公有制经济主体乱收费、乱罚款、乱摊派等违法干预非公有制企业自主经营的行为。对非公有制经济主体实施的行政强制措施和行政处罚，要与违法行为的性质、情节及危害后果相适应，显失公正的，人民法院要依法撤销或者变更。行政机关违法侵权并给非公有制经济主体造成损失的，要依法承担赔偿责任。

12.坚持审判中立，确保非公有制经济与行政机关同受法律保护和约束。促进行政机关转变职能，维护行政机关与非公有制经济主体在行政管理过程中依法达成的行政合同的有效性和稳定性。审理好政府招商引资合同案件，监督政府机关诚实守信地履行政府文件和合同所约定的义务。妥善审理政府采购过程中发生的政府采购合同案件和其他行政诉讼案件，落实非公有制经济主体的平等待遇，促进公平竞争。依法保护非公有制经济主体由于对行政机关的信赖而形成的利益，维护行政行为的稳定性。行政机关为公共利益的需要，依法变更或者撤回已经生效的行政许可、行政审批，或者提前解除国有土地出让等自然资源有偿使用合同的，人民法院应依法支持非公有制经济主体关于补偿财产损失的合理诉求。

13.维护非公有制经济主体的合法权益和经营自主权，推动建立公平公正的市场竞争秩序。人民法院审理行政案件，要正确处理好权利与权力的关系，对非公有制经济主体要坚持“法无禁止即可为”的原则，对行政权力要坚持“法无授权不可为”的原则。正确处理政府与市场的关系，完善产权保护制度，尊重非公有制经济主体经营自主权。要通过裁判推动社会主义市场经济体制进一步完善，依法支持行政机关规范和整顿市场经济秩序，依法打击制售假冒伪劣商品，支持行政机关对违法侵权行为进行治理整顿，切实维护非公有制经济主体的商标、专利等知识产权。加大对行政机关不作为、不依法履行法定职责行政案件的审理力度，帮助防范少数行政机关懒政、惰政。

14.依法受理和审理政府信息公开案件，推动建立公开透明的市场环

境。依法受理和审理非公有制经济主体提起的政府信息公开行政案件，推动政府信息的主动公开和依申请公开。非公有制经济主体因为自身生产和科研等特殊需要，申请获取不涉及国家秘密、商业秘密、个人隐私的政府信息，人民法院应予支持。非公有制经济主体请求撤销行政机关以未经事先公布的规范性文件为依据作出的行政行为，事实依据充分的，人民法院应予支持。非公有制经济主体要求行政机关提供在履行职责过程中制作或者获取的本地区、本行业企业生产经营信息，人民法院亦应依法予以支持。

五、加强执行工作，依法保障非公有制经济主体合法权益

15.坚持平等原则，确保非公有制经济合法权益及时实现。对非公有制经济主体与国有经济、集体经济主体同等对待，不得因申请执行人和被执行人的所有制性质不同而在执行力度、执行标准上有所不同，树立市场诚信，公正高效地保护守信方当事人的合法权益。要紧紧围绕依法突出执行工作强制性、全力推进执行工作信息化、大力加强执行工作规范化的总体思路，充分发挥执行联动机制、公布失信被执行人名单等制度的作用，确保生效法律文书确定的非公有制经济主体的债权及时得以实现。

16.采取有效措施，积极破解执行难问题。以执行工作信息化建设为依托，逐步实现执行信息查询和共享，力求破解被执行人难找、被执行财产难查问题；将失信被执行人名单信息向社会公布，同时向相关单位定向通报，及时予以相应的信用惩戒，挤压被执行人的生存空间，迫使其自动履行；对规避执行和拒不执行生效裁判文书的坚决予以打击；对不积极协助法院执行甚至阻碍执行的要及时向有关单位及其上级主管部门进行反映并依法追究其法律责任；因地方保护主义和部门保护主义的干扰无法及时执结的，要采取协调、督促、提级执行等方式，努力使非公有制经济主体申请执行人的债权及时得到实现。

17.保护申请执行人的合法权益，切实维护非公有制经济的正常生产经营。在采取诉讼保全和查封、冻结、扣押、拘留等强制执行措施时，要注意考量非公有制经济主体规模相对较小、抗风险能力相对较低的客观实际，对因宏观经济形势变化、产业政策调整所引起的涉诉纠纷或者因生产经营出现暂时性困难无法及时履行债务的被执行人，严格把握财产保全、证据保全的适用条件，依法慎用拘留、查封、冻结等强制措施，尽量减少对企业正常生产经营活动可能造成的不当影响，维持非公有制经济主体的经营稳定。

六、完善审判工作机制，不断提高司法保障水平

18.改进司法工作作风，切实保障非公有制经济主体的诉讼权利。要依法保障非公有制经济主体的诉权，对符合法律规定应当受理的案件要及时立案，并尽快做出裁判。依法适用督促程序，进一步落实便利诉讼原则，不断扩展适用简易程序的范围，减轻当事人诉累。完善诉讼代理人出庭制度，为非公有制企业参加诉讼提供便利。规范庭审程序，平等地听取包括非公有制经济主体在内的各方当事人的意见，依法全面审查各方当事人提供的证据。依法纠正确有错误的裁判，维护当事人的合法权益。支持和推动非公有企业人士担任人民陪审员，妥善审理涉非公有企业的各类案件。充分发挥商会、行业协会等组织的作用，建立适合于非公有制经济特点的多元纠纷解决机制，构建诉调对接工作平台，促进非公有制经济主体纠纷的及时有效化解。

19.加大司法公开力度，不断提升信息化服务水平。要加快推进人民法院信息化建设，全面提升司法公开水平。要充分发挥“中国审判流程信息公开网”等载体作用，向包括非公有制经济主体在内的社会公众依法全面公开审判执行活动。借助失信被执行人数据库平台，会同有关部门和社会组织共同开展诚信建设。大力推进裁判文书上网，加强裁判文书对案件事实认定和法律适用理由的论证，增强各类所有制主体对其经营行为及其法律后果的可预测性。要通过公开审判、以案说法、发布重要新闻和典型案例等形式，宣传涉及非公有制经济的法律法规，提高非公有制企业的法律意识。

20.加强司法建议工作，积极为非公有制企业提供司法服务。要加强调查研究，及时总结经验，结合审判工作实际，对非公有制经济主体在经济发展新常态中加快转型升级和“走出去”过程中遇到的法律风险和法律问题进行深入研究，及时向工商联、相关行业商协会、有关政府部门发出司

法建议。要牢固树立服务意识，充分发挥司法裁判的规范、指引作用，促进非公有制企业切实增强法治观念和依法经营意识，不断完善生产经营管理制度，提升行业管理水平，增强国际竞争力和影响力，保障非公有制经济健康顺利发展。

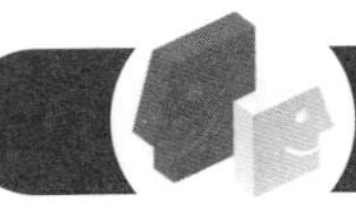

现场互动

中国国际广播电台记者吴倩：现在我们都知道我国的经济发展已经进入"新常态"，对非公有制经济发展也是提出了新的要求。请张庭长介绍一下这份文件是怎么体现有关要求的？

张勇健：党的十八届三中全会明确公有制经济和非公有制经济都是社会主义市场经济的重要组成部分，都是我国社会经济发展的重要基础。提出了必须毫不动摇地鼓励、支持、引导非公有制经济的发展。最近，刚刚闭幕的中央经济工作会议对经济新常态发展的特征进行了深入分析，并对2015年经济工作进行了全面部属，面对经济发展新常态，在全面推进依法治国的新形势下，人民法院对于非公有制经济健康发展的保护和促进作用将更加凸显，任务也更加繁重。《意见》中大家也可以看出，针对新常态的这样一种新的形势，我们要求人民法院在各个方面，包括刑事政策方面，包括民商审判方面，包括加强执行方面，包括完善审判工作机制方面，都要有针对性地保护非公经济在经济社会中的平等发展。

上海广播电视台法治天地频道记者程文韬：刚才孙局介绍了很多，比如非公有制经济发展面临的市场准入，还有融资难等方面的问题，人民法院应该从哪些方面为非公有制经济的健康发展提供司法保障？

张勇健：大家知道，非公有制经济的发展经历了一个逐渐壮大、逐渐繁荣的过程，特别是改革开放之后，非公有制经济的发展进步是非常明显的。在这个过程中，不可否认非公有制经济的发展碰到了一些困难，就像

刚才提到的融资难的问题、市场准入难的问题，在这样的一些问题中间也发生了一些纠纷，这些纠纷就进入人民法院。

针对这样的情况我们这次的《意见》有针对性地提出了一些观点，要求全国各级人民法院在审理相关案件时注意帮助解决非公有制经济主体面临的问题。比如我们要求要妥善审理相关民商事案件，保障非公有制经济主体平等参与市场竞争。国有企业和民营企业在打官司时，国有企业在财产处置方面有比较详细的强制性规定，重大资产的处置需要经过国资管理部门的批准，但是对于这样一些批准，它的性质是什么。这样一些问题长期以来在我们法院系统审理民商事案件时处于模糊状态。《意见》在这个问题上也提出了要求，要求要正确认识民商事合同效力，要正确处理好意思自治和行政审批的关系，要注意维护交易安全，进而维护在这样中交易中民营企业的合法权益。再比如，我们还要求要依法保护金融创新，推动化解非公有制经济面临的融资难、融资贵的问题，民营企业融资时，商业银行可能出于降低风险的考虑，会更慎重、更谨慎，相对于国营企业来说，民营企业会感到更困难一些。在这样的情况下，当事人可能会有担保方面、融资方面的创新做法，比如让与担保等新型的担保行为，我们要求对这样一些担保行为，一些创新性的做法，尽量采取一种宽容的态度，从而通过这样一些案件的审理，能够维护或者是帮助非公有制经济主体解决融资难问题。

我们还要求要妥善审理相关的行政案件，帮助建立统一的市场体系。在执行措施中，在非公有制经济主体为被执行人的案件中，要考量非公有制经济主体规模相对较小、抗风险能力相对较低的特点，执行措施要尽量人性化，尽量在法律规定框架范围之内，减少对企业正常经营生产活动造成的不良影响。比如查封房产，在我们的术语中一个叫“死封”，一个叫“活封”，能够采取“活封”的尽量采取“活封”，通过这样一些方式能够使我们的非公有制经济面临的困难得到一些缓解。

中国网记者孙满桃：非公有制经济的平等保护一直是社会比较关注的话题，《意见》如何实现对非公有制经济的平等保护？

张勇健：平等保护的相对方就是公有经济。人民法院在审理执行案件中，无论是刑事案件，民商事案件，还是执行案件、行政案件，都涉及非公有经济和非公有经济主体的保护问题。《意见》要求在刑事法律的适用、民商事案件的审理、具体执行措施的采取等方面，多方位、立体化地采取适当措施，对非公有经济提供必要的司法保障。

中央电视台记者李文杰：刚才发言人介绍这份《意见》是首次以司法指导意见的形式对依法保障非公有制经济健康发展的相关问题进行了规定，我想请问张庭长，这份《意见》对完善相应的审判工作机制有什么具体的规定？

张勇健：应当说作为规范性的文件，人民法院应当有多种形式，比如针对一般法律适用的司法解释，针对具体法律适用的批复等。指导意见应当说不是一种司法解释，它仅是一些原则性、指导性、倡导性的要求。《意见》是第一次以专门意见的形式对非公有制经济健康发展进行规定，涵盖非公有制经济健康发展的各方面内容，其中一些要求不是那么具体，但是地方各级人民法院会根据这样一些指导意见更妥善地审理相关案件。具体工作机制方面，我们要求进一步改进司法工作作风，加大公开力度，加强司法建议工作等。

团结报记者栾絮洁：刚才发言人在讲话时有一句话，我注意到他说了两遍，人民法院在审理行政案件时要正确处理好权利与权力的关系，对非公有制经济主体要坚持“法无禁止即可为”的原则，对行政权力要坚持“法无授权不可为”的原则，请您解释一下这句话背后有什么具体意义？

张勇健：这个原则法律人是非常熟悉的，权力和权利，在汉语里发音是一样的，但写法不一样。力量的“力”，一般是指公权力，利益的利，一般是指私权利，二者含义完全不同。说到公权力，大家都知道是国家机关根据宪法和相关法律赋予的权力，该权力的行使是基于社会公共利益的需要，必须有法律的授权，否则社会成员的私人权利就会受到侵害，因此，对于公权力，“法无授权不可为”。反之，权利是私主体的民事权利，这样的权利是广泛的，涉及每个公民日常生活的方方面面。私权利是

法理学上的自然权利，不需要法律的授权，也不应该受到任何限制，除非为了公共利益的需要。为防止私有权利受到侵犯，只有法律明确规定的情况下，私有权利才受到限制，因此，对于私权利，当然应坚持“法不禁止即可为”。我想这是这两个基本原则背后的基本背景。

中央人民广播电台记者孙莹：昨天，全国人大常委会任命了最高人民法院两个巡回法庭的庭长和副庭长。请发言人介绍一下两个巡回法庭的办公地点各在哪里？何时开始办公？

孙军工：最高人民法院设立巡回法庭是十八届四中全会作出的重大改革部署，意义在于推动审判机关重心下移、就地解决纠纷、方便当事人诉讼，有利于最高人民法院本部集中精力制定司法政策和司法解释、审理对统一法律适用有重大指导意义的案件。根据中央批准的试点方案，最高人民法院第一巡回法庭设在广东省深圳市，最高人民法院第二巡回法庭设在辽宁省沈阳市。目前，巡回法庭的组建工作正在进行，两个巡回法庭将于2015年年初受理、审理案件。届时我们将公布关于巡回法庭的详细情况。

媒体反响

法制晚报 温如军 2014年12月29日

最高法：确保非公有制经济主体受到平等刑事保护

今日上午，最高法发布《关于依法平等保护非公有制经济 促进非公有制经济健康发展的意见》（以下简称意见），要求要坚持证据裁判原则，对非公有制经济主体或者其工作人员涉嫌犯罪的案件，经审理认为事实、证据存在疑问，不能排除合理怀疑的，应当依法宣告无罪。非公有制经济主体起诉认为行政机关作出的行政行为逾越法定权限、违背法定程

序，侵犯合法权益，其主体事实依据充分的，法院应依法纠正其相关行政行为。

最高法新闻发言人孙军工表示，该意见是最高法首次以司法指导意见的形式对依法保障非公有制经济健康发展的相关问题进行规定。

会上，首次回应了“巡回法庭”的问题。孙军工说，第一和第二巡回法庭分别设在深圳和沈阳，将于2015年年初受理、审理案件。

政府因公利解除合同需补偿损失

《意见》要求，法院要正确审理涉及税收、工商管理、质量监督、物价等行政案件，依法纠正对非公有制经济主体乱收费、乱罚款等违法行为。

《意见》还规定，行政机关为公共利益的需要，依法变更或者撤回已经生效的行政许可、行政审批，或者提前解除国有土地出让等自然资源有偿使用合同的，人民法院应依法支持非公有制经济主体关于补偿财产损失的合理诉求。

“要推动政府信息的主动公开和依申请公开。非公有制经济主体请求撤销行政机关以未经事先公布的规范性文件为依据作出的行政行为，事实依据充分的，法院应支持。”孙军工说。

《意见》明确，要将失信被执行人名单信息向社会公布，同时向相关单位通报；因地方保护主义和部门保护主义的干扰无法及时执结的，要采取协调、提级执行等方式，使非公有制经济主体申请执行人的债权得到实现。

《意见》还要求，依法慎用拘留、查封、冻结等强制措施，尽量减少对企业正常生产经营活动可能造成的不当影响，维持非公有制经济主体的经营稳定。

支持非公有企业人士担任陪审员

最高法要求，各级法院将通过公开审判、以案说法、发布重要新闻等形式，宣传法律法规，提高非公有制企业的法律意识。

孙军工说，为切实保障非公有制经济主体的诉讼权利，法院要不断改进工作作风，落实便利诉讼原则，扩展适用简易程序的范围，减轻当事人诉累。平等地听取包括非公有制经济主体在内的各方当事人的意见，依法全面审查各方当事人提供的证据，纠正确有错误的裁判，维护当事人的合法权益。

“支持和推动非公有制企业人士担任人民陪审员，妥善审理涉非公有制企业的各类案件。建立适合于非公有制经济特点的多元纠纷解决机制，构建诉调对接工作平台，促进非公有制经济主体纠纷的及时有效化解。”孙军工说。

不以非法占有为目的不算诈骗罪

《意见》提出，要准确把握立法精神，正确适用法律和司法解释，严格区分罪与非罪、犯罪与行政违法、犯罪与民商事纠纷。

对非公有制经济主体在生产、经营、融资活动中的创新性行为，要依法审慎对待，只要不违反法律和司法解释的规定，不得以违法论处；违反有关规定，但尚不符合犯罪构成条件的，不得以犯罪论处。在合同签订、履行过程中产生的争议，如无确实、充分的证据证明行为人有非法占有的目的，不得以合同诈骗罪论处。

要坚持证据裁判原则，对非公有制经济主体或者其工作人员涉嫌犯罪的案件，经审理认为事实、证据存在疑问，不能排除合理怀疑的，应当依法宣告无罪。

为切实保障非公有制经济主体的诉讼权利，《意见》要求，对于确已涉嫌犯罪的，依法慎重决定是否适用强制措施以及适用强制措施的种类，是否采取查封、扣押、冻结、处理涉案财物措施以及涉案财物的范围，最大限度减少对涉案非公有制经济主体正常生产经营活动的影响。

政府私有财产处置不当将责令退赔

为帮助化解非公有制经济面临的融资难问题，《意见》要依法审理涉及非公有制经济主体的金融借款、融资租赁、民间借贷等案件，依法支持非公有制经济主体多渠道融资。

对非法侵害非公有制经济主体合法权益构成犯罪的，要依法追究刑事责任。非法占有、处置非公有制经济主体的财产，要予以追缴或者责令退赔。非法毁坏非公有制经济主体财产，非公有制经济主体提起附带民事诉讼的，依法予以支持。非公有制经济主体或者其他工作人员实施诈骗、非法集资、行贿等行为，构成犯罪的，要追究其刑责。

对非公有制经济主体或者其工作人员涉嫌犯罪的案件，经审理证据存在疑问，应当依法宣告无罪。非公有制经济主体起诉认为行政机关作出的行政行为逾越法定权限、违背法定程序，其主体事实依据充分的，法院应纠正其相关行政行为。

巡回法庭试点明年年初审理案件

在今天的发布会中，最高法首次明确回应了有关“巡回法庭”的问题。

昨天，在刚刚结束的第十二届全国人大常委会第十二次会议闭幕会上，通过了任命刘贵祥担任最高人民法院第一巡回法庭庭长、胡云腾担任最高人民法院第二巡回法庭庭长的决定。

孙军工表示，最高法设立巡回法庭有利于最高人民法院本部集中精力制定司法政策和司法解释、审理对统一法律适用有重大指导意义的案件。

“根据中央批准的试点方案，最高人民法院第一巡回法庭设在广东省深圳市，最高人民法院第二巡回法庭设在辽宁省沈阳市。目前，巡回法庭的组建工作正在进行中，两个巡回法庭将于2015年年初受理、审理案件。届时我们将公布关于巡回法庭的详细情况。”孙军工说。

更多媒体报道题目选登：

1.中新社记者阚枫2014年12月29日报道《最高法：确保非公经济主体获平等刑事保护》。

2.中央新闻广播电台记者孙莹2014年12月30日报道《最高法：依法保护非公有制经济主体的合法权益》。

3.经济日报记者李万祥2014年12月30日报道《最高法：依法保护非公有制经济健康发展》。

◀图为发布会现场。

▶图为最高人民法院新闻发言人孙军工主持发布会。

◀图为最高人民法院民事审判第二庭庭长张勇健回答记者提问。

▶ 图为现场记者。

◀ 图为中国国际广播电台记者吴倩提问。

▶ 图为中国网记者孙满桃提问。

图书在版编目(CIP)数据

最高人民法院新闻发布会实录. 2014 / 最高人民法院新闻局编. —北京:法律出版社, 2015.1
ISBN 978 -7 -5118 -7501 -3

Ⅰ. ①最… Ⅱ. ①最… Ⅲ. ①最高法院—新闻公报—中国—2014 Ⅳ. ①D926.21

中国版本图书馆 CIP 数据核字(2015)第 022225 号

责任编辑/王　曦　　**装帧设计**/李　瞻

出版/法律出版社　　**编辑统筹**/法规出版分社
总发行/中国法律图书有限公司　　**经销**/新华书店
印刷/北京中科印刷有限公司　　**责任印制**/吕亚莉

开本/720×960 毫米　1/16　　**印张**/29.5　　**字数**/430 千
版本/2015 年 1 月第 1 版　　**印次**/2015 年 1 月第 1 次印刷

法律出版社/北京市丰台区莲花池西里 7 号(100073)
电子邮件/info@ lawpress. com. cn　　**销售热线**/010 -63939792/9779
网址/www. lawpress. com. cn　　**咨询电话**/010 -63939796

中国法律图书有限公司/北京市丰台区莲花池西里 7 号(100073)
全国各地中法图分、子公司电话:
第一法律书店/010 -63939781/9782　**西安分公司**/029 -85388843　**上海公司**/021 -62071010/1636
北京分公司/010 -62534456　**深圳公司**/0755 -83072995　**重庆公司**/023 -65382816/2908

书号:ISBN 978 -7 -5118 -7501 -3　　**定价:**85.00 元

(如有缺页或倒装，中国法律图书有限公司负责退换)